W0035264

Banjo Clarke · Camilla Chance

Im Zeichen der
Regenbogenschlange

Banjo Clarke · Camilla Chance

Im Zeichen der Regenbogenschlange

Das Leben von Banjo Clarke,
den die Aborigines »Wisdom Man« nannten

Mit einem Vorwort von Malcolm Fraser

Aus dem Englischen von Michael Wallossek

nymphenburger

Die Originalausgabe erschien 2003 unter dem Titel »*Wisdom Man.
Banjo Clarke as told to Camilla Chance*«
bei Penguin Books Australia Ltd.

FÜR DIE ZUKUNFT MEINER LEUTE

© Camilla Chance 2003
© für die deutschsprachige Ausgabe nymphenburger in der
F.A. Herbig Verlagsbuchhandlung GmbH, München 2009.
Alle Rechte vorbehalten.
Schutzumschlag: Atelier Sanna, München
Schutzumschlagmotiv: Simon O'Dwyer/*The Age*
Satz: Uhl + Massopust, Aalen
Gesetzt aus: 10,3 pt/13,8 pt Sabon
Druck und Binden: GGP Media GmbH, Pößneck
Printed in Germany
ISBN 978-3-485-01185-3

www.nymphenburger-verlag.de

INHALT

VORWORT

»Im Zeichen der Regenbogenschlange« beschreibt das Leben von Banjo Clarke und jene Zeit, deren Augenzeuge er noch war. Beim Lesen kommt man gar nicht umhin, zu begreifen, wie sehr die australischen Ureinwohner den Flecken Erde, auf dem sie lebten, ihr Land, geliebt und respektiert haben. Die Bedeutung des Landes für Banjo Clarke und seine Familie kann kaum hoch genug eingeschätzt werden. Zugleich erzählt dieses Buch die Geschichte eines Menschen, der erlebt und erlitten hat, welche dramatischen Veränderungen das Land und die Welt, so wie er sie kannte, umgekrempelt haben.

Lesern, die das Buch und seine Motivation verstehen, wird klar werden, wie sehr Versöhnung nottut; vor allem aber, wie notwendig es ist, die für das Leben und die Kultur der australischen Ureinwohner, der Aborigines, maßgeblichen Prinzipien zu begreifen und ebenso die Standards, nach denen sie zu leben versuchten.

Banjo Clarke war ein außergewöhnlicher Mensch. In vielerlei Hinsicht führte er ein Leben der Vergebung, ein Leben der Güte und ein Leben der Liebe. Er wusste, was seinen Vorfahren im Westen des Bundesstaats Victoria und in anderen Teilen Australiens widerfahren war, gleichwohl schleppte er keine bleibenden Ressentiments mit sich herum.

Es gibt eine anrührende Geschichte von einem kleinen Mädchen, das Banjo dabei zuschaute, wie er, Jung und Alt grüßend, allein eine der Hauptstraßen von Warrnambool entlangging. Sie drehte sich zu ihrer Mutter um und fragte: »Mami, wer ist der Mann, der alle lieb hat?« Treffender als mit den Worten des kleinen Mädchens könnte Banjo Clarke kaum beschrieben werden.

Meine erste Begegnung mit Banjo und anderen Mitgliedern seiner Familie hatte ich in den Siebzigerjahren, als sich in ihrer Beziehung zum Staat wie auch in Zusammenhang mit dem Besitz und der Bewirtschaftung von Framlingham Forest[1] Schwierigkeiten zusammenbrauten. Es brauchte einige Zeit, für die Probleme eine Lösung zu finden. Letzten Endes gelang es jedoch, und zwar so, dass die Lebensweise der Aborigines respektiert und ihnen ein würdigeres Dasein ermöglicht wurde.

Nicht zu den Ureinwohnern gehörende Australier werden, nachdem sie das Buch gelesen haben, besser darüber im Bilde sein, wie viele Aborigines in jener Gesellschaft, die sich auf ihrem angestammten Land breitgemacht hat, lediglich ein Schattendasein am Rand geführt haben und führen, während sie zugleich, da sie sich dem Einfluss dieser Gesellschaft gar nicht entziehen können, an ihr teilhaben. Als beispielsweise die beiden Weltkriege ausbrachen, 1914 und 1939, waren Banjo Clarkes Leute genauso darin verstrickt wie andere Australier.

Die persönlichen Erinnerungen am Ende von »Im Zeichen der Regenbogenschlange« zeigen exemplarisch, welch bleibenden Eindruck Banjo Clarkes Leben bei allen, die mit ihm in Kontakt kamen, hinterlassen hat. Wer ihn kannte, hat ihn geliebt und respektiert.

Der Sehr Ehrenwerte Malcolm Fraser,
Companion of Honour[2]

DER FLUSS VERSTEHT

(Kuuyang-Song)[3]

Shane Howard, Neil Murray und Banjo Clarke

Wer wird nun für den Erhalt dieses Landes sorgen?
Wer wird seine heilige Kraft bewahren?
Lausch doch dem Südwestwind, hör genau hin,
vernimmst du nicht den Gesang der Geister?

Sieh all die Wildvögel am Himmel,
hör des Regenpfeifers warnenden Schrei,
spür den Wind, und spür den Regen
wieder auf den Fluss niedergehen.

Der Fluss versteht,
sein Wasser kommt und geht.
Dieser alte Fluss kann alles verstehen.
Sieh, wie wir kommen und gehen.

Der Südwestwind bringt den strömenden Herbstregen
und die wieder mit Wasser gefüllten Flüsse – ein Segen
für die Aale, die zum Salzwasser streben.
Sie werden sich jetzt auf die Reise begeben.

Hinab sie gleiten an den Tuuram-Steinen,
flussabwärts zu Abertausenden,
halten Kurs auf die Flussmündung und ziehen
dick, rund und wohlgenährt gemächlich Richtung
Süden.

Alle Stämme werden hier zusammenkommen,
sich von überallher einfinden, um miteinander
ihr Essen zu teilen und ein paar Dinge zu tauschen.
Bis die Dunkelheit hereinbricht, werden sie tanzen
und singen.

Hör doch all die wunderbaren Erzählungen,
überliefert von den Alten an die Jungen.
Sieh, wie die Feuer dort brennen,
hör die Stimmen durch die Luft hallen.

Horch, kannst du ihren Gesang vernehmen?
Der erklingt, derweil sie weitergehen?
Während sie dort durchs weite Land schweifen,
haben sich all ihre Erzählungen hier eingefunden.

Die Kuuyang ziehen zum Ozean,
eine unaufhörliche Bewegung.
Doch auch wenn sie von hier fortgehen,
werden die Geister allesamt hierher zurückkehren.

ZUM GELEIT

Unser Vater Banjo Clarke ist Camilla Chance im Juli 1975 zum ersten Mal begegnet. Diese Begegnung sollte beider Leben für immer verändern. In der festen Überzeugung, dass ein Wissen um die traditionellen Werte der australischen Ureinwohner der Welt helfen würde, dem Hass, der Gier und dem Mangel an mitmenschlicher Fürsorglichkeit entgegenzuwirken, hat Papa dann Camilla gebeten, seine Lebensgeschichte schriftlich festzuhalten. Niemand anderes, darauf bestand er, durfte von dem Projekt erfahren. Denn sobald andere Leute Wind davon bekämen, so seine Befürchtung, würden sie Einfluss zu nehmen versuchen auf das, was er zu sagen hatte. Er wollte hingegen mit freiem, von fremder Einflussnahme unbelastetem Kopf sprechen. Dementsprechend gab Camilla erst bei seinem Begräbnis im März 2000 bekannt, dass die Niederschriften existierten. Wir als seine Kinder haben daraufhin beschlossen sicherzustellen, dass ihre jahrelange gemeinschaftliche Arbeit durch die Veröffentlichung der Manuskripte in Buchform den gebührenden Abschluss finden würde.

Papas Zuhause in der Framlingham-Aborigines-Siedlung stand Bedürftigen stets offen – Schwarzen wie Weißen, Gesunden und Kräftigen ebenso wie Behinderten, Jungen wie Alten. Jeder war willkommen. Jahrzehntelang sorgte er für ein informelles, ohne öffentliche Mittel auskommendes soziales Netz in der Region Warrnambool. Menschen, die obdachlos, gebrochen, angeschlagen, durcheinander und am Ende waren, trudelten hier ein. Sie blieben so lange wie nö-

11

tig, und gingen wieder ihres Weges, wenn sie so weit waren. Niemand vermochte noch zu zählen, wie viele Menschen bei ihm Unterschlupf und Unterstützung fanden. Wenn man bei Pa aufkreuzte, konnte es leicht vorkommen, dass gerade ein Kleinbus mit jungen Aborigines eintraf und zur gleichen Zeit ein anderer bis auf den letzten Sitzplatz voll mit niederländischen/englischen/deutschen Rucksacktouristen losfuhr. Alle liefen sie, sich unter den großen Schwarm ortsansässiger Kinder, Hunde und wieder zu Kräften kommender Jugendlicher mischend, ein wenig ziellos umher. Unter Umständen schwebte hoch oben über den Bäumen in einem Hubschrauber noch ein japanisches Filmteam über die Szenerie. »Wo ist der alte Mann?«, fragte dann irgendwann jemand. »Am Telefon, er ruft gerade seinen alten Freund Malcolm Fraser zurück«, gab jemand anderes zur Antwort. Es war ein göttliches Durcheinander.

Anfang der Zwanzigerjahre ist Papa in der Framlingham-Mission zur Welt gekommen: als Spross des Kirrae-Whurrong-Stammes, der zum Volk der Gunditjmara gehört. Im Lauf seines Lebens hat er sehr viele Veränderungen miterlebt, auf kulturellem wie auf technischem Gebiet. Eine der Veränderungen bestand darin, dass australische Ureinwohner, darunter auch seine eigenen Kinder, nun in zunehmender Zahl eine Ausbildung und später – in Ureinwohner-Organisationen oder etablierten Organisationen der weißen Mehrheitsgesellschaft – eine Anstellung in verantwortlicher Position erhielten. Papa war immer sehr stolz auf all das, was seine Leute inzwischen erreicht hatten; uns aber erklärte er stets, seine Schule sei der Busch gewesen, das weite Land.

Die örtliche Grundschule in Purnim besuchte er bloß zwei Tage lang. Nachdem er miterlebt hatte, wie ein Lehrer ein Kind schlug, ging er nicht mehr hin, sondern kehrte nach Hause zurück, um stattdessen von den alten Leuten seines Stammes zu lernen. Er lebte die Aborigines-Kultur, sog sie mit der Atemluft in sich ein und teilte niemals die Auffassung, sie gehöre der Vergangenheit an und sei für die heutige Zeit ohne Belang: Für ihn besaß sie an jenem Tag, an dem er starb, eine gleich hohe Bedeutung wie in den Tagen seiner Kindheit. Andererseits stand er der modernen Kultur, oder zumindest ihren segensreicheren Errungenschaften, niemals ablehnend gegenüber. Eine harmonische Koexistenz der alten Sitten mit dem, was die neue Zeit an wahrhaft Positivem mit sich brachte, hielt er sehr wohl für möglich. Zugleich war er allerdings der Überzeugung, der Erde wie auch all dem Leben, das sie trägt, zuliebe dürfe das Altüberlieferte niemals verloren gehen.

Vor allem aber hat Papa den Geist des Ausgleichs und Einklangs in seiner generösesten und versöhnlichsten Form verkörpert. Für Versöhnung ist er eingetreten, lange bevor überhaupt jemand das Wort in den Mund nahm, lange bevor dies in Mode kam. Er brachte es gern auf folgende Formel: »Da draußen gibt es gute Menschen und schlechte Menschen, egal welche Hautfarbe sie haben.« Erstaunlicherweise war ihm, ungeachtet all der Belastungen, Entbehrungen und rassistischen Anfeindungen, die er in seinem Leben hatte über sich ergehen lassen müssen, beim Gedanken an den »Nationalen Tag des Bedauerns«[4] ausgesprochen unbehaglich zumute. »Du kannst nicht dein Leben lang bedauern und traurig sein«, hat er einmal gesagt. »Warum führen sie nicht zur Abwechslung mal einen ›Tag der Freude‹ ein?«

Papas Lachen ließ die Berge erbeben. Sein Lachen und seine aufrichtige, tief empfundene, alles umfassende Liebe hat Menschen geheilt. Ihn umgab die Magie eines meisterlichen Geschichtenerzählers und nie war an ihm die leiseste Spur von Bitternis wahrzunehmen, mochte sein Leben auch noch so viel Anlass dazu geboten haben. Als Ältester der Kirrae Whurrong verfügte er über moralische Autorität und diese strahlte, ganz wie seine Reputation, in die menschliche

Gesellschaft aus – weit über alle Clangrenzen hinweg. Seine Freunde waren über den ganzen Planeten verteilt zu finden. Was er besaß, war buchstäblich nichts; doch er war zufrieden mit dem, was er hatte. Er war kein Politiker, kein Filmstar, kein reicher Mann oder irgendetwas sonst von dem, wonach so viele von uns in blindem, seelenlosem Ehrgeiz streben. Aber bis zu seinem Ableben hatte er es geschafft, Tausende Menschen durch das zu erreichen, was er als die großartigste Beschäftigung überhaupt ansah – ein Leben der Liebe, des Mitgefühls und der Weisheit zu leben.

Camilla Chance hat ihre Gespräche mit Papa über einen Zeitraum von mehr als zwei Jahrzehnten hinweg aufgezeichnet. Viele Gespräche führten sie an einem Wasserfall im Wald von Framlingham Forest. Es passt, dass dieses Buch, wie es den Gepflogenheiten der australischen Ureinwohner entspricht, auf eine mündliche und nicht auf eine schriftliche Darstellung zurückgeht. Seit jeher sind von Generation zu Generation die Geschichten, Legenden und Lehren der Aborigines über das gesprochene Wort weitergegeben worden. Und mit Papas Geschichte, so sein Wunsch, sollte nicht anders verfahren werden. Seine Erzählung insgesamt und die unverwechselbare Art und Weise, wie er sich auszudrücken pflegte, blieben in dem vorliegenden Buch vollständig erhalten und seine Sprache, abgesehen von der einen oder anderen Klarstellung hier und da, unbearbeitet.[5]

Wäre alles chronologisch perfekt angeordnet, würde es sich nicht wirklich um ein Buch der australischen Ureinwohner handeln. Sobald man Papa gedrängt hat, Jahreszahlen und Zeitpunkte exakt anzugeben, wurde er des Öfteren ungeduldig. Das geistige Leben besteht für einen australischen Ureinwohner in der gelebten Gegenwart – einer immerwährenden Gegenwart, in der Vergangenheit, Gegenwart und Zukunft als eins und als gleichzeitig existierend erfahrbar werden. Gelegentlich sagte Papa: »Es gibt keine Vergangenheit. Alles passiert immer noch.« Die genauen Jahreszahlen und Zeitpunkte zu ermitteln, darin bestand also nicht unbedingt sein Hauptanliegen. Im Rahmen des Möglichen wurde jedoch alles getan, die Sachinformationen in diesem Buch auf ihre Richtigkeit hin zu überprüfen.

Die Worte »alt« und »arm« hat Papa gern und häufig gebraucht. In seinen Augen beinhalteten sie ein Kompliment und zeugten von Respekt. Das Wort »arm« verwendete er, um Anteilnahme zum Ausdruck zu bringen. Wenn er von einem »Mischling« oder einem »reinblütigen Menschen« spricht, was viele Ureinwohner heute aus verständlichen Gründen als beleidigend und entwürdigend empfinden, ist das ebenfalls in keiner Weise herabsetzend gemeint. Ureinwohner aus Papas Generation haben diese Bezeichnungen häufig verwendet, ohne dadurch Affekte schüren oder eine Missachtung ausdrücken zu wollen.

Zwar hat unser Vater die Veröffentlichung des Buches nicht mehr miterlebt, doch war es einer seiner größten Wünsche, dass seine Lebensgeschichte und seine so überaus wichtige Botschaft dokumentiert werden und für künftige Generationen erhalten bleiben würden. Wir danken Camilla Chance für ihre Unterstützung bei der Verwirklichung seines Traums und wir sind hocherfreut, zu sehen, dass Vaters Wunsch in Erfüllung geht.

Helen, Patricia, Leonard, Elizabeth,
Bernice und Fiona Clarke

EINFÜHRUNG

Auf Suche nach Arbeit bin ich als junger Bursche viel herumgereist, denn ich mochte es, wenn ich in die Ferne sehen konnte. So fühlen Aborigines sich besonders sicher, während Europäer sich sicherer fühlen, wenn sie von Mauern umgeben sind. Kam ich in eine neue Stadt, ging ich in die Kneipe, weil die Leute dort wissen, welche Arbeit es gibt, und all die Kneipengäste grinsten mich dann an und kicherten über mich. Also nahm ich meine Bettrolle über die Schulter und ging schnurstracks wieder raus, weil ich unerwünscht war, und die Männer kamen mir nach bis zur Tür und lachten, als sie sahen, dass ich gleich wieder weitergegangen bin. Wir Ureinwohner waren dran gewöhnt, dass solche Dinge passierten, fragten uns aber immer, warum – warum waren Menschen so böse auf uns und hassten uns? Wir hatten nichts Unrechtes getan.

Beim Verlassen der Stadt folgte mir gewöhnlich die Polizei. Die Polizisten brachten das Auto neben mir zum Stehen und wollten wissen, was ich hier tue. Wenn ich dann sagte: »Arbeit suchen«, sagten sie: »Aufs Arbeiten seid ihr Schwarzen verdammt noch mal nun wirklich nicht aus! Du kommst jetzt mit zur Polizeiwache.« Danach haben sie mich stundenlang verhört, erhoben irgendeinen frei erfundenen Vorwurf gegen mich – ich sei betrunken und hätte mich ordnungswidrig verhalten zum Beispiel –, sperrten mich ein und ließen mich am nächsten Morgen wieder laufen, ohne mir auch nur einen Becher Tee anzubieten.

Ich machte mich auf den Weg und wenn ich in eine andere kleine Stadt kam, konnte es sein, dass ich unter der Brücke

Rauch sah. Ich lief also darauf zu und schon war ich von anderen Aborigines umringt, die zu mir sagten: »Hey, Kumpel, wie geht's? Auf Arbeitssuche? Schon was zu essen gehabt? Momentchen, ich koch dir gleich einen Happen.« Anschließend saßen wir ums Feuer und lachten über all die Hindernisse, die sich uns in den Weg stellten. Uns taten die Leute leid, die sich weigerten, uns Arbeit zu geben. Daheim müssen sie wohl sehr unglücklich und unzufrieden sein, so dachten wir, dass sie solchen Hass hegten auf Menschen, die sie überhaupt nicht kannten.

Ich sagte mir dann: »Hinter der nächsten Wegbiegung werden mir gute Menschen begegnen.« Oder: »Dieser junge Polizist wird vielleicht ein bisschen dazulernen und mit den Jahren menschlicher werden.« Eines Tages würde ich es mit guten Menschen zu tun haben, das wusste ich, und die Zeiten würden sich allmählich wandeln.

Das mussten sie einfach.

Und dann kam jener Tag. Im Juli 1975 vollzog sich die größte Veränderung in meinem Leben, als ich mit der Bahai-Religion in Berührung kam. Eine kleine Gruppe von Bahai-Leuten stattete uns Aborigines in der Framlingham-Mission einen Besuch ab. Wir sahen sie im Gras sitzen, außerhalb der Grenzmarkierungen des Missionsgeländes. Gemeinsam sangen sie Lieder und warteten höflich darauf, dass man sie einladen würde hereinzukommen. Ein ganzer Haufen von uns zwängte sich in ein Auto und fuhr zu ihnen hin, um sie uns eingehender anzusehen. All diese Menschen unterschiedlicher Nationalität, die da beieinandersaßen, sahen wie eine glückliche Familie aus, aufrichtig und offen, so wie wir für Menschen empfinden. Diesen Anblick hielt ich für ein deutliches Zeichen, dass es um die Dinge nun bald überall besser bestellt sein würde für uns Aborigines. Ich hatte recht. Zu den Bahais, die ich an jenem Tag kennenlernte, gehörte auch Camilla. Fortan wurde sie zu meiner besten Freundin.

Kurze Zeit später lag ich im Krankenhaus, im *Warrnambool Base Hospital*. Ich bekomme regelmäßig eine Lungenentzündung, weil ich viele, viele Jahre lang im Blaustein-Steinbruch – der richtige Name des Gesteins ist, glaube ich, Basalt – gearbeitet habe. Im selben Krankenzimmer gab es noch zwei weitere Aborigines, Lloyd und Albert. Während wir dort waren, kamen Leute, um sich mit uns zu unterhalten, die nie zuvor mit Aborigines gesprochen hatten. Und Camilla brachte ihre kleinen Kinder mit zu Besuch, saß bei uns und schenkte uns ihre Anwesenheit.

Die übrigen Patienten und die Krankenschwestern konnten nicht begreifen, warum Camilla – eine respektable weiße Frau mit zwei kleinen Kindern – Aborigines besuchen kam. Wie konnten denn Aborigines so wichtig sein? Für mich war nicht zu übersehen, dass sie diese Einstellung hatten. Und so blieb ihnen das Ganze einfach schleierhaft. Doch zu guter Letzt, als ihnen klar wurde, dass sie eine achtbare Frau war, die gegen niemanden etwas hatte, sahen sie ein, dass eigentlich auch sie so sein könnten. Camilla führte ihnen vor Augen, wie man miteinander auskommen kann. Danach haben sie begonnen, uns ein bisschen anders zu behandeln. Mit Respekt, Sie wissen schon.

Camillas kleines Mädchen Ruth kam uns ebenfalls besuchen, spielte auf ihrer Ukulele und das Krankenhauspersonal fand das toll – sie standen alle um Ruth herum und schauten zu, wie sie spielte. Solche Dinge wie Musik, über die man sich in der Klinik vorher keine Gedanken gemacht hatte, lassen die Menschen näher zusammenrücken. Da stellte sich nicht die Frage, ob Schwarz oder Weiß – ein Kind sang, damit wir uns besser fühlen, uns gut fühlen.

Diese Bahai-Leute zu treffen war ganz anders. Sie redeten nicht viel, waren aber sehr herzlich. Man wurde von ihnen nicht bloß als gleichberechtigter Mensch behandelt, sondern als jemand Besonderes – besonders, weil man ein Aborigine war. Dergleichen hatten wir noch nie zuvor gehört. Die Aborigines seien nicht gut, war alles, was wir immer zu hören bekamen. Doch nun war ich hier und hörte zu, wie dieses kleine Mädchen sagte: »Du bist besonders, weil du ein Aborigine bist. Du hast eine wundervolle Kultur.« Und ich dachte mir: »Wenn ein kleines Mädchen so etwas ausspricht, was könnte man sich da mehr wünschen?« Weiße Menschen hatten vorher alles Mögliche zu mir gesagt, aber »besonders«, das hörte ich gerade zum allerersten Mal. Weiße Australier hier sind immer misstrauisch geworden, wenn ich wollte, dass sie mich als echten Freund behandeln und mir dabei helfen sollten, eine Arbeit zu bekommen. Sie beschränkten sich darauf, mir einen guten Tag zu wünschen und auf der Straße freundlich zu mir zu sein. Und wann immer wir zurückgewiesen werden, weil wir Aborigines sind, kommt mir wieder all das in den Sinn: wie man uns in der Vergangenheit behandelt hat. Denn der Grund dafür ist dieselbe von Vorurteilen getrübte Sicht der Dinge. Die Bahai-Leute hingegen waren anders.

An meinem letzten Tag in der Klinik tauchte Camilla auf und ich sagte zu ihr: »Gerade haben sie mich entlassen. Ich gehe nach Hause.«

Sie sagte: »Ich weiß.« Als sie mich anschließend in ihrem Auto mitnahm, bog sie von der Hauptstraße ab. Ich sagte: »Nein, dort entlang – zur Mission.«

Sie sagte: »Mein Haus wird für eine Weile Ihr Zuhause sein.« Ich war verwirrt und rief: »Aber mir geht es jetzt wieder besser!«

»Nein, geht es Ihnen nicht«, sagte sie mir. »Ich habe mit den Ärzten ausgemacht, dass Sie hierherkommen können, damit Sie bei uns wieder aufgepäppelt werden.«

Und sie und ihre Familie haben sich um mich gekümmert. Ich dachte: »Um uns herum muss es zahlreiche gute weiße Menschen geben, bloß sind wir ihnen vorher kaum jemals begegnet! Wo sind sie hergekommen? Erwachsene und Kinder, die so herzlich sind.«

Camillas Kinder liebten es, wenn ich bei ihnen war. Der kleine David begann gerade zu laufen. Immer wieder ging er zur Tür hinaus und wollte, dass ich ihm folgte. Dann führte er mich geradewegs zu dem Holzstoß, wo ich einen Stuhl für ihn machte. Außerdem baute ich ein Baumhaus für ihn und Ruth. Er nahm die Dinge gern selbst in die Hand und wollte mir helfen.

Viele meiner Freunde kamen mich besuchen, während ich bei Camilla wohnte. Aborigines, die in dem Bemühen, mit der Welt des weißen Mannes zurechtzukommen, ein herzzerreißendes Leben gehabt hatten. Camilla lud sie ein, ins Haus zu kommen, und zeigte ihnen, dass sie Vertrauen zu ihnen hatte. Sie ließ die Haustür für sie offen stehen, falls sie an dem betreffenden Tag aus dem Haus musste.

All diese Begebenheiten ließen in mir den Wunsch entstehen, ein Buch zu schreiben. Ich war der Meinung, dass die Welt aus dem Umgang, den diese Leute aus den besseren Kreisen der Gesellschaft mit mir pflegten, etwas über menschliche Gleichstellung und eine liebevolle Grundhaltung gegenüber Menschen anderer ethnischer Herkunft lernen könnte. Wenn die Menschen über die wahren – den Überzeugungen der Bahai so ähnlichen – Qualitäten der Aborigines Bescheid wüssten, würde das meiner Einschätzung nach der Welt helfen, Dinge von Herzen zu tun. Ich denke, wenn die Menschen Genaueres über die Kultur der Aborigines erfahren, könnte das sogar die Rettung der Welt sein.

Ich habe Camilla um ihre Hilfe gebeten, damit ich dieses Buch schreiben konnte, und sie war dazu bereit. 25 Jahre später waren wir immer noch damit beschäftigt, alles auszuarbeiten, was ich sagen möchte.

TEIL EINS
1922–1939

KAPITEL 1

Der Hopkins River unterhalb von meinem Zuhause ist heilig. Dort sind wir als kleine Kinder
hingegangen. Überall im Tal konnte man das freu-
dige Lachen von Kindern hören, die einander riefen. Heutzutage ist das nicht zu hören.

Ich bin in einer Hütte aus unbearbeiteten Baumstämmen
und einem Dach aus Baumrinde in der Framlingham-Mission zur Welt gekommen, mitten im Herzen des Stammeslandes, das meine Vorfahren väterlicherseits bewohnten.
Niemals hat zu irgendeinem Zeitpunkt unsere ganze Familie dieses Land verlassen und auch in meiner Kindheit war
ich von dort nie lange fort. Es heißt, dass ich 1922 geboren
wurde, oder vielleicht früher, aber das weiß ich nicht – Aborigines wissen oft nicht, wann ihr Geburtstag ist. Man hat
mir da eine Zahl zugeordnet, doch das scheint lange her zu
sein.

Die meisten meiner Brüder und Schwestern wurden auf
dieselbe Weise geboren. Meine Schwester Ettie kam weit
draußen im Busch zur Welt. Wir waren vier Jungs und fünf
Mädchen. Norman, Frank und Bert hießen meine Brüder;
Alice, Amy, Ettie, Gladys und Ellen meine Schwestern. Meine
ältere Schwester Alice war am Murray River geboren worden, in der Cummeragunja-Mission. Meine Mutter stammte
von dort; daher blieben meine Eltern, als sie heirateten, für
eine Weile da. Als Babys sind wir alle von älteren Aborigines-
Frauen auf ihre Aborigines-Art großgezogen worden und sie
haben gute Arbeit geleistet – ich bin jetzt weit über siebzig
Jahre alt und sie haben sich um mich gekümmert, müssen

24

sich also auf ihr Handwerk verstanden haben. Daher ist es betrüblich zu sehen, dass sie nicht mehr unter uns weilen. Mit ihrem Dahinscheiden sind auch zahlreiche Bräuche und Stammesgepflogenheiten von uns gegangen.

Die Framlingham-Mission war zu der Zeit, als ich ein kleiner Kerl war, mehr oder weniger bloß ein Waldgebiet – alles noch ganz natürlich. Die Leute lebten in Hütten wie derjenigen, in der ich zur Welt gekommen bin, aber ein paar alte Häuser hat es hier auch gegeben. Mehr als hundert von uns lebten damals in der Mission oder in deren Umkreis. All die alten Leute lebten hier – diejenigen, die mit Nahrung versorgt wurden. Sie alle waren gute alte Leute. So wie meine Großmutter Alice, Großmutter Bessie und ihr Mann Billy wohnten noch mehrere andere Familien zur Miete in Häusern mit Schindeldächern, die von der Regierung errichtet worden waren und draußen jeweils einen Regenwassertank hatten: Henry Alberts, John Egan, die Schwestern Hilda und Mary Fary, außerdem Emily Rose. Emily Rose war die Tochter von Lionel Rose' Urgroßvater – jenem Lionel, der Boxweltmeister im Bantamgewicht geworden ist. Alle anderen wohnten in Hütten ringsum: die Couzenses, die McKinnons, viele Austins, viele Alberts, viele Clarkes und Roses.

Später wurden all die alten Häuser aus jener Zeit abgetragen, abgesehen von demjenigen, das mein Großvater erbaut hatte. Sie hätten die Häuser nicht beseitigen sollen. Es waren gute Häuser, voller Erinnerungen. Die alten Leute waren sehr stolz auf ihr Zuhause, gegen die Feuchtigkeit kleideten sie die Wände mit Teerpappe aus. Doch die Regierungsbeamten erhöhten die Miete, wenn sie ihr Haus zu schön herrichteten oder einen Raum anbauten. Dass sie dafür zahlen sollten, auf ihrem eigenen Land zu leben, erboste meine Leute sehr. Die meisten von ihnen weigerten sich schließlich und waren den Mieteinnehmern gegenüber derart erzürnt, dass diese einfach aufgaben und gingen.

Als ich gerade mal ein kleines Kind war, lernte ich, eine Holzhütte zu bauen wie die, in der ich zur Welt gekommen war. Leicht zu errichten, waren sie im Winter warm, während sie im Sommer die Hitze draußen hielten und die Regengüsse ebenfalls. Allerdings erinnere ich mich an stürmische Nächte, in denen die Baumrinde manchmal vom Dach unserer Hütte fortgeweht wurde. Ich sah dann meinen Papa in der Dunkelheit aufs Dach steigen und ein neues Stück Rinde über das Loch legen. Das hat er immer derart schnell erledigt, dass wir den Regen kaum zu spüren bekamen.

Weitere Hütten wie die unsere standen im Wald, aber manche waren auf die bequeme Art erbaut worden. Als Wände dienten alte Düngersäcke, die man, um die Fläche zu verdoppeln, aufgetrennt und aufgeklappt, einander überlappend aufgehängt und mit Teer wasserfest gemacht hatte. Ein dicker Teppich ersetzte die Eingangstür. Einige Leute schliefen noch in ihren traditionellen Mia-mias oder Biwaks – einem oval geformten, aus gebogenen Ästen und Büschen errichteten Unterschlupf mit einer kleinen Feuerstelle gleich vor dem Eingang. Andere Familien verwendeten nichts weiter als einen traditionellen Windschutz aus Gestrüpp als Schlafplatz. In heißen Sommernächten leisteten sie wirklich gute Dienste.

Wir haben an verschiedenen Orten gelebt – Spring Hill zum Beispiel. Dort holten wir uns gewöhnlich das Wasser aus der Quelle. Die gibt es jetzt immer noch, dieselbe Quelle. Aber niemand geht heutzutage mehr dorthin.

Ich war noch ein Baby, als das Frettchen mich gebissen hat. Meine Familie ließ mich eines Tages in der Hütte. Draußen gab es etwas zu tun. Beim Reinkommen hörten sie mich weinen. Meine Schwester Alice packte das Frettchen und zog es weg. Das Frettchen ließ nicht los und riss mir die ganze Haut von der Kehle. Papa nahm das alte Pferd und transportierte mich in einem Karren festgebunden nach Warrnambool. Dann aber bekam der arme alte Papa Angst, die Ärzte könnten etwas falsch machen mit meiner Kehle. Er brachte mich nach Hause und versorgte mich selbst mit Salz, einem Breiwickel aus Buschpflanzen und dergleichen mehr. Mit einer gewöhnlichen Nadel und einem in Paraffin getauchten Faden nähte er mich wieder zusammen. Immer noch gibt es Narben an der Stelle, wo das Frettchen mir Kehle und Kinn zerfleischt hatte. Papa hat viele Dinge dieser Art gemacht. Wenn jemand sich mit einer Axt verletzt hatte oder es andere Unfälle gab, kamen die Leute zum Haus meines alten Papas und er holte die Nadel und nähte die Wunde.

Eine meiner Schwestern hat einmal, Zahn für Zahn, das Sägeblatt einer Bügelsäge geschärft. Dazu hatte sie die Säge so in einen Baumstumpf gesteckt, dass die Sägezähne herausstanden – wie man eben bei uns Sägen geschärft hat. Anschließend führte sie das Pferd zu dem Baumstumpf mit der Säge, um von dem Stumpf aus auf das Pferd zu steigen. Das Pferd wich zurück und sie stürzte auf die Säge. Gleich über dem rechten Knie drang die scharfe Säge in den gesamten Oberschenkel ein. Papa hat alles vernäht – mit ganz vielen Stichen. Der Arzt fragte ihn später, wer das gemacht hat, und mein Papa sagte, er war's. Der Doktor sagte: »Nun, mehr kann ich auch nicht tun. Das ist genau, was ich machen würde.« Also fuhr mein Papa wieder nach Hause.

Ich war eigentlich immer bei den alten Leuten. Ich glaube, sie hatten mich gern um sich, weil ich gewöhnlich gut zugehört habe. Sie brachten mir all ihre Grundsätze bei: Wie man das Leben angeht und wie man mit anderen Menschen teilt. Mit ihnen habe ich auch geteilt. Und hatte ich ein Paar Schuhe, mochte ich die nicht tragen, wenn meine Freunde keine hatten – all die Dinge dieser Art. Auf die Weise zu teilen, das findet man heutzutage immer noch in der älteren Generation der Aborigines. Doch viele dieser Grundsätze, das kann ich sehen, verschwinden nun aus der Aborigines-Gesellschaft.

Ich bin den alten Leuten zur Hand gegangen und daraus habe ich jeden Tag viel lernen können. Denn sie haben mir immer erklärt, aus welchen Gründen sie dieses und jenes taten. Sie haben mich gelehrt, so zu jagen, dass es die Natur stärkt, und von einem Baum oder einem Tier stets jeden Teil zu verwenden. Sie haben mich gelehrt, nie vor den Augen eines Menschen oder eines anderen Geschöpfs zu essen, ohne zu teilen; und sie haben mich gelehrt, dass man alle Dinge als das akzeptieren muss, was sie sind. Sie haben mich die geheimen Namen der auf dem Friedhof begrabenen Menschen gelehrt und welche Pflanzen als Heilpflanzen verwendet wurden und mit welchen man sehr sorgsam umgehen muss. Wenn alles gut geht, sagten sie, würde ich eines Tages ein Kind oder mehrere Kinder finden, an die ich die Geschichte unseres Stammes weiterreichen könnte.

Mit meinem Papa war es dasselbe. Unter meinen Leuten war der Vater schon immer der Clan-Älteste, der Beschützer. Zur Zeit des Sonnenuntergangs unternahm mein Papa mit mir an den meisten Tagen einen Spaziergang zu unserem Friedhof auf dem oberhalb des Flusses gelegenen Felsvorsprung. Auch er vertraute mir unter dem Siegel der Verschwiegenheit die Namen der frühesten reinblütigen Menschen an, die dort bestattet worden sind. Wenn ich später selbst ein Ältester werden würde, sollte ich, sagte er mir, so lange warten, bis ich einen Würdigen gefunden habe. Dann erst könnte ich das Wissen weitergeben.

Es war Tradition für unseren Stamm, dass der Name einer verstorbenen Person für alle Zeit aus unserer Sprache getilgt werden muss, und aus der englischen Sprache ebenso. Das war ein Zeichen des Respekts. Ich würde also immer nur zu jemandem sagen: »Hier liegt mein Freund begraben.« Mit Namen nennen würden wir die betreffende Person nie.

Und Begräbnis für Begräbnis behielten wir unsere Stammesbräuche bei, trotz des christlichen Gottesdienstes. Selbst das jüngste Kind würde kommen und am Grab weinen. Jeder weint und wehklagt. Wir sangen dann das alte amerikanische Spiritual: »Ja! Wir treffen einander am Fluss,/dem wunderschönen, wunderschönen Fluss,/treffen uns mit den Heiligen an dem Fluss,/der an Gottes Thron vorbeifließt«, während wir zugleich die ganze Zeit die Augen aufsperrten, um zu sehen, welches Tier aus dem Busch uns diesmal beobachtete. Die Gegenwart des Tieres tröstete uns mit dem Gedanken, es könne den Geist des Dahingeschiedenen in sich tragen.

Wenn du auf deinem Stammesland beerdigt bist – so wird hier nach wie vor mündlich überliefert –, kann dein Geist in Frieden ruhen und du wirst auf die zukünftige Entwicklung des Stammes einwirken. Wirst du hingegen nicht auf deinem Stammesland beerdigt, dann wird dein Geist auf immerdar betrübt umherschweifen. Daher will jeder nach Hause kommen, um zu sterben.

Eine gewaltige einsame Kiefer wächst in der Mitte unseres Friedhofs. Sie ragt dort hoch empor wie ein großes Denkmal, schon kilometerweit im Umkreis kann man sie sehen. Sie wurde, glaube ich, 1886 gepflanzt. Wenn jemand aus unserem Stamm mit Bedacht öffentlich dort gestanden und den Blick auf die gigantische Kiefer gerichtet hat, war das bis vor Kurzem eine Botschaft an uns alle, dass der oder die Betreffende nach Hause gekommen war, um zu sterben. Nichts weiter musste gesagt oder getan werden. Kleine Kinder und alle anderen wussten es – sie haben es ein Leben lang erlebt und im Sinn behalten, dass man vor dem Tod keine Angst zu haben braucht.

KAPITEL 2

Unterhalb dieses Hauses waren wir Kinder den alten Leuten häufig beim Auslegen der Reusen behilflich. Den alten Leuten zu helfen machte uns einen Riesenspaß. Viele Stunden haben wir am Fluss zugebracht. Kilometerweit sind wir auf den Feldern der Farmer umhergestreift, von denen wir wussten, dass es dort Obstbäume und dergleichen gab. Manchmal fingen wir ein Kaninchen oder ein Opossum, brieten es auf Kohlenfeuer im Busch und bereiteten es mit Kartoffeln zu.

Nach Warrnambool sind wir, als ich klein war, kaum je gegangen – wenn aber doch, war es jedes Mal etwas Außergewöhnliches –, denn da standen uns einfach überall zu viele Häuser und Leute im Weg. Im Busch dagegen hatten wir die ganze Zeit viel Spaß. Heutzutage tun die Kinder solche Dinge nicht mehr. Sie dürfen zwar nach wie vor gemeinsam solche Dinge tun, doch sie tun sie nicht. Sie gehen nicht viel am Fluss entlang, sie streifen nicht viel durch den Busch. Nur wenn sie mal ein bisschen feuchtfröhliche Party machen wollen oder dergleichen, gehen sie im Allgemeinen noch in den Busch. Im Unterschied dazu haben wir es geliebt, uns im Busch aufzuhalten – einfach dort zu sein.

Wir pflegten ein Spiel namens »Hände hoch« zu spielen, noch aus den Tagen von Ned Kelly.[6] So haben wir das Spurenlesen gelernt. Eine Menge Kinder verschwanden dann im Gebüsch, um sich zu verstecken, und ließen einen Kameraden zurück, der die Aufgabe hatte, sie zu suchen. Er trug einen Haufen kleiner Lehmkugeln bei sich und wenn er jemanden erblickte, schleuderte er mit einem biegsamen gertenartigen, einer Woomera[7] ähnelnden Stock eine davon in dessen Richtung. Wenn er den anderen traf, musste der daraufhin gemeinsam mit ihm nach den restlichen Kindern suchen. Dieses Spiel konnte sich im Busch über Stunden hinziehen und schließlich sind wir so zu wirklich guten Fährtenlesern geworden. Jeder Mensch hat seine eigene, ganz typische Art zu gehen. Indem derjenige, der auf Suche nach den anderen war, seinen Fuß in die Fußstapfen des Kameraden gesetzt hat, dem er auf der Spur war, konnte er dessen Art zu gehen nachvollziehen und auf diese Weise herausfinden, wer die Fußspuren hinterlassen hatte.

Abends sind wir fischen gegangen. Entweder haben wir den Fisch mit dem Speer gefangen; oder wo Felsen im Wasser sind, haben wir, ehe der Regen kommt und all die Aale den Weg hinaus aufs Meer antreten, die Reusen ausgelegt. Die alten Leute wussten, wann es an der Zeit war, die Reusen auszulegen, und die kleinen Kinder gingen ihnen dabei zur Hand. Unterhalb des Hauses, in dem ich jetzt wohne, konnte man entlang des Hopkins River das Lachen all der kleinen Kinder hören und die alten Leute, die nach ihnen riefen und sie anleiteten, indem sie ihnen sagten, wohin sie den Stein legen und was sie tun sollten. So viel Lachen war damals zu vernehmen!

Wenn ich heutzutage runter auf diesen Wasserlauf schaue, gibt es da kein fröhliches Lachen mehr und all die Dinge sind vorüber. Doch ich mag diesen Platz, denn für mich ist er im Grunde ein spiritueller Ort. Schließlich hat es dort das Lachen all der kleinen Kinder gegeben. Viele von ihnen sind schon gestorben, andere sind mitgenommen worden. Als sie Teenager waren, hat die Polizei zahlreichen meiner Kameraden befohlen, nach Melbourne zu gehen. Ansonsten hätte man falsche Anschuldigungen gegen sie erhoben. Tatsächlich wurden viele von ihnen unter dem Vorwand der Trunkenheit geschnappt und eingesperrt.

All die alten Leute hatten gute Grundsätze und die alte Kultur, zu der sie in Treue gestanden haben. An dieser Kultur haben sie mit großem Nachdruck festgehalten und ich war froh, bei ihnen zu sein. Ich hatte das große Glück, die ganze

Zeit mit ihnen zusammen sein zu können, weil ich nie zur Schule gegangen bin – außer an jenen Tagen, an denen man dort kostenlos etwas zu essen bekam. Als ich zum ersten Mal die Schule besucht habe, bin ich nur zwei Tage lang dort hingegangen, weil es mir nicht gefiel, wie der Lehrer die kleinen Kinder schlug. Darum ging ich wieder zurück in den Busch. Der Busch war meine Schule.

Mit den alten Leuten habe ich draußen in der Natur übernachtet, bin mit ihnen durch die Straßen gezogen und habe mit ihnen in Warrnambool und anderen Städten Gelegenheitsarbeiten übernommen. Meist haben wir dann irgendwo in einem Schuppen übernachtet. Und die ganze Zeit leiteten sie mich durch dieses Leben, mit dem sie sich nun auseinanderzusetzen hatten. Und wissen Sie, das waren schon ziemlich gute Sachen, die sie mir da beigebracht haben – beispielsweise den Umgang mit solchen Dingen wie dem überall anzutreffenden Rassismus und der Voreingenommenheit der meisten Menschen.

»Lerne, damit zurechtzukommen«, sagten sie. »Hege gegen niemanden Groll, empfinde bloß Mitgefühl mit den Leuten, die dich anpflaumen. Wer dich anpflaumt und dich als ›schwarzen dies und schwarzen jenes‹ bezeichnet, ist selbst unglücklich. Solche Leute haben nämlich kein glückliches Zuhause. Wenn sie dich so nennen, kannst du trotzdem ihr Freund sein – eines Tages wirst du ihnen vielleicht helfen können.«

So haben die alten Leute es uns beigebracht und ich tue diese Art von Dingen bis heute. Gegen niemanden hege ich Groll, ganz gleich, was sie mir antun. Manchmal machen sie dich ein bisschen wütend, doch dann nimmst du es von der komischen Seite und lachst darüber.

Die alten Leute sind nun alle fort, niemand ist mehr übrig. Als sie gestorben sind, ist etwas Geheiligtes von uns genommen worden: diejenigen Menschen eben, die noch auf die traditionelle Weise gelebt und Aborigines-Grundsätze gehabt haben. Den jungen Leuten, die ich heute sehe, bot sich nie die Gelegenheit, die alten Leute zu treffen und mit ihnen zusammen zu sein. Daher haben sie diese Dinge nie gelernt. Darum sind sie, glaube ich, heutzutage so wütende junge Leute – weil ihnen da etwas ganz Entscheidendes abhandengekommen ist, ihre Kultur etwa und ihre Grundsätze, die ganze althergebrachte Lebensweise der Aborigines. Verlierst du aber deine Grundsätze, dann verlierst du dich selbst.

Darum haben die jungen Aborigines, glaube ich, keinen Halt mehr und sie haben in gewisser Weise ihre Identität verloren. Sie überlegen: »Also, aus welchem Stamm komme ich eigentlich? Wer war mein Onkel? Wer war meine Tante? Woher kommen meine Leute?« Und sie wissen diese Dinge nicht, sind auf der Suche nach ihrer Identität und es ist niemand mehr da, der ihnen noch sagen könnte, wo sie herkommen. Dann greifen sie zu Drogen, fangen an zu trinken und solche Sachen und sie geraten in Schwierigkeiten, weil sie wütend sind auf die Welt und wütend auf sich selbst, weil sie ihre Identität verloren haben. Überall kritisieren und schimpfen sie nur herum und versuchen den Weg zurück zu finden. Doch ich glaube nicht, dass sie ihn so jetzt finden werden; es sei denn, sie gehen wieder in den Busch und leben wie die alten Leute.

Schert euch nicht um Geld, um dicke Autos und all diese Dinge. Geht zurück und lebt! Geht jagen! Verschafft euch selbst, was ihr zum Essen braucht! Wartet nicht darauf, dass die Regierung euch Geld gibt für einen Laib Brot. Geht und bereitet euch am Lagerfeuer Buschbrot oder dergleichen. Und seid glücklich! Seid wieder Kinder der Natur, statt in den großen Städten zu leben, euer Gewissen zu verkaufen und euch verderben zu lassen, bis ihr ins Gefängnis gesperrt werdet und dort oder in den Parks eure Freunde sterben seht – und derlei Sachen, die mir nicht gefallen.

Es hatte wohl einen Grund, dass die alten Leute mich ausgesucht haben, um mir all die Dinge zu erzählen. Wohin sie auch gingen, überall haben sie mir Dinge erzählt, über die sie mit anderen nicht geredet haben. Und das ist schon eine wundersame Sache. Denn meine Kameraden, die mit mir zusammen aufgewachsen sind und denen sie solche Dinge nicht erzählt haben, sind mittlerweile fast alle gestorben. Als hätten die alten Leute gewusst, dass es so kommen würde. Viele meiner Kameraden sind gestorben, weil sie nie eine ärztliche Behandlung erhalten, den Ärzten keinen Glauben geschenkt oder kein Vertrauen zu ihnen gehabt haben. Ein paar von ihnen sind im Gefängnis ums Leben gekommen.

Und ich frage mich: Warum ist es so, dass diese armen alten Leute all die Dinge ausgerechnet mir erzählt und mich die ganze Zeit bei sich gehabt haben, als hätten sie mich ausgesucht, um mir ihre Geschichte zu erzählen und ihre Grundsätze mitzuteilen, und nun erzähle ich heutzutage die Geschichte denjenigen kleinen Kindern, von denen ich weiß, dass sie mir zuhören mögen. Ich bin als Einziger übrig geblieben. Und ich hoffe, dass die kleinen Kinder, denen ich heute all das erzähle, daraus ebenfalls lernen werden.

Mit den alten Leuten zusammen zu sein war ein gutes Gefühl. Und wissen Sie was? Von ihnen habe ich vieles gelernt, was ich in der Schule nie gelernt hätte. Die Dinge, die ich den Leuten erzähle – sie sagen mir, dass sie solche Dinge noch nie gehört haben. Die Geschichte der Aborigines ist größtenteils eine mündliche Geschichte, wissen Sie? Sie besteht aus Rede und Gesang, geradeso, wie die weißen Leute ihr Ballett und ihre Opern haben.

Gerne gebe ich das altehrwürdige Wissen an jeden weiter, der mir zuhören mag. Und zum Großteil hören die jungen Leute zu. Sie kommen vorbei, um mich zu sehen – verirrte Kinder, kleine weiße Kinder, kleine Aborigines-Kinder auf Drogen. Sie kehren heim und fragen: »Könnte ich ein

Weilchen bleiben?« Dann sage ich: »Ja! Wir haben reichlich Platz hier – iss erst mal was, Freund. Und falls ich mal nicht zu Hause bin, bedien dich selbst. Ruh dich gut aus, mein Lieber.« Ich bin freundlich zu ihnen, weil ihnen in diesem Augenblick ihres Lebens zumute ist, als hätten sie keine Freunde.

Manche Leute aber sagen zu mir: »Warum lässt du all diese hoffnungslosen Versager hierher zu dir kommen? Lass sie nicht rein. Sie sind Drogenabhängige, sie sind dies, sie sind das – sie sind Diebe, die ihre Gewohnheiten sowieso nicht ablegen wollen.«

»Hör zu, Freund«, sage ich dann. »Dies hier ist ein Zufluchtsort für verlorene Seelen. Meine Tür steht jedermann offen und alle sind sie mir willkommen. Das ist alles, was ich tun kann. Sie fortjagen und sie irgendwo in die Gosse stoßen, das tut man nicht. Man streckt ihnen freundlich die Hand entgegen und hilft ihnen, mein Freund.«

Und von ihrer Seite kann man, wenn man hinhört, auch Hilferufe vernehmen! Sie kommen und sagen: »Darf ich für ein paar Nächte bleiben?« Und ich sage: »Ja, bleib hier, Freund, bis du selbst wieder richtig mit dir zurechtkommst. Sorg erst mal dafür, dass du alles auf die Reihe bringst.« Und wenn sie dann gehen, sind sie richtig erstarkt und manche von ihnen kommen anschließend gut voran im Leben, andere hingegen nicht, und die kehren hierher zurück.

Eine junge Frau ist einmal den ganzen Weg von Westaustralien hierhergefahren, um mich zu sehen. Sie sagte mir, dass sie Angst hat, dass hinten im Auto ein Geist ist. Der sollte verschwinden und dafür sollte ich sorgen. Also habe ich ein paar Zweige zusammengesucht, den Geist ausgeräuchert und so das Auto von ihm befreit. Manches Mal schon haben mich Leute darum gebeten, derartige Dinge zu tun. Und ich tue ihnen immer sehr gern den Gefallen.

War ich nicht mit den alten Leuten zusammen, dann war ich stundenlang mit meinen Freunden unterwegs. Morgens hatten wir zum Frühstück Kaninchen mit Buschbrot oder wir hatten Kängurufleisch – je nachdem, was da war –, und dann saßen meine Brüder, meine Schwestern und ich draußen, um zu entscheiden, was wir an dem betreffenden Tag unternehmen würden. Wir waren noch zu jung, um zur Schule zu gehen. Einige von uns Kindern wollten Kaninchen oder Opossums jagen gehen, während andere mit dem Speer Fische fangen wollten. Freilich haben wir niemals etwas getötet, das der Stamm nicht benötigt hat, und wir stellten sicher, dass die Tiere einen schnellen Tod hatten. Das war Teil unserer Verantwortung.

Meine Gruppe arbeitete mit Waddies (Holzkeulen) und Hunden. Wie jeder andere im Stamm leisteten auch wir Kinder unseren Beitrag. Wenn wir nachlässig waren, hatten sämtliche Aborigines-Familien in unserem Gebiet ein bisschen darunter zu leiden.

Unsere großen Hunde waren für das Jagen der Hasen, Kängurus und Kaninchen zuständig, während unsere kleinen Hunde das Aufstöbern der Beutetiere übernahmen, also im Busch herumschnüffelten und das Jagdwild aufscheuchten. Die großen Hunde warteten außerhalb des Buschlands. Jeder von ihnen verstand sich auf seine Aufgabe. Die kleinen schnüffelten und bellten, während die großen das Wild einkreisten und darauf warteten, die Verfolgung aufzunehmen.

Gewöhnlich begaben wir uns an den Fuß einer kleinen Anhöhe, meist dort, wo auch der Fluss entlangführt, und schlichen uns dann durch den Adlerfarn an eine Stelle heran, wo sich auf einem Feld Kaninchen in größerer Zahl zum Fressen eingefunden hatten. Die Hunde verfolgten wachsam, was da vor sich ging, und wir befahlen ihnen, sich hinter uns zu halten. Nachdem wir uns lange in geduckter Haltung herangepirscht hatten, tauchten wir schließlich oben auf der

Bergkuppe auf und die Kaninchen – die der weiße Mann liebenswürdigerweise in unsere Region gebracht hatte – stellten sich auf die Hinterbeine, um nach uns zu sehen. Anschließend kauerten sie sich nieder. Wir kreisten sie ein und ein paar von ihnen waren mutig genug, um plötzlich loszusausen. Dann schleuderten wir unsere Waddies und setzten sie so außer Gefecht. Wir alle wussten von den Waddies zielsicher Gebrauch zu machen. Und so hatten wir reichlich Kaninchen, mit denen wir unsere Familien versorgen konnten. Waren Kaninchen lediglich verletzt worden, wurden sie von den Hunden getötet.

Großenteils haben wir von Kaninchen und Hasen gelebt, denn viel Geld haben wir nie besessen. Gegen Ende des 19. Jahrhunderts, als die Reinblütigen Lebensmittelzuteilungen erhielten, beschloss die Regierung, die Fleischrationen zu reduzieren und mein Volk darben zu lassen, damit wir Kaninchen fangen, um zu überleben. Für die Regierung war das eine willkommene Möglichkeit, die Kaninchen kostenlos unter Kontrolle zu halten.

In Krisenzeiten hingegen wollten die Farmer die Aborigines nicht mehr wie in der Zeit davor zum Kaninchenfangen auf die Felder lassen. Jetzt waren sie selbst auf die Kaninchenfelle aus. Das hatte Konsequenzen: Als für die Farmer wieder gute Zeiten anbrachen und sie sich nicht mehr darum kümmern mochten, die Kaninchen zu töten, wurde das Land von den Tieren regelrecht überschwemmt.

Ein Opossum konnten wir zu jeder Tageszeit fangen, wann immer wir wollten. Die Kratzspuren an einem Baumstamm verrieten uns, wo es sich aufhielt und wo die Baumhöhle mit seinem Nest zu finden war. Allerdings holten wir uns nur dann ein Opossum, wenn wir sehr hungrig waren oder für unsere Leute eine Abwechslung im Speiseplan anstand.

Mittags brauchen wir unser kleines Festmahl, um in Schwung zu bleiben. Wir zünden uns ein Feuer an und garen dann zum Beispiel unser Opossum in der Asche, mitsamt dem Fell und allem. So lassen sie sich am besten zubereiten. Schmecken auch besser. Das Feuermachen liegt uns im Blut. Vor nicht allzu langer Zeit noch hat unser Volk das Wild mithilfe des Feuers in bestimmte Abschnitte des Waldes getrieben. Damals hielt man die Vögel und die anderen Tiere zusammen, indem man kreisförmig rings um sie herum eine breite Schneise in Brand gesetzt hat. Pate stand dabei die Idee, dass Besucher, die zu uns kamen, um gemeinsam mit uns ein traditionelles Fest – ein *Corroboree* – zu feiern, keine Zeit damit vertun mussten, auf die Jagd zu gehen. Ihr Essen hatten sie praktisch zum Greifen nahe vor sich.

Indem das Feuer in den Wäldern das Unterholz lichtete, verhalf es unseren Ahnen zu mehr Bewegungsmöglichkeit unter den Bäumen; außerdem konnten sie mithilfe des Feuers Weideflächen für Kängurus anlegen. Und zahlreiche australische Pflanzen sind einzig und allein während einer Feuersbrunst dazu imstande, sich weiter auszusäen.

Wenn meine Freunde und ich, nachdem wir morgens gejagt hatten, zu Mittag aßen, stellten wir hin und wieder fest, dass niemand Streichhölzer dabeihatte. Doch das war für uns kein Problem. Wir haben uns dann abwechselnd um die Handhabung des Feuerholzes – ein dünner, harter Stock, der in einem weichen, mit einem Loch versehenen Stock rasch hin und her gedreht wird – gekümmert. Genau wie die alten Leute. Schnell entstand so viel Hitze, dass das Holz zu qualmen begann. Wir haben dann hineingeblasen und die faserige Rinde des Stringy-Bark-Eukalyptus hinzugefügt, die sich daraufhin entzündete. Als Nächstes haben wir dicke Borkenstücke von den Bäumen geschält, sie auf das Feuer draufgelegt und zu glutroten Kohlen verbrennen lassen, aus denen danach richtig heiße Asche wurde. Darin haben wir Hohlräume geschaffen und unser Essen hineingelegt, Opossum oder Kaninchen mit Kartoffeln.

Wo ein paar Kartoffeläcker zu finden waren, wussten wir natürlich ganz genau. Wir gaben uns aber immer Mühe, von den weißen Farmern nicht gesehen zu werden, obwohl dort, wo wir jagten, schon seit Tausenden von Jahren Kinder gejagt hatten. Aber auch unser Territorium war zum Land des weißen Mannes geworden und wir wussten, dass es Massaker gegeben hatte.

Gewöhnlich haben wir uns die Kartoffeln auf dieselbe Art und Weise geholt, wie es die Bandikuts (Nasenbeutler) tun, diese kleinen Tiere mit den langen Nasen. Wir haben die Kartoffeln *unter* den Pflanzen ausgegraben. Oben blieben also die Stiele unversehrt stehen und bis zur Ernte wussten die Farmer nicht, dass die Kartoffeln längst verschwunden waren. Doch wir haben uns nie sonderlich viel genommen und gedacht, die weißen Leute werden nur darüber lachen, wenn sie herausfinden, wie wir das angestellt hatten. Bestimmt werden sie Bescheid wissen, dass Aborigines-Kinder dahintersteckten.

Manchmal kam ein Farmer auf seinem Pferd angeritten, um uns Angst einzujagen. Aber wir hielten alle zusammen. Er sagte dann vielleicht zu uns: »Wenn ihr in jene Richtung dort geht, findet ihr eine Obstplantage. Ihr dürft euch ein paar Früchte nehmen, aber nehmt nicht alle.« Genau das hatten wir ohnehin vorgehabt!

Im Busch sind wir der Fährte von Kängurus gefolgt – wir wussten immer, wo sie steckten. Und auf dem Weg, den sie zurückzulegen pflegten, haben wir ihnen dann eine Falle gestellt, gerade ausreichend, um sie abzubremsen. Da Kängurus immer zuerst mit dem Kopf durch dichten Farn gehen, haben wir die Farne mit einem Strick aus junger Borke zusammengeflochten und noch ein wenig mehr Borke dahinter gesteckt. Dann haben wir den armen Kerl umzingelt.

Den Tieren, die wir gejagt haben, wie zum Beispiel die Kängurus, haben wir stets einen gnädigen schnellen Tod bereitet. Niemals hätten wir etwas anderes getan. Denn unser mit dem Speer erlegtes Känguru war nach unserer Überzeugung auf einer tiefgründigen, geheimnisvollen Ebene dasjenige Känguru, von dem die geistige Welt wollte, dass wir es fangen. Daher behandelten wir alle Tiere, die sich uns als Nahrung hergaben, voller Respekt.

Vor Sonnenuntergang machten wir uns auf den Heimweg. Wir trafen dann die Kinder, die mit dem Speer auf Fischfang gegangen waren. Wir sprachen darüber, wie der Tag für uns verlaufen war, und zeigten einander, was wir erbeutet hatten. Dann haben wir vielleicht einigen Kindern aus anderen Familien ein paar Kaninchen und Kartoffeln gegeben und sie gaben uns ein paar Aale und andere Fische. Vermutlich klingt das nach Tauschhandel, tatsächlich aber war es meinen Kameraden und mir einfach wichtig, dafür zu sorgen, dass alle Familien genug zu essen hatten. Um jeden haben wir uns gekümmert und alles miteinander geteilt.

Die Kinder, die vom Fischefangen zurückkamen, hatten sich genauso wie wir an die strikte Aborigines-Regel gehalten, uns nur zu nehmen, was wir benötigten. Unserem Naturverständnis zufolge mussten wir die kleinen Fische wieder zurück ins Wasser setzen, damit sie groß werden und sich für den Stamm vermehren konnten. War der Fisch dann erst herangewachsen, hatte jemand eine richtige Mahlzeit. Darüber freuten wir uns.

Wenn wir eine Forelle fangen konnten, weil sie sich im flachen Wasser unter einem Stein versteckt hielt, legten wir uns selbst ins Wasser und wackelten in der Nähe ihres Bauches ein wenig mit dem Finger. Die Forelle bewegte sich nun rückwärts und folgte bereitwillig dem Finger. Langsam zogen wir die Hand weiter zurück und die Forelle kam schließlich heraus. Schließlich konnten wir sie aufspießen.

Wir Kinder sind alle, ohne Ausnahme, mit den Speeren sehr behutsam umgegangen, weil für uns jeder Tag ein Tag zum Jagen und zum Fischen war. Speere sind von einer Generation an die nächste weitergereicht worden und wenn ein Freund sich einen Speer geborgt hat, musste der unbedingt zurückgegeben werden. Sie sind stets scharf geblieben, denn sie als Spazierstock zu verwenden oder sie über Steine zu ziehen war uns nicht gestattet. Immer haben wir sie mit der Spitze nach oben getragen.

Um Speere herzustellen, haben die alten Leute das Holz des Teebaums[8] gespalten und überm Feuer gehärtet. Wenn ich einen dreizackigen Fischspeer haben wollte, haben sie unter Verwendung von Emu- oder Kängurusehnen zusätzlich zwei Kurzspieße auf einem kleinen Stock befestigt, der den Abstand zwischen den Kurzspießen herstellte. Oft fädelten die alten Leute auch einen ganzen Haufen Würmer auf einen Faden auf, sodass er aussah wie ein Ball, damit wir ihn als Köder durchs Wasser ziehen konnten. Ein Aal oder ein anderer Fisch würde dann versuchen, den ganzen Happen auf einmal herunterzuschlucken, und wir konnten ihn so einkassieren.

An Wochentagen waren die Erwachsenen zu Hause bei der Nahrungsversorgung auf uns Kinder angewiesen, weil sie dann in Schwerstarbeit Zaunpfähle für weiße Farmer schlugen. Am Wochenende dagegen jagten sie Kängurus. Und wenn wir unseren Kameraden auf dem Nachhauseweg am Berghang begegneten, unterhielten wir uns alle miteinander aufgeregt darüber, was die Erwachsenen uns wohl an ihrem nächsten freien Tag beibringen würden. Nachdem wir dann in unserer Hütte angekommen waren, bedeckten wir den Fang des Tages mit Sackleinen, um ihn vor Fliegen zu schützen, und hängten ihn schließlich an lange gabelförmig geformte Stöcke, die wir gegen die Wand lehnten oder aber, mit etwas Draht umwickelt, um die Hunde abzuhalten, vom Dach herunterhängen ließen. Nach der Heimkehr von der Arbeit nahmen unsere Väter die Tiere aus, säuberten das

Fleisch und unsere Mütter begannen dann, das Essen zu kochen.

In der entsprechenden Jahreszeit nahmen die alten Leute uns zu einem Tagesausflug mit an den See von Wangoom. Dort konnten wir uns Enten- und Schwaneneier holen. Wir haben uns dabei stets anständig benommen. Uns war klar, dass wir eine Tradition lebendig erhielten, die zur Stärkung der Vogelfamilien beitrug und in unserer Region schon seit Jahrtausenden gepflegt wurde. Einmal um Lake Wangoom herum war ein gut fünf Kilometer langer Weg. Die Regierung des Bundesstaats Victoria hat den See später an Landbesitzer verkauft, deren Ländereien bis an das Seeufer reichten, und diese Farmer haben ihn inzwischen trockengelegt. Das ist überaus bedauerlich, denn in jenen Tagen waren dort im Morast und im Flachwasser Tausende Schwäne ansässig, die für den Bau ihrer Nester das Schilfrohr abrupften.

Unsere älteren Frauen brachen ebenfalls Schilfrohr. Mit Bündeln auf der Schulter, die so groß waren, dass wir sie mit den Armen nicht umfassen konnten, schritten sie dann die Wangoom Road entlang. Aus dem Schilf flochten sie Sonnenhüte oder große Körbe. Diese haben sie an Läden und an auswärtige Hotels verkauft.

Kaum waren wir am Lake Wangoom angekommen, konnten wir überall die Nester sehen und wir fingen an, für unseren Stamm Eier zu sammeln. Behutsam entnahmen wir aus jedem der mit fünf Eiern bestückten Nester ein oder zwei Stück, sorgsam darauf bedacht, keine menschlichen Geruchsspuren zu hinterlassen. Ein komplettes Gelege herausnehmen – auf einen derartigen Gedanken wären wir gar nicht gekommen. Nach unserem Besuch konnte die Mutter von Anfang an die im Nest verbliebenen vier starken Babys großziehen und brauchte keine Nahrung für das schwächste zu verschwenden, das ohnehin bald schon aus dem Nest geworfen werden würde. Ohne unser helfendes Eingreifen wäre stets ein Baby dabei, das an die von der Mutter herbeigebrachte Nahrung nicht herankommen würde. Mit der Natur sind wir so schonend und wohlwollend umgegangen, wie wir nur konnten. Und die Natur meinte es ihrerseits gut mit uns.

Wenn meine Kameraden und ich, nachdem wir den ganzen Tag gejagt und gefischt hatten, einander am Abend eines ganz gewöhnlichen Tages wieder trafen, hatten wir also im Wesentlichen dieselben Dinge getan wie bereits seit Tausenden von Jahren unzählige andere Kinder vor uns auf diesem Flecken Erde. Nur war dies alles für uns aufgrund der Tatsache, dass sich nicht weit von uns entfernt überall auf diesem Land der weiße Mann niedergelassen hatte, um einiges schwieriger geworden!

Auf die eine oder andere Weise drehte sich bei uns Kindern das Gespräch eigentlich immer um die Nahrungsmittel, die wir erbeutet hatten. Im Allgemeinen konnten wir gute Geschichten darüber erzählen, was sich an dem betreffenden Tag alles zugetragen hatte. Mädchen hatten wir ebenfalls mit dabei, wenngleich nicht jedes Mal. Oft blieben sie im Camp, um dort sauber zu machen. Sie waren aber auch vorzügliche Jägerinnen! Und ganz besonders gut konnten sie auf Bäume klettern. Sie holten jeweils nur einen einzigen Baby-Kookaburra⁹ aus einem Nest und hätschelten ihn, bis ihm Federn wuchsen. Die Mädchen erhielten Bestellungen von weißen Leuten in der Stadt, die einen Kookaburra brauchten, um die Insekten in ihrem Garten in Schach zu halten.

Die Sonne verschwand schon fast hinterm Horizont, wenn wir unsere Beute nach Hause brachten. Unsere Mütter begannen mit den Kochvorbereitungen für das, was zum Abendessen benötigt wurde, wobei sie versuchten, etwas für den nächsten Tag aufzuheben. Um Buschbrot zuzubereiten, zerstampften sie schmackhafte Knollenfrüchte, bestimmte Samen und Yamswurzeln zu einem Brei. Manchmal nahmen sie auch Mehl mit hinzu.

Wasser wurde am späten Nachmittag gebracht. Die alten Leute hielten ein gewaltiges Netzwerk von Brunnen und Dämmen instand. Sechs oder sieben Kilometer weit zu laufen, um Wasser zu holen und zwei an einer hölzernen Schultertragevorrichtung hängende Kerosinkanister zu schleppen, das war nichts für einen alten Menschen. Rings um unser Camp im Busch herrschte rege Betriebsamkeit. Wenn man auf sauberes Wasser Wert legte, bedeutete das daher unter Umständen, dass man es möglichst aus dem am weitesten entfernt gelegenen Brunnen holte, weil er das beste Wasser hatte. Nichtsdestoweniger lebte meine Familie gern neben der Mineralquelle. Mit dem mineralhaltigen Wasser, meist in Teebechern, sind viele Generationen unserer Familie großgezogen worden.

Manchmal aßen wir zu Hause und Leute aus anderen Häusern schauten vorbei. Auf dem Weg zu uns sangen sie, damit wir wussten, dass sie als Freunde kamen, die guter Laune waren und uns interessante Geschichten zu erzählen hatten. Jeder stand dem anderen zur Seite in jenen Tagen, denn jeder musste mit den gleichen Schwierigkeiten zurechtkommen. Wenn zum Beispiel jemand krank war weit oben in einem Busch-Camp und ihn schon eine Weile niemand mehr zu Gesicht bekommen hatte, dann machte sich jemand anderes auf den Weg und schaute nach ihm. Und bei der Gelegenheit nahm er einen großen, mit einer schönen Suppe gefüllten Feldkessel mit. In dem hat man dann die Suppe warm gemacht und dem Kranken davon zu essen gegeben. Wir alle haben solche Dinge füreinander getan. Jeder wusste, dass wir in diesen widrigen Zeiten zusammenhalten und einander das Leben so leicht wie irgend möglich machen mussten.

Bei den Aborigines war es immer schon Brauch, miteinander zu teilen. Die Aborigines sind der Überzeugung, dass wir alle – Arm oder Reich, Schwarz oder Weiß, Gelb oder Rot – angesichts von Situationen, die wir nicht ändern können, ohnehin schon genügend Kummer ertragen müssen. Wir alle haben dieselben Empfindungen miteinander gemein. Eine Aborigines-Mutter, deren Sohn in Schwierigkeiten steckt, empfindet genauso wie eine weiße Mutter in der entsprechenden Situation. Zwischen diesen beiden Müttern besteht ein geistiges Band. Mag sein, dass sie glauben, unterschiedliche Empfindungen zu haben, weil sie diese in Abhängigkeit von ihrer Kultur auf verschiedene Weise interpretieren. Manche Leute meinen, dass man eine Tragödie anders empfindet, wenn man eine andere Hautfarbe oder ein anderes Naturell hat. Aber nein, die Empfindungen sind in Wahrheit die gleichen. Zu teilen und Anteil zu nehmen bedeutet daher für Aborigines eine willkommene Gelegenheit, unser inneres Wissen um die Tatsache, dass wir alle zusammengehören, zum Ausdruck zu bringen. Wir teilen miteinander Leid, Freude und das Essen.

An besonderen Abenden haben die jungen Männer aus dem Camp draußen ein Freudenfeuer entzündet und dazu wurden dann gemeinsam die passenden Gesänge angestimmt. Gemeinsames Singen fand auch jeden Mittwochabend in der Missionskirche statt. Von überall her kamen die Leute dann herbeigeströmt. Die alten Leute waren allesamt gute Musiker. Ich erinnere mich, dass sie jedes Instrument in die Hand nehmen und darauf spielen konnten, selbst wenn sie es noch nie zuvor zu Gesicht bekommen hatten. Ihre musikalische Begabung war einfach toll. Der alte Onkel Billy Austin war großartig an der Orgel. Und wir saßen um das Lagerfeuer und sangen gemeinsam: Einer stützte den anderen, indem sie ihre Stimmen in Einklang miteinander brachten.

Angesichts des Freudenfeuers pflegten unsere Mütter und Väter sich eigene Lieder über die jüngere Geschichte einfallen zu lassen. Und unsere Großeltern erhoben sich dann, um in überlieferte Stammesgesänge einzustimmen und uns Kindern ihre Bedeutung zu erklären.

Wenn meine Kameraden und ich allmählich schläfrig wurden, machten wir uns auf den Weg zu unserer Hütte. Dabei folgten wir den Trampelpfaden durch den Busch. Eine festgesetzte Zeit zum Schlafengehen gab es nicht. Ältere Kinder haben uns begleitet und sie haben uns dabei geholfen, alles zum Schlafen herzurichten. Während wir schon in unserer Hütte im Busch lagen, hörten wir immer noch den vielstimmigen Gesang – geheime Lieder. Nach einer Weile verstummten die Gesänge schließlich. Wir wussten dann, dass die alten Leute nun Geschichten erzählten, Geschichten von großen Aborigines-Jägern und -Sportsmännern, aber auch Geschichten von Entbehrungen und Massakern.

Sie waren wundervolle Sänger und unsere Träume waren von ihrer Musik erfüllt. Ich vermisse sie in der heutigen Zeit. Wenn die alten Leute zum Schluss durch die Nacht streiften, auf dem Weg zu ihrem Camp, konnten wir ihre Stimmen noch aus weiter Ferne vernehmen: Den ganzen Weg bis nach Hause haben sie gesungen.

KAPITEL 3

In schwierigen Zeiten waren wir über viele, viele Generationen hinweg auf die eigene Geschicklichkeit beim Fischfang angewiesen. Die alten Leute legten Reusen aus und das brachten sie auch den Kindern bei. Wenn später, als wir größer wurden, jemand hungrig war oder gern Fisch essen wollte, ließen wir den Blick über den Fluss schweifen, um zu sehen, wo große Forellen oder Aale schwammen. Jene Stelle, die wir als Quelle bezeichnen, wo das Wasser ein paar Meter vom Fluss entfernt aus dem Boden kommt, kannte ich schon als kleiner Junge. Der alte Papa bereitete uns, wenn wir als kleine Kinder dort hingingen, gern eine Dusche. Und meistens gerieten wir dann tatsächlich unter das Quellwasser. Es war kalt wie Eis! Meistens wollten wir danach unbedingt in den Fluss springen, weil er warm war.

Im Umkreis der Quelle wächst viel Wasserkresse und es stehen dort viele Weiden. Den Sommer über bildeten sich im Flussbett vereinzelt Wasserlöcher. Dann schlich man sich ans Ufer, stand auf dem Felsen ein Stück weit oberhalb des Wassers und beobachtete das Geschehen in dem Wasserloch; denn von einer erhöhten Position aus kann man die Fische leichter sehen. Du hast sie also genau beobachtet und wenn du geglaubt hast, dass du dir die Fische am Übergang zum seichten Wasser schnappen könntest, hast du dich hineingeschlichen. Stets kamen sie von dort her, wo die Quelle in den Fluss strömt. Wenn man in diesem Bereich zum Fluss ging, hat man daher als Erstes geguckt, an welcher Stelle das Quellwasser eingeströmt ist. Da tummelten sich die Fische, weil sie das kühle Wasser mögen.

Ich pflegte den alten Leuten dabei zu helfen, wenn sie, einen knappen Kilometer von der Stelle entfernt, wo ich wohnte, Kanäle gruben, um die Fische in die Falle zu locken. Einmal richtig in Fahrt gekommen, verzichteten die Fische nämlich gern auf eigene Schwimmbewegungen, ließen sich vielmehr – besonders dort, wo sich kleine Stromschnellen gebildet hatten – von der Strömung mittragen und genossen auf diese Weise eine kostenlose Flussfahrt. Wäre ich ein Fisch, würde ich es genauso machen. Meine alten Leute erzählten mir, wo man einen bestimmten Stein hinlegen und wo man andere Steine entfernen musste. Sie erklärten mir, wo die Wasserströmung am stärksten sein würde, und ich half mit, genau an der Stelle die Fangvorrichtung zu bauen.

Während wir daran arbeiteten, erzählten die alten Leute von wundervollen, lange zurückliegenden Zeiten am Lake Bolac, nahe der Westgrenze meines Stammeslandes. Zur Regenzeit im Herbst machten sich damals von dort aus Aale in großer Zahl flussabwärts auf den Weg zum Meer. Alles Land rings um den See gehörte ebenso wie das Land auf beiden Seiten des Flusses über eine lange Strecke hinweg dem Buluk-Bara-Stamm. Ohne ausdrückliche Erlaubnis hatte kein anderer Stamm das Recht, dieses Land zu betreten. Oder es kam zum Kampf. Jedes Jahr im Herbst jedoch hießen sie uns herzlich zu einer großen Versammlung an beiden Ufern des Salt Creek willkommen. Da ging es dann ähnlich zu wie in einem großen Dorf.

Jedem Stamm wurde für diesen Zeitraum ein eigenes Stück Flussufer zur Verfügung gestellt, an das er Jahr für Jahr zurückkehrte. In Höhe ihrer steinernen Flussmarkierungen schlugen die Familien dann für ungefähr zwei Monate das Lager auf und legten dort ihre Aalreusen aus. Es war eine Zeit der Festlichkeiten – weise Reden waren zu hören, man feierte Corroborees, traf Ehevereinbarungen und begegnete alten Freunden. Manchmal galt es, wichtige Gespräche zu führen und Entscheidungen zu treffen, zum Beispiel über ein Problem mit den Nahrungsmitteln, mit einem Nachbarstamm oder womit auch immer. Und die alten Leute versammelten sich, berieten miteinander und baten um geistige Führung: Gleichgültig, worum es ging, stets versuchten sie, mit Unterstützung der geistigen Kräfte die Zustimmung aller zu erhalten.

Anfang der 1860er-Jahre, so hat man mir erzählt, machte eine Gruppe weißer Männer aus Ararat es sich zur Gewohnheit, jedes Jahr an den See zu kommen, sobald dieser überreichlich mit Wasser gefüllt war – die einzige Zeit, zu der dort der Aalfang möglich ist. Über die gesamte Breite seines einzigen Abflusses spannten sie ihre Netze auf und ließen keine Aborigines mehr in die Nähe kommen.

Für die fünf großen Stämme aus dem südwestlichen Victoria, aus denen die Aborigines-Nation der Gunditjmara beziehungsweise der Mara besteht, bedeutete dies das Ende der großen Versammlungen. Einer der einflussreichsten unter den fünf Stämmen, unser Nachbarstamm an der Küste, trug ebenfalls den Namen Gunditjmara. Er bedeutet nichts weiter als: »den Aborigines zugehörig«. Diese Dinge habe ich gehört und mir zu Herzen genommen, während ich unterhalb des Platzes, an dem meine Familie lebte, meinen alten Leuten zur Hand ging.

Von den speziellen Versammlungen auf dem Mount Noorat habe ich ebenfalls gehört. Dort trafen sich bei Vollmond sämtliche Clans mit ihren unterschiedlichen Dialekten. Sie alle trafen sich an diesem Platz, auch die Kinder. Und die alten Leute erzählten Geschichten über all das, was geschehen war: Wo ihr Land gestohlen, wo ihre Leute ermordet worden waren, wie Leute mit großen Pferden und Gewehren in ihre Camps geritten gekommen waren, wie ein Aborigine, hinter einem Auto zu Tode geschleift worden und dabei um sein Leben gerannt war und sich über die unmenschliche Gefühlskälte der Weißen beklagt hatte, während sie ihn nur auslachten.

All diese Geschichten wurden am Lagerfeuer erzählt. Von überall her kamen die verschiedenen Stämme, zum Beispiel vom Gebirge der Grampians, die Nordstrecke herauf und dann an der Küste entlang. An einem anderen Platz hier unten, in Killarney, gab es am Strand einen wichtigen Treffpunkt – die Muschelhaufen liegen heute noch da. Auch dort waren all die Kinder mit dabei, so lernten sie ihre Geschichten kennen. Und sie haben zugehört. Sie konnten, als sie Kinder waren, vielleicht nicht die Bedeutung erfassen, haben aber trotzdem zugehört. Und später, als sie heranwuchsen, kamen ihnen dann all die Dinge wieder in den Sinn. Zu der Zeit, als sie davon hörten, hatte diese Dinge keine so große Bedeutung für sie. Doch sie verstanden: Es war etwas, worüber Bescheid zu wissen später für einen Aborigine wichtig sein würde.

Zu jeder Jahreszeit gab es etwas anderes zu tun. Wenn den Sommer über der Wasserstand im Fluss immer weiter sank, war der Zeitpunkt gekommen, mit Steinen und Ästen einen großen Damm zu bauen. Bald schon würde der Wasserstand wieder steigen und anschließend erneut sinken. Dann würden die Fische in der Falle sitzen.

Um zu lernen, wie man Aalreusen fertigt, schaute ich den alten Leuten zu, wie sie aus Gras lang gestreckte, sich verengende Formen flochten. Vorne waren die Reusen mit einem Reif versehen, dahinter befand sich ein Trichter, in den die Aale zwar hineingelangen konnten, aus dem es jedoch kein Entrinnen mehr für sie gab. Um das Fischnetz herum schichteten wir Steine auf und warteten auf die Fluten, deren Zeit gewöhnlich im Mai, zum Ende des Herbstes, anbrach.

Wir Kinder liebten diese Zeit. Wir sprangen ins Wasser, scheuchten die Aale in die Reusen und versetzten ihnen dann einen Schlag. Oder wir bissen sie, nachdem wir ihnen zur Betäubung einen Stich ins Rückgrat versetzt hatten, in den Nacken, um ihnen das Genick zu brechen. Oder wir planschten ganz heftig im Wasser herum, damit möglichst viele Fische in eine Ecke getrieben wurden, bis sie schließlich zappelnd auf den Felsen strandeten.

Nach der Regenzeit haben wir die Netze herausgeholt und sie im Busch getrocknet. Und die alten Leute haben sie, bevor der nächste Herbst herannahte, ganz genau in Augenschein genommen.

Die Zeit des Hochwassers war eine besondere Zeit, die zum Feiern und Schlemmen einlud. Denn dann gab es enorm viel zu essen. Wir luden unsere Freunde aus der Stadt ein und jeden sonst, der kommen mochte. Das war das Allerbeste am Leben der Aborigines – teilen und liebenswürdig sein zu Fremden, die uns besuchen kamen. (In Banjos Lied »Der Fluss versteht« auf den Seiten 9 und 10 werden die Aal-Festlichkeiten noch weitergehend beschrieben.)

Leute, die durch unser Gebiet reisten, um Arbeit zu finden oder um Verwandte zu besuchen, hießen wir herzlich willkommen und gaben ihnen die nötige Unterstützung. Später würden sie dann anderen in der Aborigines-Gemeinschaft erzählen, wo sie gewesen waren und wer sich ihrer angenommen hatte. Wer uns nicht kannte, würde auf diese Weise von uns hören und in die eigenen Reisepläne einen Aufenthalt bei uns mit einbeziehen.

Wenn Aborigines, die weit entfernt von uns lebten, zu Besuch kamen, betraten sie nicht einfach schnurstracks unser Land. Erst einmal ließen sie sich in gehöriger Entfernung – mehr als einen halben Kilometer weit – nieder, bis einer von uns sie erblickt hatte. Daraufhin sagten wir zu jemandem aus unserem Stamm: »Geh und hol sie herein.« Ohne die entsprechende Einladung zu erhalten, würden sie nicht kommen – oder allerhöchstens am Abend, und damit würden auch schon die Probleme anfangen. Denn ihre Regeln waren ganz schön streng. Und andererseits würde unserer Überzeugung nach der weiße Mann dafür bestraft werden, dass er ohne Erlaubnis auf unser Land gekommen ist. Wenn sie das Land überrollt haben, würde eines Tages das Land sie vernichten.

Mein alter Papa hatte im gesamten Umkreis all die Holzfällerarbeiten, den Bau von Zäunen und verschiedene andere Aufträge für die Farmer erledigt. In der ersten Zeit brachten die Farmer, wenn sie zu uns kamen, willigen Aborigines Äxte mit und liehen ihnen Bügelsägen, damit sie ihnen jeweils fünfhundert Zaunpfähle zuschnitten. Manche der alten Zäune stehen heute noch da – manche der alten Holzpfähle, die seinerzeit von den Aborigines zugeschnitten worden waren. Die Farmer waren ziemlich gut und verständnisvoll zu den alten Aborigines und boten ihnen stets Arbeit an. Das war wichtig, denn niemand erhielt damals Lebensmittelzuteilungen oder irgendetwas sonst von der Regierung. (Die Zuteilungen wa-

51

ren im Jahr 1890 eingestellt worden, als die Regierung zum zweiten Mal den Versuch unternahm, die Framlingham-Mission zu schließen, und vor diesem Hintergrund das Missionspersonal, die Nutztiere und alle Geräte von dort abzog. Als Teil eines Plans, die Anzahl der Aborigines-Stationen zu verringern, wurden die dort lebenden Aborigines damals buchstäblich aufgegeben und sich selbst überlassen.)

Hin und wieder nahm mein Papa mich an einem Arbeitstag mit in den Busch und bereitete mir dort ein Bett aus weichen Frühlingsblättern. Ich konnte den Wind in den Bäumen singen hören, den Flügelschlag der Vögel und die Axthiebe meines Vaters. So sah meine glückliche Kindheit aus. Papa hatte die Aufgabe, den sehr speziellen Stringy-Bark-Eukalyptus und mit ihm verwandte Eukalyptusarten zu fällen. Ein Stringy-Bark-Eukalyptus konnte im unteren Bereich des Stammes vier Pfähle von einem Meter achtzig Länge ergeben, drei Pfähle in dem nächsten einen Meter achtzig langen Abschnitt und oben zwei weitere Pfähle. Mitunter konnte aus dem allerletzten Stück am Ende noch ein großer Spannpfahl geschnitten werden. Nichts wurde vergeudet.

Gewöhnlich entfernte anschließend meine Mutter die Rinde von dem gefällten Stamm, indem sie mit einem schweren Werkzeug dagegen schlug. In den so entstandenen Spalt wurde eine Axt geschoben, um die Rinde vom Stamm abzulösen. Und diese Rinde, die als Nebenprodukt anfiel, wenn die Pfähle für die Farmer geschnitten wurden, verwendeten wir für den Bau unserer Hütten. Frisch vom Baum heruntergeholt waren die Rindenplatten zuerst nur halbwegs flach. Bevor wir sie verwenden konnten, wurden sie zunächst kopfstehend zum Trocknen auf Hölzer gelegt, die verhinderten, dass die Rinde mit dem Erdboden in Berührung kam. Viele solche Platten wurden übereinandergeschichtet und obendrauf schließlich mit dicken Pfählen beschwert, damit die so gestapelten Rindenstücke eine flachere Form annahmen. War das Material erst einmal getrocknet, konnten meine Leute daraus bauen, was immer sie mochten.

Für den Bau einer Buschhütte wurden die Rindenplatten auf einen massiven, aus jungen Baumstämmen errichteten Rahmen genagelt, wobei zwischen den Rindenplatten jeweils ein zirka fünfzehn Zentimeter breiter Zwischenraum gelassen wurde. Nägel kosteten nicht viel in jenen Tagen. Über den Zwischenräumen wurde anschließend eine zweite Lage Rindenplatten angebracht, damit es im Haus später nicht zog. Die Rindenplatten auf dem Dach mitsamt dem Gerüst aus jungen Baumstämmen, das sie trägt, reichen an allen vier Seiten über die Hauswände hinaus, damit das Regenwasser im nötigen Abstand zu den Wänden abfließen kann.

Wenn mein stolzer Papa kein Geld verdienen konnte, um seine Kinder zu ernähren, packte er seine Bettrolle über die Schulter und ging sich woanders Arbeit suchen. Er bat niemanden um ein Stück Brot, sondern wollte sich seinen Lebensunterhalt selbst verdienen. Die meisten Aborigines hier waren so erzogen. Meine Eltern waren entschlossen, nach besten Kräften für uns zu sorgen, und um uns Kinder trotz aller Widrigkeiten bei Laune zu halten, hat mein Papa schwer geschuftet. Um für uns alle sorgen zu können, hatte auch meine Mutter verschiedene Arbeitsstellen angenommen. Alle älteren Frauen gingen der gleichen Tätigkeit nach: Im gesamten Umkreis betreuten sie die Kinder, während die Großeltern die Kühe gemolken und sich landwirtschaftlichen Aufgaben gewidmet haben. Unsere Eltern waren froh über jede Kleinigkeit, die sie uns Kindern bieten konnten. Falls jedoch unsere Spielkameraden einmal keine Spielsachen hatten, gaben wir ihnen eben die Hälfte von unseren ab. Niemand wurde bei irgendetwas außen vor gelassen.

Die späten Abendstunden waren für Mama vielfach eine Zeit großer Besorgnis. Häufig ging sie dann zur Tür, um hinauszuspähen und zu sehen, ob vielleicht Papa aus dem

Busch heimkehrte. Ansonsten schickte sie uns kleine Bürschchen los, damit wir uns auf die Suche nach ihm begaben, bevor die Dunkelheit hereinbrach. Wir jagten dann durch den Busch und riefen seinen Namen. Irgendwann hörten wir seine Stimme auf unsere Rufe antworten. Sogleich rannten wir los in die Richtung, aus der die Stimme kam, und sahen ihn auf dem Boden liegen. Er war außerstande, sich zu rühren. Der ganze Magen krampfte sich bei ihm zusammen. Wasser hatte er gewöhnlich zu trinken in der Hitze, oft hatte er jedoch nichts zu essen. In Zeiten der Nahrungsknappheit ließ er, was an Essbarem vorhanden war, für seine Kinder im Camp. Viele Male war er, wenn wir ihn fanden, nach einem Tag harter Arbeit zu Boden gesunken. Daraufhin schnitten wir ein paar junge Äste, zogen unsere Kleidung aus, schlangen die Kleidungsstücke um die Äste, rollten ihn auf die Trage und trugen ihn nach Hause.

Zu Hause lag er dann gewöhnlich auf dem Lehmboden – auf dem Bett hielt er es nicht aus. Sobald er sich bewegte, übermannten ihn die Krämpfe. Mama bereitete ihm ein Getränk, das viel Salz enthielt, damit das fehlende Salz wieder seinem Körper zugeführt wurde. So lag er dort für eine Weile, bis allmählich die Krämpfe von ihm wichen. Später half sie ihm auf das Bett.

Von den Krämpfen und dem harten Arbeitstag im Busch war er am nächsten Tag nach wie vor müde und erschöpft. Dennoch ging er stets wieder zur Arbeit. Etwas anderes blieb ihm auch gar nicht übrig – er musste einfach arbeiten gehen, um für den Unterhalt seiner Kinder zu sorgen. Schließlich erhielten wir ja von der Regierung oder dergleichen keinerlei Unterstützung. Ging er nicht arbeiten, mussten seine Kinder hungern.

Abends saßen mein Papa und andere alte Leute am Lagerfeuer und sie sprachen darüber, wie all das Land immer weiter verschwunden und ihnen keine Jagdgründe mehr geblieben, wie sie in die Mission gesteckt worden waren und nirgendwo hingehen durften. Sie sprachen über all die schlimmen Dinge, die sich abgespielt hatten, und sie sprachen über die Massaker.

Man hatte mir davon erzählt, dass nicht weit von hier ein Blutbad angerichtet worden war. Einige meiner Leute hatten ein paar Schafe gestohlen, weil sie hungrig waren. Um Rache zu nehmen, war den Siedlern jeder Arborigine recht – für sie spielte es keine Rolle, ob er sich etwas hatte zuschulden kommen lassen oder nicht. Ihnen kam es darauf an, uns zu zeigen, wer »das Sagen hat«. Diesmal schleppten sie einige unschuldige Aborigines-Kinder zum Strand nahe Killarney und gruben sie dort bis zum Hals in den Sand ein. Dann unternahmen sie abwechselnd den Versuch, den Kopf der Kleinen mit einem Fußtritt abzuschlagen. Sie wollten herausfinden, wer den Kopf am weitesten treten könnte, während die kleinen Brüder und Schwestern der Opfer zusehen und warten mussten, bis sie an der Reihe sein würden zu sterben.

Mein Vater und die übrigen alten Leute haben mir weitere Geschichten erzählt. Zum Beispiel wie sich einst mein Großvater Frank als junger Mann mit anderen Stammesmitgliedern unter die Leute mischte und sie, als sie Killarney erreichten, von einem weißen Großgrundbesitzer[10] auf dessen Weideland eingeladen wurden. Dieser Großgrundbesitzer zeigte sich erfreut, sie zu sehen, und organisierte im Handumdrehen eine große Mahlzeit für sie. In einem riesigen Kupferkessel kochten seine Dienstleute Porridge und auf den Kohlen wurde reichlich Fleisch zubereitet. Die ganze Mischung hat man dann in Pferdetröge gefüllt und jeder von meinen Leuten bekam genug zu essen. Der Großgrundbesitzer erweckte den Eindruck, als fühle er sich pudelwohl und als freue er sich wie ein Kind darüber, von lauter Aborigines umgeben zu sein. Er ermunterte sie, ruhig noch mehr zu essen. Und so war meinen Leuten ebenfalls sehr wohl zumute.

Als sie sich von dem Großgrundbesitzer verabschiedeten, sagte der zu ihnen: »Warum sagt ihr nicht all euren Freunden, dass sie hierherkommen sollen. Ich werde ihnen allen ein gutes Mahl bereiten, denn ich liebe Aborigines.«

Froh über den gut gefüllten Magen und ganz beschwingt von dem Gedanken, diese erfreuliche Erfahrung mit einem derart liebenswürdigen weißen Mann in Erinnerung behalten zu können, machten meine Leute sich auf den Weg. Sobald sie den Landbesitz verlassen hatten, erhob mein Großvater freilich warnend seine Stimme: »Niemals wieder dürfen wir dorthin zurückkehren. Geht dort nicht noch einmal hin, um zu essen, denn nächstes Mal wird das Essen vergiftet sein. So etwas blickt auf eine lange Geschichte zurück: Weiße Männer freunden sich mit Aborigines an und vergiften sie anschließend. Erzählt anderen Aborigines bloß nichts von alldem.«

Einige Stammesmitglieder aber mochten nicht glauben, dass dieser weiße Mann etwas so Übles im Schilde führte. Ein andermal, als sie unterwegs waren, kehrten sie zu der Farm des Großgrundbesitzers zurück und nahmen weitere Aborigines mit dorthin. Mein Großvater mit seiner Familie und alle anderen, die auf ihn gehört hatten, schlugen hingegen einen anderen Weg ein. Zu den Letztgenannten zählte unter anderem ein zwölfjähriges Mädchen namens Alice Dixon. Als Alice heranwuchs, wurde dieses junge Mädchen Großvater Franks Frau, meine Großmutter.

Später nahte ein weiteres Mal der Zeitpunkt für das Treffen aller Stämme, viele Leute erschienen jedoch nicht zu dem Treffen. Daher begab sich Großvater Frank auf die Suche nach seinen Leuten. Begleitet wurde er von einigen anderen Leuten aus dem Stamm, unter ihnen das kleine Mädchen Alice und ihr Großvater aus demselben Stamm, dessen Name auf »gunja« – oder zwei ganz ähnlich klingende Silben – endete. Er war ein echter Stammesmann mit leicht erhabenem

Narbenschmuck auf dem Körper und einem ebenso tiefgründigen wie verständnisvollen Blick. Gewöhnlich trug er über die rechte Schulter gehängt einen Fellbeutel, dessen beide Enden mit einem Schilfriemen verbunden waren.

Sie schlichen sich an die Farm des Großgrundbesitzers heran. Der Untergrund war dort ausgesprochen sumpfig, so etwas wie ein Mangrovensumpfgebiet. Vor sich hatten sie das teilweise gerodete Weideland und sie sahen die Pferdetröge, gefüllt mit einer an Porridge erinnernden Nahrungsmixtur, ähnlich jener, die der Farmer ihnen beim letzten Mal vorgesetzt hatte. Ringsum lagen überall Leichen herum: Leichen neben den Bäumen und im Unterholz, Leichen zwischen Grasbüscheln. Tote Babys lagen auf ihrer Mutter. Im Sterben hatten die Mütter ihre Babys noch an sich gedrückt und getröstet. Alle miteinander waren sie elendiglich und qualvoll an einer Strychninvergiftung zugrunde gegangen.

Was ich im Folgenden erzähle, ist noch niemals weitererzählt worden: Während meine Leute all dies mit Entsetzen betrachteten, tauchte hinter den Leichen ein gestreiftes Känguru auf, ein Wallaby. Sein schwarz, rot und weiß gezeichnetes Gesicht schaute mit einem Blick von großer Intensität und voller Schwermut, ähnlich dem meines Ururgroßvaters, geradewegs zu meinem Großvater, meiner Großmutter und meinem Ururgroßvater herüber. O ja, der Anblick des aufschauenden Tieres mit seiner Gesichtszeichnung und dem geheimnisvollen Blick war solch ein Trost für meine Leute! Ein wohlmeinendes Zeichen aus der Geistwelt, die wohltuende Botschaft, dass das Leben weitergeht und der Geist meiner Ahnen nach wie vor lebendig ist.

Der Farmer wollte das Land haben, nehme ich an, und unser Lebensraum war so dicht dran, dass er glaubte, sich nicht sicher fühlen zu können. Aber wir wollten das Land ebenso. Er betrachtete uns als Gesindel, als nutzloses Pack, das man täuschen und betrügen durfte – ähnlich wie wir eine Forelle, einen Hasen oder ein Emu hereinlegen, wenn unsere Leute sehr hungrig sind. Diese Art von Wahn, der Wahn der Gier, sollte niemals von einem Menschen Besitz ergreifen. Nie wieder darf ein Mensch einem anderen Menschen gegenüber so etwas empfinden.

Camilla hat für mich ein Lied darüber geschrieben:

Über diese Straße sind schon viele Aborigines gegangen,
viele Aborigines, und das ist eine Tatsache.
Die Weißen, die hörten, wie sie kamen, die hörten,
wie sie sangen,
wollten, dass sie wie üblich von der Bildfläche
verschwinden.

Sie luden meinen Großvater ein, eine Pause einzulegen,
sie luden meinen Großvater ein zum Essen.
»Erzähl den anderen Stämmen davon«, sagten sie,
»all deinen Freunden.«
Doch mein Großvater hat ihnen erwidert:
»Nein, das könnt ihr vergessen.«

Sie luden die anderen Stämme ein, eine Pause einzulegen,
sie luden die anderen Stämme ein zum Essen.
Männer, Frauen und Kinder – tot lagen nun sie
auf dem Boden.
Verübt wurde die Schandtat mit vergiftetem Haferbrei in
den Pferdetrögen.

Über diese Straße sind schon viele Aborigines gegangen,
viele Aborigines, und das ist eine Tatsache.
Die Weißen, die hörten, wie sie kamen, die hörten,
wie sie sangen,
wollten, dass sie wie üblich von der Bildfläche
verschwinden.

Sie luden die anderen Stämme ein, eine Pause einzulegen,
sie luden die anderen Stämme ein zum Essen.
Wir sind hier jedoch nach wie vor leibhaftig
anzutreffen,
weil Großvater ihnen erwidert hat:
»Nein, das könnt ihr vergessen.«

Camilla hat versucht, für mich Nachforschungen über das
Massaker anzustellen. Gemeindeangestellte verweigerten ihr
jedoch den Zugang zu den Dokumenten, wofür es keinerlei rechtliche Handhabe gibt. Nur zu einem waren sie sofort
bereit: zu dementieren, dass Derartiges jemals stattgefunden
hat.

Hier und da habe ich Reportern Bruchstücke dieser Geschichte erzählt. Bei jedem von ihnen war später allerdings
in den Artikeln statt von meinem »Großvater« von meinem
»Urgroßvater« die Rede. Vermutlich konnten sie nicht glauben, dass das Massaker sich erst vor so kurzer Zeit zugetragen hat. Es muss etwa im Jahr 1861 geschehen sein. Offenbar waren sie der Meinung, ich müsste mich da vertan
haben.

KAPITEL 4

Mein Großvater Frank, der das Massaker überlebt
hat, wurde in den Killitmurer-Gunditj-Clan – oder
Framlingham-Clan – des Kirrae-Whurrong-Stammes hineingeboren. Großvaters Stammesname ist
geheim. Kirrae Whurrong bedeutet »Blutsprache«. Mitunter
aber wurden unsere Leute auch als die Wirngill Gnatt Talli-
nanong bezeichnet. Das bedeutet: »Sie sprechen die Koala-
Sprache.«

Als ich von meinem Papa wissen wollte, wie das Leben zu

seiner Zeit als Teenager war, erging er sich in Erinnerungen an seinen Vater, meinen Großvater Frank. Zum Beispiel erinnerte er sich lebhaft an den großen Schnurrbart seines Vaters und an den Umstand, dass dieser mit seinen Söhnen jede Landwirtschaftsschau im weiten Umkreis besucht hat, um sich die dabei veranstalteten Sportwettbewerbe anzusehen. Irgendwann wurden sie gefragt, ob sie nicht an diesen teilnehmen wollten, und am Ende konnten sie sich stets gegen ihre Mitstreiter durchsetzen. Jeder seiner Söhne hatte eine Spezialdisziplin. Der eine bevorzugte den Hürdenlauf, die Stärken des zweiten lagen in anderweitigen Laufwettbewerben, der nächste verfügte über Talent im Hochsprung. Großvater Frank selbst war in der traditionellen schottischen Sportart des Baumstammwerfens besonders gut, in der Schottlands Männer ihre Kräfte unter Beweis stellten. All meine Vorfahren waren große und starke Männer und Frauen – stolze Aborigines, die hoch erhobenen Hauptes ihrer Wege gingen und, wohin sie auch kommen mochten, geachtet wurden.

Großvater hat das alte Haus erbaut, das immer noch da steht, wo die Brücke über den Fluss führt. Meiner Ansicht nach könnte es seinerzeit, in den 1860er-Jahren, das erste alte Missionshaus gewesen sein. Jedenfalls ist es als einziges aus dieser Zeit bis auf den heutigen Tag stehen geblieben. Einst, vor meiner Zeit, gab es drüben in der Nähe der unteren Wiese noch ein paar andere alte Häuser. Dort befand sich – in der alten Kirche – auch eine Schule. Die Kirche ist wieder aufgebaut worden, nachdem man sie zunächst von der unteren Wiese zu einer Stelle gleich neben der Straße geschafft hatte.

Mein alter Vater und die alten Leute haben mir viel über Großvaters Zeit in der Mission erzählt. In jenen Tagen war das Leben in anderen Missionsstationen oft sehr rau und streng. Schon früh wurden Schlafsäle gebaut, sodass es leicht möglich war, die kleinen Kinder von ihren Eltern zu trennen und sie ihnen fortzunehmen, um sie in einem christlichen Umfeld unter weißer Aufsicht großzuziehen. Sogar die eigene Sprache zu sprechen war ihnen verboten. In Framlingham hingegen hatten wir nie Schlafsäle, was bedeutete, dass wir unsere Stammesregeln bis weit ins 20. Jahrhundert im Großen und Ganzen beibehalten und einen Gutteil unserer Sprache ebenfalls bewahren konnten. Hörten die Missionare allerdings, dass wir uns in unserer Sprache unterhielten, dann gab es Probleme. Daher brachten unsere alten Leute sie mir heimlich bei, wenn weit und breit kein Missionar in der Nähe war. Freilich haben sie nicht jedem Kind unsere Sprache beigebracht, weshalb mancherlei Dinge auf der Strecke geblieben sind – viele Stammesnamen zum Beispiel. Die Missionare änderten den Stammesnamen jedes Aborigines in einen britischen Namen und unseren Stammesnamen durften wir dann nicht mehr verwenden. Andere Teile unserer Kultur konnten hingegen lebendig erhalten werden. Möglich wurde das vor allem deshalb, weil die Regierung uns stiefmütterlich behandelt und uns dort draußen letztlich komplett uns selbst überlassen hat. So blüht unsere Kultur bis auf den heutigen Tag und trägt weiterhin Früchte.

1867 war unsere Reservation – eine Missionsstation der Church of England – in finanzielle Schwierigkeiten geraten. Daraufhin hat die Staatsregierung die Mission übernommen und sie geschlossen. Mit anderen Worten, von meinen Leuten wurde erwartet, dass sie von hier fortgingen, um in einer anderen Mission unterzukommen. Wer sich weigerte zu gehen, sah sich Tag für Tag mit Drohungen konfrontiert und musste mitunter ein wenig hungern.

Die Regierung erweckte den Eindruck, als ob sie erwartete – und es sich wahrscheinlich wünschte –, dass wir alle aussterben würden. Zweifellos wollten sie mit allen Mitteln sämtliche Aborigines in Victoria an einem Ort zusammenbringen. Denn alle, die nach Lake Condah umgesiedelt worden waren (einer anderen, ungefähr eine Autostunde von hier entfernten Mission), wurden später abermals umgesiedelt, und zwar in die große Reservation am Lake Tyers in Gippsland. Den Regierungsplänen zufolge sollte dort die einzige Missionsstation in Victoria bestehen bleiben.

Großmama Bessie Rawlings – die Großmutter meiner Frau – stand mit an der Spitze jener Kampagne, die sich nach der ersten Schließung unserer Missionsstation für deren Wiedereröffnung einsetzte. Sie bat und bettelte, die Regierung möge doch Herz zeigen. Inspiriert durch Großmama Bessie und andere legten meine Leute Hunderte von Kilometern zurück, um Briefe und Petitionen persönlich an die Regierung zu überbringen. Im Jahr 1869 wurde die Station dann tatsächlich wiedereröffnet und gleichzeitig wurde ein Lebensmittelzuteilungssystem eingeführt.

Für die Kinder in der Mission muss der Tag der Lebensmittelzuteilung, so hat man mir erzählt, ein spannender Tag gewesen sein. Mütter und Väter standen Schlange und hielten ihre Hand auf. Die Kinder stellten sich neben ihnen auf. Der Leiter der Mission verteilte Mehl, Zucker und Tee. War jemand in der vorangegangenen Woche einer Anordnung nicht nachgekommen, dann erhielt er oder sie eine kleinere Ration. Außerdem durften Aborigines, denen von der Regierung Lebensmittel zugeteilt wurden, nicht gegen Bezahlung arbeiten. Auf diese Weise wurde den Aborigines in den Missionen überall in Australien beigebracht, in Abhängigkeit zu leben.

Großvater Frank missfiel das System und er forderte die Regierung auf, ihm stattdessen 16 Hektar Land für eine Farm zur Verfügung zu stellen. Das tat die Regierung und half ihm obendrein beim Umzug. Großvater wusste, dass er in dieser Angelegenheit gute Erfolgsaussichten hatte. Denn in den 1860er-Jahren war er Reisebegleiter und die rechte Hand von Daniel Clarke gewesen, unserem ersten Missionar. Die beiden Männer – Großvater ein Aborigine, Daniel Clarke ein Weißer – hatten den Aborigines erklärt, dass sie vor Massakern bestens geschützt sind, wenn sie sich alle an einem Ort einfinden und beim Aufbau einer Mission mithelfen. Mein Großvater Frank errichtete auch die ersten Häuser der Mission. Zu guter Letzt bot Daniel, um seine persönliche Wertschätzung zum Ausdruck zu bringen, Großvater an, fortan seinen Nachnamen, also den Namen Clarke, zu tragen. Auf diesen Namen bin ich stolz.

Daniel war als Sohn eines Soldaten in Belfast zur Welt gekommen. Er war ein gebildeter Mann und mit seiner Frau Rachel hatte er Irland 1862 im Alter von 35 Jahren verlassen. Als er in Melbourne ankam, begann er für die Missionsgesellschaft der Anglikanischen Kirche zu arbeiten und ließ sich wenig später in Warrnambool nieder. Mit der Unterstützung meines Großvaters scharte er damals auch die Aborigines um sich, um mit ihnen die Mission aufzubauen.

Daniel war ein begabter Künstler und er verstand die Aborigines ziemlich gut. So wie sie liebte er das weite Land und den Hopkins River. Viele Bilder, die er gemalt hat, zeigen die Landschaft der Umgebung – ein Bild vom Fluss konnte man in der 1880 in Melbourne veranstalteten Weltausstellung hängen sehen und ein anderes, das den nicht weit entfernt gelegenen Tower Hill zeigte, wurde zur Ausstellung nach Paris geschickt. Daniel fand Tower Hill außerordentlich schön und malte immer wieder Bilder von diesem Ort.

Aber lassen Sie uns zu Großvater Frank und meiner Großmutter Alice zurückkehren. Die Großeltern hielten Kühe, molken sie und schickten den Rahm zur örtlichen Molkerei. Die Kühe standen nahe bei der Brücke auf einem Weidegrund, der Warrumyea genannt wurde. Warrumyea bedeutet in unserer Sprache »linkshändige Frau«. Eine unserer überlieferten Geschichten erzählt von einer starken Frau, die mit der Schöpfung in diesem Teil der Welt alle Hände voll zu tun hatte.

Die Kinder gehen nach wie vor im Fluss unter der Brücke schwimmen. Nach Einbruch der Dunkelheit wagt sich allerdings niemand mehr in deren Nähe. Ein weißer Arbeiter ist dort ums Leben gekommen, so heißt es, als er von der Brücke stürzte, und einige Leute haben seinen kopflosen Geist erblickt und daraufhin den Verstand verloren. Der Geist, so heißt es weiter, folgt den Menschen von der Brücke nach Hause, geht allerdings über eine bestimmte Stelle in der Mission niemals hinaus.

Manchmal war das Leben dort sehr hart, so hat man mir erzählt. Es gab sehr lange Winter. Die Aborigines behielten immer einen gewissen Notvorrat an Lebensmitteln, um sicherzustellen, dass die Kleinen etwas zu essen hatten. Die alten Leute teilten auch mit denjenigen, die keine Arbeit hatten. Immer ging es so bei uns zu – alle teilten miteinander. Wurde jemand krank, waren alle zur Stelle und versuchten zu helfen, ob nun Arznei gegeben oder die Suppe gekocht werden musste oder was auch immer. Alle kümmerten sich umeinander. Um wen es sich bei dem Kranken handelte, spielte keine Rolle. Wenn ein Weißer krank war, haben sie für ihn gesorgt. Denn das kennzeichnete die traditionelle Lebensweise – sich zusammentun, füreinander eintreten und miteinander teilen.

Im Lauf der Jahre haben sich dann all die Veränderungen für das Leben in der Mission ergeben. 1886 entschied die Regierung, die Ausgaben für die Aborigines seien zu hoch, und verabschiedete daraufhin ein Gesetz, den *Aborigines Protection Act*, in dessen Folge alle Mischlinge die Mission verlassen mussten. Nur reinblütige Aborigines durften bleiben.

Von den Mischlingen wurde erwartet, dass sie »ihren Platz« in der weißen Gesellschaft einnehmen. Doch von klein auf waren sie als Aborigines erzogen worden! In ihren Adern floss vielleicht ein wenig weißes Blut, aber sie waren nichtsdestoweniger Aborigines – mit Aborigines-Traditionen und einem Aborigines-Lebensstil. In die Gesellschaft des weißen Mannes passten sie nicht hinein. Und der weiße Mann akzeptierte sie ohnehin nicht. Angenommen, es gelang ihnen für eine Weile, sich anzupassen, und sie schafften es, gleichberechtigt als Weiße behandelt zu werden – in dem Moment, in dem die Weißen herausfanden, dass in ihren Adern ein Anteil Aborigines-Blut floss, hegten sie Vorurteile und schikanierten sie.

Infolgedessen schlugen viele von ihnen im Umkreis der Mission ihr Lager im Wald auf. Und sie schlichen sich zurück – vor allem nachts, weil die Polizei sie tagsüber festnehmen und in die Zelle sperren oder zumindest von der Mission wegjagen würde. Daher kamen sie im Schutz der Dunkelheit, um ihre Leute zu treffen, die eigenen Familienangehörigen; und sie kamen, weil sie etwas zu essen benötigten. Großmama Bessie und ihre Familie wurden gewaltsam in die Mission am Lake Condah geschafft: als Strafe dafür, dass sie Mischlingen etwas zu essen gegeben hatten – der eigenen Familie! Für sie sparten sich viele Reinblütige einen Großteil ihrer Lebensmittel vom Mund ab. Denn sie konnten es nicht ertragen, selbst zu essen, während andere Familienmitglieder irgendwo im Tal ihr Lager aufschlagen und Hunger leiden mussten.

Einige von ihnen wagten den Schritt hinaus in die Welt des weißen Mannes. Sie suchten sich eine Arbeit und aus Angst, andernfalls gleich wieder gefeuert zu werden, erzählten sie niemandem, dass in ihren Adern Aborigines-Blut floss – eine beklemmende Situation für sie, denn sie lebten in einer Scheinwelt und sehnten sich in Wahrheit nach der eigenen Kultur.

Viele betrübliche Dinge haben sich damals zugetragen. So manches eigentlich grundanständiges Mädchen hat in eine andere Richtung geschaut, wenn es sah, dass ihm die eigene Aborigines-Mutter auf der Straße entgegenkam. Die Tochter hatte Angst, weiße Bekannte würden sie im Gespräch mit dieser Aborigines-Frau sehen. Die Mutter wusste, da vorne ist ihre Tochter, blieb jedoch nicht stehen. Es muss schrecklich gewesen sein, so etwas zu erleben – vom eigenen Fleisch und Blut.

Andere junge Mädchen, die mit einem weißen Mann verheiratet waren, kamen zwischendurch zur Mission zurück, um ihre Eltern zu besuchen, und genossen dort das Gefühl, frei und unbeschwert über Aborigines-Probleme und die Aborigines-Kultur zu reden, gerade so, wie ihnen zumute war. Das war die einzige Gelegenheit für sie, bei der sie derart unverblümt sprechen konnten. Schon im Voraus freuten sie sich auf die traditionellen Speisen – Buschbrot und all diese Dinge – und sie liebten es, sich zu ihren Eltern zu setzen und gemeinsam mit ihnen zu essen, so wie damals, als sie noch klein waren.

1910 hatte John Murray, Premierminister von Victoria, im Parlament seines Bundeslandes eine Korrektur des *Aborigines Protection Act* herbeiführen können.[11] Uns hat darüber jedoch niemand in Kenntnis gesetzt und ohne jede rechtliche Grundlage hat die Polizei über Jahre hinweg sogenannte Mischlinge weiterhin von dem Land verjagt, in dem sie zur Welt gekommen und aufgewachsen waren.

Ich erinnere mich noch sehr gut an den Tag, an dem wir herausgefunden haben, dass das Gesetz geändert worden war. Gemeinsam hatten mein Papa und ich im Busch Bäume gefällt und wir begaben uns auf den Heimweg. Guter Dinge saßen wir auf einer Ladung Holz, das wir geschlagen hatten, und waren mit unserem Pferdewagen unterwegs zur Framlingham-Mission. Ein großes altmodisches Regierungsfahrzeug hatte gerade vor der Mission angehalten. Ein Mann stieg aus und rief meinen Vater zu sich. Papa stieg von unserem Wagen herunter, ging zu dem Mann hinüber und hatte ein gutes Gespräch mit ihm.

»Was ist der Grund für all diese sich vereinzelt über das

ganze Buschland verteilenden Feldlager«, wollte der Regierungschef von ihm wissen.

»Das sind die Behausungen der Aborigines-Mischlinge, die vom Missionsgelände verjagt worden sind«, erwiderte Papa.

»Die Polizei darf sie schon lange nicht mehr verjagen«, rief der Mann. »Das zu tun ist bereits seit 1910 per Gesetz untersagt. Erzählen Sie mir, wer ihnen befohlen hat, dass sie fortgehen müssen.«

Papa sagte es ihm und er schrieb sich den Namen auf.

Als mein Papa zum Wagen zurückkam, fragte ich: »Wer war das?«

»Regierungschef, Regierungschef« war alles, was er sagte. Zu Hause gab er jedoch jedem einzelnen Zuhörer den Wortlaut des Gesprächs, das er mit ihm geführt hatte, genauestens wieder – und jedes Mal hörte ich es mir mit an.

Die Mischlinge kehrten daraufhin wieder zurück, abgesehen von denjenigen, die lieber im Busch bleiben wollten. Und sie waren froh, wieder mit ihren Familien zusammenleben zu können.

KAPITEL 5

Ende der 1920er-Jahre ging meine Schwester Ettie nach Melbourne, um sich dort eine Arbeit zu suchen. Zahlreiche italienische und jüdische Café-Besitzer beschäftigten damals Aborigines-Mädchen, ließen sie sauber machen und Geschirr spülen. Kleiderfabriken stellten ebenfalls Aborigines-Mädchen ein. Meine Schwester hatte daher keine Schwierigkeiten, eine Arbeitsstelle zu finden.

Ein Onkel und eine Tante von uns lebten bereits in Melbourne. Bei ihnen wohnte Ettie. Viele Aborigines gab es seinerzeit noch nicht in Melbourne, lediglich eine oder zwei Familien. Die Weltwirtschaftskrise war eingetreten und bei uns im Busch herrschte nun ebenfalls bittere Armut. Auch die Farmer litten unter der Armut und konnten keine Aborigines mehr beschäftigen. Wir alle litten immer wieder Hunger. Es betraf jeden. Das war die Zeit, in der die Lebewesen im Busch von weißen Schützen – und wir Aborigines halfen dabei mit – weitgehend dezimiert wurden, sodass bald schon nahezu keine Tiere mehr übrig waren.

Für Känguru-, Kaninchen-, Wallaby- und Fuchsfelle wurde gutes Geld gezahlt. Wir Kinder sind deshalb am Wochenende alle aufs Pferd gestiegen und über das farnbedeckte Land geritten, um für die weißen Jäger Füchse aufzuscheuchen. Und weiße Känguruschützen nahmen erwachsene Aborigines als Fährtenleser mit.

Nach unserem Empfinden war der Busch jedoch unsere Seele. Wir und die dort lebenden Geschöpfe gehörten zusammen; und wir mussten ihnen die Chance bieten, Nachwuchs zu haben. Wir alle wussten, wo ein paar kleine Wallabys grasten, die wir keinesfalls anrührten. Wir hofften, dass sie nicht aussterben würden – ganz so, wie wir hofften, dass auch wir selbst nicht aussterben würden.

Einige Kirchengemeinden in der Gegend haben für die im Busch lebenden Aborigines Geld gesammelt und das half ein wenig. Doch ansonsten liefen die Dinge damals weitgehend nach der Devise: »Aus den Augen, aus dem Sinn.« Die Aborigines wurden schlicht und einfach sich selbst und einem Leben in Armut überlassen.

In Melbourne ging meine Schwester eines Abends mit ihrer Cousine ins Kino und als die beiden danach zu Fuß den Heimweg antraten, entbrannte in einem der Häuser, an denen sie vorüberkamen, eine gewaltsame Auseinandersetzung. Eine Frau warf einem Mann eine Flasche hinterher, die das Fenster durchschlug, und ein Glassplitter flog meiner Schwester ins Auge. Sie musste ins Krankenhaus.

Meine Tante schickte meiner Mama eine Nachricht, dass

sie sofort nach Melbourne kommen sollte, weil Ettie ein Stück Glas im Auge hatte und im Krankenhaus lag. Und als meine Mama nach Melbourne fuhr, um Ettie zu sehen, fanden wir heraus, dass die armen Menschen, die im Busch nichts mehr zu essen finden konnten, dort etwas zu essen bekamen. Abwechselnd verteilten an bestimmten Abenden in der Woche verschiedene Kirchengemeinden Essen an all die Armen. In einer großen Halle gab es eine gut bemessene warme Mahlzeit. Die hungrigen Menschen standen dann alle in einer Reihe an die Wand gelehnt in der Kälte und warteten darauf, dass die Tür aufging: schwache kleine Kinder in zerrissener Kleidung, betende alte Menschen und mit Sackleinen zugedeckte Babys. Sobald das Essen vorbereitet war und die Tür geöffnet wurde, gingen sie alle hinein – selbst die kleinen Kinder gingen –, niemand rannte oder versuchte, vor jemand anderem einen Sitzplatz zu ergattern. Jeder wartete, bis er an der Reihe war und schließlich seinen Teil bekam. Menschen unterschiedlichster Herkunft, alle möglichen Nationalitäten, waren da vertreten: Griechen, Juden, Chinesen, zur Hälfte – oder weniger – von Chinesen abstammende Menschen und ein paar Aborigines.

Wenn ich heute, in fortgeschrittenem Alter, Fotos aus Übersee sehe, auf denen Konzentrationslager, kranke und hungernde Menschen abgebildet sind, fühle ich mich an die Zeit der Weltwirtschaftskrise zurückerinnert. Damals waren die Menschen zwar freie Menschen, nichtsdestotrotz mussten sie Hunger leiden.

Jedenfalls schickte Mama eine Nachricht an Papa: »Du solltest die Kinder wohl besser nach Melbourne bringen, denn hier werden sie wenigstens ein Dach über dem Kopf und etwas zu essen haben.«

Papa kratzte also ein wenig Geld zusammen, indem er beim Holzfällen noch härter schuftete als sonst, versammelte seine Kleinen um sich und erzählte uns eine Geschichte: »Wir alle werden jetzt von unserem Buschland fortgehen und versuchen, in der großen Stadt zu leben.« Freilich waren wir unser Leben lang noch nie in einer Großstadt gewesen. Mein ältester Bruder, einige Tanten und Onkel blieben zurück, denn bei uns galt die eherne Regel, dass unter gar keinen Umständen jemals die gesamte Familie unser Stammesland verlassen würde.

Der Fahrer eines Transporters sollte uns in einer Stadt namens Cudgee aufgabeln, so hatte Papa es mit ihm verabredet. Auf den zehn Kilometern von unserer Buschhütte dorthin gingen wir über Felder und Weiden und wir hielten uns dicht an unseren Papa. Wir stiegen über Zäune und oberhalb eines Wasserfalls überquerten wir von Stein zu Stein springend den Hopkins River. Es war ein schöner, ein milder Tag und wir waren fröhliche kleine Kinder auf dieser großen Reise, die uns an einen uns unbekannten neuen Ort führen würde. Wir würden wohl nur für ein paar Tage fortgehen, habe ich mir gedacht. Und das Gleiche haben wahrscheinlich meine Brüder und Schwestern gemeint.

Schließlich erreichten wir die Fernstraße. Dort warteten und warteten wir auf den Kleinlaster, der kommen und uns nach Melbourne mitnehmen sollte. Aber kein Lastwagen kam. Mein Papa war verzweifelt: »Der Lastwagen muss eine Panne gehabt haben«, sagte er. »Würde er heute tatsächlich nach Melbourne fahren, wäre er schon längst hier vorbeigekommen.« Nach Überzeugung der Aborigines darf man zu solch einem Zeitpunkt – nachdem man einmal eine Reise angetreten hat – nicht mehr nach Hause zurückkehren. Papa pflegte immer zu sagen: »Wenn du auf eine Reise gehst und umkehrst, bringt das Unglück.«

Daher setzten wir unseren Fußmarsch fort und liefen noch ein paar Kilometer bis zur Bahnstation in Cudgee. Dort hielt Papa ein kleines Schwätzchen mit dem Stationsvorsteher und fragte ihn: »Reicht das Geld, damit ich und meine Kinder den Zug nach Melbourne nehmen können?«

Der Stationsvorsteher warf einen prüfenden Blick auf Papas Geld und sagte: »Tut mir leid, mein Freund, das ist nicht genug. Falls du weitere zwölfeinhalb Kilometer bis zur nächsten Station, bis Panmure, zu Fuß zurücklegen kannst, wird das Geld für die Zugfahrt nach Melbourne reichen.«

Darauf Papa: »Kommt, Kinder, wir versuchen es.« Also machten wir uns wieder auf den Weg. Nicht an der Fernstraße sind wir entlanggegangen, sondern der Bahnstrecke gefolgt, um den Weg ein wenig abzukürzen. Wir Kinder haben auf dem ganzen Weg gespielt und sind von Bahnsteig zu Bahnsteig gehüpft. Die Bahnstation erreichten wir gerade rechtzeitig, bevor der große Zug eintraf.

Der Stationsvorsteher kam heraus und redete mit unserem Papa. Er schaute auf den großen Koffer am Boden und auf uns kleine Kinder. Dann sahen wir, wie er Papa eine Fahrkarte verkauft hat. »Nun müssen Sie nur noch einen Moment auf den Zug warten«, meinte er. »Jeden Augenblick wird er da sein.«

Von der Bahnstrecke war das schrille Pfeifen des Zuges zu hören. Wir klammerten uns an Papas Hosenbeine. Noch nie zuvor hatten wir eine Eisenbahn aus der Nähe erlebt. Bald schon beobachteten wir voll ungläubigen Staunens, wie das Furcht einflößende Monster bei der Einfahrt in den Bahnhof mit mahlenden und quietschenden Geräuschen immer langsamer wurde. Was für ein Lärm! Und all der Dampf, den es in die Luft stieß.

Unser Papa half uns, in den Zug hineinzuklettern. Er hatte mit diesem Vorhaben seine liebe Mühe – alle miteinander haben wir gleichzeitig versucht, uns an ihm festzuhalten. Während der ersten Minuten im Zug waren wir noch sehr verängstigt. Schnell wich die Angst jedoch der Aufregung. »Komm hierher!«, riefen wir einander zu. »Komm hierher, Papa! Schau aus dem Fenster! Sieh nur all die Autos!« Zuvor hatten wir nur ein- oder zweimal ein Auto bei Nacht gesehen, nicht häufiger. Hier hingegen gab es ganz unwahrscheinlich viele Lichter! Noch nie im Leben hatten wir derartig viele Lampen gesehen. Und all diese Lichter waren Autos, glaubten wir.

»Das sind keine Autos«, sagte mein Papa. »Es sind über der Straße hängende Lampen.« Aber so etwas hatten wir im Leben noch nicht zu sehen bekommen. Zu Hause hatten wir in der Nacht als einzige Beleuchtung normalerweise eine Kerze oder zwei: In die Mitte einer ausgedienten Konservendose, in die wir Erde gefüllt hatten, steckten wir ein Stückchen alten Stoff, dessen Ende wie ein Docht aus der Dose heraussteht, und geschmolzenes Fett wurde oben drüber gegossen.

»Ach so, hier wird es gar nicht dunkel«, sagten wir da zueinander. »Schau, es ist die ganze Zeit taghell.«

Als wir in Melbourne an der Station Spencer Street aus dem Zug stiegen, gab es da so viele weiße Leute, wie wir sie – alle Kinder zusammengenommen – noch nie im Leben gesehen hatten: der größte Kulturschock, den wir je erlebt hatten.

Und wir waren verängstigte kleine Kinder. Weiße Leute übten auf uns aus den unterschiedlichsten Gründen eine Furcht einflößende Wirkung aus. Wir sollten eine Kette bilden und uns gut aneinander festhalten, um durch die Menschenmenge zu kommen, sagte mein Papa zu uns. Viele Leute schauten zu uns rüber und lächelten – wahrscheinlich war ihnen klar, dass wir kleine Buschkinder waren, die gerade zum ersten Mal in die Großstadt kamen.

Draußen vor dem Bahnhof überall Autos und Lichter. Wir gingen über die Straße und eine wundersam aussehende alte Straßenbahn kam uns entgegen. Papa half uns beim Einsteigen. Er wusste genau, was man zu tun hatte. Denn er war schon einmal in Melbourne gewesen, auf der Durchreise, als er überall nach Arbeit suchte. Wir hingegen hatten eine Heidenangst. Die Straßenbahn bestand aus zwei Wagen, beide voll mit Leuten. Sie ließen uns durchgehen und wir nahmen im hinteren Teil des Wagens Platz. Als Nächstes stellten wir fest, dass der Fahrer – ein hochgewachsener, knochiger Bursche – sich zu dem Mann hinüberbeugte, der ganz vorne dicht beim Führerstand saß. Er fragte ihn, ob er sich bitte einen anderen Sitzplatz suchen könnte, damit die kleinen Aborigines-Kinder sich auf seinen Platz hinsetzen könnten. Alle sich vor uns befindenden Leute standen höflich auf und wir durften uns unmittelbar hinter den Fahrer setzen.

Nun konnten wir die Straße auf uns zukommen sehen, was uns einen fürchterlichen Schrecken einjagte. Jedes Mal, wenn die Bahn an einer Straßenecke in die Kurve fuhr, duckten wir uns und klammerten uns fest aneinander.

Immer wieder ließ der Schaffner das Klingelsignal ertönen. Er sang, zwischendurch rief er mit lauter Stimme die Namen der Haltestellen! Er versuchte uns zum Lachen zu bringen. Denn heute zählten diese kleinen Buschkinder zu seinen Fahrgästen und er wusste sehr wohl, dass wir Angst hatten. Er hat sich, glaube ich, gefreut, dass er kleine Kinder dabeihatte, die noch nie zuvor in seiner Bahn mitgefahren waren. Auf der gesamten Strecke bis nach Fitzroy sorgte er mit dem Klingelsignal und seinem Gesang für unsere Unterhaltung und wir kleinen Buschkinder fanden das alles total aufregend.

An der Haltestelle Gertrude Street stiegen wir dann aus, nicht weit von dem Haus, in dem unsere Cousine wohnte. Wir sahen, wie unser Papa einen Zettel aus der Tasche zog und ihn unter dem Licht der Straßenlaterne genau betrachtete. Dann bogen wir um die Straßenecke und fanden auch gleich das alte Haus. Von da an war ich – während der nächsten paar Jahre – immer wieder zwischen Melbourne und dem Busch unterwegs, ich lebte und arbeitete hier wie da.

Unsere Cousine wohnte in einer heruntergekommenen zwei-
geschossigen Häuserzeile, die fast unmittelbar an eine weitere Häuserzeile angrenzte. Zwischen beiden verlief nur ein
beengter Weg und dort, durch die Hintertür, ging auch die
Familie stets ein und aus. Es sah aus wie ein Haus aus Beton,
doch ich nehme an, es war ein Steinhaus – voller Löcher in
der Wand, die nur teilweise ausgebessert waren. Es verfügte
über kleine Schlafzimmer, in einigen davon klebte eine billige
Tapete an der Wand.

Die Schlafzimmer stanken nach Ungeziefer. Man konnte
zusehen, wie die Insekten sich eilends in ihre Löcher ver-
zogen, sobald das Licht eingeschaltet wurde. Meine Tante
pflegte die Zimmer auszuräuchern, indem sie Schwefel ab-
brannte, und über die Bettgestelle, die voller Insekteneier waren, spritzte sie entweder brühend heißes Wasser oder Kero-
sin. Doch auf einem Kindergesicht zeigte sich schon einen
Tag später im Lichtschein einer Fackel, dass dort nach wie
vor überall Insekten herumkrabbelten.

In heißen Nächten war das Ungeziefer für uns Buschkinder die reinste Folterqual. Zu Hause hatten wir Busch-
flöhe gehabt. Aber im Vergleich zu den entsetzlichen Insekten
aus der Stadt war das rein gar nichts gewesen.

In jenen Tagen der Weltwirtschaftskrise zogen die Leute
häufig von Haus zu Haus, stets auf der Suche nach einer besseren Bleibe. Doch eine solche konnten sie nicht finden, weil
einfach jedermann schlechter situiert war als zu früheren
Zeiten. Und so blieb ihnen gar nichts anderes übrig, als weiterhin unter erbärmlichen Bedingungen zu leben.

Nachts im Bett versuchte ich mir meine alte Buschhütte
vorzustellen und meinen Vater, der mir ein Lager aus Farn
und Eukalyptussprossen bereitet hat, als ich noch ein kleiner Bursche war und er mich dorthin in den Wald mitnahm,
wo er gearbeitet hat. Ich versuchte mir vor Augen zu führen, wie all jene alten Leute, die für den Zusammenhalt un-

serer Gemeinschaft sorgten, nach einem harten Arbeitstag, an dem sie Zaunpfähle für die Farmer geschnitten hatten, aus dem Busch zurückkamen – die zu Fuß heimkehrenden Männer mit Äxten auf der Schulter und mit Zuckertüten, in denen sie vom Abendessen übrig gebliebenes Buschbrot aufbewahrten, und die ratternden alten Pferdewagen, deren Fahrer anhielten, um mit meinem Papa ein Schwätzchen zu halten. Doch es war zu schwierig, sich darauf zu konzentrieren, während gleichzeitig überall das Ungeziefer auf mir herumkrabbelte.

Bald begann ich mich an den städtischen Lebensstil zu gewöhnen, nichtsdestoweniger hatte ich Sehnsucht nach meinen heimatlichen Gefilden. Wieder in den Busch gehen und dort ausgedehnte Touren ins weite Land unternehmen, an den kleinen Rinnsalen entlanggehen, in die Flüsse schauen, Aale und andere Fische erspähen und sie mit dem Speer erlegen – das war alles, wonach mir der Sinn stand.

In der Stadt, so stellten wir fest, kam ein Aufenthalt in einem der Parks dem Gefühl, im Busch zu sein, noch am nächsten. Allerdings sah man den Bäumen dort an, dass sie durch Baumschnitt geformt waren, und es gab einen fein säuberlich kultivierten Rasen. Am liebsten wäre uns gewesen, wenn es in den Parks wilden Adlerfarn, Hartriegel und Eukalyptusbäume in Hülle und Fülle gegeben hätte, so wie bei uns zu Hause.

Bei Nacht aber wachten die Bäume der Stadt über uns. Dann ging meine Familie auf das Gelände der Weltausstellung oder besuchte Fitzroy Gardens. Meistens hatte jemand eine Gitarre mit dabei und ganz wie zu Hause begannen wir zu singen und wir erzählten einander überlieferte Geschichten. Wir begnügten uns damit, nur ein kleines Feuer anzuzünden, damit die Polizei es nicht bemerkte, kauerten uns zusammen um das Feuer und blickten in unsere Traumzeit.

Monate später begannen sich von überall her andere Aborigines in der Dunkelheit zu uns zu gesellen. Sie brachten die eine oder andere Flasche Wein mit und Musikinstrumente. Fitzroy Gardens wurde schon bald zu einem zentralen Ort für die Aborigines.

Häufig schlugen Besucher aus Cummeragunja, ja selbst aus Dubbo in unserem kleinen Hinterhof ihr Lager auf und zündeten abends ein Feuer an. Alles mutete daraufhin gleich viel schöner an. Wir Kleinen saßen dann im Dunkeln vor dem Feuer und sie erzählten uns Buschgeschichten. Wir hörten den Wind durch die Bäume pfeifen und dachten daran, wie zu Hause in den kleinen Rinnsalen das Wasser dahinplätscherte. Im Dunkeln, unter dem trügerischen Mondschein der Großstadt, fiel es nicht besonders schwer, sich vorzustellen, wieder zu Hause im Buschland zu sein.

Vor den kleinen weißen Kindern aus der Nachbarschaft fürchteten wir uns, denn wir waren Buschkinder und über die Weißen hatten wir so mancherlei Dinge gehört in jenen Tagen. Dann tauchte eines Tages ein kleiner weißer Junge auf einem Bollerwägelchen auf und hatte eine Flasche Milch bei sich, die er uns in die Hand drückte. Wir freundeten uns an und anschließend lernten wir die Leute besser kennen.

Der Junge hieß Billy Paul. Er und sein Bruder Charlie hatten die meiste Zeit in Waisenhäusern zugebracht. Ihr Vater war Alkoholiker und wenn er nach Hause kam, wurde er ihnen gegenüber handgreiflich. Als wir später nach Fitzroy in die Kerr Street zogen, stellte sich heraus, dass wir Nachbarn waren, und so kamen sie häufig einfach über den Zaun zu uns herübergesprungen und übernachteten bei uns.

Aus Billy Paul wurde, obgleich seine Mutter sich um die Kinder kümmerte, unter diesen schwierigen Lebensumständen letzten Endes ein Krimineller. Charlie hat ein Aborigines-Mädchen geheiratet, das später erkrankte, und er verbrachte sein Leben damit, sie fürsorglich zu pflegen. Kurz nachdem sie gestorben ist, starb auch er. Meine Leute wollten ihn dafür ehren, dass er unser Freund gewesen war, und begruben ihn deshalb neben seiner Frau.

Gegen die meisten anderen weißen Jungs musste ich mich mit den Fäusten wehren, ansonsten wurde ich getreten. Viele Male hätten mein Bruder und ich zu Tode getreten werden können, doch wir kämpften uns, wenn wir in die Klemme gerieten, immer wieder frei. Wir akzeptierten, dass solche Dinge zu einem Leben in Fitzroy mit dazugehörten, und hegten niemals Groll gegen irgendjemanden. Mit den Jungen, gegen die wir kämpfen mussten, wurden mein Bruder und ich zu guter Letzt dicke Freunde.

Die weißen Jungs brachten uns bei, uns einen Apfel zu schnappen, wenn wir an den Obstauslagen draußen vor den italienischen oder griechischen Obst- und Gemüseläden vorbeiliefen. »Komm mir hier nicht meinen Apfel stehlen!«, sagte bei der nächsten Gelegenheit der Mann aus dem Obstladen. »Wenn du einen Apfel willst, gebe ich dir einen. Für den anderen Apfel da kann ich gutes Geld bekommen. Ich selbst muss mir auch meine Brötchen verdienen und für meine Kinder sorgen.«

Mit den Obsthändlern waren wir bald ziemlich gut bekannt. Wenn sie uns sahen, kamen sie aus dem Geschäft und steckten uns eine Tüte mit Äpfeln oder ein paar Stück Gemüse zu, die vielleicht schon die eine oder andere dunkle Stelle aufwiesen. Und der Fischhändler rief uns zu sich in den Laden, um uns eine ordentliche Portion Fisch und Fritten in Papier einzuwickeln: »Kommt am Sonntagmorgen vorbei und klopft an meine Hintertür«, sagte er, »dann hab ich jede Menge Fisch und Fritten für euch.« All die Sachen, die er in der Nacht von Samstag auf Sonntag nicht hatte verkaufen können, packte er dann für uns zusammen und gab sie uns kleinen Aborigines-Kindern, damit wir sie mit nach Hause nahmen und Mama ein Essen daraus zubereiten konnte.

Ringsum machten die Leute überall solche Sachen, um einander zu helfen.

An einem kalten Winternachmittag sah man in unserer Straße vielleicht ein aus kräftigen Brauereipferden bestehendes Gespann und sie zogen den Brauereiwagen zu den verschiedenen Kneipen; ein paar kantige Taxis mit gelbem Dach rollten ihres Weges; und ein Polizeiwagen mit der großen Sirene vorne auf dem Dach raste durch die matschigen Straßen. Manchmal bin ich zum Markt gegangen. Alle möglichen Leute kamen dorthin, um etwas Essbares zu ergattern. Menschen aller Nationalitäten, zum größten Teil aber weiße, drückten sich um die Stände herum und warteten darauf, dass die Händler irgendetwas als Ausschussware aussortierten. Dann drängelten sie und schubsten einander beiseite, um den einen guten Apfel unter all den vergammelten und verrotteten zu erwischen. Manchmal kam es wegen einem Kürbis oder dergleichen zu einer richtigen Prügelei.

Das war wirklich ein ganz anderes Umfeld als der Busch, aus dem wir kamen. Nichts von all diesen Dingen geschah im Busch. Doch in Melbourne lernten wir die andere Seite des Lebens kennen und konnten sehen, was für ein Dasein andere Menschen fristeten.

Zur Schule habe ich irgendwie nie gehen mögen. Meine Eltern meinten, ich sei ohnehin nicht gesund genug, um zur Schule gehen zu können, weil ich eine Schwäche in den Beinen hatte (Rheumatismus). Manchmal bin ich in der Schule der *Church of England* aufgekreuzt – an jenen Tagen, an denen man dort gratis verköstigt wurde. Aber die Unterrichtsstunden hörten sich ziemlich nutzlos an im Vergleich zu dem, was die alten Leute mir beigebracht hatten. Deshalb bin ich bald nicht mehr hingegangen.

Anders als ich haben alle meine Schwestern ordentlich die Schule besucht. Meine Eltern waren allerdings der Auffassung, dass Bildung für einen Aborigine keinen großen Wert hat. Aborigines haben in diesen Tagen ohnehin keine echte Chance, meinten sie, und daran wird sich auch durch Bildung nichts ändern. Einander mit dem zu versorgen, was man zum Leben braucht, das war es im Grunde schon – viel mehr konnten wir nicht tun. Und im Schulunterricht herumzusitzen, wenn ich stattdessen Besorgungen erledigen konnte, war für mich gleichbedeutend mit Zeitverschwendung. Ich konnte meinen Beitrag dazu leisten, Geld zu verdienen und Nahrung zu beschaffen. Dieses Geld und diese Nahrung benötigte meine Familie dringend, jeden Tag. Als ich ungefähr acht Jahre alt war, habe ich daher begonnen, meiner Pflicht und Schuldigkeit nachzukommen.

Ich bekam eine Arbeit in einer Schuhfabrik. Dem Firmeninhaber war ich wohl sympathisch. Er wollte mich gern für eine verantwortungsvollere Position ausbilden. Aufgrund all der Chemikalien, die dort verwendet wurden, litt ich jedoch regelmäßig unter Kopfschmerzen und musste schließlich kündigen. Für mich war es ganz, ganz wichtig, draußen im Freien sein zu können.

Einmal habe ich bei einer alten Dame im Haus geholfen, zu putzen und alles sauber zu halten; und ich bin einem Ladenbesitzer zur Hand gegangen – einem feinen und gütigen Menschen, der mich wirklich gut behandelt hat. Zu jener Zeit wurde mir allmählich klar, dass keineswegs alle Weißen schlechte Menschen waren. Denn es gibt auch viele gute Menschen da draußen, die den Aborigines bereitwillig zur Seite stehen.

Solchen Dingen verdanke ich, dass ich gesund geblieben bin und mich nicht habe unterkriegen lassen, dass ich nicht rassistisch und gemein geworden bin. Trotz all der Geschichten, die man in früheren Tagen über sie gehört hat, gibt es nach wie vor viele weiße Leute da draußen, die den Aborigines gern den Rücken stärken möchten, damit diese sich nicht unterkriegen lassen. Sie sind dein Freund und behandeln dich als einen Menschen, dem dieselbe Rechte zustehen wie jedem anderen.

Wir sind in der Stadt umhergelaufen, haben in Gassen, in denen sich zuvor Betrunkene aufgehalten hatten, leere Flaschen gesammelt und sie für einen Penny pro Stück an Flaschenhändler verkauft. Flaschenhändler waren Männer, die mit Leiterwagen kilometerlange Strecken zurückgelegt haben, um schmutzige Flaschen zu sammeln. Sie brachten die Flaschen dann zu den Sammelstellen, wo sie gereinigt und für die Wiederverwendung vorbereitet wurden.

An der Straße, in der wir wohnten, befand sich unter anderem die Rückfront eines alten Bäckerladens. Ein Pferdewagen, der von vier wunderschönen Clydesdale-Pferden gezogen wurde, lieferte dort die großen Mehlsäcke an. Mithilfe eines Flaschenzugs wurden die Säcke dann zum Mehlspeicher emporgehievt. Nach dem pferdebespannten Transportwagen hielt ich immer Ausschau und sobald ich ihn erblickte, kam ich herbeigerannt, um den Männern behilflich zu sein. Das Seil des Flaschenzugs wurde bei einem der Pferde eingehakt und wenn ich dann das Pferd veranlasste, sich ein wenig ins Zeug zu legen, schwebte der Mehlsack zum Speicher empor. Einer der Männer zog ihn hinein und ich brachte das Pferd wieder in die Ausgangsposition. Nach getaner Arbeit gab man mir ein bisschen Münzgeld, außerdem durfte ich übrig gebliebenes Brot mit nach Hause nehmen.

An den sogenannten Holztagen, an denen die ärmsten Leute ihre »Stütze« – Geld von der Wohlfahrt – erhielten, schafften einspännige Pferdewagen das Holz, das diesen Menschen unentgeltlich zugeteilt wurde, von den Eisenbahnabstellgleisen heran. Dann herrschte rege Betriebsamkeit in der Stadt. Wir kleinen Kinder zogen alle mit unseren hausgemachten Karren durch die Gegend und brachten Holz von den Pferdewagen zu den Familien nach Hause. Dafür erhielten wir dann ein paar Pennys.

Auch richtige Laster kamen von außerhalb der Stadt und brachten Holz aus dem Busch, das zum Kauf angeboten wurde. Hatten die Leute es gekauft, dann wollten sie, dass ein Kind es ihnen nach Hause bringt. Mir war es eine große Freude, endlich einmal wieder, wenigstens solange ich das Holz auslieferte, den Duft von Eukalyptussprossen in der Nase zu haben. Dieser Duft versetzte mich in die Landschaft zurück, in der ich beheimatet bin.

Im Laufe eines Tages habe ich weite Strecken zurückgelegt. Auf der Straße zu spielen war eine andere Möglichkeit, den Leuten, die ein Kind für ein paar Handlangerarbeiten brauchten, zu zeigen, dass ich da war. Weil das Gässchen, das an unserem Haus entlangführte, zu schmal war, sind wir auf die Hauptstraße gegangen, um mit dem Ball zu spielen und ihn gegen eine Hauswand zu schießen. Dort aber sagte man uns gewöhnlich: »Spielt nicht hier auf dieser Straße. Geht um die Ecke. Dort, in der nächsten kleinen Straße, könnt ihr spielen.« Wir fragten uns, warum sie das gesagt haben. Neben unserem Haus standen hübsche junge Mädchen vor ihrer Haustür. Uns wünschten sie einen guten Tag, dann sagten sie: »Spielt jetzt woanders, Schätzchen.« Und weg waren wir.

Als wir mit kleinen weißen Jungs zusammenkamen, die ihr ganzes Leben in der Stadt verbracht hatten, sagten sie zu uns: »Das sind Straßenmädchen, Prostituierte.« Natürlich hatten wir keine Ahnung, was Prostituierte waren. Als wir länger in dieser Straße blieben, erfuhren wir es. Wir haben sie aber immer geachtet. Ihre Chefin, Bessie, hatte einen Freund namens Col, einen großen deutschen Burschen, den sie regelmäßig hinauswarf. Abends kam er betrunken zu ihr nach Hause und sie hatten Krach. Doch beim nächsten Wiedersehen, so stellten wir fest, haben sie sich stets wieder vertragen. Zu uns Kindern war er immer freundlich und holte des Öfteren eine Handvoll Geldmünzen aus der Hosentasche.

An kalten Wintertagen liefen wir auf der Straße herum

und versuchten, für alte Leute Besorgungen zu machen, um uns ein paar Pennys zu verdienen, von denen wir etwas kaufen könnten. Für ein paar Pennys hat man noch was bekommen in jenen Tagen. Oft hatten wir nicht viel und wir eilten – durch all das Wasser, das den Rinnstein entlanglief – nach Hause. Wir Kleinen gingen unseres Weges und die Straßenmädchen standen mit Bessie vor der Tür. Sie sahen also uns kleine Aborigines-Kinder, die in ihrer Straße auf dem Heimweg waren, und dann rief Bessie uns oft zu sich. Bessie und die Mädchen hatten eine lange Liste mit Dingen, die wir für sie einkaufen sollten. Wir sollten zum Lebensmittelladen gehen, sagten sie uns, zum Obst- und Gemüsehändler, zum Bäcker und zum Metzger und alle möglichen Dinge kaufen. Weiter sagten sie: »Nun geht den Weg wieder zurück, besorgt uns all diese Sachen und bringt sie uns dann hierher. Damit tut ihr uns Frauen einen Gefallen. Das ist alles.« Wir freuten uns und dachten: »Bestimmt wird uns das ein paar Pennys einbringen.«

Wir gingen in jeden dieser Läden und baten den Ladenbesitzer, die Liste durchzulesen. Danach gingen wir – ich, mein Bruder und meine Schwestern – bepackt mit all den großen Paketen für die Frauen wieder zurück. Die ganze Zeit waren wir draußen im kalten Regen und der Wind pfiff uns um die Ohren.

Wir überreichten den Frauen die Pakete und sie sagten: »Wie schön, da habt ihr ja alles besorgt. Habt ihr Wechselgeld herausbekommen?«

»Ja, haben wir.«

Gewöhnlich sagte Bessie dann: »Also gut, steckt das Geld ein und teilt es unter euch Brüdern und Schwestern auf. Und nehmt all das, all die Lebensmittel hier, mit nach Hause, und gebt sie eurer Mama zum Kochen.« Solche Sachen haben sie gemacht. Und wären diese Frauen nicht gewesen, hätten wir ganz oft hungrig zu Bett gehen müssen.

Als ich heranwuchs und begriff, welcher Tätigkeit sie nachgingen, habe ich stets mit Hochachtung an sie gedacht. Auch als ich älter wurde, gearbeitet habe und so weiter, habe ich immer noch an sie gedacht und an all das, was sie für uns kleine schwarze Kinder in der Stadt getan haben. Es waren kalte, stürmische Nächte in der großen Stadt und wir hatten nichts zu essen. Doch diese Frauen waren für uns wie Engel, die mitten im Sturm aufgetaucht sind und uns zu essen gegeben haben.

Nach wie vor denke ich daran und frage mich oft, wie es diesen armen Frauen ergangen sein mag. Weil die Not so groß war und die Zeiten so schwierig, sind damals viele junge Mädchen aus gutem Haus auf die Straße gegangen, haben als Prostituierte mit dem eigenen Körper Geld verdient und all das. Mögen sie auch bei den meisten Leuten ein schlechtes Ansehen gehabt haben – für uns waren sie Engel, unsere Engel, und sie waren unsere Freunde.

Das war zwölf Monate bevor mein Bruder gekommen ist, um mich heimzuholen auf unser Stammesland.

KAPITEL 6

Den ganzen wunderbaren Monat lang, den ich an dem Ort verbracht habe, wo ich zu Hause bin, erschien mir dieses Zuhause viel wirklicher als vor meiner Zeit in Melbourne. Trotz all der Entbehrungen und Widrigkeiten waren die guten alten Leute, die unsere Gemeinschaft zusammenhielten, nach wie vor da.

Ich bin zur Kirche gegangen – wir alle sind zur Kirche gegangen, damit wir einander begegnen und zusammen singen konnten. Ich erinnere mich noch ganz genau an all die weißen Besucher, die von nah und fern herbeigekommen sind, um zu hören, wie wir aus tiefstem Herzen und aus voller

Seele ihre althergebrachten Spirituals singen und wie sich beim Singen jenes lebendig pulsierende Wechselspiel vielstimmiger Harmonien entfaltet, das wir seit jeher pflegen.

Unsere Kirche stand am Ufer des Hopkins River und der einzige Zugang führte über einen unbefestigten, in erster Linie für Pferdefuhrwerke geeigneten Weg. Im Winter jedenfalls konnte man mit den altmodischen Autos, die es damals gab, bei uns nicht zur Kirche kommen. Gute Autos, protzige Autos, sie alle fuhren sich dann dort fest. Im Winter war das gesamte Missionsgelände morastig. Nur mit dem Pferdefuhrwerk ging es noch voran. Auto gefahren wurde dann erst wieder im Sommer.

Ich schaute mir die Stelle an, wo der alte Schlachthof gewesen war, unten am Fluss, doch er war schon seit Jahren nicht mehr in Gebrauch. Hinüber zu den Ruinen unserer alten Sägemühle bin ich gelaufen und habe im Geist das Bild wieder vor mir erstehen lassen, wie dort unter der Aufsicht des Missionars zwei Männer, ein Mann oberhalb, der andere unterhalb eines der Länge nach auf zwei Holzbohlen aufliegenden Baumstammes stehend, Bretter mithilfe einer Bügelsäge aus den Baumstämmen heraussägten. Mit auf diese Weise hergestellten Brettern sind unsere ersten Missionshäuser erbaut worden.

Ein paar Tage später besuchte ich in Greasy Jack's Ford meine Großmutter Alice. Dort fand ich sie am Eingang jenes alten Hauses sitzend vor, das einst mein Großvater errichtet hatte. Unser Wiedersehen an der Kirche war wirklich wundervoll. Sie war überglücklich, dass ich wieder da war, und bat mich ins Haus. Man nannte sie überall nur noch Lady Clarke, weil sie über ein so beeindruckendes Selbstbewusstsein und ein so schönes und gepflegtes Zuhause verfügte. Alle liebten und respektierten sie. Sogar weiße Leute luden sie zu sich nach Hause ein.

Ihr Haus war von einem farbenfrohen, weithin bekannten

und gerühmten Garten umgeben. Inmitten von Stockrosen, Rittersporn und Rosen stand es an jener Ecke der Mission, die wir vor langer Zeit nach einem weißen Fechter benannt hatten. Der Fechter hieß bei uns nur Greasy Jack, weil er sich stets Fett ins Haar schmierte, um es glatt streichen zu können. Er saß seinerzeit sehr gern dort am Flussufer, um sich mit uns Aborigines zu unterhalten. Deshalb hatte dieser Platz von uns die Bezeichnung »die Furt des fetthaarigen Jack« erhalten – Greasy Jack's Ford.

Auch Großmama Bessie Rawlings, eine überaus energische Frau, deren Tochter Bella später meine Schwiegermutter wurde, habe ich damals besucht. Großmama Bessie spielte eine maßgebliche Rolle in jener Kampagne, die nach der ersten Schließung unserer Missionsstation aktiv auf deren Wiedereröffnung hinwirkte. Großmama Bessie, eine reinblütige Frau, auf deren Gesicht sich kaum je ein Lächeln zeigte, hatte mich, meine Brüder und meine Schwestern zur Welt gebracht. Wenn sie sich um Frauenangelegenheiten kümmerte, waren Männer gut beraten, das Weite zu suchen. In ihrem und dem Garten anderer alter Leute haben wir Kinder immer Unkraut gezupft. Sie zweigten dann für uns ein wenig Mehl, Zucker und Tee ab und wir durften diese Dinge mit nach Hause nehmen.

Ich ging mir die alte Baumrindenhütte anschauen, in der ich gelebt hatte, bevor wir nach Melbourne gehen mussten. Als ich zur Hütte kam, erhob sich gerade die Sonne über dem Horizont – unsere alte Frühstückszeit. Rote Papageien flatterten herbei und landeten neben meinen Füßen auf dem Erdboden. Wir Kinder haben unser Frühstück stets mit ihnen geteilt und niemals versucht, sie zu fangen.

Welch eine Wohltat, wieder zu Hause zu sein, an jenem Ort, an dem ich zur Welt gekommen war. Und wie wehmütig ich mich fühlte, als es an der Zeit war, erneut in die Stadt zurückzukehren.

Nicht lange nachdem mein Bruder mich nach Melbourne zurückgebracht hatte, zog meine Familie nach Fitzroy, in die Kerr Street 76. Hier hatten wir jetzt einen geräumigen Hof hinterm Haus, in dem wir viele, viele Besucher willkommen hießen, ihr Nachtlager aufzuschlagen. So erlangte unser zweistöckiges Haus in ganz Australien einige Berühmtheit. Aborigines aus allen Teilen des Landes versorgten uns mit Neuigkeiten und genossen unsere Gastfreundschaft. Bloß hatten wir leider keine Bäume im Garten stehen, denn da gab es nur völlig ausgelaugte Erde, auf der nicht einmal ein Grashalm eine Chance gehabt hätte, Wurzeln zu schlagen.

Unsere Aborigines-Besucher brachten mir Dinge bei, die an all das anknüpften, was ich von den alten Leuten zu Hause gelernt hatte. Sie betonten, wie wichtig es ist, an den Grundsätzen unseres Volkes festzuhalten: insbesondere das Leben als ein heiliges Gut zu betrachten, das es zu achten und behutsam zu behandeln gilt und das man nicht zerstören darf, indem man wütend ist und – auf welche Weise auch immer – um sich schlägt.

»Wenn etwas Schreckliches geschieht«, so sagten sie zu mir, »hältst du für eine Weile inne und denkst darüber nach. Anschließend tastest du dich an das nächste große Problem heran, das vor dir auftaucht – wie Wasser an einen Felsen. All diese Erfahrungen sind ein unentbehrlicher Faden im Webmuster des Lebens. Du lässt dich nicht unterkriegen. Nichtsdestoweniger bist du, wo immer du kannst, den Menschen behilflich; auch deinem schlimmsten Widersacher. In dem Moment, in dem ein Mensch etwas braucht, vergisst du, was er dir angetan hat.«

Unsere Spielkameraden von der anderen Straßenseite waren Chinesen und wir hatten viele weiße Freunde. In unserer Straße gab es keine weitere Aborigines-Familie. Alle paar Tage traf ich freilich Aborigines-Kinder aus dem ganzen Stadtbezirk, die ein ebenso starkes Verlangen nach den Segnungen der Natur hatten wie ich, und wir verbrachten den Tag dann gemeinsam außerhalb der Stadt. Dort sind wir kilometerweit gelaufen, bloß um an einen richtigen Fluss zu gelangen.

Der Maribyrnong zählte zu unseren Favoriten. Er strömte durch Footscray, einem Außenbezirk im Westen von Melbourne. Wir haben seine Ufer allerdings erst weiter draußen aufgesucht – dort, wo es nur noch einheimischen Baumbestand gab und keine Häuser mehr zu sehen waren. Wir genossen es, ins Wasser zu blicken, um den Aalen und den anderen Fischen, die im Fluss umherschwammen, zuzuschauen. Das hat uns viel bedeutet. Neigte sich der Tag dem Ende entgegen, traten wir zu Fuß den Rückweg nach Hause an oder manchmal ließen wir uns auch gern in einem Pferdewagen mitnehmen.

Eines Tages machte ich mich mit zwei weiteren Aborigines-Jungen dorthin auf den Weg, wo der Melbourne Cup des Jahres 1930 ausgetragen wurde. Wir wollten sehen, was es damit auf sich hatte. Wenn ich heute daran zurückdenke, kann ich mich kaum halten vor Lachen! Ich muss damals gerade einmal sieben oder acht Jahre alt gewesen sein. Da waren also all die piekfein angezogenen Leute mit ihren dicken Autos und die entdeckten dann auf einmal uns kleine Aborigines-Kinder, die sich ohne Schuhe, aber mit forschem Schritt mitten unter sie gemischt hatten. Ein Motorradpolizist wurde auf uns aufmerksam und jagte uns hinterher. Nachdem er uns eingeholt hatte, musterte er uns von Kopf bis Fuß, beugte sich dann zur Seite, holte aus dem Beiwagen eine Tüte mit Bananen, die er dort verstaut hatte, und reichte sie uns.

In demjenigen Bezirk von Melbourne, in dem wir wohnten, standen abends all die jungen weißen Burschen im Teenageralter an der Straßenecke. Eine andere Beschäftigung gab es nicht für sie. Wir lernten sie kennen und sie wurden unsere

Freunde. Manchmal standen da vielleicht zwanzig Jungs an der Ecke und sie baten uns Aborigines-Kinder, die Lage im Auge zu behalten: Wir sollten, mit anderen Worten, nach der Polizei Ausschau halten. Wissen Sie, jungen Leuten war es nämlich nicht gestattet, in größeren Gruppen in der Öffentlichkeit aufzutreten, vor allem nicht abends. Sie könnten etwas im Schilde führen, beispielsweise einen Raub begehen wollen, meinte die Polizei. Die Polizisten tauchten dann gern aus heiterem Himmel vor ihnen auf, stürzten sich auf all die jungen Burschen, schnappten sich ein paar und nahmen sie mit zum Verhör.

Kleine Aborigines waren dagegen im Dunkeln nur schwer zu erkennen und wenn wir sahen, dass sich Polizei näherte, riefen wir: »Passt auf! Joongai (Polizei)!«

Im nächsten Moment gaben all die jungen Burschen Fersengeld. Die Polizisten sprangen ihnen aus den schmalen Gässchen entgegen, aber unsere Freunde rannten so schnell, dass sie voll mit den Polizisten zusammenstießen und die funkelnden Polizeimützen im nächsten Moment in der Gosse landeten. Im Grunde aber haben unsere Freunde niemandem etwas zuleide getan, sondern sich nur auf ein kleines Schwätzchen getroffen. Die Polizei hat Leute eingesperrt, bloß um sie von der Straße zu holen. Damit war allerdings kein einziges Problem gelöst.

Trotzdem gab es unter den Jungs, für die wir die Lage ausgekundschaftet haben, ein paar, die sich später, nachdem sie herangewachsen waren, kriminellen Kreisen anschlossen. Viele der Ganoven, die in den Nachrichten erwähnt wurden, stammten aus Fitzroy. Einige dieser Leute sind erschossen worden, andere landeten für lange Zeit hinter Gittern. Aber ein großer Teil von den Jungs ist später gut zurechtgekommen im Leben.

Als sie jenes Alter erreicht haben, in dem man anfängt, sich über seinen beruflichen Werdegang Gedanken zu machen, war es interessant zu sehen, wofür sie sich entschieden: arm zu bleiben oder ein Ganovendasein zu führen. Doch auch für die Ganoven war das Leben ein andauernder Kampf. Wenigstens haben sie nie die Armen beraubt und waren stets bereit, ihren Mitstreitern in Zeiten der Not zu helfen. Viele sind in anderen Bundesstaaten gestorben. Wie es ihnen ergangen ist, habe ich meist von Leuten auf der Durchreise erfahren oder aber in den Radionachrichten.

Meine Aborigines-Freunde und ich sind solchen Dingen nie verfallen. Wie die weißen Jungs hätten auch wir ohne Weiteres Waffen bei uns tragen können. Das haben wir jedoch nie getan. Ich glaube, eine Waffe zu tragen war für uns eine ganz entsetzliche Vorstellung. Wir hatten früher von Waffen gehört und davon, wie mit ihnen unsere Leute ermordet worden waren. Mit Waffen wollten wir nichts zu tun haben, nicht einmal im Entferntesten.

Fast jeden Tag sind wir an dem Haus vorübergegangen, in dem der bekannte Gangster Squizzy Taylor erschossen worden war. Und ein leibhaftiger Gangster namens Walkerdine, der in der Nähe wohnte, grüßte uns gewöhnlich, wenn wir vorbeikamen. Mister Walkerdine trug den Spitznamen Scotland Yard. Denn was auch passierte, er wusste darüber Bescheid. Seine Gang war in eine nicht enden wollende Auseinandersetzung mit einer anderen Bande verstrickt. Dabei ging es um illegal betriebene Spielklubs, in denen beim Glücksspiel viel Geld den Besitzer wechselte. Eines Abends ließ die rivalisierende Gang einem Reifen seines Autos die Luft heraus. Als Mister Walkerdine sich hinunterbeugte, um sich den Schaden anzusehen, sind seine Rivalen aufgetaucht und haben ihn erschossen.

Eines Tages ging mein Papa mit uns Kindern ins Melbourne Museum, wo ich mir eine Nachbildung des Skeletts meiner Ururgroßmutter, Queen Truganini, ansehen konnte. Nach

Aussage weißer Leute war sie die letzte reinblütige Aborigine, die in dem großen Inselstaat Tasmanien gestorben ist. Wir wissen jedoch, dass das nicht stimmt. Mein Vater hat zu uns gesagt: »Das ist eure Ururgroßmutter.«

Am stärksten ist mir freilich in Erinnerung geblieben, wie aufgebracht meine Mutter darüber war, dass man unserer heldenmütigen Ahnfrau gegenüber keinen Respekt an den Tag legte: Sie stand dort im Museum, ausgestellt wie ein Tier. Ohnehin wird heftig darüber gestritten, ob man überhaupt das richtige Skelett aufbewahrt hatte. Ihr Schädel jedenfalls ließ sich identifizieren – Großmutter Truganini wies deutlich ausgeprägte Kennzeichen auf.

Viele Leute glauben, Großmutter Truganini habe niemals Kinder gehabt, aber meine Urgroßmutter Louisa, die wir Großmama Briggs nennen, hat ihr Leben lang Stein und Bein geschworen, dass sie ihre Tochter gewesen ist. »Warum in aller Welt sollte sie wohl lügen?«, fragte meine Mutter. »Sie war bekannt für ihren guten Charakter, ein untadeliger Mensch, eine Frau, die ihre Stimme ein Leben lang furchtlos für die Sache der Aborigines erhob, genau wie ihr Mann John, und sie ging regelmäßig in die Kirche.«

Am Abend nachdem wir das Skelett unserer berühmten Ahnfrau gesehen hatten, meinte meine Mutter, nun sei es an der Zeit, dass sie uns ihre Stammesgeschichte erzählt.

»Meine Vorfahren sind Mitte des 19. Jahrhunderts von der Bass-Straße (Bass Strait) herübergekommen«, sagte sie. »Denn vor 20 000 Jahren wurde der Staat Tasmanien vom übrigen Australien durch Gewässer abgeschnitten, die zu stürmisch waren, als dass die Aborigines sie hätten überqueren können. Daher sind wir, glaube ich, ganz anders geworden als die Stämme hier auf dem Festland.

Mein Ururgroßvater war Häuptling Mangana vom Volk der Nuenone. Sein Stammesgebiet umfasste Bruny Island vor der Südostküste Tasmaniens. Er ist als starker und sanftmütiger Mann in die Geschichte eingegangen, als ein liebevoller Familienmensch mit viel Sinn für Humor. Eure Ahnen – Häuptling Mangana und seine Familie – haben eines Abends friedlich um ein kleines Lagerfeuer gesessen, als ein aus bewaffneten weißen Männern bestehendes Kommando sich von einem Schiff leise an den Strand und zwischen den Bäumen hindurch an sie heranschlich und sie überfiel. Die weißen Männer packten die Mutter der kleinen Truganini, Häuptling Manganas Frau, und stachen ohne Grund auf sie ein. Da lag sie nun im Sterben, die arme Frau; sie hatten ihr den Garaus gemacht. Kurze Zeit später erlag sie ihren Verletzungen.

Wie ihr alle euch vorstellen könnt, durchlitt euer Ahne, Häuptling Mangana, daraufhin entsetzliche Seelenqualen. Als Großmama Truganini alt war, hat sie erzählt, dass er jede Nacht alleine fortgegangen ist und ein Feuer angezündet hat. Dann konnte er spüren, dass der Geist ihrer Mutter ihm nahe war.

Seine junge Tochter, Großmama Truganini, wuchs lediglich zu einer Größe von einem Meter dreißig heran. Sie wurde als die Schönheit von Bruny bekannt, so hat man mir erzählt. Wohl oder übel – dies sage ich, weil sie dadurch natürlich Probleme bekommen hat und ein ums andere Mal Verrat an ihr verübt worden ist – hat sie ihr Leben lang versucht, zwischen den Schwarzen und den Weißen Frieden zu stiften. Darüber hinaus verfügte sie im Grund ihrer Seele über die Gabe, die Zukunft vorherzusehen. Ich weiß nicht, ob ich es fertigbringe, euch zu vermitteln, welch tiefes Anliegen ihr die Sache meines Volkes war – mit welch inniger Hingabe sie sich diesem Anliegen gewidmet hat. Die Zeit lief ab. Das wusste sie. Denn sie vermochte weitaus mehr zu sehen als irgendjemand in ihrem Umfeld, glaube ich, und sie übte auf Menschen eine Anziehung aus, so wie wir einen Emu anlocken, bevor wir ihn fangen – sie bediente sich der Fertig-

keiten eines Jägers. Sie stand auf und kämpfte. Nur wenige
Male hat sie sich geschlagen gegeben.

Ich könnte, glaube ich, sehr versöhnlich sein, ebenso wie
sie. Aber die weißen Männer haben Schande über uns gebracht. Unsere Männer haben sie abgeschlachtet, um uns
arme Frauen bekommen zu können. Aufgrund der Sünden
weißer Männer habe ich eine weißliche Haut. Aber ich versuche, ihnen zu vergeben, damit Großmama Truganini stolz
auf mich sein kann. Vorhergesehen hat sie vor allem, dass
den Frauen grausame Dinge widerfahren würden, und sie
hat die Auslöschung ihres Volkes kommen sehen.

In meiner Geschichte war ich allerdings an der Stelle stehen geblieben, als sie noch ein kleines Mädchen war. Ihr
Vater, unser Ahne, das Stammesoberhaupt, hatte sich schließlich dem Brauch folgend eine andere Frau genommen. Nicht
lange danach, so heißt es, sind 18 Strafgefangene, die an
Bord der Brigg *Cyprus* eine Meuterei angezettelt hatten, an
Land gegangen und haben bei einem Überfall die neue Braut
von Häuptling Mangana gezwungen, zu ihnen ins Boot zu
steigen. Nie wieder hat man etwas von ihr gehört.

Der Kummer hat euren großen Ahnen, Häuptling Mangana, so wie mein gesamtes stolzes Volk zugrunde gerichtet. Aus Bündeln von Rindenplatten, die mit Grasschnüren
zusammengebunden wurden, hat er sich eine Art Floß gebaut. Mit diesem ließ er sich aufs Meer hinaustreiben und
ein heftiger Sturm trug ihn mit sich fort. Ich glaube, alles in
ihm wollte Teil dieses Sturms sein. Doch wie es sich so traf,
wurde er gerettet, der arme Mann. Von da an aber war alle
Lebenskraft von ihm gewichen. Was für entsetzliche Zeiten,
o ja, unglaublich! Der große Häuptling hatte nun keine Familie mehr, abgesehen von Großmama Truganini. Seine gesamte Familie war gestorben oder ihm fortgenommen worden.

Damit freilich hatte unsere Zeit des Kummers gerade erst

begonnen. Im Alter von fünfzehn Jahren wurde eure Ururgroßmutter, Queen Truganini, ›das Mädchen mit den leuchtenden Augen‹, wie man sie nannte, mit dem ihr anverlobten Mann, Paraweena, und einem Freund aus seinem Stamm nach Bruny Island heimgerudert. Doch aus heiterem Himmel, mitten auf offener See, fielen die beiden Holzfäller, die sich erboten hatten, das künftige Brautpaar nach Bruny Island zu rudern, über die beiden Aborigines-Jungen her, brachten sie aus dem Gleichgewicht und stießen sie über Bord. Diese armen Burschen schwammen nun sogleich wieder an das Boot heran und klammerten sich an ihm fest. Aber wisst ihr, was die weißen Tasmanier als Nächstes taten? Sie hackten ihnen die Hände ab und überließen sie erbarmungslos dem Tod durch Ertrinken. Dann ruderten sie an einen versteckt gelegenen Platz und machten mit der armen Großmama Truganini, was sie wollten.

O ja, die weißen Männer werden bezahlen für das, was sie getan haben! Das liegt in der Natur der Dinge. Nicht einen Finger brauchen wir zu krümmen.

Als eure Ururgroßmutter Truganini eine Tochter zur Welt brachte, hüllte sie sich darüber in Schweigen. Ihr Kind sollte überleben. In jenem Jahrhundert wurden in der Tat all die reinblütigen Aborigines in Tasmanien ausgelöscht und auch nur wenige andere haben überlebt. Es bestand also kaum Hoffnung.

Als ein weißer Mann, der tasmanische Aborigines gefangen hatte, Tasmanien verließ, um einen Posten in Victoria zu übernehmen, sah Queen Truganini, die zu der Gruppe von Aborigines in seiner Begleitung gehörte, daher die große Chance, ihre Tochter über den Ozean zu schmuggeln – über die stürmischen Gewässer der Bass-Straße, die niemand von uns hatte überqueren können. Das geschah um das Jahr 1839 und der Mann hieß George Augustus Robinson. Indem sie ihn begleitete, setzte Großmama Truganini ihre persönliche Mission als Friedensstifterin zwischen den Schwarzen und den Weißen fort.

Die arme kleine Louisa verbrachte also ihre frühen Lebensjahre bei einer Aborigines-Familie an der Küste von Victoria, doch sie wurde nicht zufrieden gelassen. Gemeinsam mit einer Frau namens Marjorie, die sich dann um Louisa kümmerte, hat ein weißer Robbenfänger sie entführt und nach Preservation Island verschleppt, eine winzige Insel in der Bass-Straße. Es ist wichtig, das in Erinnerung zu behalten. In jenen Tagen gab es viel Sklaverei, doch niemand will das zugeben. Dort wuchs die kleine Louisa auf und wurde zu eurer Urgroßmutter, die ihr als Großmama Briggs kennt.

Ihr Entführer soll, bevor die junge Louisa gekommen ist und auf seiner Insel lebte, ertragreiche Geschäfte mit Sturmtaucher-Nestlingen betrieben haben. Aus den bereits befiederten Nestlingen des Sturmtauchers – aus ihrem Öl und Fett – gewann man Brennstoff, ihr Fleisch aß man und ihre Federn wurden als Füllung für Kissen und Matratzen verkauft. Aborigines-Sklavinnen mussten sich jedes Mal gleich mit einem ganzen Haufen Sturmtaucher-Nestlingen – auf beiden Seiten eines Grabestocks aufgehängt, den sie auf den Schultern balancierten – abschleppen.

Doch ihr werdet euch fragen, was Großmama Louisas Mutter, Queen Truganini, deren Stammesland weit im Süden lag, widerfahren ist. Und das solltet ihr auch: euch fragen, wie es unserer verehrten und geschätzten Ahnfrau ergangen ist. Nun, anschließend waren Großmama Truganini und ihre Leute selbstverständlich politische Gefangene im eigenen Land, Bruny Island. Von dort aus wurden sie dann von Insel zu Insel geschafft (darunter Swan Island, Gun Carriage Island und Flinders Island). Wie oft haben sie am Strand gesessen und übers Meer auf ihr geheiligtes Geburtsland geschaut. Nachdem die allermeisten von ihnen bereits gestorben waren, wurden die Überlebenden auf das südtasmanische Festland zurückgeschafft (nach Oyster Cove, nahe Hobart).

In der tasmanischen Stadt Hobart begannen die weißen Leute zu glauben, zu guter Letzt hätten sie nun sämtliche Aborigines in ihre Gewalt gebracht: zusammengesperrt auf eisigen, vom Wind zerzausten Inseln, auf denen kein Baum wuchs und wir von Tuberkulose, Lungenentzündung, Hunger und Kummer dahingerafft wurden. Das war etwa in den 1830er-Jahren, nehme ich an. Sie hatten meine Leute zu Tierfutter gemacht. Keineswegs aber hatten sie alle Aborigines eingefangen.

Die Leute aus der Stadt haben überhaupt nicht mehr daran gedacht, was sich wohl im fernen Norden, über den die Regierung keine Kontrolle hatte, unter jenen groben und verrohten Männern – nun, nicht alle von ihnen waren herzlos – abspielen mochte, die jedes Jahr für sechs Monate zurück nach Hause zu der Sklavenfrau kamen, die sie dort ausgesetzt hatten. Ausgesetzt auf dieser Insel oder auf jenen in der wilden Bass-Straße. Diese gesetzeslosen Männer waren Piraten, Robben- und Walfänger.«

An dieser Stelle hielt Mama inne und sie sagte: »Jetzt brauche ich einen Becher Tee – und eine Pause.«

Vollkommen still haben wir Kinder dagesessen. Immer waren wir ganz Ohr bei den Geschichten, die unsere Eltern uns an den Abenden erzählten. Abends gab es sonst nicht viel, was man tun konnte. Denn über die Straße bummeln mochten wir nicht. Das hier, so begriffen wir, war jedenfalls eine besondere Geschichte, die vielleicht nie wieder erzählt werden würde. Wir hatten gar nicht gewusst, dass zwischen den um Tasmanien herum gelegenen Inseln solche Unterschiede bestanden.

Nach einer Weile nahm Mama wieder Platz und setzte ihre Schilderung fort: »Eben habe ich euch erzählt, wie unsere moderne Geschichte angefangen hat. Auf den weit nördlich gelegenen Inseln sind alle möglichen Dinge geschehen. Einer der weißen Robbenfänger hat ebenfalls zu euren Ahnen gehört. Dieser rothaarige und braunäugige George Briggs ist ein Held, besonders für uns, gleichgültig, was er sonst getan haben mag. Gott war sehr gut zu unserem Stamm, er war sehr, sehr gut zu uns durch ihn. Wir haben einen Neubeginn unternommen hier auf dem australischen Festland. Aber am Anfang unserer modernen Geschichte stand entsetzliche Gewalt.

George Briggs hat selbst ein junges Mädchen geraubt. Dieses Mädchen war die reinblütige Tochter eures Ahnen Häuptling Lamanabungarrah vom nordtasmanischen Leterremairrener-Stamm, eure spätere Ururgroßmutter Woretermoteyenner. George Briggs blieb allerdings weiterhin mit dem Oberhaupt des Leterremairrener-Stammes im Gespräch und er hat ihm berichtet, dass es seiner Tochter gut geht. Darauf sagte der Häuptling, dass er genau weiß, wie es ihr geht, weil sie ihm von ihrer einsamen Hütte auf Cape Barren Island jeden Tag Rauchsignale sendet.

Dieser George Briggs, der Robbenfänger, war schon bald ein auf allen Inseln bekannter Mann. Zwar wechselte seine Laune wie das Wetter, doch galt er als guter Seemann, als verantwortungsvoll und geschickt. Ihr Sohn – sein und Großmutter Woretermoteyenners Sohn – hieß John. Und John wuchs zu einem vornehmen, großen, starken, gut aussehenden Mann mit wettergegerbtem Gesicht heran, heißt es. Unser Großvater John heiratete im Jahr 1844 Queen Truganinis Tochter Louisa, unsere Großmama Briggs, die so viele Jahre zuvor entführt und nach Preservation Island geschafft worden war.

Die gesamte Geistwelt beklagt, was unseren Frauen und auch deren Kindern widerfahren ist. Aber an harte Arbeit waren tasmanische Frauen ohnehin gewöhnt. Ihre Arbeit für die Robbenfänger bestand nun darin, Robben und Kängurus zu töten, ihr Fell zu trocknen und es haltbar zu machen, Hütten zu bauen, Brennholz zu sammeln, nach Schalentieren und Algen zu tauchen sowie Körbe und Halsketten anzufertigen.

Wie jedes Tier konnte man Robben fangen, indem man sie überlistet hat. Tiere zu überlisten war inzwischen zu einer reinen Frauenangelegenheit geworden. Schließlich gab es ja weit und breit keine männlichen Aborigines mehr. Unsere Frauen haben sich von Kopf bis Fuß nass gemacht und so getan, als wären sie Robben. Ihnen gefiel es, Robbe zu sein – das waren gute Tage für Frauen. Sie legten sich auf der windabgewandten Seite einer Robben-Kolonie auf den Boden nieder und beruhigten die Robben, indem sie sich kratzten, sobald die Robben sich kratzten, und sich umschauten, sobald die Robben dies taten. Die Robben waren überzeugt, dass die Frauen andere Robben waren! Dann, ganz plötzlich, stießen alle Frauen einen Schrei aus, sprangen auf und jede von ihnen schlug mit den Waddies, die sie vorher verborgen gehalten hatten, zwei Robben auf den Kopf.

Die weißen Männer, die im Bereich der Bass-Straße Handel betrieben, ließen im Allgemeinen auf verschiedenen Inseln einige Aborigines-Frauen für sich arbeiten. Hatten sie aber Kinder, dann haben die Frauen und die Männer sich der Kinder meist entledigt. (Einige Kinder, obwohl durch Vergewaltigung entstanden, hat man allerdings behalten.) Die Männer gaben den Frauen derbe Namen, wie zum Beispiel Bootsmann (Boatswain). Und manche Männer hängten ihre Frauensklaven kopfüber auf und verprügelten sie, falls sie ihnen zu wenige Seehundfelle bereitgelegt hatten.«

Hier machte unsere Mutter eine Pause und blickte uns an, um zu sehen, wie wir ihre Geschichte aufnahmen. Dann holte sie einmal tief Luft und erzählte weiter: »Sie haben unserem Stamm die Nahrung, mit anderen Worten, die Seehunde genommen, sie haben sich die Frauen genommen und zum Schluss gab es nicht mehr genügend Seehunde, um damit Geld zu verdienen. Daher begannen sie, sesshaft zu werden und sich an ein Familienleben zu gewöhnen. Die Bewohner der Bass-Straße wurden vielleicht immer noch von den Erinnerungen an die schrecklichen Anfänge heimgesucht, nun schafften sie es jedoch, eine starke Gemeinschaft aufzubauen. Mittlerweile sah man dort gepflegte, von einem schönen Garten umgebene Häuser und ordentliche Farmen, stattliche Walfangboote und hübsche Kinder, die umherliefen. Die Frauen wurden zu Ratgeberinnen der Gemeinschaft. Und die Frauen forderten ihre Männer auf, sich über den Fang von Sturmtaucher-Nestlingen Gedanken zu machen.

Ihr habt ja die Sturmtaucher zu Hause vor der Küste selbst gesehen: kleine Kerle, grau wie Holzkohle – sie ähneln fetten Seemöwen mit langen, schlanken Flügeln und wenn sie einem Hai dicht vor der Nase sind, tauchen sie kurz ihren Kopf unter Wasser, um nachzuschauen, und flattern anschließend nicht weit oberhalb seiner Schwanzflosse herum, furchtlos und freundlich. Und mutig schwimmen sie, obwohl sie einen sehr guten Fischköder abgeben, nahe an Boote und an Schiffe heran.

Jedes Jahr im Oktober kommen sie von Plätzen auf der anderen Seite der Erde auf die Inseln der Bass-Straße und legen ihre Eier in Höhlen hoch über dem Ozean ab. Sind die Jungvögel geschlüpft, leisten die Eltern den ganzen Tag über Schwerstarbeit auf dem Meer und landen schließlich in der Dämmerung neben der Höhle. Auf jeden, der dort steht, stürzen sie sich sofort.

Im Februar schlüpfen die Jungvögel und nach neun Wochen sind sie fett und ölig, doppelt so groß und schwer wie ein ausgewachsener Vogel. Zu dieser Zeit fliegen die Eltern auf und davon. Das ist zugleich der beste Zeitpunkt, um die Kleinen einzusammeln, bevor sich ihr momentaner Zustand verändert. Denn ohne weitere Nahrung zu erhalten, bleiben die Babys, die ihre Eltern vermissen, nun bis zu acht Wochen in ihrer Höhle. Fliegen können sie noch nicht, dazu fehlen ihnen fürs Erste die Federn, außerdem sind sie viel zu schwer. Schließlich aber verwandelt sich ihr flauschiges Daunenkleid in Flugfedern und alle Vögel, die überlebt haben, fliegen nun gemeinsam fort.

Das ist Großmama Louisas Geschichte, wie sie an mich überliefert wurde. Und jetzt gebe ich sie an euch weiter, meine Kinder. Euer Leben lang müsst ihr sie in Erinnerung behalten, auch wenn ihr vielleicht niemals Gelegenheit haben werdet, sie jemand anderem zu erzählen.

Etwa zu jener Zeit wurde unter Großmama Louisas Leuten ein entsetzliches Massaker angerichtet. Sie selbst war zu diesem Zeitpunkt, glaube ich, wohl gerade mit ein paar Kindern und anderen Frauen unterwegs, um Sturmtaucher-Nestlinge einsammeln zu gehen. Und in der Zwischenzeit wurde eine größere Anzahl ihrer Leute von weißen Seeleuten gefangen genommen und auf eine Klippe getrieben. Dort haben die Seeleute geschrien: ›Springt hinunter oder ihr werdet erschossen!‹

Zahlreiche Boote lagen unterhalb der Klippe im Wasser vor Anker, wurde mir berichtet – alles war geplant! O ja, die Seeleute haben sich einen schönen freien Tag gemacht, sich eine Verschnaufpause von ihrem Arbeitsalltag gegönnt. Man konnte sie jubeln und lachen hören, als die Frauen und kleinen Kinder in den Tod stürzten. Wie üblich schwammen unsere Leute zu den Booten, klammerten sich an der Seite fest und flehten um Gnade. Doch die Seeleute hackten ihnen die Hände ab und sie ertranken. Das Wasser färbte sich blutrot.

Unser Ahne George Briggs ging mit seinem Sohn John in der Nähe seiner Arbeit nach, als er von Weißen, die sich nicht an dem Blutbad beteiligen wollten, Nachricht davon erhielt. Eilends steuerten sie ihr Walfangboot dorthin, um zu sehen, ob sie jemanden retten könnten. Eine Runde nach der anderen drehten sie mit dem Boot und fischten so viele Menschen wie möglich aus dem Wasser – unter anderem auch Louisa und die anderen starken Schwimmer. Dann wendete George Briggs sein Boot und ohne Zwischenstopp nahm er geradewegs Kurs auf das australische Festland. Auf Victoria, genauer gesagt. Und so hat meine Seite der Familie hier Fuß gefasst, durch Großmama Louisa und Großvater Johns Tochter Polly.«

All diese Dinge hat meine Mama uns Kindern an jenem Abend erzählt. Nachdem sie geendet hatte, war sie müde und erschöpft. Mama war immer sehr stolz darauf, die Ururenkelin von Queen Truganini aus Tasmanien zu sein. Diese Geschichte habe ich mein Leben lang als Geheimnis für mich behalten. Erst jetzt habe ich darüber gesprochen.«[12]

KAPITEL 7

Großmama Truganinis Tochter Louisa, die wir Großmama Briggs nennen, war eine willensstarke, hart arbeitende und fürsorgliche Frau mit durchdringenden, blitzenden Augen. An Mamas Wohnzimmerwand hing stets ein großes Foto von Großmama Briggs, auf dem sie ihre Tochter, Großmama Polly, auf dem Arm hält. Wir Nachkommen von Großmama Polly und Großvater John haben allesamt in unserem schwarzen Haar eine rötliche Farbnuance und als ich die Cummeragunja-Mission besucht habe, konnte ich bei manchen meiner Tanten und Onkel noch den feuerroten Lockenkopf sehen.

Großmama Polly, die Mutter meiner Mutter, habe ich erst als Teenager kennengelernt und damals war ihr Haar schon ergraut. Ich erinnere mich, wie sie eine Tonpfeife rauchend in der Cummeragunja-Mission auf einer altertümlichen Veranda saß. Immer noch kann ich hören, wie sie »Hallo!« zu mir gesagt, und spüren, wie sie meine Hand in die ihre genommen hat.

Großmama Louisa und Großvater John sollen, ehe sie 1853 auf das australische Festland gekommen sind, bereits zehn Kinder gehabt haben. Beide haben eine Zeit lang auf den Goldfeldern in Victoria ihr Glück versucht, danach begannen sie in der Nähe von Beaufort als Schäfer zu arbeiten. Seinerzeit hat Großmama Louisa irgendwann auch einmal eine Weile in Warrnambool zugebracht. Später sind sie in die Aborigines-Station Coranderrk in der Nähe von Healesville gezogen. Dort wurde Großmama Louisa Krankenschwester und Hebamme. 1876 hat man sie zur Wirtschafterin von Coranderrk ernannt. Daraufhin wurde sie zum Sprachrohr aller Bewohner und setzte sich mit Nachdruck für deren Rechte ein. Beispielsweise hat sie zur Wiedereinstellung von John Green beigetragen, nachdem der Aborigines Protection Board ihn rausgeschmissen hatte. John Green, der beliebte erste Leiter der Coranderrk-Station, war ein guter Mensch. Er vertrat die Auffassung, den Aborigines müsste gestattet werden, all ihre Angelegenheiten selbstverwaltet zu regeln. Sogar sämtliche Einkünfte, die er für seine Arbeit erhielt, steckte er in die Mission.

Die Coranderrk-Station war 1863 von John Green und den Stammesleuten aus der Gegend von Yarra Valley gegründet worden. Lediglich etwa 250 Angehörige des in dieser Region lebenden Kulin-Stammes hatten zu jener Zeit die Ankunft des weißen Mannes überlebt. Die meisten von ihnen waren mit John Greens Vorschlag einverstanden, Coranderrk zu ihrem Zuhause zu machen, weil sie dort sicherer sein würden. Und später kämpften sie für den Erhalt der Station. Denn ansonsten, abgesehen von dieser Reservation, war ihnen keinerlei Land mehr geblieben.

John Green und Großmama Louisa erhoben Einspruch

beim Aborigines Protection Board, als dieser in den 1870er-Jahren beschloss, die Mission zu verkaufen und die Bewohner in anderen Reservationen unterzubringen. Bei einer diesbezüglichen Befragung gab Großmama Louisa eine Aussage zu Protokoll. Danach wurde sie jedoch, weil sie gegen die Pläne des Board ihre Stimme erhoben hatte, zur Übersiedlung in die Ebenezer-Station im Nordosten Victorias genötigt. Erst 1882 durfte sie, nach einer weiteren Befragung, schließlich wieder nach Coranderrk zurückkehren. Wenige Jahre später, im Jahr 1886, verabschiedete die Regierung den *Aborigines Protection Act*, jenes Gesetz, das unserer Mission in Framlingham solch große Probleme bereitet hat. Sämtliche Mischlinge wurden damals gezwungen, die Missionen zu verlassen, auch Großmama Louisas Söhne hat man fortgejagt.

Bis dahin hatte die Station sich in durchaus positiver Weise entwickelt. Coranderrk war ein gelungenes Siedlungsprojekt gewesen. Die dort lebenden Leute hatten eine echte kleine Gemeinschaft aufgebaut mit einer Schule, einer Sägemühle, einem Milchladen, einer Bäckerei und einer Metzgerei. Sie hatten verschiedene Getreidesorten und andere landwirtschaftliche Nutzpflanzen angebaut, ebenso florierte der Hopfenanbau. Sie waren hochgradig autark. Das Inkrafttreten des *Aborigines Protection Act* hatte jedoch eine Verringerung der Einwohnerzahl auf die Hälfte zur Folge und dementsprechend schrumpfte auch die Arbeitskraft. Aufgrund dessen war eine angemessene Nutzung der Farm nicht mehr möglich und sie verfiel. Großmama Louisa zog daraufhin in die Maloga-Mission; und anschließend dorthin, wo meine Mutter ihre Kindheit verbracht hat: in die Cummeragunja-Mission. So viele Familien sind in jener Zeit vollständig auseinandergerissen worden.

Großmama Louisa ist in Cummeragunja gestorben, als sie schon sehr alt war. In der Ausgabe des *Standard* vom 29. September 1925 erschien folgender Nachruf:

Louisa Briggs, Aborigines-Mischling, ist am 8. September
in der Cummeragunja-Aborigines-Station verstorben ...
Direkt verwandt mit King John und Queen Truganini war
sie daher die absolut letzte Tasmanierin. (Das ist heute
umstritten.) Sie verkörperte den Typus einer stattlichen
Halb-Aborigine, ihr Haar war schneeweiß. Sie verfügte
über eine eiserne Konstitution, war eine sehr starke Rau-
cherin, trank hingegen keinen Alkohol. Sie hat viel gute
Literatur gelesen, sich aber ebenso wie ein Kind gefreut,
wenn sie sich eine gute, unterhaltsame Bildgeschichte an-
schauen konnte. Bis vor zwölf Monaten, und danach noch
einmal für eine kurze Spanne, befand sie sich im Vollbesitz
ihrer Kräfte. Louisa hat Tasmanien bereits als Teenager
verlassen und die Überfahrt hat sie damals auf einem alten
Segelschiff zurückgelegt. Sie ... begab sich mit ihrem Mann
auf die Goldfelder. Von dort wanderte sie nach Warrnam-
bool, dann zur Maloga-Mission, wo sie viele Jahre lang
für das ganze Camp die Backstube betrieben hat. Schließ-
lich ist sie mit ihren Leuten in die heute von der Regierung
geführte Aborigines-Station Cummeragunja gezogen. Mit
allen religiösen Weihen versehen, wurde sie schließlich auf
dem Friedhof der Station beigesetzt. Einer ihrer Angehöri-
gen hat die Messe gelesen und ein großer Kranz aus Veil-
chen, den die Schulkinder für sie geflochten hatten, wurde
auf ihr Grab gelegt.

Die reinblütigen Aborigines durften in Coranderrk bleiben,
allerdings wurde 1893 die Hälfte des noch vorhandenen
Ackerlands an weiße Farmer der Umgebung verkauft. Dann
deportierte der Aborigines Protection Board unter Einsatz
einer Polizeieskorte den Großteil der verbliebenen Bewohner nach Lake Tyers in Gippsland. Den Plänen der Regierung
zufolge sollten, mit Ausnahme von Lake Tyers, sämtliche
Aborigines-Siedlungen geschlossen werden. Lediglich eini-

gen wenigen älteren Bewohner wurde die Erlaubnis erteilt, weiterhin in Coranderrk zu bleiben, während die Regierung darauf wartete und wahrscheinlich hoffte, dass der Tod sie bald dahinraffen würde. Schließlich wurde nach dem Zweiten Weltkrieg das gesamte Coranderrk-Land für eine symbolische Summe an heimgekehrte Soldaten verkauft – unter denen sich jedoch kein einziger Aborigine befand.

Immer noch herrscht viel Wut und Frustration über das, was in Coranderrk geschehen ist. Denn Coranderrk war wahrscheinlich die erfreulichste und gelungenste Mission im ganzen Land, dennoch lief ständig alles – allein schon die schlichte Erlaubnis, sich dort aufhalten zu dürfen – auf Auseinandersetzungen hinaus. Sehen Sie, sobald die Farm gut gedieh, das Land urbar gemacht worden und fruchtbar war, wurden die meisten weißen Farmer aus der Umgebung neidisch und wollten auf einmal das Land für sich beanspruchen. Bevor daraus eine erfolgsträchtige landwirtschaftliche Nutzfläche gemacht worden war, hatten sie es hingegen keineswegs haben wollen. Niemand war damals an dem Land interessiert gewesen. Die Regierung wollte aber selbstverständlich die weißen Farmer bei Laune halten, denn jeder von ihnen verfügte über eine Wählerstimme, die schwarzen Kameraden hingegen nicht. Was sie wollten, spielte deshalb einfach keine Rolle. Darauf liefen all diese Dinge letztlich hinaus.

William Barak, ein weiterer berühmter Streiter für Coranderrk und das Oberhaupt der dortigen Gemeinschaft und ein späterer Freund von Großmama Louisa, wurde auch »der letzte König des Yarra-Yarra-Stammes« genannt – und der letzte König von überhaupt irgendeinem Stamm in Victoria. Selbst weiße Leute nannten ihn einen König: im Sinn einer Titulierung wie auch mit Rücksicht auf seine königliche Wesensart. Heutzutage ist er allerdings ein wenig in Vergessenheit geraten, was ich sehr schade finde.

Bevor William Barak zum Oberhaupt des Volkes der Woiworung wurde, hatte er bereits als Teenager im Jahr 1835 miterlebt, wie bei der Unterzeichnung des »Vertrags« zwischen John Batman und William Baraks Vater Bebejern sowie sieben weiteren Aborigines-Stammesoberhäuptern 243 Hektar Land im Umkreis von Melbourne ohne Gegenleistung an Weiße herausgegeben wurden.

Als in jenen frühen Tagen die Gegend um Melbourne zunehmend besiedelt wurde, ging Barak eine Zeit lang zur Schule und wurde Christ. Dann kehrte er jedoch in seinen geliebten Busch zurück und lebte bei seinem Stamm. Er wuchs zu einem gesunden und starken Mann heran und war bestens bekannt für seine Fertigkeiten beim Feuermachen, dem Werfen des Bumerangs und der Jagd. Noch als junger Mann schloss er sich dem Native-Police-Corps[13] an und wurde zu einem ausgezeichneten Fährtenleser. Später verließ er die Native Police, ging nach Gippsland, wo er heiratete, und dann nach Acheron, wo er und seine Frau wieder beim Yarra-Yarra-Stamm lebten. Dort kam John Green mit ihnen in Kontakt und sie alle zogen in die Coranderrk-Station.

In Coranderrk wurde Barak als Nachfolger seines Halbbruders Wonga Stammesoberhaupt. Stets hat Barak sich, wie allgemein berichtet wird, als aufrechter Mann gezeigt und wahrhaft würdevoll verhalten. Er hatte dunkles, welliges Haar, feine Gesichtszüge und schwarze Augen mit einem eindringlichen Blick. Eine weiße Frau, Anna Leuba (geborene Herr; ihre Familie war 1857 aus der Schweiz eingewandert und hatte sich im Gebiet von Yarra Valley niedergelassen), freundete sich mit Barak an und erteilte dem französischen Künstler John Mather den Auftrag, ihn mit Ölfarben zu portraitieren. Als Schenkung überließ Annas Tochter Natalie Robarts, die mit Unterstützung ihres Ehemanns Charles vierzehn Jahre lang als Wirtschafterin von Coranderrk tätig war, das Bild später dem Melbourne Museum.

Barak war ein wichtiger Vorkämpfer für die Rechte seines Volkes und bei denselben Befragungen wie Großmama Louisa gab auch er seine Aussagen zu Protokoll. Zweimal ist er mit einer Unterstützergruppe nach Melbourne marschiert, um dagegen zu protestieren, dass der Aborigines Protection Board versuchte, Coranderrk zu schließen. Dies zu tun zeugte von großem Wagemut. Aborigines wurden nämlich in jenen Tagen, wenn sie ihre Meinung klar und unumwunden zum Ausdruck brachten, in vielen Fällen zur Strafe von ihren Aufgaben entbunden.

Natalie und Charles Robarts' Sohn Oswald, der in Coranderrk in Baraks Umfeld aufwuchs und später Journalist wurde, hat gemeinsam mit Leo Kelly nach Baraks Tod einen Artikel über ihn geschrieben. Die Überschrift lautete: »Barak – ein Monarch der Aborigines«. Darin war Folgendes zu lesen:

Eines der unvergesslichsten Oberhäupter der australischen Aborigines war König Barak, der angesehene Anführer jenes Yarra-Yarra-Stammes, der einst das südliche Victoria durchstreift hat.

Barak war nicht nur dem Namen nach ein König, vielmehr war er es wegen seines ganzen Wesens. Er war ein überaus vielseitiger Mann, …Staatsmann, Jäger, Sänger, bildender Künstler, vor allem aber Sachwalter und Verteidiger des eigenen Volkes… In Gestalt von William Barak haben die Aborigines einen großen Staatsmann hervorgebracht. Seine Würde, Intelligenz und charakterliche Integrität verlangten auch Gouverneuren, Politikern und anderen macht- und einflussreichen Menschen aus allen Bereichen der Gesellschaft Respekt und Bewunderung ab.

An dem harten Los seines Volkes in den frühen Jahren der Kolonisation nahm Barak zutiefst Anteil und um dieser Menschen willen erhob er beherzt und beredt seine Stimme. Viele Delegationen, die aus Stammesober-

häuptern gebildet worden waren, hat er zu denjenigen geführt, in deren Händen die Staatsgewalt lag, und mit Unterstützung zweier Sekretäre, in deren Adern zur Hälfte das Blut der Aborigines, zur anderen Hälfte weißes Blut floss, wandte er sich in diesen Belangen schriftlich an die Zeitungen.

Dank seiner Bemühungen sind zahlreiche Dinge geschehen, durch die sich die Belastungen für viele Aborigines ein wenig verringert haben.

Barak ist in seinem Leben sehr viel persönlichem Kummer und Leid begegnet... Er war viermal verheiratet, eine eheliche Verbindung nach der anderen wurde jedoch dadurch hinfällig, dass seine Partnerin starb. Und als in seinen späten Jahren auch noch sein sechzehnjähriger Sohn im Melbourne Hospital an Tuberkulose verstarb, versetzte ihm dies einen schweren Schlag. Letztlich sind alle seine Kinder vor ihm gestorben.

Der Zusammenprall mit einer westlichen Lebensweise... hat auch seinem Stamm einen hohen Tribut abverlangt und mit den Jahren schwand zusehends die Zahl derjenigen, die diesem Stamm angehörten.

Am Ende war König Barak als Einziger übrig geblieben in seinem kleinen Königreich. Was ihm noch Halt gab in der Kümmernis seiner alten Tage, waren seine tief wurzelnden religiösen Überzeugungen.

Sein eigenes Dahinscheiden hatte er vorher mit den Worten angekündigt: »Wenn die Akazien zur Blüte kommen, werde ich heimgehen.«

Und so war es. Anfang August beginnt die Akazie zu blühen und am 15. August 1903 ist er im Alter von 85 Jahren gestorben.

NACHTRAG ZU KAPITEL 7

Bevor Banjo gestorben ist, bat er darum, Briefe von und über Louisa Briggs aus jener Zeit ausfindig zu machen, in der sie und ihre Familie sich gezwungenermaßen in der Ebenezer-Station aufhielten. Ihm war zu Ohren gekommen, dass manche dieser Briefe noch existierten und auf erschütternde Weise beschrieben, wie die Familie auseinandergerissen wurde und wie unglücklich sie alle dort in der Missionsstation waren.

Lange Nachforschungen führten zu guter Letzt in die Nationalarchive, wo einige der Briefe gefunden wurden. Sie vermitteln uns einen starken Eindruck davon, wie Louisa ganz selbstverständlich Verantwortung für andere übernommen hat; wie die Aufspaltung der Familie Briggs bewusst herbeigeführt wurde, weil sie, als die Familienmitglieder noch zusammen waren, lautstark ihre Rechte einforderte; wie Louisa die Genehmigung versagt wurde, ihren sterbenden Sohn Jack in Coranderrk zu besuchen, so als handele es sich dabei um etwas völlig Belangloses (und wie man sich anfänglich weigerte, sie über seinen Zustand überhaupt in Kenntnis zu setzen); und natürlich, wie die Familie Hunger litt. Louisa war offenbar zu stolz, ihrerseits auf den Hunger und die Unterernährung zu sprechen zu kommen (an ihrer Stelle hat die Tochter den Brief geschrieben), und auch zu stolz, um vor Ablauf einer Vierjahresfrist (nach der ihr Ersuchen eine gewisse Aussicht auf Erfolg zu haben versprach) um die Rückkehr nach Coranderrk zu ersuchen. Offenbar war sie sich darüber im Klaren, dass sie und ihre Familie zur Strafe nach Ebenezer verbannt worden waren.

Im Folgenden können Sie Auszüge aus diesen Briefen lesen. Gerichtet sind sie ausnahmslos an Captain Page, einen Entscheidungsträger des Aborigines Protection Board. Manche von ihnen hat Louisa (in sehr gewählter, beschwörender

Höflichkeit) geschrieben, manche stammen vom Leiter der Ebenezer-Station, Reverend C. W. Kramer.

Rev. C. W. Kramer an Captain Page, 23. Juni 1879
Vor ein paar Tagen hat er (Louisas Sohn Mooney) um Erlaubnis gebeten, nach Swan Hill, Gannawarra und Echuca gehen zu dürfen... Als ich ihm diese verweigert habe, begann er mich zu belehren, was er für meine Pflichten halte und was nicht... Selbstverständlich habe ich daran Anstoß genommen... Wenn Sie ihn freundlicherweise darüber in Kenntnis setzen würden, dass er sich den nachsichtig und verständnisvoll abgefassten Regeln der Station zu unterwerfen hat, würden Sie damit ganz gewisslich etwas Gutes und Erstrebenswertes tun, ansonsten hätten wir einen negativen Präzedenzfall und man würde unaufhörlich mit den unwürdigen Klagen dieser Schwarzen belästigt werden, wann immer sie etwas ärgert. Schon wenig später folgte Mrs. Briggs mit einer Beschwerde. Ich habe mich geweigert, ihr das Geld für eine Reise nach Coranderrk vorzustrecken. Sie wollte ihren Sohn besuchen, weil er nach Berichten, die sie von dort erhalten hat, im Sterben liegt. Ihre launenhaften Mädchen würde sie in der Zwischenzeit natürlich hierlassen, damit ich auf sie aufpasse, nehme ich an.

Rev. C. W. Kramer an Captain Page, 29. Juni 1879
Nachdem Mrs. Briggs einen weiteren Brief erhalten hat, der besagt, dass ihr Sohn (Jack) ernsthaft krank und in das Melbourne Hospital gebracht worden ist, fragt sie sich, ob diese Information zutrifft. Sie findet es verwirrend, dass Sie Jack nicht erwähnt haben, als Sie ihr von Mrs. Charles geschrieben haben. Maggie (Louisas Tochter) liegt in Horsham in der Klinik.

Rev. C. W. Kramer an Captain Page, 1. Juli 1879

Unsere Leute waren ziemlich amüsiert, als er (Louisas Sohn Mooney) *mir in ihrer Anwesenheit eröffnete, dass ich, so habe er gehört, diese Station für die deutsche Regierung verwalte, und Derartiges könne nicht angehen.* (Die deutsche Regierung stand in dem Ruf, ganz besonders streng zu sein.) *Ferner findet er es verwirrend, dass wir diesen Ort als Missionsstation bezeichnen und nicht als Regierungsstation – ein Punkt, den auch Mrs. Briggs immer wieder geltend macht. Sie werden da einiges klarzustellen haben.* (Louisa war bekanntermaßen eine gläubige Christin und sie sah, welch große Kluft sich auftat zwischen der Führung der Station durch die protestantischen Missionare und jenen Anforderungen, an denen aufrichtige Christen sich messen lassen müssen.)

Ich bin erfreut, dass Sie von Mrs. Briggs' Gesuchen um dies, das und jenes keine Notiz nehmen. Wenn ihre große Tochter Sarah ein bisschen arbeiten würde, hätten sie genügend Geld, um zu kaufen, was sie benötigen.

Rev. C. W. Kramer an Captain Page, 13. August 1879

Ich bin sicher, Sie sind unangenehm berührt, von Maggie Briggs' schlechtem Benehmen während ihres Aufenthalts im Horsham Hospital zu hören. Ich stand schon im Begriff, Sie mit einem langen Bericht über die weiteren Verfehlungen der drei ältesten Briggs-Kinder, die am Montag zu dem Ärger mit Mrs. Briggs führten, zu behelligen, werde jedoch darauf verzichten. Denn Mrs. Briggs und die beiden Mädchen haben versprochen, sich an die hier geltenden Regeln zu halten, und der Junge wird, glaube ich, in Kürze denselben Schritt tun. Indes möchte ich einfach einmal kurz anführen, worin ihr anstoßerregendes Verhalten bestanden hat; darin nämlich, dass sie ohne mein Wissen und ohne meine Zustimmung nach Einbruch der

Dunkelheit eine benachbarte Station aufgesucht haben, um dort an abendlichen Festen teilzunehmen und mit charakterlosen jungen Männern weißer und schwarzer Hautfarbe zu tanzen... Sie werden sich vorstellen können, wie schockiert wir alle gewesen sind, als wir von ihrem Treiben Kenntnis erhalten haben, wozu es womöglich noch eine ganze Zeit lang nicht gekommen wäre,... wenn ich sie nicht eines Tages, als sie dort nicht mit mir rechneten, beim Tanzen im Busch entdeckt hätte.

Und nun habe ich eine Bitte, selbst auf die Gefahr hin, als wankelmütig und als jemand, der einem Gesinnungswandel unterworfen ist, zu gelten: Schicken Sie bitte nicht Jack Briggs und die Mitglieder seiner Familie hierher, die offenbar alle kräftig und gesund sind, während allein Mrs. Briggs' Tochter, jedenfalls sagt sie das, anfällig und empfindlich ist. Da die Briggs' aufgrund der großen Anzahl von Familienangehörigen an ihrem jeweiligen Aufenthaltsort unweigerlich ein hohes Maß an Einfluss ausüben und da der Einfluss derer, die hier sind, in die verkehrte Richtung geht, bin ich entschieden der Meinung, dass es im Interesse dieser Station wünschenswert ist, die zum Kreis dieser Familie gehörenden Personen voneinander getrennt zu halten.

Louisa Briggs an Captain Page, 25. August 1879
Bitte, Mr. Page, sind Sie so liebenswürdig, mir ein Erlaubnisschreiben für den Besuch bei meiner Tochter (in Coranderrk) zu senden, da Sie versprochen haben, dass ich sie dort aufsuchen kann, um während der Niederkunft bei ihr zu sein; könnten Sie mir bitte ein wenig Geld schicken, damit ich den Bus bezahlen, ein paar Schuhe, Strümpfe und einen Hut kaufen kann. Ich möchte Schuhe für die Kinder, die praktisch nur barfuß herumlaufen können. Habe das schon einmal geschrieben, jedoch keine Antwort

erhalten, aber wenn Sie beides schicken könnten, wäre ich sehr dankbar. Meine Tochter hat mir zweimal geschrieben, dass ich Ende dieses Monats zu ihr kommen soll …

So muss ich nun diesen Brief beenden mit vielen Grüßen an Sie …

Stets in freundschaftlicher Verbundenheit
Ihre Mrs. Louisa Briggs
Schreiben Sie mir bald

Rev. C. W. Kramer an Captain Page, 8. Oktober 1879
Würden Sie mich bitte liebenswürdigerweise darüber in Kenntnis setzen, ob ich durch Sie etwas mehr Unterstützung vom Aborigines Protection Board erwarten darf, was die Lieferung von Fleisch für die Schwarzen angeht, und ob der Board damit einverstanden ist, wenn ich bei einigen Großgrundbesitzern hier im Bezirk darum werbe, dass sie uns unentgeltlich ein paar Schafe zur Verfügung stellen. Während dieser letzten beiden Wochen habe ich unsere eigenen Schafe geschlachtet und werde dazu noch weitere zwei Wochen in der Lage sein, dann jedoch werden, so fürchte ich, alle schlachtreifen Hammel aussortiert sein und ich werde mich erneut in einer Zwangslage befinden.

Louisa Briggs an Captain Page, 22. Oktober 1881
Werter Herr, ich schreibe diese wenigen Zeilen an Sie, um darum zu bitten, wieder in die Coranderrk-Station zurückkehren zu dürfen. Hier habe ich mittlerweile ungefähr vier Jahre verbracht. Darum möchte ich nun gern zurückkehren, um wieder bei meinen Freunden und meiner Familie sein zu können. Bitte geben Sie mir bis Mittwoch Bescheid. Ich werde Ihnen Ihre Güte danken. Mit freundlichen Grüßen an Sie.

Louisa Briggs an Captain Page, 15. Februar 1882
(niedergeschrieben von Louisas Tochter Maggie)
Nun ergreife ich rasch die Gelegenheit, Ihnen diese we-
nigen Zeilen zu schreiben; seit ich Ihren Brief erhalten
habe, ruhen meine Hoffnungen auf Ihnen; bitte stellen
Sie mir ein Erlaubnisschreiben aus; dann könnte ich nach
Coranderrk gehen; wenn Sie es mir geschickt haben, las-
sen Sie es mich bitte wissen…; lassen Sie es mich bitte bis
Donnerstag oder Samstag wissen.
   Hier ist es zu heiß: Und wir leiden Hunger.
   Daher muss ich zum Ende dieser kurzen Mitteilung
kommen.
   Mit den besten Wünschen für Sie, mein Herr, verbleibe
ich hochachtungsvoll Ihre
   Mrs. Briggs
   Schreiben Sie mir umgehend

Rev. C. W. Kramer an Captain Page, 13. März 1882
Mrs. Briggs ist vor zehn Tagen abgereist und hält sich
zurzeit in der Nähe von Dimboola auf, wo Jack und ihr
Schwiegersohn Allan an der Bahnstrecke arbeiten, um ein
wenig Geld für den Kauf ihrer Fahrkarte nach Melbourne
zu verdienen,… wahrscheinlich wird sie die Reise nach
Melbourne am Donnerstag antreten. (Louisa und ihre Familie hatte nach sechs Jahren in der Verbannung schließlich
doch die Erlaubnis erhalten, nach Coranderrk zurückzukehren.) *Fragen Sie sie nach einer Erklärung den hier er-*
littenen Hunger betreffend, wenn sie in Melbourne Zwi-
schenstation macht. Mir hat sie gesagt, Maggie habe das
geschrieben – ohne Wissen und ohne Zustimmung der Mut-
ter. Hier hat sie ihre Nahrungszuteilungen entsprechend
den im amtlichen Brief gewährten Vorgaben erhalten. Al-
lerdings sollte ich erwähnen, dass ich die Zuteilungen an
ihren Schwiegersohn, der ein kräftiger und körperlich tüch-

tiger Mischling ist, gestoppt habe, und wahrscheinlich hatten sie nicht mehr genug zu essen, falls sie ihn mit Nahrungsmitteln aus der für sie selbst bestimmten Zuteilung versorgt hat. Nachdem ich ihn ohne den gewünschten Effekt mehrere Male verwarnt hatte (nicht betrunken nach Hause zu kommen), *war ich zuletzt genötigt, die eben angedeutete Maßnahme zu ergreifen, und seitdem geht es hier sehr viel ruhiger zu. Er wird wahrscheinlich ebenfalls nach Coranderrk gehen, obwohl Sie ihm vor einiger Zeit erklärt haben, dass Sie ihn nicht dort haben wollen.*

KAPITEL 8

Eines Tages hat mir dieser Zeitungsjunge erzählt, dass im Stadtzentrum einige junge Frauen, die dort eine Tanzschule für Gesellschaftstänze betreiben, einen Aborigines-Jungen brauchen. Wofür sie ausgerechnet einen Aborigines-Jungen haben wollten, habe ich nicht begriffen, bin aber trotzdem hingegangen, weil ich das herausfinden wollte.

Sie haben mir einen großen Stock und eine Uniform gegeben. Von 18.30 bis 20.30 Uhr sollte ich draußen vor einem großen, komplett erleuchteten Gebäude stehen und aus voller Kehle rufen: »Tanz mit Miss Nancy Lee auf der zweiten Etage! Tanz mit Miss Nancy Lee auf der zweiten Etage!«

Damals war ich wohl zehn Jahre alt. Auf dem Kopf trug ich ein kleines Käppi und am Leib viele goldene Knöpfe. Mit meinem Stock wies ich zur Eingangstür und ließ die Leute wissen, dass es dort eine Tanzschule gab. Nie zuvor hatte man in der Stadt einen Aborigines-Jungen als Ausrufer gesehen. Zahlreiche Leute blieben daher stehen und wollten von mir wissen, was ich denn da mache und worum es sich dabei eigentlich dreht. Dann gingen viele von ihnen hinauf, um einen Blick in den Tanzsaal zu werfen, in dem die Tanzstunden stattfanden. Ein nicht geringer Teil der Leute meldete sich anschließend zu den Tanzkursen an. »Miss Nancy Lee!«, rief ich und wies den Weg.

Das habe ich allerdings nur ein paar Tage lang gemacht. Dann packte mich das Fernweh und ich wollte die Stadt hinter mir lassen – auch wenn die jungen Frauen mir sagten, ich hätte ihnen viele neue Kunden gebracht, und daher traurig waren, als ich fortging.

Mein Papa wollte beim Bau des großen Stausees in der Nähe von Sylvan mitarbeiten und ich beschloss, ihn dorthin zu begleiten. Gar zu viele Familienväter hatten in letzter Zeit ohne Arbeit dagestanden, darum hatte die Regierung sich einige Projekte zur Arbeitsbeschaffung einfallen lassen. Bei diesen Projekten erhielt man vierzehn Tage lang Arbeit, dann bekam jemand anderes eine Chance. Viele gute Dinge sind seinerzeit zustande gekommen – zum Beispiel hat man Stauseen gebaut oder man hat in Gippsland Baumstämme und sonstige große Holzteile aus den Flüssen gefischt. Tolle Arbeit haben die Leute damals geleistet, obwohl man ihnen wahrscheinlich nicht viel dafür bezahlt hat. Wieder zu arbeiten erfüllte sie jedoch mit Stolz. Es waren hart arbeitende Menschen aus allen Teilen der Gesellschaft. Gab es irgendwo Arbeit, dann ist man dort hingegangen, egal wo sie einem angeboten wurde. Mein Papa hatte auf diese Weise ständig Arbeit.

Anders als heute – wo man Geld erhält, ohne dafür zu arbeiten. Und manche jungen Leute sind heutzutage schon derart lange arbeitslos, dass das Ganze im Grunde auf etwas Ähnliches hinausläuft, als würden sie eine Invalidenrente erhalten. Am Ende meinen sie selbst, dass sie zum Arbeiten gar nicht fähig sind. Sobald von Arbeit die Rede ist, kriegen sie es mit der Angst zu tun und suchen das Weite, weil sie fürchten, dazu überhaupt nicht in der Lage zu sein. Und sie sind abhängig von dieser Arbeitslosenunterstützung.

Das hat das Leben vieler junger Menschen ruiniert, glaube ich, weil sie so sehr von den staatlichen Zuwendungen abhängen. Damit meine ich wohlgemerkt die weißen Leute. Von ihnen spreche ich im Moment. Ebendas aber hat auch die Aborigines zugrunde gerichtet – die Almosen aus den Händen der weißen Regierungen und Missionsstationen. Und mit den eigenen arbeitslosen Jugendlichen machen die Regierungen heutzutage dasselbe.

Seine persönliche Unabhängigkeit kann man ganz, ganz schnell verlieren!

In Missionsstationen wie Lake Tyers haben die großen weißen Stationsleiter Mehl, Zucker und Tee verteilt, außerdem ein bisschen Tabak, wenn man gearbeitet hat. Und auch die Kinder sind ihren Eltern zu dem großen weißen Stationsleiter gefolgt. Als sie später in die Großstadt gegangen sind, um Arbeit zu finden, da mied man sie und sie drückten sich an einer Straßenecke herum.

Womöglich kam dann irgendwann doch ein wohlmeinender weißer Mann auf sie zu und sagte: »Hallo, ihr Jungs, woher kommt ihr?« Und sie erwiderten: »Von dem und dem Ort. Haben Sie vielleicht mal zwei Schilling?« Der weiße Mann gab sie ihnen, woraufhin sich alle Leute rumdrehten und sagten: »Die schwarzen Faulpelze, hängen nur auf der Straße rum und schnorren.«

Genau das hat man ihnen freilich in der Missionsstation beigebracht: dem Missionar gegenüber die Hand aufzuhalten. Die Kinder sind in der Annahme aufgewachsen, dass man dem weißen Mann gegenüber die Hand aufhalten muss und andernfalls nichts bekommt. In der Anfangszeit hat man in Framlingham für eine Weile Nahrungsvorräte verteilt, nie hingegen zu meiner Zeit. Aber auch in der Anfangszeit waren unsere Leute unabhängige Arbeiter, Menschen, die für ihre Rechte gekämpft haben.

An der Seite meines Vaters am Sylvan-Stausee zu arbeiten war eine gute Sache. Wir haben über alle möglichen Dinge gesprochen. Ich dachte laut darüber nach, wie wohl die alten Leute in der Mission zurechtkamen. Meinen Vater befragte ich, wie die Lebensumstände zu seiner Jugendzeit waren, und er hat mir davon erzählt. Papa hat mir von Stammeskriegen berichtet, deren Anlass meist der Raub von Frauen aus anderen Stämmen war und die endeten, sobald Blut floss; und von dem Stammesführer, der Menschen geheilt und dem er als Junge dabei zugesehen hat, wie er das tat – der jedoch einen entsetzlichen Schrei ausstieß, wenn es keine Hoffnung mehr gab und jemand im Begriff stand zu sterben; und von dem Brauch, bei schwächlichen Männern einen kleinen operativen Eingriff vorzunehmen, sodass sie keine Kinder mehr zeugen konnten. Er erzählte mir von den Nett-netts – geheimnisvollen Winzlingen, die bis zur Ankunft der weißen Leute in unserem Tal unter den Felsen zu Hause waren und sich von allerlei Essbarem aus der Natur und darüber hinaus auch von Fisch ernährt haben. Während wir sprachen, erstand meine Heimat wieder in aller Lebendigkeit vor mir.

Andere Aborigines kamen auf der Durchreise an der Stelle vorbei, wo Papa und ich unserer Arbeit am Sylvan-Damm nachgingen. Sie trugen in ihrer Bettrolle eine Axt mit sich und waren unterwegs, um als Obstpflücker oder als Holzfäller zu arbeiten. Hin und wieder nahm mich der eine oder andere von ihnen mit.

Als die Arbeit am Sylvan-Damm praktisch abgeschlossen war, hat Papa schließlich beim »Ausschuss für öffentliche Bauten« in Melbourne eine feste Arbeitsstelle erhalten. Doch ich war das Leben in der Stadt bald leid. In Melbourne konnte man nicht einmal normal die Straße entlanggehen, ohne dass einen die Polizei auf dem Kieker hatte. Mochte man auch stocknüchtern sein – sie haben einfach zu dir gesagt, dass du betrunken bist, und dann haben sie dich eingebuchtet.

Es gab einfach keinen Ort, wo man hingehen konnte. Meine Kameraden schliefen gewöhnlich im Park und die meisten landeten im Gefängnis.

An den kleinen Rinnsalen entlanggehen, in die Flüsse schauen, Aale und andere Fische erspähen und sie mit dem Speer erlegen – das war alles, was ich wollte. Also hieß es für mich: nichts wie raus aus der Stadt!

Ich war gerade einmal zwölf Jahre alt, als ich zum ersten Mal die Bettrolle über die Schulter nahm und Melbourne hinter mir ließ. Von da an ging es für mich regelmäßig hin und her zwischen der Stadt und dem Busch und gearbeitet habe ich allerorts: als Fabrikarbeiter, als Bauarbeiter und, als ich älter war, mit Spitzhacke und Schaufel. Besonders oft habe ich als Holzfäller gearbeitet. Das lag mir im Blut, denn mein Papa hatte mich schon zu einer Zeit in den Busch mitgenommen, als ich eben erst das Laufen gelernt hatte.

Recht bald schon habe ich den Weg Richtung Bendigo eingeschlagen und dort eine Beschäftigung als Holzfäller gefunden. Meine Schwester Amy lebte in der Gegend. Eine Weile blieb ich dort und kehrte danach wieder für eine Weile nach Melbourne zurück. Als Nächstes habe ich mir mit Obstpflücken etwas Geld verdient.

Oft bin ich, um rumzukommen, auf Züge aufgesprungen. An einem leicht abschüssigen Streckenabschnitt, der durch eine Anhöhe hindurchführte, wartete ich auf einen mit vielen Lkws – mit einer richtig großen und schweren Lkw-Ladung – bepackten Zug. An solch einer Gefällstrecke verringerte die Lokomotive das Tempo, ich bin dann ein Stückchen neben dem Zug hergelaufen und aufgesprungen. Mein Cousin, ein weiterer Freund und ich waren gemeinsam unterwegs. In einem der Lkws haben wir uns versteckt. Kamen wir zu einer Bahnstation, haben wir uns ganz tief hinuntergeduckt, bis der Zug die Station wieder verlassen hatte. Irgendwann wurde unser Lkw dann auf ein Abstellgleis rangiert. Sobald ringsum alles wieder ruhig war, sind wir ausgestiegen, haben jemanden nach dem Namen des Ortes gefragt und ausfindig gemacht, welche Richtung wir als Nächstes einschlagen sollten. Anschließend führte unser Weg oft über Weiden und Wiesen. Einmal waren wir am Abend unterwegs und alles war knochentrocken. Kaum ein Grashalm wuchs dort. Einen Farmer in einem völlig abgelegenen Farmhaus fragten wir, ob wir etwas Wasser haben könnten. Er hielt uns eine halbe Flasche Wasser hin, die wir uns zu dritt teilen mussten. »Ganz schön knauserig«, dachten wir uns, bis schließlich irgendwann der Groschen fiel: Kein Regen! Vermutlich hatte er selbst kein Wasser.

Also sind wir weitergegangen, bis wir an einen Stausee gelangten. Heilfroh, endlich richtig viel Wasser trinken zu können, haben wir gleich an Ort und Stelle unser Nachtlager aufgeschlagen. Am nächsten Morgen schauten wir uns nach dem Aufstehen den Stausee an, aus dem wir am Abend Wasser getrunken hatten. In dem Stausee lagen tote Schafe! Gesundheitliche Probleme hatten wir jedoch nie mit dem Wasser.

In den Außenbezirken von Echuca haben wir eines Tages diese weiße Familie vor einem baufällig wirkenden alten Farmhaus gesehen. Sie winkten uns zu – eine Frau mit vielen kleinen Kindern. Wir waren hungrig, wussten jedoch nicht recht, ob wir zu ihr gehen und sie um etwas zu essen bitten sollten. Andererseits hatten wir gelernt, dass man immer gut beraten war, arme Leute danach zu fragen. Bei ihnen stehen die Aussichten besser, dass sie einem vom eigenen Essen ein wenig abgeben, weil sie aus persönlicher Erfahrung wissen, wie es sich anfühlt, wenn man Hunger hat. Also sind wir zu dem Farmhaus mit dem Schindeldach hinübergegangen. Die Frau dort war sehr freundlich zu uns. Sie wusste, was es heißt, hungrig unterwegs zu sein.

Häufig habe ich auf meinen Reisen auch wohlhabende

Leute um etwas Essen gebeten, bin zu den Häusern der Besserverdienenden gegangen. Manchmal kamen die Hausbesitzer lange Zeit nicht heraus und ich habe gedacht: »Vielleicht haben sie Angst vor dir.« Des Öfteren hatte ich schon wieder kehrtgemacht und wollte weitergehen, als ich schließlich jemanden rufen hörte: »Hallo! Ist mit Ihnen alles in Ordnung?«

Dann gab ich zur Antwort: »Ich bin mit meinen Siebensachen auf Wanderschaft, auf Suche nach Arbeit, und habe schon eine ganze Weile nichts mehr zu essen gehabt. Möchten Sie vielleicht, dass ich irgendwelche Tätigkeiten für Sie erledige, Arbeit am Haus oder Arbeit vor dem Haus?« Manche von ihnen waren gute Menschen und gaben mir etwas zu essen.

Einen kleinen Jungen aber, der mich einmal mit Essen versorgt hat, werde ich nie vergessen.

Eines Tages habe ich Melbourne entlang der Strecke nach Bendigo durchquert, als mein Blick auf das recht weit nach hinten ins Weideland zurückversetzte alte Haus eines Großgrundbesitzers fiel. Da ging mir durch den Kopf: Besser sehe ich zu, dass ich nach Möglichkeit hier etwas zu essen bekomme, wer weiß, wie weit es bis zum nächsten Haus noch sein wird. Also legte ich meine Bettrolle an der Fernstraße ab und ging über die von Bäumen gesäumte Zufahrt auf das Haus zu.

Als ich näher kam, erblickte ich einen Turm, einen alten Festungsturm. »Der ist vielleicht in den frühen Jahren der Kolonisierung errichtet worden«, dachte ich mir, »als die Aborigines noch alle über Land zogen und die Großgrundbesitzer Angst hatten. Wie ich vom Hörensagen wusste, haben sie damals oft zum Gewehr gegriffen, sind zu mehreren Leuten in solch einen Turm gestiegen und haben die Aborigines abgeknallt wie Kaninchen. Dieser Turm hier sah mir ganz nach so etwas aus und ich begann zu überlegen, was ich denn nun tun sollte: »Nun gut, zwar bin ich ein Aborigine, doch ich bin hungrig, also werde ich diese Leute auf jeden Fall um etwas zu essen bitten.«

All die Dinge gingen mir durch den Kopf, kehrtmachen wollte ich jetzt jedoch nicht mehr, denn ich war fast schon am Haus angelangt. Also klopfte ich an die Küchentür.

Ein kleiner Junge kam heraus: »Guten Tag, mein Herr«, sagte er, »kann ich Ihnen helfen?«

»Sind deine Mama und dein Papa zu Hause?«, fragte ich ihn.

»Nein, sie sind nach Melbourne gefahren.«

»Gibt es hier sonst jemanden, der für das Haus zuständig ist?«

»Nein, ich bin allein zu Hause«, erwiderte er. »Aber meine Schwester ist unten auf der Weide und treibt die Schafe zusammen.«

»Schon gut, mein Freund.«

Er aber fragte: »Was wünschen Sie denn?«

»Ich bin mit meiner Bettrolle auf Wanderschaft, habe einen leeren Magen und würde gern etwas essen.«

»Ach so«, sagte der Kleine. »Darum kann ich mich kümmern!«

Der Junge ließ die Küchentür offen stehen, ging zu der Speisekammer, in der sie Brot und Fleisch aufbewahrten, und öffnete die Fliegengittertür. Er holte sich einen Stuhl, stellte sich auf die Sitzfläche und reichte mir eine Büchse Schweinefleisch. Dann holte er einige leicht süßlich schmeckende Brötchen und etwas Kuchen herunter, alles hausgemacht. Als Nächstes zog er eine große Hammelkeule hervor. Letztere schnitt er mit einem richtigen Tranchiermesser in Stücke und steckte diese in einen sauberen Beutel. Ich schaute ihm dabei zu und dachte mir: »Würde er sich doch bloß ein bisschen beeilen. Seine Leute werden nach Hause kommen, diesen Aborigine hier sehen und denken, dass der Kleine ihm ihr ganzes Essen gibt!«

»Vielen Dank«, sagte ich zu ihm. »Das wird genug sein.«

»Nein, nein«, entgegnete er. »Ich gebe Ihnen noch ein bisschen mehr. Es ist reichlich da. Wir haben so viel zu essen.« Er ließ sich nicht aus der Ruhe bringen und schnitt noch mehr für mich ab.

»Damit habe ich nun aber genug zu essen, mein Freund«, sagte ich abermals, schon mit einer gewissen Nervosität. »Ich gehe jetzt besser.«

»In Ordnung«, meinte er. Den ganzen Proviant hat er dann schön eingepackt, der arme kleine Kerl, und mich auf den Hof begleitet.

»Meine Bettrolle liegt oben an der Fernstraße«, sagte ich zu ihm.

»Könnte ich ein Stück weit mit Ihnen gehen, mein Herr?«, fragte er.

»Ja, mein Freund«, gab ich zur Antwort. »Jederzeit. Du kannst mit mir ein paar Schritte gehen, wann immer du möchtest.«

Wir gingen also los. Er ging neben mir und ich bemerkte, wie er hin und wieder zu mir herüberlugte. Daraufhin drehte ich mich auf seine Seite und warf ihm ein Lächeln zu.

»Verzeihen Sie, mein Herr«, sagte er schließlich. »Gehören Sie zu den Aborigines?«

»Ja, mein Freund«, antwortete ich. »Ich bin ein Aborigine.«

»Ach! Wie schön!«, sagte er. »Wie schön! Warten Sie doch, bis Mama und Papa nach Hause kommen. Ich werde ihnen erzählen, dass ich einen Aborigine kennengelernt und ihm alles Essen gegeben habe.«

Er hat sich so gefreut! Nach einiger Zeit ging er immer noch neben mir her und entfernte sich immer weiter von der Farm. Irgendwann habe ich ihm gesagt, dass er besser umkehren und nach Hause zurückkehren soll. Doch er wollte nicht. Der Verzweiflung nahe brachte ich ihn schließlich dazu, stehen zu bleiben, wo er gerade stand. Dann bin ich alleine weitergegangen.

Als ich mich ein paar Minuten später umschaute, stand der arme kleine Kerl immer noch da und sah mir hinterher. Diesen kleinen Kameraden werde ich niemals vergessen.

Bei meinen gelegentlichen Besuchen zu Hause in Framlingham war ich dauernd mit Cyril Austin zusammen. Wir nannten ihn alle Onkel Pompey. Mit ihm habe ich in den Holzlagern, in denen er Holz zugeschnitten hat, mein Nachtlager aufgeschlagen, mit ihm bin ich durch die Straßen gegangen, mit ihm bin ich nach Warrnambool getrampt und mit ihm habe ich dort die Rennen besucht. Beim Wetten hatte er großen Erfolg. Zugleich war er mit den Reusen, die er ausgelegt hat, für die Aborigines-Gemeinschaft in Framlingham der wichtigste Lieferant von Aalen und anderen Fischen. Alle kleinen Kinder waren ihm dabei gern behilflich. Als kleiner Junge bin ich viel mit Onkel Pompey zusammen gewesen und als Teenager ebenso.

Auf ihn geht es zurück, dass ich den Namen Banjo erhalten habe, denn auf die Welt gekommen bin ich mit einem anderen Namen – Henry James. Gemäß den überlieferten Gesetzen und Gebräuchen der Aborigines erreicht man ungefähr mit vierzehn das Alter, in dem junge Männer initiiert werden. Und das geschieht immer vonseiten eines Onkels.

Unsere kulturelle Identität als Aborigines passen wir heutzutage zwar an völlig veränderte Umstände an, dessen ungeachtet behalten wir sie aber jederzeit bei. Auf die jeweils anstehenden Fragen finden wir stets eine Antwort nach Aborigines-Art. Als ich das Alter von vierzehn Jahren erreicht hatte, war es also an der Zeit, dass ich initiiert wurde und einen neuen Namen erhielt.

Wenn mich die Leute aber fragen: »Warum Banjo?«, weiche ich ihnen ein wenig aus, um nicht alle Geheimnisse preisgeben zu müssen, und antworte: »Weiß nicht. Könnte deshalb sein, weil ich immerfort Banjo Paterson zitiert habe.« In Wahrheit habe ich diesen Namen erhalten, weil ich den ganzen Tag damit zugebracht habe, jede Situation, in der ich mich befand – oder in der wir uns befanden –, in Reime oder in ein kleines Gedicht zu fassen. Onkel Pompey aber war derjenige, der mich daraufhin nach Australiens berühmtestem Dichter und Schriftsteller benannt hat. Und im Lauf der Zeit bin ich dann ein wenig mehr in die übergroßen Fußstapfen meines Namensgebers hineingewachsen und letzten Endes selbst zum Geschichtenerzähler geworden.

Und zwar hat sich die ganze Angelegenheit folgendermaßen zugetragen: Eines Tages, als ich ungefähr vierzehn Jahre alt war, sind wir in Warrnambool zusammen eine Straße entlanggegangen, als Pompey ein paar von seinen früheren weißen Kameraden traf.

»Wie läuft's, Pompey?«, sagten sie. Und er: »Gar nicht übel.«

Dann meinte sein Freund: »Wie heißt denn der kleine Kerl, mit dem du da unterwegs bist?«

Der alte Pompey antwortete: »Das ist mein junger Cousin, er heißt Banjo Clarke.« Ich hatte jedoch diesen Namen noch nie im Leben gehört.

Und sie zu mir: »Wie läuft's, Banjo? Bleib schön bei dem alten Pompey, er wird auf dich aufpassen. Ist 'n guter alter Freund.«

»Ja, er passt immer auf mich auf«, habe ich gesagt. Und seit dem Tag hatte ich diesen Namen weg – Banjo Clarke. Das liegt jetzt mehr als sechzig Jahre zurück. Der alte Pompey war der Erste, der mir diesen Namen gegeben hat, und ich bin stolz, dass es so gewesen ist, denn als Banjo Clarke bin ich nun überall gut bekannt.

Pompey war für uns ein guter Arbeiter, außerdem war er liebenswürdig zu Kindern und all die Kinder haben ihn ge-

liebt. Wenn er in die Stadt kam, haben die Leute ihn hingegen angeschaut und geglaubt, dass er ein hoffnungsloser Fall
ist, ein Mann, der auf der Straße rumhängt und die Leute an-
schnorrt, und sie waren gemein zu ihm. Sich mit seinem Aborigines-Lebensstil, an dem er nach wie vor hing, einen Platz
in der Gesellschaft des weißen Mannes zu erstreiten fiel ihm
schwer.

Wenn es darum ging, im Busch Bäume zu fällen, haben
alle Farmer Pompey gern genommen und er hat rechtschaf-
fene Arbeit geleistet. Ebenso verhielt es sich bei den Ernte-
arbeiten oder wenn er die Kühe anderer Leute gemolken hat.
Und wie oft hat er jemandem ausgeholfen, ohne irgendetwas
dafür zu verlangen.

Wenn er jedoch nach Warrnambool kam und keine Arbeit
finden konnte, stand er an der Straßenecke und die Leute
sagten: »Da ist er schon wieder, dieser Aborigine, treibt sich
dauernd in der Stadt herum – so ein Nichtsnutz, ein hoffnungsloser Fall. Er sollte in die Mission zurückkehren, von
der er herkommt. Auf der Straße rumschnorren ist alles, was
er kann.«

Aber das stimmte überhaupt nicht. Wer ihn kannte, kam
auf ihn zu, sprach mit ihm und betrachtete ihn als einen alten
Freund.

Pompey hat uns die Geschichte von seinem Vater erzählt,
den wir den alten Pompey nannten: Eines Tages hatte man
ihn ins Gefängnis von Melbourne gesperrt. Die Polizei befahl
ihm, die Todeszelle, in der die Menschen gehängt wurden,
zu säubern. Er sah die Falltür und er säuberte die Zelle. Gerade erst war Angus Murray durch den Strick hingerichtet
worden, obgleich er bis zum letzten Moment seine Unschuld
beteuert hatte. Bevor er starb, hatte er einen Hymnus in die
Wand geritzt, das Lied »Süße Stunde des Gebets« mit dem
Refrain:

Alles, worum ich gebeten und gebetet habe,
werde ich hervorbringen,
leb wohl, leb wohl, süße Stunde des Gebets,
und ich rufe, während ich durch die Lüfte fliege,
leb wohl, leb wohl, süße Stunde des Gebets.

So lauteten Angus' letzte Worte. Häufig ließ Pompey uns diesen Hymnus gemeinsam singen. Und wirklich jeder von uns stimmte mit ein. Wissen Sie, dieser Gesang kam aus ganzer Seele. Jeder sang von Herzen, jeder in der ihm eigenen Tonlage, wirklich wunderschön – kilometerweit konnte man das hören. Pompey liebte Hymnen. Er ist sogar mit einem Hymnus auf den Lippen gestorben.

Seine Cousins hatten begonnen, Dinge zu tun, mit denen sie sich unweigerlich in Schwierigkeiten bringen würden: Sie stahlen Kaninchenfelle und machten sie zu Bargeld, um sich davon einen Bissen Essen zu kaufen. Doch die Polizei konnte sie nicht erwischen. Mitten in der Nacht, wenn alle schliefen, gingen sie auf ihren Beutezug und am nächsten Tag verkauften sie die Felle. Eines Tages sah die Polizei sie mit Geld, nahm sie fest und sperrte sie ein. Pompey wurde gleich mit eingesperrt, weil man auch ihn verhören wollte. Sie alle warteten nun also im Gefängnis auf ihre Verhandlung und seine Cousins machten sich darüber große Sorgen. Pompey hingegen spazierte singend in der Zelle auf und ab. Wie gewohnt sang er der Reihe nach all die Gospelsongs, war heiter und guter Dinge wie immer. Vor allem sang er seinen alten Lieblingshymnus »Wirf den Rettungsanker aus«.

Wirf den Rettungsanker aus,
jemand droht heute unterzugehn,
wirf den Rettungsanker aus,
tu es mit schneller und starker Hand.
Da ist ein Bruder, den jemand retten sollte …

126

Und zu seinen Cousins sagte er: »Ich bin so glücklich heute, dass ich nicht noch glücklicher sein möchte, denn auf zu viel Glückseligkeit folgt stets Traurigkeit.« Er fuhr fort, seinen Hymnus zu singen, dann sank er zu Boden. Als die Polizisten hereinkamen, war er tot. Kaum älter als vierzig Jahre hatte er einen Herzschlag erlitten.

Alle waren traurig darüber. Wir brachten ihn wieder hinaus zur Mission und alle, die ihn kannten, kamen zu seiner Beerdigung – selbst seinen Cousins wurde gestattet, das Gefängnis für die Dauer der Beerdigung zu verlassen –, sogar manche seiner weißen Chefs kamen, weil sie große Hochachtung vor ihm hatten.

Vor allem aber vermissten ihn all die kleinen Kinder, denn sie liebten ihren Onkel. Er hatte immer das Seine dazu beigetragen, dass sich ihre Reusen mit Fischen füllten, und ihnen auch mit anderen Nettigkeiten viel Freude bereitet. Er war wirklich herzensgut zu Kindern.

Und ich glaube nicht, dass er einen wirklich schlimmen Diebstahl begangen hat oder dergleichen, selbst wenn er ein paar Dinge getan haben sollte, um in dieser Welt zu überleben, in der man nur so mühsam seinen Platz finden konnte.

KAPITEL 9

Wieder zurück in Fitzroy, Melbourne. Dort bin ich mir vorgekommen wie ein Stück Treibholz. Dann traf es sich jedoch, dass Jacky Green, ein alter Freund meines Vaters, der östlich von Melbourne im Busch gearbeitet hatte, zu seinem Arbeitsplatz zurückkehren wollte. Zu meinen Eltern sagte er: »Den jungen Banjo will ich gern mitnehmen zum Arbeiten. Er wird unter guten Leuten sein.«

Er hat mich nach Tynong mitgenommen und so lernte ich

die Familie Weatherhead kennen. Jacky Green habe ich geholfen, für die Sägemühle der Weatherheads Bäume zu fällen. Später, als Jacky schon fort war und ich noch längere Zeit bei den Weatherheads blieb, behandelte die ganze Familie mich, einen Teenager, als wäre ich einer von ihnen. Für weiße Leute zu arbeiten und von ihnen als ein Mensch behandelt zu werden, der jedem anderen gleichgestellt ist, war eine neuartige Erfahrung für mich.

Ich erinnere mich an die frühen Morgenstunden, wenn ich gemeinsam mit Muriel, der Tochter des Chefs, die Arbeitsochsen für die Sägemühle zusammengetrieben habe. Damals gab es dort nur Buschland, nichts weiter. Wir haben gewartet, bis wir die Glocke des Leitochsen hören konnten, und ihn aufgestöbert. Dann hörten die restlichen Ochsen, dass der Leitochse zu dem Platz trottete, wo sie eingespannt wurden, und alle folgten ihm.

Ein sehr stark und kräftig aussehender Aborigine von der Mission Lake Tyers kam regelmäßig vorbei, um seinen Onkel zu besuchen, der mit mir in der Sägemühle arbeitete. Begleitet wurde er von seiner Frau und einem kleinen Sohn. Er war vielleicht 25 Jahre alt, würde ich sagen, und hat mich ziemlich in Verlegenheit gebracht. Denn er war nicht bereit zu arbeiten. Nichtsdestoweniger blieben die Weatherheads unverändert freundlich zu ihm.

Er schlief gern in dem großen Holzschuppen, in dem sie das Heu gestapelt hatten. Eines Tages waren wir Arbeiter, weil es unaufhörlich regnete, alle nur mit kleinen Arbeiten, mit diesem und jenem Handlangerdienst rund ums Haus, beschäftigt. Wie üblich hockte der Kamerad von der Mission Lake Tyers mit seiner Frau drüben im Schuppen. Zuerst ist, glaube ich, Muriel zu ihm gegangen. Sie lud ihn ein, zum Mittagessen mit hinüber in die Wohnküche der Familie zu kommen, denn beim Essen saßen wir gewöhnlich alle zusammen mit der Familie am Tisch. Doch der Mann war, glaube ich, ein wenig wie ich, nicht gewohnt, mit weißen Leuten an einem Tisch zu sitzen. Jedenfalls wollte er nicht kommen.

Der alte Mister Weatherhead sagte: »Nun, wir dürfen den armen Kerl nicht hungern lassen.« Also machte er ihm einen großen Teller mit Essen zurecht und Muriel brachte den Teller zum Schuppen.

Ein paar Stunden später klärte das Wetter sich ein wenig auf, auch wenn es vereinzelt noch Regenschauer gab, und der alte Mister Weatherhead begann sich über einen Baumstumpf neben dem Weg Gedanken zu machen. Da er dem Besucher eine kleine Beschäftigung geben wollte, sagte er zu mir: »Geh und hol deinen Kameraden, damit er gemeinsam mit dir dort hingehen und dir beim Ausgraben des Baumstumpfs helfen kann.«

»In Ordnung«, sagte ich und ging zum Schuppen. »Mister Weatherhead möchte, dass du mit mir kommst, Kamerad, und wir zusammen den Baumstumpf ausgraben.«

»Was?«, sagte der Bursche von der Mission. »Ich bin doch nicht zum Arbeiten hierhergekommen, sondern um mich auszuruhen.«

Ich wusste gar nicht, was ich sagen sollte. Ich hatte angenommen, er würde sich freuen, eine kleine Gegenleistung erbringen zu können für das Essen, das man ihm gegeben hatte. Ich ging zu Mister Weatherhead zurück.

»Nun, ist mit deinem Kameraden alles in Ordnung? Geht er mit dir?«

»Nein«, antwortete ich. »Er fühlt sich unwohl. Aber ich werde das mit dem Baumstumpf auf jeden Fall erledigen.«

Muriel, die uns zugehört hatte, sagte: »Dann werde ich mit Henry mitgehen.« Sie hat mich häufig mit meinem christlichen Vornamen angeredet. Muriel war ein echter Freund und sie half mir, wo sie nur konnte. Wir waren wirklich wie Bruder und Schwester geworden. Wenig später hielt sie schon die Spitzhacke in der Hand und fing an, den Baumstumpf freizulegen. Mir aber ging weiter der Mann durch den Kopf, drüben in seinem Schuppen, der jetzt vielleicht nach dem üppigen Mittagessen seinen Mittagsschlaf hielt, während das junge Mädchen hier hart arbeitete.

Das Thema Arbeit haben die Weatherheads diesem Mann gegenüber nie wieder angesprochen. Wahrscheinlich waren sie sich im Klaren darüber, welche Auswirkungen das Missionsleben auf die Aborigines hatte. In den Missionen wurden die Aborigines zu einem Leben in Abhängigkeit erzogen – Verantwortung durften sie dort nicht übernehmen.

Die Weatherheads wollten auch, dass ich mitkomme, wenn sie zu Gesellschaftstänzen gingen. Als sie mich zum ersten Mal dazu einluden, sagte ich: »Hm, nein, ich komme lieber nicht mit.«

»Warum denn?«, wollten sie wissen.

»Weil ich ein Aborigine bin. Die werden mich gar nicht reinlassen.«

»Sag nicht so etwas Törichtes. Du bist doch unser Freund.«

»Ihr mögt ja einverstanden mit mir sein, aber auf andere Leute trifft das nicht zu.«

Schließlich sind wir dann doch gemeinsam hingegangen. Muriel und ihr Bruder bewahrten mich vor rassistischen Bemerkungen aller Art. Wenn es darauf ankam, mir moralischen Rückhalt zu geben, waren sie stets zur Stelle. Auf diese Weise lernten viele weiße Jugendliche mich kennen und ich erfuhr vieles über sie. Und sie haben mich mit Respekt behandelt.

Während meines Aufenthalts bei den Weatherheads fing Muriel irgendwann an, mir mit ziemlicher Regelmäßigkeit diese eine Frage zu stellen: »Wann wirst du eigentlich mal einen Brief nach Hause an deine Familie schreiben?« Und ich zerbrach mir den Kopf, was ich ihr auf diese immer wiederkehrende Frage bloß antworten sollte, und versuchte mich rauszureden, indem ich ihr zum Beispiel sagte: »Ich komme einfach nicht dazu.«

»Deine Eltern werden sich fragen, wo du steckst«, meinte sie.

»Sie wissen, wo ich bin.«

»Nun, du solltest ihnen schon sagen, wie du hier zurechtkommst.«

Fast jeden Tag versuchte sie auf diese Weise, mir gut zuzureden. Eines Sonntags saß ich im Schatten eines großen Baumes, als ich Muriel und ihre Freundinnen zu mir herüberkommen sah. Muriel hielt ein Blatt Papier in der Hand. »Mein Gott«, habe ich mir gedacht, »bloß nicht, sie wird doch wohl jetzt nicht von mir verlangen, dass ich einen Brief schreibe?« Vorsorglich hatte sie gleich auch einen Füller und Tinte mitgebracht und sie meinte zu mir: »Auf geht's, Clarkey. Keine Ausreden mehr. Heute wirst du deiner Mutter einen Brief schreiben.«

»Ach«, protestierte ich, »ausgerechnet heute? An einem so wunderschönen Tag wie diesem?«

»Ja, das ist für dich ein ganz hervorragender Tag, um nach Hause zu schreiben. Auf dem Weg hierher habe ich meinen Freundinnen gerade erzählt, dass du dir immer wieder jede nur erdenkliche Ausrede einfallen lässt. Am Ende wirst du uns sogar erklären, dass du nicht schreiben kannst, stimmt's? Wird nicht genau das gleich geschehen?«

»Nun ja, ich kann es nicht«, antwortete ich.

Sie wandte sich zu den anderen Mädchen: »Seht ihr? Hab ich's euch nicht angekündigt, dass er das sagen würde, bloß um sich aus der Affäre zu ziehen.«

Ich schwieg und ich kam zu dem Schluss, dass ich besser mit der Wahrheit rausrücken sollte. Schließlich sagte ich: »Nein, ich kann nicht schreiben. Wenn ich schreiben könnte, hätte ich schon längst nach Hause geschrieben.«

»Wirklich?«

»Ja. Du kannst jetzt ruhig die Wahrheit erfahren.«

Die Mädchen machten eine traurige Miene, dabei hatten

sie alle eben noch ein so unbeschwertes Lachen auf dem Gesicht.

Muriel hakte nach: »Du bist mein Freund, oder? Du erzählst mir doch keine Lügen?«

»Nein, für mich bist du wie eine Schwester. Auf gar keinen Fall würde ich meinen Leuten Lügen erzählen.«

»Weißt du was?«, meinte sie dann. »Jetzt glaube ich dir. Das habe ich nicht gewusst. Tut mir leid. Sonst hätten meine Freundinnen und ich dir nämlich diese Situation ganz bestimmt erspart.«

Die Mädchen hatten mir den Rücken zugekehrt und blickten in eine andere Richtung. Ein Mädchen wischte sich die Tränen aus den Augen.

»All diese armen Mädchen«, dachte ich mir. »Nun habe ich sie richtig aus der Fassung gebracht!«

Sie schlossen mich in die Arme und sagten: »Mach dir keine Sorgen, lieber Freund. Wir werden uns schon um dich kümmern.«

Und das haben sie getan. Jeden Abend nach der Arbeit haben Muriel und ihre Schwester mich dorthin mitgenommen, wo die Bücher ihres Vaters standen, und mir Unterricht im Lesen und Schreiben erteilt. Alle möglichen Wörter haben sie mir beigebracht, »Krankenhaus« zum Beispiel oder »Verletzung«.

»Warum gebt ihr mir bloß all diese großen, langen Wörter?«, beklagte ich mich. »Die zu lernen ist ganz schön schwer!«

»Das ist für den Fall, dass du dich mal verletzen solltest«, meinte Muriel. »Dann kannst du es nach Hause schreiben und deinen Leuten erzählen.«

Nur Muriel und ihrer Schwester zuliebe habe ich mitgemacht, damit wir uns weiter gut miteinander vertragen. Was so vorteilhaft daran sein sollte, lesen und schreiben zu können, wollte mir nämlich nicht einleuchten. Schließlich konnte ich doch arbeiten, ich konnte Geld verdienen. Zu wissen, wie man arbeitet, war sehr wichtig für mich, aber doch nicht Lesen und Schreiben. Solange ich arbeiten konnte, war ich glücklich und zufrieden.

Trotzdem haben sie mir weiter Unterricht erteilt. Und letztlich habe ich am Lernen richtig Gefallen gefunden. »Kommt, kommt, es ist Zeit für den Unterricht. Beeilt euch!«, habe ich sie angespornt. »Ich werde euch beim Abwaschen helfen, damit wir gleich loslegen können!« Sie waren sehr froh, dass ich nun unbedingt lernen wollte.

Später hat Muriel mir erzählt, wie überrascht sie war, dass ich so schnell gelernt habe. Begonnen haben wir mit den Buchstaben des Alphabets, dann sind wir zu den Namen der umliegenden Städte übergegangen. Im Handumdrehen, so hatte es den Anschein, konnte ich ihr ein Gedicht aus einem ihrer Schulbücher vorlesen. Ich erinnere mich noch, welches: »Der Letzte seines Stammes« von Henry Kendall.

Schlussendlich habe ich dann nach Hause geschrieben, einen Brief in gebrochenem Englisch. Freilich war es ein guter Brief, der direkt von Herzen kam. Meine Mama war völlig verblüfft. Als ich später für einen Urlaub zu meinen Eltern zurückkam, habe ich ihnen erklärt, was sich da zugetragen hatte. Alle waren hocherfreut über diese guten Leute, die sich so rührend meiner annahmen.

Muriel und ich wurden allerbeste Freunde – und sind es bis heute, über sechzig Jahre danach. (Als Banjo starb, kam Muriel zu seiner Beerdigung und nur ein paar Monate später ist sie selbst gestorben.) Als Erwachsene wurde sie Lehrerin und Schriftstellerin und ich war, das hat sie immer gesagt, ihr erster Schüler.

Heutzutage lese ich sehr gern, Bücher ebenso wie Zeitungen. Aus der Sicht weißer Menschen beschriebene Dinge habe ich häufig gelesen. Das inspiriert mich, den Leuten zu sagen, wie ich die Dinge sehe, durch die Augen eines Aborigine.

Als ich Muriels Familie verließ, bin ich für eine Weile nach Melbourne zurückgegangen. Zu der Zeit habe ich, während meine weißen Freunde in der Schule waren, ziemlich viel im Umfeld der Boxsport-Trainingshalle in der Russell Street rumgehangen. Mein Bruder Frank und seine Kameraden haben da trainiert. Also bin ich mitgekommen und habe ihnen zugeschaut. Schließlich ist Frank jedoch nach Queensland gegangen, um mit den Boxtruppen durchs Land zu reisen. Doch auch nachdem Frank fort war und all seine Kameraden an verschiedenen Orten ansässig geworden waren, habe ich mich weiterhin häufig in der Boxsport-Trainingshalle aufgehalten.

Eines Tages meinte der Trainer zu mir: »Kannst du boxen?«

»Hm«, sagte ich, »weiß nicht.«

»Gut, besorg dir für nächstes Mal eine kurze Sporthose und Strandschuhe.«

Am nächsten Tag brachte ich meine Shorts mit und die Strandschuhe habe ich mir ausgeborgt. Der Trainer ließ mich hüpfen und das Boxen am Sandsack üben. Anschließend zeigte er mir, wie man am Speedball auf Schnelligkeit trainiert. Damit bin ich gleich von Anfang an gut zurechtgekommen. All diese Dinge habe ich ziemlich schnell gelernt, da ich schon an das gemeinsame Boxtraining mit meinen Kumpels gewohnt war. Für einen Jungen in meinem Alter habe ich beim Boxen eigentlich eine ziemlich gute Figur abgegeben. Ich habe hart trainiert und bei den Kämpfen im Ring manch schönen Sieg errungen – freilich auch ein paar Niederlagen einstecken müssen, doch verletzt wurde ich nie.

Als ich fünfzehn Jahre alt war, hat Harry Johns mich in sein Team geholt. Auch er wohnte in Fitzroy, in derselben Straße wie wir, bloß ein Stückchen weiter oben. Ringsum gab es ziemlich viele solcher Boxteams. Zu Jimmy Sharmans berühmter Truppe bin ich erst hinzugestoßen, als ich siebzehn war. In diesen Truppen unterzukommen war für Aborigines nicht schwierig – die Manager wussten, dass wir eine bessere Zugnummer waren als die weißen Typen, weil die Leute im Publikum einfach mehr daran interessiert waren, uns wild aussehende schwarze Männer kämpfen zu sehen. Manche Leute im Publikum waren furchtbare Rassisten. Gelegentlich konnte man sie schreien hören: »Bring den Neger um! Hau ihn platt!« Aber das erhöhte nur meine Entschlossenheit, den Sieg zu erringen.

Insgesamt war ich, mit zahlreichen Unterbrechungen, ungefähr 25 Jahre mit den Boxtruppen unterwegs und trug mit ihnen meine Kämpfe aus – häufig unter dem Namen Henry Armstrong. Mit dem Boxen wollte ich nicht das große Geld machen, Champion werden oder dergleichen. Die meiste Zeit habe ich es einfach aus Spaß getan. Aber die paar Schilling, die dabei für uns rumkamen, konnten wir wahrhaftig gut gebrauchen. Vielfach ist auf diesen Reisen mein Cousin Henry Alberts mit mir unterwegs gewesen.

Zu den Boxturnieren kamen die Leute gewöhnlich aus vielen Kilometern im Umkreis mit dem Bus herbei. Für sie muss es wohl die einzige Art der Unterhaltung gewesen sein. Wenn die Landwirtschaftsschau in Victoria der Reihe nach durch die Städte gezogen ist, sind wir Leute von den Boxtruppen einfach der Ausstellung gefolgt. In welche Stadt unsere Reise auch führte: Wir haben das Zelt aufgebaut und eine Boxshow hingelegt. Glocken bimmelten, Trommelwirbel ertönten, marktschreierisch pries ein Ausrufer die Qualitäten der Boxer an und alle Aborigines standen in einer Reihe, jeder mit einem schmucken Umhang.

Alle Manager verfügten über echtes Showtalent. Jede Idee war ihnen recht, sofern sich damit nur die Leute ins Zelt locken ließen und genügend Geld in die Kasse kam. Sie animierten Leute aus dem Publikum, als Herausforderer gegen uns anzutreten. »Kommt und seht, wie sich euer Lokalmatador gegen den großen Aborigine schlägt! Euer Lokalmatador erhält von mir zwanzig Pfund bar auf die Hand, wenn er drei Runden durchsteht.« Außerdem haben sie vor dem Kampf dafür gesorgt, dass sich Leute, die zu unserer Truppe gehörten, unters Publikum mischten, sich als Einheimische ausgaben und sich dann erboten, es mit den Boxern aus der Truppe aufzunehmen. Uns Boxern gegenüber sind sie total flegelhaft und respektlos aufgetreten und das hat die Stimmung unter den Zuschauern erst richtig angeheizt. So konnte man die Leute rumkriegen, ihr Eintrittsgeld für den Kampf lockerzumachen.

Darüber hinaus gab es selbstverständlich die echten Ortsansässigen, die gegen dich kämpfen und dich k. o. schlagen wollten. Die haben wir die »Herausforderer« genannt. Jeder wollte ins Zelt kommen und mit ansehen, wie der Lokalmatador uns herausfordert. Manche von ihnen konnten gar nicht boxen, doch es gehörte zu unserem Handwerk, so zu tun, als sei es dem Einheimischen gelungen, uns k. o. zu schlagen. Falls wir das nicht taten, würde die Menge es unter Umständen fertigbringen, das ganze verdammte Zelt niederzubrennen! Wir ließen zu, dass der Mann einen Kinntreffer landen konnte, und versetzten uns gleichzeitig rasch noch selbst einen Schlag gegen die Brust, damit das Publikum den Eindruck gewann, ein schwerer Treffer hätte uns zu Boden gestreckt. Wir Boxer waren erstklassige Schauspieler.

Kurz nach meinem achtzehnten Geburtstag bin ich mit Jimmy Sharmans Truppe von der landwirtschaftlichen Ausstellung in Port Fairy auf der offenen Ladefläche eines Lkw nach Maryborough gereist. Da sind wir an einem alten mit Dachschindeln gedeckten Farmhaus vorbeigerast, das ich auf der Stelle wiedererkannt habe, obgleich ich es seit Jahren nicht mehr gesehen hatte. Bis dahin hatte ich viel in Melbourne geboxt und obendrein die Aufgabe übernommen, Jimmy Sharmans anderen jungen Boxern ein bisschen was beizubringen. Wir hatten uns alle auf die Ladefläche seines Lkws gezwängt, sieben oder acht von uns Boxern, nicht zu vergessen die Zeltstangen und -planen plus die Bettrollen für den Fall, dass wir unterwegs schlafen mussten. Als ich das Farmhaus wiedererkannte, war es gerade gegen Mittag, etwa 13 Uhr, an einem glühend heißen Tag.

Ein Stück weiter die Straße entlang sah ich das flache Dach und die weit offenen Türen der alten Schmiede, in der wir uns als Kinder so gern herumgetrieben und zugeschaut haben, wie die Pferde beschlagen wurden. Und ich rief: »Hier bin ich zu Hause!« Ich klopfte also an das Fahrerhaus des Lkw und sagte dem Fahrer, dass er anhalten soll: »Das hier ist der Ort, aus dem ich stamme!«, schrie ich.

Der Fahrer begriff ganz gut, was Sache war: »Wenn du zu der Show in Maryborough kommst«, meinte er, »kannst du wieder zu uns stoßen.« Allerdings glaube ich kaum, dass er tatsächlich erwartet hat, mich dort zu sehen.

Ich stieg vom Lkw und ging ein paar Hundert Meter zurück bis zu dem Laden in Purnim, wo ich ein schüchternes junges Mädchen erblickte, Audrey Couzens. Mit ihrem Bruder Ozzie brachte sie dort gerade Rahm hin. In dem Moment wusste ich es noch nicht, doch hier stand die junge Frau, die ich später heiraten würde! Sie war mir zuvor noch überhaupt nicht aufgefallen, obgleich wir aus demselben Ort kamen. Eigentlich muss sie noch ein Baby gewesen sein, als wir zum ersten Mal von der Mission fortgegangen sind.

Die beiden boten mir an, mich mit nach Hause zu nehmen. Ozzie hatte einen Pferdewagen, auf dem hinten die Milchkannen standen. Audrey saß während der Fahrt zwischen uns, während Ozzie und ich uns unterhielten. In jenen Tagen haben Mädchen normalerweise nicht gesprochen, wenn zwei Jungen zusammen waren. Mir fiel auf, dass Audrey schnurgerade nach vorne schaute und ihr Haar zu zwei ganz langen schwarzen Zöpfen geflochten war. »Hm«, dachte ich mir,

»all die kleinen Kinder zu Hause werden erwachsen«, und ich war richtig glücklich, wieder zurück zu sein.

Bei der Mission ließen sie mich an der Ecke absteigen und fuhren weiter zu ihrem Milchladen. Ich war erstaunt, so viele neue schindelgedeckte Häuser zu sehen. Zuvor hatten meine Leute in erster Linie in Hütten gelebt. Die Familie Couzens hatte ein neues Haus, für meine ältere Halbschwester Dolly galt das Gleiche. Sie waren von Aborigines und unter neuer lokaler Leitung erbaut worden. Ich glaube, die in unserer Nachbarschaft lebenden weißen Zeitgenossen hatten begonnen, sich Sorgen um uns zu machen, und Spenden gegeben. Ich bin den Weg zu Dollys Haus entlanggegangen – und für viele Monate dageblieben, bevor ich ein weiteres Mal in die Stadt aufgebrochen bin.

Wir Aborigines in Melbourne haben uns den Boxteams nur hin und wieder, in der Zeit zwischen anderweitigen Gelegenheitsjobs, angeschlossen. Da ich die Stadt nicht mochte, habe ich meine Bettrolle genommen und bin durch das weite Land gezogen, wann immer ich konnte – durch jeden Teil des Landes, solange es bloß außerhalb der Städte war. Wann immer es mir möglich war, bin ich nach Hause zurückgekommen, nach Framlingham, weil ich mein altes Zuhause, den Ort, an dem ich geboren wurde, nach wie vor liebte. Und nach all den Jahren, in denen ich mit den Boxtruppen umhergereist war, in Beiprogrammen zu größeren Veranstaltungen gearbeitet hatte, als Bauarbeiter tätig oder einfach nur auf Arbeitssuche mit meiner Bettrolle unterwegs gewesen war, bin ich zu guter Letzt auf Dauer heimgekehrt.

Viele Male bin ich in Provinzstädte gekommen und die Leute haben mich angeguckt, als wollten sie mich nicht dahaben. Ich bin ausgelacht und verspottet worden und daraufhin wieder fortgegangen. Doch nie war ich wütend auf die Leute, sondern habe sie bloß bedauert, weil ich mir dachte: »Das müssen unglückliche Menschen sein und an mir lassen sie es aus.« Nie habe ich ihnen ein Haar gekrümmt. Trotzdem hat die Polizei mich häufig festgenommen und eingesperrt, weil man mir nicht glauben wollte, dass ich einfach auf der Suche nach rechtschaffener Arbeit war.

All das ist in den 1930er- und 1940er-Jahren geschehen, wissen Sie – es war schrecklich, aber es gehörte mit zu dem Leben, das man leben musste. Dennoch war ich angesichts all dieser Dinge nie wütend oder zornig, mir tat es einfach nur leid, mit ansehen zu müssen, mit welchen Augen die Leute uns Aborigines betrachteten. Trotz allem habe ich viel gute Arbeit gehabt und viele gute weiße Leute getroffen, die bereit waren, mir eine Chance zu geben, und deshalb habe ich mich nicht unterkriegen lassen. Sie kommen auf dich zu und akzeptieren dich mit aufrichtiger Herzlichkeit und Güte. Mit der offiziellen Politik uns gegenüber sind sie nicht einverstanden. Manche von ihnen und ihre Kinder sind bis heute meine Freunde.

TEIL ZWEI
1939–1975

KAPITEL 10

1939 habe ich als das Jahr in Erinnerung, in dem die Bewohner der Cummeragunja-Mission ihrem Missionsleiter den Krieg erklärt haben, und als das Jahr, in dem Großbritannien Deutschland den Krieg erklärt hat.

Ich war gerade zu Besuch bei meiner Verwandtschaft in Cummeragunja, als es zu dem berühmten Auszug der Bewohner von Cummeragunja kam, der als der erste Streik in der Geschichte der Aborigines gilt. Die Cummeragunja-Mission in New South Wales, aus der meine Mutter kam, liegt von Victoria aus gleich am anderen Ufer des Murray River. Wie auf den meisten von der Regierung betriebenen Reservationen war es den Menschen nicht gestattet, die Mission zu verlassen, und falls sie es dennoch taten, wurden ihre Hütten niedergerissen, um eine Rückkehr zu verhindern. Die Nahrungsrationen waren derart kümmerlich bemessen, dass viele Menschen aufgrund ihres schwachen Allgemeinzustands an ganz banalen Allerweltserkrankungen starben. Überdies wurden immer wieder Kinder ihren Eltern gestohlen. Daher beschlossen die Bewohner, in Aktion zu treten und ihren Protest gegen all diese Dinge zu erheben.

Der große Aborigines-Anführer Jack Patten ist gekommen, um mit uns zu sprechen und uns den Rücken zu stärken. Von seinem Mut, seiner Aufrichtigkeit und der Kraft seiner Worte war ich beeindruckt. Die Polizei rückte jedoch an und nahm ihn fest.

Als der Leiter der Mission am nächsten Tag an uns vorüberfuhr, ragte ein mächtiges Gewehr aus dem Fenster seines

Autos. Meine Tante reckte einen Waddy hoch in die Luft empor und bewegte ihn drohend in seine Richtung: »Diesmal könnt ihr uns nicht so umbringen, wie ihr das früher getan habt!«, schrie sie. Ich stand einfach dabei und nahm all diese Eindrücke in mich auf.

Als Nächstes habe ich miterlebt, wie im Handumdrehen 170 Missionsbewohner über den Murray River verschwunden sind! Viele benutzten Boote; manche gingen einen langen Umweg, um Bettzeug mitnehmen zu können; andere schwammen hinüber – Kinder ebenfalls, schnell wie ein Fisch. Und auf dem gegenüberliegenden Flussufer, in Victoria, wurde eine Zeltstadt errichtet. Erst einmal stockte mir der Atem, doch im nächsten Moment schloss ich mich meinen Leuten an. Dieser Protest war von Erfolg gekrönt, denn er trug dazu bei, dass wenig später am *Aborigines Protection Act* Änderungen vorgenommen wurden.

Als im selben Jahr ein wenig später der Zweite Weltkrieg ausbrach, war ich gerade mit der Boxtruppe von Harry Johns in Mount Gambier, Bundesstaat South Australia. Unser Koch hatte sich auf den Weg gemacht, um allerlei Dinge für unser Frühstück einzukaufen. Kaum zurückgekehrt sagte er zu uns: »Okay, ihr Kämpfernaturen, jetzt werdet ihr jede Menge Kämpfe auszutragen haben! Gerade eben habe ich gehört, dass Britannien Deutschland den Krieg erklärt hat.«

Kurz danach legte ich eine Verschnaufpause von dem ganzen Boxbetrieb ein, begab mich wieder einmal auf den Heimweg zur Framlingham-Mission und auf dem Weg dorthin arbeitete ich als Holzfäller. Boxturniere wurden andauernd veranstaltet, mal hier, mal da, in verschiedenen Städten. Rechtzeitig im Voraus erfuhren wir davon und begaben uns dann an Ort und Stelle, um an dem betreffenden Turnier teilzunehmen. Den Boxern, die uns herausforderten, standen für das Training Sporthallen und Sparringspartner zur Verfügung. Wir Aborigines hingegen trugen einfach untereinander kleine Sparringskämpfe aus, für die wir uns Handtücher um die Fäuste wickelten.

Wenn man boxt, passieren allerlei kuriose und witzige Dinge. Einmal habe ich eine lange Wegstrecke zurückgelegt und dabei alle möglichen Entbehrungen auf mich genommen, um gegen den Meister antreten zu können – der nie aufgekreuzt ist! Sobald das Publikum das spitzkriegte, warfen alle möglichen Leute mit Münzen nach mir.

Eines Abends sollte ich in Colac, auf halbem Weg an der Fernstraße nach Melbourne, einen Boxkampf bestreiten, habe aber schlicht und einfach den Bus verpasst, der etliche Jungs aus unserer Gegend zum Ort des Kampfes bringen sollte. Die anderen habe ich aber eingeholt. Dazu musste ich mich allerdings ausziehen und, indem ich meine guten Sachen in einem Bündel zusammengebunden auf dem Kopf trug, durch einen überfluteten Bach waten. Danach bin entlang der Fernstraße nach Colac getrampt.

An dem Abend stand laut Programm ein guter Kämpfer gegen mich im Ring – ein großer Name. Doch meine Freunde und ich hatten schon gegen alle erdenklichen Leute gekämpft, von denen es hieß, sie hätten einen großen Namen, daher verfügten wir über das nötige Selbstvertrauen.

Kaum in Colac angekommen, lief ich dem Freund dieses großen Kämpfers über den Weg. Ich kannte ihn ganz gut, für ihn hingegen müssen alle Aborigines ziemlich gleich ausgesehen haben. Ich sah wohl auch deshalb ein wenig verändert aus, weil ich anstelle der Kleidung, in der er mich sonst gesehen hatte – einem sauberen und gebügelten Hemd mit einer ebensolchen Hose –, meine alten Buschklamotten trug.

»Wie läuft's, Kamerad?«, rief ich.

»Hallo«, sagte er.

»Wer ist eigentlich dieser Gerry Brown?«, fragte ich ihn. Das ist doch nicht sein richtiger Name. Aber eigentlich mag ich über diese armen Kerle gar nicht reden.

»Er ist unser bestes Eisen im Feuer. Heute Abend kämpft er gegen Banjo.«

Ich dachte mir: »Der Typ erkennt mich überhaupt nicht. Gut so.«

»Ja?«, meinte ich. »Was schätzt du, wie wird Banjo mit ihm zurechtkommen?«

»Banjo ist kein übler Boxer«, antwortete er. »Aber der Junge wird ihn schlagen. Er ist viel zu gut für die Boxer, die sonst hier rumlaufen. Er schlägt Spitzenleute in Melbourne und Geelong.«

»Auf welche Weise gewinnt er seine Kämpfe? Nach Punkten oder durch K. o.?

»Nun, beides«, erzählte er mir. Doch die meisten Leute schlägt er k. o.«

»Mensch!«, sagte ich. »Sieht aus, als hätte ich heute Abend einen schweren Kampf vor mir.«

»Bist du etwa Banjo?«, fragte er mich, einigermaßen schockiert.

Dann zischte er gleich ab und ich folgte ihm. Als er in den Ankleideraum meines Widersachers eilte, spähte ich durch die Türöffnung. »Wo sind all die anderen Jungs?«, rief er ihm zu. »Kratzt bei ihnen alles Geld zusammen. Ich habe gerade mit dem Nigger gesprochen. Der Nigger hat den Kampf schon verloren!«

»Wo hast du ihn gesehen?«, wollte Gerry Brown wissen.

»Dort draußen.« Er zeigte auf die Türöffnung und als sie den Blick hoben, sahen sie mich da stehen.

»Okay, Freund«, wandte ich mich an die beiden. »Ich habe mitbekommen, was du gerade gesagt hast. Geh also in den Ring und sieh zu, ob du diesen Nigger schlagen kannst.«

Als aber die Zeit für unseren Kampf gekommen war, hat dieser keine fünf Minuten gedauert! Den armen Kerl habe ich schnell auf die Bretter geschickt. Denn ich war ganz besonders wild entschlossen, diesen Kampf zu gewinnen. Und dabei hatte ich noch nicht einmal Boxstiefel an. Gewöhnlich teilte ich mir ein Paar Stiefel mit meinem Cousin Henry Alberts. Er hatte unmittelbar vor mir einen Kampf gehabt und dabei unsere Stiefel getragen. Allerdings war ihm nicht klar, dass ich direkt nach ihm an der Reihe war, und so hat er, als er anschließend zur Toilette gehen musste, für den Moment die Stiefel noch anbehalten. Auf der Suche nach Henry bin ich vor dem Kampf herumgelaufen und habe, weil ich gleich in den Ring musste, überall gefragt: »Wo sind meine Stiefel, wo sind meine Stiefel?« Letztlich blieb mir gar keine andere Wahl, als ohne Stiefel anzutreten. Gewonnen aber habe ich den Kampf, so oder so.

Jahre später bin ich Gerry Brown in einer Kneipe begegnet, doch als er mich erkannte, hat er lieber die Kurve gekratzt! Ihm muss wohl dieser Abend in den Sinn gekommen sein, den er viele Jahre vorher mit mir erlebt hatte.

Als ich ihn später ein weiteres Mal traf, habe ich zu ihm gesagt: »Wie geht's dir, Kamerad?«, und ihm die Hand geschüttelt. Am Ende sind wir doch noch richtig gute Freunde geworden.

Lange nach Ausbruch des Zweiten Weltkriegs bin ich in Melbourne zum ersten Mal Alabama Kid begegnet, dem großen schwarzen Boxer aus den USA. Man nannte ihn auch den ungekrönten Boxweltmeister. Mit richtigem Namen hieß er Clarence Olin Reeves und nach Australien gekommen war er 1939.

Er nahm mich mit in die Sporthalle, in der er trainierte. Ein Sparringspartner war gerade nicht aufzutreiben. Also hat er mich gefragt, ob ich das nicht übernehmen wollte. »Nun, warum nicht«, habe ich mir gedacht, »eine vor den Latz hauen könnte ich ihm allemal!«

Wir zogen die Boxhandschuhe an und er sagte: »Schlag so fest zu, wie du willst.«

Ich habe hart zugeschlagen, weil ich wusste, ihn könnte ich nicht verletzen, diesen großen schwarzen Amerikaner.

»Nun hör mal, Junge«, sagte er schließlich, »du hast wirklich einen kräftigen Schlag. Du hast es tatsächlich fertiggebracht, dass ich ein bisschen zu wackeln anfing, und dabei bist du nicht halb so groß wie ich.«

Von da an hatte ich bei ihm einen Stein im Brett. Zwei Wochen lang war er jeden Abend zu Hause bei meinen Eltern und bekniete sie, dass sie die Papiere unterschreiben, die es ihm ermöglichen würden, mich in die USA mitzunehmen.

»Hör mal«, sagte er zu mir, »wenn du nach Amerika kommst, wirst du ein Spitzenmann: Als erster Aborigine wirst du in den USA zu den besten Boxern zählen.«

Meine Mama und mein Papa haben freilich nicht unterschrieben. Sie sagten nur immer: »Er ist zu jung. Er ist noch zu jung.«

Am Ende beschloss Alabama Kid, seinerseits in Australien zu bleiben: als Mitglied des Boxteams von Harry Johns, zu dem auch ich gehörte, und er bestand immer darauf, mit dem Rest von uns schwarzen Jungs auf der Ladefläche des großen Lastwagens mitzufahren. Ohne Weiteres hätte er einen bequemen Platz im Wagen von Harry Johns in Anspruch nehmen können, aber er saß lieber hinten auf der Ladefläche und stimmte in unseren Gesang mit ein. Er war auch ein guter Sänger. Während wir die Straße entlangfuhren, sangen wir die unterschiedlichsten Lieder. Jeder war mal an der Reihe.

Schließlich heiratete er hier ein weißes Mädchen und sie hatten zwei Kinder, ein Mädchen und einen Jungen. Wenn er nicht geboxt hat, arbeitete er in einer Schuhfabrik. Um auf Dauer in Australien bleiben zu können, bemühte er sich, hier die Einbürgerung zu erhalten. Die Regierung verweigerte sie ihm jedoch. Seine Familie mit nach Amerika nehmen konnte er nicht, weil es dort zu viele Rassenkonflikte gab. Clarence versuchte daher über die Zeitungen, an die Regierung und an die Öffentlichkeit zu appellieren, ihm einen dauerhaften Aufenthalt zu ermöglichen:

Ich bin schwarz, aber ich habe nichts Unrechtes getan. Ich liebe Australien fast so sehr wie meine Frau und mein Baby, niemand will indes 10 000 Kilometer entfernt leben von den Menschen, die er liebt. Wenn ich meine Frau mit nach Amerika nehme, werden ihre einzigen Freunde dort Neger sein. Eine Weile würde ihr das vielleicht gefallen, bis der Reiz und der Glanz des Neuartigen verblasst sind, dann aber wird die Erinnerung an ihre Mutter und an ihre weißen Freunde hier in Australien sie quälen. Ich möchte, dass meine Frau immer glücklich ist. Falls ich von hier fortgehen würde, müsste ich jedes Jahr hin und her reisen, um sie und die Kleinen zu sehen. Das kostet jedoch viel Geld und ich bin kein Millionär. Ich respektiere die White Australia Policy.[14] Aber befände Mr. Calwell (der damalige Minister für Einwanderung) *sich an meiner Stelle, dann hätte er Verständnis.*

Die Einwanderungsbehörde hat ihn sich, ungeachtet solcher Appelle, nach einem Kampf in Moss Vale geschnappt und gleich darauf deportiert. Seine Frau und seine Kinder hat er nie wieder gesehen.

Jahre später bin ich seiner Tochter begegnet. Als ich ihr erzählt habe, wie ich heiße, fiel sie mir um den Hals und sagte: »Mein Papa hat über sie gesprochen. Ich erinnere mich an Sie aus der Zeit, als ich noch ein kleines Mädchen gewesen bin.« Sie war so froh, mich zu sehen, und nahm mich überallhin mit. Sie erzählte mir von ihrem Plan, nach Amerika zu reisen, um ihren Papa zu finden.

Ich glaube allerdings nicht, dass sie den Plan je in die Tat umgesetzt hat. Denn es dauerte nicht lange, dann schloss sie sich einer Tanztruppe an und ging nach Tel Aviv, hatte meines Erachtens jedoch keine Gelegenheit, nach Amerika zu reisen. Anschließend ist sie nach Hause zurückgekehrt und hat geheiratet. Sie hatte zwei Kinder. Dann ist das arme Mädchen eines Tages, während es in der Küche stand, tot zusammengebrochen.

Mein Sohn Ian hat einmal das andere Kind, Alabama Kids Sohn, kennengelernt und ihm von mir erzählt. Der Sohn wollte demnächst irgendwann einmal zu Besuch kommen, um mich zu treffen, weil ich ein Bekannter seines Papas gewesen war. Vielleicht werde ich also eines Tages die Gelegenheit erhalten, ihn kennenzulernen. Dann werde ich ihm alles darüber mitteilen, wie sein Papa und ich gemeinsam einer reisenden Boxtruppe angehört haben. Wie er bei uns auf der Ladefläche des großen Lkws mitgefahren ist, um gemeinsam mit uns singen zu können. Ich werde ihm erzählen, was für ein guter Sänger sein Papa war.

In der Anfangszeit des Zweiten Weltkriegs haben sie Soldaten für die Armee rekrutiert. Einer meiner Freunde, er hieß Herb, und ich haben daraufhin beschlossen: »Na klar, wir gehen auch zur Armee, so bekommen wir wenigstens was zu sehen von der Welt.« Wir waren gerade neunzehn.

Also sind wir in Fitzroy zum Rekrutierungsbüro gegangen, wo wir ein paar Leute von der Armee trafen. Ihnen sagte ich: »Ich und mein Kamerad wollen zur Armee.«

Der diensthabende junge Offizier fragte nach: »Aus welchem Grund wollt ihr denn zur Armee?«

»Jeder scheint jetzt in die Armee einzutreten«, meinten wir. »Drüben wird die Lage ernst. Wir wollen für unser Land kämpfen.«

»Weshalb solltet ihr Aborigines für diesen Flecken Erde kämpfen«, fragte er uns, »wo ihr noch nicht einmal als Bürger dieses Landes behandelt werdet?«

Der junge Offizier konnte sich anscheinend in unsere elende Situation hineinversetzen – die ersten Australier zu sein, dessen ungeachtet aber im eigenen Land die Bürgerrechte vorenthalten zu bekommen. Trotzdem dachten wir, dass es merkwürdig ist, in Kriegszeiten solche Dinge zu sagen.

»Ihr könntet euch doch anderweitig nützlich machen, ohne gleich in den Krieg zu ziehen«, riet er uns. »Warum arbeitet ihr nicht für den Allied Works Council?«

»Was macht man denn da?«, wollten wir wissen.

»Weit oben im Norden Brücken und Flughäfen bauen für die Armee; und eine Fernstraße, die bis Darwin durchgeht.«

Daraufhin haben wir uns sogleich entschlossen, für den *Allied Works Council* zu arbeiten, und drei Tage später sind Herb und ich abgereist, um im Norden bei einem der Projekte mitzumachen. Als Erstes wurden wir zu einem Stützpunkt in Brisbane geschickt. Dort zeigte mir eines Tages ein maltesischer Kamerad in einer lokalen Zeitung das Foto meines Bruders: »Sein Name ist Clarke. Seid ihr miteinander verwandt?«, wollte er wissen. »Ja«, sagte ich, »er ist mein Bruder.« Also sind wir nach South Brisbane gegangen, in den Teil der Stadt, wo all die Aborigines lebten, und haben uns ein wenig umgehört. Auf diese Weise erfuhren wir, dass mein Bruder abends nach dem Boxtraining regelmäßig eine bestimmte Straße entlanggeht. Dort habe ich mich dann an den Pfosten einer Veranda gelehnt und auf ihn gewartet. Schließlich kam mein Bruder vorbei. Ich erkannte ihn sofort und sagte: »Tag, Bruder.«

Er sagte: »Tag.« Und ich dachte: »Mensch, dieser Typ erkennt mich nicht. »Wie steht's?«, sagte ich, ging auf ihn zu und schüttelte ihm die Hand.

Und er: »Irgendwoher kenne ich dich. Könnte es Sydney sein, New South Wales?«

»Nein, Victoria.« Da ging ihm ein Licht auf und schlagartig wusste er, wer ich war. Mehr, als er es tat, hätte man sich gar nicht freuen können, und er ging mit meinem maltesischen Freund und mir groß essen. Als ich später vierzehn Tage Urlaub bekam, habe ich ihn erneut aufgesucht und in der Zeit bei ihm gewohnt. Er hat mich ganz, ganz herzlich willkommen geheißen.

Während der ganzen vierzehn Tage war Brisbane voller Soldaten. Man konnte meinen, dass Soldaten aus aller Herren Länder dorthin gekommen waren – Inder, Amerikaner, beinahe jede Nationalität. Kriegsschiffe hatten angelegt. Und die ganzen schwarzen amerikanischen Soldaten organisierten in den Hallen, in denen sie stationiert waren, große Tanzveranstaltungen, luden alle Leute aus der Umgebung dazu ein und freuten sich sehr, Aborigines zu treffen. Und die Aborigines freuten sich über die schwarzen amerikanischen Soldaten. Schließlich hatten die dafür gesorgt, dass man auf diese großen Veranstaltungen gehen und tanzen konnte. Komplette Bands waren aus den USA gekommen, um für uns zu spielen – echte Top-Bands. Schwarze Amerikaner, die ich bereits in Melbourne kennengelernt hatte, traf ich hier wieder. Seinerzeit, als ihr Schiff in Melbourne vor Anker gegangen war, hatten sie gleich ausfindig gemacht, in welchem Stadtviertel Aborigines wohnten, und dort ebenfalls große Tanzveranstaltungen auf die Beine gestellt. Zum großen Teil waren es ganz junge Burschen, die ihre Mutter schmerzlich vermissten – und mit Aborigines-Familien zusammen zu sein machte das in vielerlei Hinsicht wett. Sie waren Leute mit guter Bildung, viele von ihnen zumindest, waren Offiziere und so weiter, Leute mit einer sehr großen Verantwortung.

Als Nächstes, nach dem Stützpunkt von Brisbane, hat man uns nach Eidsvold geschickt, wo wir unseren Beitrag zur Fertigstellung der Banana Road leisten sollten. Männer aus ganz Australien waren dort damit beschäftigt, über die gesamte Strecke bis rauf nach Darwin eine asphaltierte Straße zu bauen. Manche der Männer waren bei der Armee als untauglich eingestuft worden, wollten aber trotzdem ihre Pflicht und Schuldigkeit tun. Andere Typen dagegen waren bloß dort, um abzutauchen und sich von Problemen mit ihrer Frau oder von anderen Problemen wegzustehlen!

Die Arbeit war hart, aber als Junge vom Land war ich Landarbeit gewohnt, sie gehörte für uns einfach zum Leben dazu. Unter dem wolkenlosen Himmel war es da allerdings ganz schön heiß zum Arbeiten. Wenn es hier unten im Süden, in Victoria, heiß ist, bekommt man einen Sonnenbrand. Dort, wo wir gearbeitet haben, bin ich zwar um einiges schwärzer geworden, habe aber keinen Sonnenbrand bekommen und die meisten weißen Jungs ebenso wenig, abgesehen von ein paar Jungs mit wirklich heller Haut.

Wir haben 24 Stunden am Tag gearbeitet, richtig rund um die Uhr. Nie zuvor habe ich an einem Ort einen derart großen Maschinenpark gesehen. Da gab es Bodenhobelmaschinen, mächtige Bulldozer und riesige Lkws – eine Reihe von Lkw-Unternehmen hat, glaube ich, damals zugemacht, weil die Armee sie übernommen hat. Ich nehme an, dass die Amerikaner die Bulldozer mitgebracht haben, denn auf Farmen hatte ich noch nie welche gesehen. Die Bulldozer waren meist Kettenfahrzeuge – bei denen sich rechts und links des Fahrzeugs eine Laufkette über die Räder zieht – und dadurch in der Lage, auf Felsen, auf Berge, auf so gut wie alles im Grunde, hinaufzugelangen. Größere Erderhebungen wurden tagsüber durch Sprengungen so weit abgetragen, dass die Straße ebenerdig mitten hindurchgeführt werden konnte. All diese für Erdbewegungsarbeiten herbeigeschafften Geräte waren durchgehend im Einsatz, bei Tag und bei Nacht; und zu guter Letzt haben wir dann die Asphaltdecke aufgetragen. Die Lagerplätze der einzelnen Arbeitstrupps verteilten sich auf viele Orte. Auf sie sind wir jeweils dann getroffen, wenn die Straßenabschnitte, an denen wir gearbeitet hatten, miteinander verbunden wurden.

In unserer Freizeit sind wir gewöhnlich in die Stadt gegangen, am Sonntagabend freilich nüchtern zurückgekommen. Und wir waren ziemlich erledigt. Denn wir hatten die Aborigines-Lager im Umkreis von Eidsvold besucht und anderen Leuten dabei zugeschaut, wie sie bis in die frühen Morgenstunden Karten oder Two-up[15] spielten. Für die Nacht haben wir uns bei unseren Ausflügen in die Stadt ein Hotelzimmer genommen.

Einmal haben wir ein paar Flaschen Bier mit ins Lager gebracht. Uns war jedoch nicht zum Biertrinken zumute, weil wir die Nase vollhatten von unserem Wochenende. Ein paar von unseren weißen Kameraden, die nicht in der Stadt gewesen waren, kamen zu uns rüber und wir haben ihnen gesagt: »Hier gibt's ein paar Flaschen Bier, Leute. Bedient euch!«

»Wollt ihr Jungs denn kein Bier?«

»Nein.«

Das Bier, vielleicht sechs Flaschen, teilten sie untereinander auf. Aber noch bevor sie unser Zelt wieder verließen, waren wir schon fest eingeschlafen.

Am nächsten Tag erfuhren wir, dass eine Wagenladung voller Kerle gegen zwei oder drei Uhr morgens zurückgekommen war und dass diese Leute den größten Rabatz veranstaltet haben, den man sich nur vorstellen kann, sich die ganze Nacht geprügelt und rumkrakeelt haben. Die meisten Männer in unserem Lager mussten aber früh raus, um ihren Schichtdienst anzutreten.

Wir gingen rüber in die große Kantine und setzten uns gerade hin – wir beiden waren die einzigen Aborigines in diesem großen Camp –, als der Aufseher schnurstracks auf Herb und mich zumarschiert kam. »Okay, ihr beiden schwarzen Typen!«, sagte er. »Lasst euch eines gesagt sein. Nächstes Mal, wenn ihr euch in der Stadt besauft, haltet ihr, wenn ihr nach Hause kommt, nicht wieder das Camp die ganze Nacht auf Trab. Hier gibt es Männer, die arbeiten müssen.«

Aber ich wusste ja, dass wir das nicht gewesen waren. »Nein, wir waren das nicht, auf keinen Fall!«, sagten wir.

»Doch, ihr seid es gewesen. Legt euch bloß nicht mit mir an!«

Bei uns im Camp gab es 600 Männer und man hatte den Eindruck, als hätten sie mit einem Mal alle aufgehört zu essen, um zuzuhören. Der Aufseher schlug vor, die Angelegenheit mit den Fäusten auszutragen. Ich musterte ihn von Kopf bis Fuß. Er trug eine Brille, doch er hatte eine gebrochene Nase und ein Blumenkohlohr.[16] »In Ordnung«, entgegnete ich. »Wir gehen raus und tragen die Sache dort aus. Aber was du uns nachsagst, haben Herb und ich auf gar keinen Fall gemacht.«

Er ging hinter mir nach draußen. Dann suchte er plötzlich das Weite und schrie: »Ihr seid gefeuert!« Selbstverständlich wusste ich, dass man in jenen Tagen nicht gefeuert werden konnte, schließlich hat man ja für die Armee gearbeitet. Stattdessen konnten sie einen jedoch versetzen.

Der chinesische Koch war uns im gleichen Moment gefolgt und hielt noch ein großes Messer in der Hand. Ich entriss ihm das Messer und jagte damit den Aufseher, bloß um ihm ein bisschen Angst einzujagen, durch den Busch. Einholen konnte ich ihn sowieso nicht.

Während ich weiter meiner Arbeit nachging, kam später am Vormittag der Vorarbeiter unseres Bautrupps zu mir: »Du wechselst an eine andere Arbeitsstelle, Banjo«, sagte er.

»Ach ja? Wie kommt's?«

»Weiter unten, in der Nähe von Woolooga, brauchen sie einen zusätzlichen Mann.«

»Wie steht's mit meinem Kumpel Herb? Wir haben uns gemeinsam zu dieser Arbeit gemeldet. Wir arbeiten die ganze Zeit zusammen. Kommt er mit mir?«

»Ja, in vierzehn Tagen. Erst einmal wollen sie einen Typen

wie dich als Helfer haben. Hier kannst du noch zu Mittag essen und dann packst du deine Sachen.«

»Also gut, vielleicht bin ich schon zu lange hier«, habe ich mir gedacht. »Es ist an der Zeit, dass ich ein paar andere Flecken Erde zu sehen bekomme.«

Enttäuscht war ich allerdings, dass Herb nicht sofort mit mir kommen würde. In schwierigen Zeiten war er ein zäher Bursche und ließ sich nicht leicht unterkriegen. Jetzt würde ich an einem sonderbaren *gubbah* (weißen) Ort auf mich allein gestellt sein, dachte ich.

Später saß ich schon zur Abfahrt bereit und schaute, während ich auf den Lkw-Transport zu dieser anderen Arbeitsstelle wartete, aus dem Fenster der Feldküche, als ich zirka 30 oder 40 Männer auf mein Camp zukommen sah.

»Herrje!«, dachte ich mir. »Was hab' ich denn bloß jetzt schon wieder falsch gemacht!?«

Und sie steuerten geradewegs auf mich zu, vorneweg der Gewerkschaftsvertreter: »Wir haben gehört«, rief er, »dass du woanders hinwechselst, Banjo.«

»Ja«, sagte ich.

»Möchtest du dahin?«

»Schätze, ich werde da hingehen«, sagte ich. »Gut möglich, dass ich schon zu lange hier bin.«

Doch der Gewerkschaftsvertreter erklärte mir: »Die schicken dich fort, obwohl du überhaupt nichts angestellt hast. Du hast diese Schlägerei letzte Nacht nicht angezettelt. Wir wissen, wer es war – eine Wagenladung weißer Männer.«

»Ja?«, fragte ich. »Herb und ich haben fest geschlafen. Wir haben keinen Ton gehört.«

»Ja, genau das sagen auch eure Kollegen. Ihr habt geschlafen. Die Typen, die's gewesen sind, sind bestens bekannt dafür, dass sie sich regelmäßig als Rowdys aufführen und prügeln, wenn sie aus der Stadt zurückkommen.«

Weiter sagte der Gewerkschaftsvertreter zu mir: »Wenn

du gehen willst, kannst du's natürlich. Doch an der Strecke hier arbeiten über 3000 Männer. Wenn du nicht gehen willst, lasse ich sie noch heute alle in den Streik treten. Denn du wirst völlig zu Unrecht von deinem jetzigen Arbeitsplatz fortgeschickt.«

Eine Weile dachte ich darüber nach, dann beschloss ich, dass ich nicht bleiben würde. Trotzdem habe ich mich herzlich bedankt. Was sie für mich taten – dass sie auf diese Weise zu mir hielten –, wusste ich wirklich zu schätzen.

Etwas Derartiges hat es, glaube ich, zuvor noch nicht gegeben: Zwei Aborigines, die für einen weißen Bautrupp arbeiteten, wurden von einem weißen Chef zu Unrecht bezichtigt, bestimmte Dinge getan zu haben, und der Gewerkschaftsvertreter stellte sich auf unsere Seite. In dem Moment war mir leider nicht bewusst, welche Tragweite die ganze Sache hatte. Wenn ich mir dagegen heute in Erinnerung rufe, wie all diese Arbeiter zu mir gekommen sind, denke ich, dass ich besser daran getan hätte, zu bleiben. Denn diese Angelegenheit – so viele weiße Männer treten für mich, den Aborigines-Kollegen, in Streik – hätte ein Stück Geschichte geschrieben.

Männer aus allen Ecken Australiens haben damals im Norden gearbeitet. Und mit ihren Arbeitergrundsätzen waren sie eine echte Macht. Wenn der Streik vorüber und alles geklärt gewesen wäre, hätte ich immer noch sagen können: »Okay, jetzt packe ich meine Sachen und gehe an die andere Arbeitsstelle.« Ich hätte den Australiern beibringen können, dass man mit jemandem nicht einfach tun und lassen kann, was einem gerade einfällt, bloß weil er ein Aborigine ist.

In Woolooga ist Herb niemals aufgetaucht. Das war eine Lüge, die sie uns erzählt haben, um uns voneinander zu trennen. Ich habe dort ungefähr sechs Monate lang gearbeitet, doch unter den anderen Arbeitern bin ich ein Fremdkörper geblieben – sie waren nicht gerade freundlich zu mir. Wenigstens hat dort ein älterer weißer Mann gearbeitet, den ich bereits aus Melbourne kannte, Frank Kavanagh: ein netter Kerl, der schon ziemlich viel rumgekommen war und daher gelernt hatte, auf sich aufzupassen.

Hin und wieder regnete es, im Allgemeinen war es freilich ein ziemlich warmer Regen und die meiste Zeit hatten wir bei klarem Himmel gutes Wetter zum Arbeiten. Am Wochenende hat der Arbeitstrupp gewöhnlich auf dem Weg zu unserer Arbeitsstelle in eine Kneipe hereingeschaut. Als ich zum ersten Mal mit dabei war, ließen sie mich einfach im strömenden Regen auf der Lkw-Ladefläche sitzen. Als ich da so saß, durchnässt und frierend, bin ich schließlich auf ein Licht zugegangen, das ich auf der anderen Straßenseite sah, und wie sich herausstellte, befand sich da die Kneipe. Trinkend und lachend saßen die Männer alle miteinander dort drinnen.

Ich ging also hinein und stellte mich an die Theke. Der Gastwirt ignorierte mich. Ich stand eine ganze Weile da. Dann suchte ich mir einen Stuhl mit dem Rücken zur Wand und setzte mich hin. Nun wusste ich, dass Aborigines hier nicht bedient wurden.

Der Gastwirt hat anscheinend zu den weißen Männern am Ende des Tresens etwas gesagt und der alte Frank Kavanagh hat ihm wahrscheinlich geantwortet: »Oh, das ist Banjo Clarke. Er gehört zu uns, er kommt aus Victoria.«

Denn daraufhin rief der Gastwirt mir zu: »Was bekommst du, Freund?«

Und ich: »Ich nehm ein Bier.«

Anschließend unterhielt er sich weiter mit den weißen Arbeitern und Lkw-Fahrern. Ich trank das eine Bier, ging dann zurück und setzte mich wieder auf den Stuhl. Mehr als das eine Bier wollte ich nicht haben in einer derartigen Atmosphäre. Als es an der Zeit war aufzubrechen, ging ich hinaus und sprang wieder auf die Lkw-Ladefläche. Vorne war zwar Platz für einen weiteren Mitfahrer, aber sie wollten nicht, dass ich bei ihnen sitze. Daher legte ich den Weg zur Arbeit im peitschenden Regen zurück, zum Glück war es von der Kneipe aus nur eine Strecke von zirka acht Kilometern. Wir bauten dort an einer Straße, deren Ausgangspunkt Maryborough in Queensland war.

Am Zahltag wollte ich aufgrund der zuvor gemachten Erfahrung nicht in die Stadt gehen. Ohnehin war die Stadt ein total verschlafenes Nest. Nichtsdestoweniger herrschte den ganzen Samstag über bei den Männern ein einziges Kommen und Gehen. Am Ende beschloss ich dann doch, mich zu Fuß in die Stadt zu begeben, um einen Spaziergang zu machen und die Landschaft ein wenig besser kennenzulernen.

Als ich die Kneipe erreichte, kam der Wirt auf mich zu und sagte: »Wie geht's, Banjo?«

»Gut.«

»Tut mir leid, wie das an dem Abend, als du letztens hier warst, gelaufen ist«, meinte er.

»Wieso, wo liegt das Problem?«, wollte ich wissen.

»Ich hatte angenommen, du wärst einer von der Murgon-Mission, knapp 60 Kilometer von hier. Den Aborigines von dieser Mission dürfen wir nichts ausschenken.«

»Nun, ein Aborigine bin ich zwar«, sagte ich, »aber ich komme aus Victoria.«

»Ja, das haben mir die Männer gesagt. Mit dir geht das in Ordnung. Du darfst trinken, du bist ein Arbeiter.«

Dieser Gastwirt und seine Frau waren letzten Endes richtig gut zu mir – sie haben sich um mich gekümmert. Sie nahmen mich überallhin mit. Von da an habe ich sie so ziemlich jedes Wochenende besucht.

In jenen Tagen gab es zahlreiche Tanzveranstaltungen, um Geld für Wohlfahrtseinrichtungen aufzutreiben. Eines Abends wurde in Woolooga getanzt und ein junger weißer US-Soldat war mit zwei Mädchen da. Er kam zu mir rüber und sagte: »Komm mal mit, Mann, ich möchte was mit dir bereden.«

Ich nahm an, er hätte die Flasche entdeckt, die ich in der Tasche hatte, und wollte einen Drink abhaben. Daher ging ich mit ihm zur Tür – die Tanzhalle stand erhöht auf Pfeilern – und wollte ihm den Vortritt lassen.

Er aber sagte: »Geh du voran.«

Also ging ich voran und als wir am Treppenabsatz angekommen waren, versetzte er mir einen Stoß in den Rücken und ich rollte die Treppe hinunter. Im Moment war ich ziemlich verdattert und sagte mir: »Du darfst eben nicht in die Tanzsäle der Weißen gehen. Sonst passiert dir so etwas!« Dann setzte ich mich mit dem Rücken an die Wand hin und machte mir für eine Weile meine Gedanken über diese Geschichte. Schließlich kamen die beiden weißen Mädchen an die Tür und riefen: »Ist alles in Ordnung mit dir, Banjo?«

Ich war zu verwirrt, um laut und deutlich zu antworten, und sagte nur leise: »Ja, mit mir ist alles in Ordnung. Ich sitze hier unten.«

Da die Stimmen der beiden nun eindringlicher wurden, habe ich ihnen ein wenig lauter zugerufen: »Schon gut! Mit mir ist alles in Ordnung!«

»Du bist bestimmt verletzt, oder?«

»Nein.«

Sie kamen die Treppe herunter und sagten zu mir: »Wir haben gesehen, was dieser Yankee mit dir gemacht hat. Geh du jetzt zur Eingangstür und wir werden ihm sagen, dass draußen jemand auf ihn wartet, der ihn sprechen möchte. Wenn er rauskommt, haust du ihm eine auf seine verfluchte Nase.«

»Ach ja«, erwiderte ich, »das wird gut sein.«

Daraufhin ging ich also um die Halle herum, bis ich vor der Eingangstür stand, und öffnete sie einen Spalt weit. Nun konnte ich die Mädels mitten auf der Tanzfläche erspähen. Der Laden war gerammelt voll. Sie gingen zu dem jungen Soldaten, der gerade schallend lachte und sich köstlich zu amüsieren schien, vermutlich über das, was er mit mir angestellt hatte. Ich sah, wie sie in meine Richtung auf die Tür wiesen, und er kam herüber.

Allerdings habe ich die Tür zu schnell geöffnet und so blieb er stehen. Ich sagte zu ihm: »Komm her, Freundchen. Ich möchte mir dir reden.«

Er machte kehrt, konnte sich vor Lachen kaum noch halten. Und indem er wieder zurückgehen wollte, lachte er die beiden Mädchen an. Doch eins der Mädchen knallte ihm eine und das andere zog einen Schuh aus und versetzte ihm damit einen Hieb auf die Augenbraue.

Von einem auf den anderen Moment standen all die Bulldozerfahrer und all die groß gebauten Kerle von der Kriegsmarine um die drei herum und fragten: »Was ist los? Was gibt's für ein Problem?« Schließlich war er der einzige Amerikaner dort und gewöhnlich behandelten sie die Amerikaner mit großem Respekt, so wie es die Leute überall taten.

Ich hörte, wie eins der jungen Mädchen sagte: »Dieser dreckige Yankee hat unseren Aborigines-Freund die Treppenstufen hinuntergestoßen und der hätte sich dabei schlimm wehtun und verletzen können. So was kann der Yankee sich vielleicht in Amerika erlauben, aber nicht in Australien.«

Von einem Moment auf den anderen kamen auch all die Männer herbei, die vorher noch weiter am Rand, zur Hallenwand hin, gestanden hatten, packten den jungen Soldaten am Hosenboden und warfen ihn hinaus. Zu mir sagten sie: »Gib ihm Saures, Banjo! Mal sehn, was er draufhat.« Ich und der Amerikaner hatten also draußen eine offene Rechnung zu begleichen und wir haben auf die gute alte Art so richtig zugelangt. Er war auch nicht von schlechten Eltern, wollte aber einen Ringkampf daraus machen und hat mir das Hemd vom Leib gerissen.

Längst waren sämtliche Leute aus der Tanzhalle herausgekommen, feuerten mich an und pfiffen den jungen Soldaten aus. Im Nachhinein erscheint es mir merkwürdig, dass sich so viele weiße Leute auf die Seite des jungen Aborigine aus dem eigenen Land und der eigenen Gesellschaft gestellt haben, statt für den armen amerikanischen Soldaten Partei zu ergreifen.

Der Soldat warf schließlich das Handtuch und mein Freund, der Gastwirt, sagte den Leuten, die den jungen Soldaten nach draußen geschleift hatten: »Schafft den Yankee aus unserer Stadt, ansonsten braucht ihr euch bei uns nicht mehr blicken zu lassen.« Dann lud er mich ein, zurück in seine Kneipe zu kommen, und gab mir das Hemd von jemand anderem zum Anziehen.

Doch ich bin, glaube ich, nie mehr in die Tanzhalle gegangen. Was ich an dem Abend erlebt habe, hat mich einfach zu sehr verwirrt. Und nun stellen Sie sich vor, wie verwirrt der junge amerikanische Soldat gewesen sein muss. Womöglich würde er nun mit dem Schiff auf die Inseln übersetzen und getötet werden. Ich wollte aber nicht sein Feind sein. Die ganze Angelegenheit gehörte einfach zu jenen Dingen, die passieren. Wahrscheinlich hatte er zu Hause eine Mutter und einen Vater, die sich um ihn sorgten. Falls er den Krieg und alles überlebte, hätte er nach seiner Heimkehr eine gute Geschichte zu erzählen.

Man hört von so viel Rassismus in Queensland. Freilich war ich in den 1940er-Jahren dort, als der Rassenkonflikt schlimm war, doch ich habe auch die gute Seite erlebt. Auf gar keinen Fall kann ich sagen, dass all diese Menschen grausam sind zu Aborigines. Offenkundig gibt es Rassismus. Andere Leute aber stellen sich, wenn du dieselbe Arbeit leistest wie sie, auf deine Seite.

KAPITEL 11

Während ich also eifrig meinen Beitrag zu den Straßenbauprojekten leistete, die während des Krieges überall im Land verwirklicht wurden, waren im Unterschied zu mir manche meiner Leute zur Armee zugelassen worden. Viele von ihnen sind in den Krieg gezogen und einige für ihr geliebtes Land gestorben. Und im Ersten Weltkrieg war die Situation im Grunde die gleiche. Eine Menge meiner Leute sind zu Helden geworden, obwohl sie hier nicht einmal offiziell als Bürger anerkannt wurden. Bis zum Jahr 1967 durfte ein Aborigine offiziell kein australischer Staatsbürger sein.

All diesen Widrigkeiten zum Trotz erwiesen sich meine Leute an vorderster Front als gute Kämpfer. Aus Framlingham und Lake Condah sind zirka vierzehn Aborigines zur Armee gegangen. Nach dem Krieg sind fünf Lovett-Brüder nach Lake Condah zurückgekehrt und in Übersee – in Frankreich, auf der Halbinsel Gallipoli und in Palästina – hatten sie mitten im Kampfgetümmel gesteckt.

Bei ihrer Heimkehr hat man ihnen natürlich, anders als so vielen weißen Soldaten, weder ein Stück Land überlassen noch irgendetwas sonst. Man hat sie einfach wieder wie andere Aborigines behandelt. Getreu dem Motto: »Du bist hier unerwünscht!« Sie wissen schon. Dieses Motto beschreibt die Einstellung, mit der man als Aborigine ein Leben lang konfrontiert wurde. Den heimkehrenden weißen Soldaten gab man Land, ihnen hingegen gab man keines. Nach Beendigung des Zweiten Weltkriegs hat man darüber hinaus das restliche Missionsgelände von Lake Condah, das bis dahin noch erhalten geblieben war, weiter aufgeteilt und das Land einigen der zurückgekehrten weißen Soldaten überlassen. Die schwarzen Soldaten jedoch, die auf genau diesem Stück Land zur Welt gekommen und aufgewachsen waren, gingen vollständig leer aus, wurden stattdessen von ihrem Geburtsort fortgejagt und vertrieben.

Einer der Helden des Ersten Weltkriegs aus meinem Stamm war der einfache Soldat William Alex Egan. Am 25. April 1918 ließ er sein Leben in Nordfrankreich, in der Nähe des Dorfes Villers-Bretonneux. Nachdem er getötet worden war, erhielt seine Schwester von dem kommandierenden Offizier der Kompanie, einem Oberleutnant Dyke, das folgende Schreiben:

Ich empfinde das unwiderstehliche Bedürfnis, Ihnen diesen Brief zu schreiben, aus Respekt vor Ihrem verstorbenen Bruder. In der Nacht, in der er gestorben ist, gehörte er zu meiner Kompanie. Wir standen im Begriff, einen zweiten Angriff gegen die feindliche Linie zu führen.

Sie sollen, das wünsche ich mir, ein wenig darüber erfahren, wie wir alle über ihren Bruder gedacht haben. Bei den Offizieren genoss er ebenso große Wertschatzung wie bei den Soldaten. Er war ein fröhlicher Bursche, der nur selten murrte. Nach seinem Tod haben wir dann leider Gottes ziemlich schwere Schläge erlitten und herbe Verluste hinnehmen müssen.

Ich spreche im Namen der gesamten Kompanie, wenn ich Ihnen sage, wie sehr wir mit Ihnen fühlen und an Ihrem Kummer Anteil nehmen.

Nur einen Trost kann ich Ihnen bieten: Er ist als Held und als jener aufrechte und zuverlässige Soldat gestorben, der er auch zu seinen Lebzeiten stets war.

Als ich einmal, einige Jahre nachdem William ums Leben gekommen war, im Krankenhaus gelegen habe, bin ich einem weißen Australier begegnet, der im Krieg ebenfalls in jener Region gewesen war und ihn gekannt hatte. Eines Tages, so berichtete mir dieser Mann, hat Bill, während sie angegriffen wurden, sich geweigert, weiter im Schützengraben hocken zu bleiben. Vielmehr lief er hinaus und erwiderte von dort aus das Feuer. Verstört und niedergeschmettert kehrte er später zurück, nahm seinen Helm ab und sagte: »Schaut her, er ist bespritzt mit dem Blut meiner Kameraden.« Dann verließ er erneut die Deckung des Schützengrabens und eröffnete abermals das Feuer.

Reggie Rawlings, der Onkel meiner Frau, war ein reinblütiger Aborigine. 1916 meldete er sich in Warrnambool für den Fronteinsatz und gab dafür seine Tätigkeit als Zureiter auf. Viele Leute können nicht einmal sagen, wie er überhaupt in die Armee gelangt ist, denn in jener Phase des Krieges hat man keine reinblütigen Aborigines in die Armee aufgenommen; und solche mit einem weißen Vorfahren in der Familie ebenso wenig. Sie alle wurden aus irgendwelchen Gründen nicht als australische Bürger eingestuft – obgleich sie beziehungsweise ihre Vorfahren dieses Land hier schon seit Tausenden und Abertausenden von Jahren bewohnt haben. Eine ganz offenkundig törichte Einstellung. Denn für ihr geliebtes Land haben die Aborigines-Soldaten, die nach Übersee gegangen sind, ihr Leben gelassen, genau wie die weißen Männer. Diejenigen, die von dort zurückgekehrt sind, wurden anschließend jedoch einfach wieder als Aborigines, die sowieso niemals etwas Vernünftiges zustande bringen würden, behandelt.

Wie dem auch sei, Reggie hat also auch im Ersten Weltkrieg gekämpft und wurde als Soldat für Spezialeinsätze ausgewählt, dessen Aufgabe die Zerstörung feindlicher Stellungen war: Bloß mit dem Bajonett bewaffnet, ging er als Erster in den gegnerischen Schützengraben hinein. Nur ein paar Wochen später als William Egan wurde er ebenso getötet – und nach seinem Tod mit der Tapferkeitsmedaille ausgezeichnet. Darauf bin ich wirklich stolz, denn außer ihm ist diese Medaille nur noch einem einzigen Aborigine aus Victoria jemals verliehen worden. Das Schreiben, mit dem er für die Verleihung der Medaille vorgeschlagen wurde, hatte den folgenden Wortlaut:

Während des Angriffs (auf das) feindliche Abwehrsystem hatte dieser Soldat die verantwortungsvolle Position des ersten Bajonettmannes innerhalb jenes Stoßtrupps, der anschließend unter Einsatz von Handgranaten seine Arbeit am feindlichen Kommunikationsgraben geleistet, den Feind vernichtet oder ihn in die Flucht geschlagen und dort eine eigene Stellung errichtet hat. In Ausübung seiner Pflichten hat Soldat Rawlings eine Tapferkeit an den Tag gelegt, wie man sie nur ganz selten findet. Er hat viele Gegner getötet, sich gegen jeden Widerstand durchgesetzt und wirkungsvoll den Weg frei gemacht für den Einsatz der Handgranaten durch seine Kameraden. Mit seinem unwiderstehlichen Elan und seinem Mut hat er den verbliebenen Kameraden seines Stoßtrupps ein wunderbares Beispiel gegeben.

Am 9. August 1918 war sein Bataillon am erfolgreichen Sturmangriff auf Vauviller und der anschließenden Einnahme des Ortes beteiligt. Dabei standen die Soldaten allerdings unter äußerst schwerem Maschinengewehrbeschuss. Rawlings gehörte zu denjenigen, die dort ihr Leben gelassen haben. Im Alter von nur 27 Jahren wurde er auf dem Heath-Friedhof in Harbonnieres, Frankreich, beigesetzt. Die Menschen, unter denen er in der Heimat gelebt hat, erinnern sich voller Stolz daran, welch außergewöhnlich tapferer Soldat Reginald Rawlings gewesen ist.

Noch zwei weitere Männer aus meinem Stamm, Reg und Harry Saunders, waren als Soldaten im Zweiten Weltkrieg. Im Alter von 21 Jahren ist Harry am Kokoda Trail[17] in Neuguinea ums Leben gekommen. Harry, so schrieb später einer

165

seiner Kommandanten, war für alle anderen wie ein Bruder und seine Kameraden hatten ihn ins Herz geschlossen. Harrys Bruder Reg wurde, nur drei Monate nach dem Eintritt in die Armee, zum Unteroffizier befördert und bekleidete später als erster Aborigine den Rang eines Offiziers der australischen Armee. Als Hauptmann hat er dann schließlich auch im Koreakrieg gedient.

Ein weiterer Kämpfer im Zweiten Weltkrieg war der junge Wally Alberts. Drüben in Malaysia wurden er und seine Kameraden damals von den Japanern in Schach gehalten. Irgendwann schien die japanische Umklammerung sich zu lockern. Da verließ Wally den Schützengraben, um sich ein wenig die Beine zu vertreten. Als daraufhin die Japaner das Maschinengewehrfeuer eröffneten, sprang er schleunigst zurück in den Graben. Tagelang saßen sie dort fest. Ob seine Mutter den folgenden Brief erhielt, bevor er oder nachdem er ums Leben gekommen war, ist mir nicht bekannt (Banjo hat den Inhalt dieses Briefes aus dem Gedächtnis wiedergegeben):

All die Kaninchen bei uns daheim, Mama – wie oft habe ich auf sie gewartet. Ich habe auf der Lauer gelegen, bis sie irgendwann aus ihrem Bau hervorkamen, habe sie erschossen und anschließend nach Hause mitgebracht, damit wir sie essen können.

In der Stellung, in der ich mich jetzt befinde, renne ich, sobald ich das Gewehrfeuer höre, in den Schützengraben zurück. Das ruft mir die Kaninchen bei uns zu Hause in Erinnerung und lässt mich daran denken, wie sie sich fühlen müssen, wenn sie den Knall der Gewehrschüsse hören. Wenn ich heimkehre, Mama, werde ich nie wieder auf ein Kaninchen schießen.

Nachdem wir fast sechs Monate lang in Woolooga gewesen waren, wurden wir alle einer medizinischen Untersuchung unterzogen, um zu ermitteln, ob wir den mit einem weiteren Vorrücken nach Norden verbundenen körperlichen Belastungen gewachsen sein würden. Immerhin würden wir ja unter Umständen bis nach Darwin kommen, also ins Kriegsgebiet, teilte man uns mit, und nur Leute mit entsprechenden körperlichen Voraussetzungen dürften dort hingehen. Bei mir fiel die ärztliche Untersuchung zufriedenstellend aus. Danach erhielten wir für den Fall, dass wir nach Hause zu unseren Lieben fahren wollten, zwei Wochen Urlaub. Die zwei Wochen habe ich für einen Besuch bei meinem Bruder in Brisbane genutzt.

Am Ende unseres Urlaubs mussten ich und die anderen als tauglich eingestuften Kameraden alle miteinander an einem vorgegebenen Tag zu einem bestimmten Zeitpunkt abends den Zug nach Norden nehmen. Kein einziger Vorgesetzter war weit und breit zu erblicken und niemand von uns wusste, wohin die Reise gehen würde – das war eine große Geheimsache. Als der Zug dann um zwei oder drei Uhr in der Früh an einer Bahnstation irgendwo im Nirgendwo anhielt, konnte ich unüberhörbar die kräftige Stimme meines alten Kameraden Herb identifizieren. Wie wunderbar, dass sich unsere Wege ein weiteres Mal kreuzten. Und so haben wir, bis wir Monate später von Darwin aus nach Hause zurückgekehrt sind, zu guter Letzt erneut zusammengearbeitet.

Die Zugfahrt endete schließlich unweit von Mount Isa und unser Camp lag bei Split Rock, zwischen Mount Isa und Camooweal. Dort verfügten wir stets über sehr gutes Wasser. Wir entnahmen es einem Wasserloch, das sich im trockenen Bett eines Baches gebildet hatte. In den frühen Tagen waren hier einst die alten Ochsenwagen und die Viehtreiber entlanggekommen.

Es war ein großes Camp, überall Zelte, gut organisiert, höchst effektiv, mit einer riesengroßen Feldküche. Jeweils dort, wo wir uns zur Mittagszeit gerade aufhielten, wurden wir mit warmem Essen versorgt. Eine warme Mahlzeit vorgesetzt zu bekommen, das wussten wir wirklich zu schätzen. In einer Warmhaltebox zu uns gebracht traf das Mittagessen noch warm bei uns ein.

Nichtsdestotrotz haben ein paar Leute herumgenörgelt: »Das Essen ist nicht gut«, sagten sie, »gebt es den Schwarzen.« Tatsächlich war es jedoch gutes Essen! »Warum nörgelt ihr an gutem Essen herum?«, haben wir zu ihnen gesagt. »Mit viel Aufwand und Mühe haben diese Leute es für uns zubereitet, aus lauter Fürsorglichkeit.«

Wir alle waren Freiwillige, so auch die Leute in der Feldküche. Zu jener Zeit herrschte Nahrungsknappheit – längst nicht alles war damals erhältlich. Doch aus dem, was sie auftreiben konnten, machten sie, was sie daraus machen konnten.

Ich habe noch lebhaft vor Augen, wie dort, aus riesigen Staubwolken, denn die Straße war noch nicht asphaltiert, die großen amerikanischen Konvois auftauchten. Sehr viele afroamerikanische Soldaten und unzählige Wagenladungen voller Ausrüstung. Alle Soldaten trugen schöne Uniformen mit funkelnden Knöpfen. Es war beinahe so etwas wie eine eigene Armee. Und wenn diese Soldaten uns auf der Straße arbeiten sahen, legten sie fast immer eine Pause ein, gaben uns dann Obstkonserven und Zigaretten. Solche Zigaretten hatten wir noch nie gehabt. Oft stellten sie uns Fragen über Australien und über unsere Lebensweise. Wenn wir sie kommen sahen, haben wir uns immer schon gefreut. Stets haben sie uns mit Respekt behandelt.

Herb und ich waren für einige Monate dort – wie lange es genau gewesen ist, kann ich rückblickend nicht mehr sagen. Gearbeitet wurde in Schichten rund um die Uhr, die ganze Nacht und den ganzen Tag. Und immer wieder rollten die Konvois an uns vorüber, beladen mit Verpflegung und Waffen. Von Darwin aus wurde die Ladung zu den Soldaten auf den Inseln gebracht. Sämtliche Straßen dort im Norden führten nach Darwin. All die Buschpfade mussten mit einer Asphaltdecke überzogen werden. Und dann rauschten die Transportfahrzeuge an uns vorüber.

Hatten wir mal einen halben Tag oder so frei, dann machten wir uns auf den Weg nach Camooweal, das von zahlreichen großen Rinderfarmen umgeben war. In Camooweal hingen viele Hirten und andere Landarbeiter in den Kneipen rum und es gab dort eine Halle, in der häufig große Abendessen und Tanzveranstaltungen stattfanden. Aborigines – Kinder ebenso wie alte Leute – hielten sich dann auf der Veranda vor der Halle auf und schliefen dort sogar. Mädchen aus den Missionsstationen, die bei den Tanzveranstaltungen in der Halle arbeiteten, brachten ihnen stets reichlich zu essen nach draußen, hausgemachten Kuchen etwa oder belegte Brote, und gaben ihnen so das Gefühl, willkommen zu sein. Was die wohlhabenden Leute hatten, das hatten die Aborigines auch. Herb und ich schauten uns die Tanzveranstaltungen an, weil man in Camooweal und Umgebung sonst nichts unternehmen konnte, und wir unterhielten uns mit den Aborigines draußen auf der Veranda.

Als Nächstes wurden wir nach Darwin geschickt. Herb und ich arbeiteten noch einige weitere Monate zusammen. Dort waren wir vor allem mit Räumarbeiten nach Luftangriffen beschäftigt – nach Luftangriffen auf das Postamt und auf sonstige Gebäude. Entlang der Straße, wo die feindlichen Flugzeuge versucht hatten, die große Wasserversorgungsleitung nach Darwin zu treffen, reihte sich ein tiefer Bombenkrater an den anderen. Die Straße, die wir bauten, versuchten die Japaner ebenfalls in die Luft zu jagen – einfach alles. Im Hafen, wo die großen Schiffe versenkt worden waren, mussten wir bei den Räumarbeiten ebenfalls mit anpacken. Manche der Schiffe konnte man erst bei Ebbe sehen. Im Hafen wurde ein großer Tunnel gegraben und in den Felsen der Steilküste wurde Lagerraum zur Unterbringung der Nahrungsmittel und der Waffen, die für die Soldaten drüben auf den Inseln bestimmt waren, geschaffen.

Im Hafen von Darwin warteten gewöhnlich große Catalina-Flugboote – Transportflugzeuge, die vom Wasser aus starten und auf dem Wasser landen können. Spätabends hoben sie dann ab. Auf den Inseln warfen sie Nahrungsmittel oder was auch immer an Fallschirmen ab und frühmorgens kehrten sie zurück. In Darwin waren immer noch Soldaten stationiert und überall hatte man an Aussichtspunkten schwere Flugabwehrgeschütze in Stellung gebracht, jederzeit bereit, herankommende Flugzeuge, die sich beispielsweise dem Hafen oder dem Golf zur Linken und zur Rechten von Darwin näherten, unter Beschuss zu nehmen. Tagsüber habe ich die japanischen Flugzeuge immer wieder gehört. Hingegen habe ich sie nie sehen können, in solch großer Höhe sind sie geflogen. Es handelte sich um Aufklärungsflugzeuge, die Fotos schossen, haben mir die Soldaten erklärt. Die Soldaten drehten die Geschütze in Richtung des Aufklärungsflugzeugs und ich konnte dann die Flugabwehrgranaten am Himmel explodieren sehen, das Flugzeug aber habe ich nie gesehen. Danach sind die Aufklärungsmaschinen mit den Fotos, die sie aufgenommen hatten, zurück nach Hause geflogen, wo diese entwickelt und den Bomberpiloten übergeben wurden.

In jeder mondhellen Nacht waren wir auf einen japanischen Luftangriff gefasst. Sie flogen geradewegs über unser Camp hinweg, in Richtung auf einen versteckt im Busch gelegenen Flugplatz, nehme ich an. Die Flugabwehrgeschütze waren zu hören und hoch oben in der Luft explodierten die Granaten. Die Japaner wussten Bescheid, wo die Flugabwehrstellungen postiert waren. Das Militär ließ nicht viele Informationen an die Öffentlichkeit dringen. Daher wussten wir nicht, ob Flugzeuge abgeschossen worden waren. Um uns

herum spielten sich zwar sehr viele Dinge ab, aber wir mussten meist unsere Stahlhelme aufsetzen und in einem Graben
liegen, den wir gebuddelt hatten. Als kurze Zeit nachdem
Herb und ich angekommen waren, zum ersten Mal die Zeit
des Vollmonds nahte, sagten die Männer zueinander: »Dann
also bis heute Abend.« Zuerst dachte ich: »Am Abend gibt
es wohl eine Party.« Doch wenig später begriff ich, was sie
gemeint hatten. Wir erhielten eine Warnung, dass die Japaner gleich kommen würden, löschten daraufhin alle Lichter
und die Japaner flogen direkt über unser Camp. Wir hatten
keine Waffen und anscheinend waren die Japaner darüber
informiert.

In Darwin herrschte ein feuchtheißes Klima. Ständig
war man verschwitzt. Aber man hat sich daran gewöhnt.
Ich meine, immerhin hatten wir uns ja freiwillig gemeldet,
weil wir unsere Pflicht und Schuldigkeit für unser Land tun
wollten – wozu sollte es da gut sein, sich zu beklagen? Wenn
man sich hoch in den Norden Australiens begibt, sollte man
nicht erwarten, dass es dort so kühl ist wie unten im Süden. Wir haben die Witterungsbedingungen akzeptiert. Aborigines akzeptieren das Wetter immer so, wie es ist. Nachdem
wir uns erst einmal an die Umstände gewöhnt hatten, fiel uns
das Arbeiten hier nicht schwerer als unten im Süden. Wir haben ebenso viele Stunden gearbeitet, wie wir dies zu Hause
getan hatten – kein Problem. Auch daran gewöhnt man sich.
Während unserer Zeit in Darwin haben sich, weil keine Ka-
nalisation vorhanden war, zahlreiche Aborigines in der Fäka-
liendüngung betätigt. Das war gut – im Dunkeln kann man
Aborigines nicht sehen, daher hatten sie ein gewisses Maß an
Freiheit. Bei Tageslicht hingegen fallen wir ins Auge wie ein
bunter Hund.

Bei uns hat auch ein Aborigine aus Queensland gearbeitet,
eigentlich ein netter Kerl. Gleich bei unserer ersten Begeg-

171

nung hat er allerdings einen weißen Arbeiter, der zahlreiche Narben aufwies, mächtig angepflaumt. »Ganz schön mutig, der Mann aus Queensland«, dachte ich mir.

Als ich an ihm vorbeiging, rief mir der Aborigine, Pete war sein Name, zu: »Wie geht's, Kamerad?« Dann wandte er sich zu dem weißen Arbeiter um und sagte: »Mach das bloß nie wieder, sonst bekommst du meine Fäuste zu spüren.«

»Schon gut, Pete«, erwiderte der Weiße. »Schon gut, es wird nicht wieder vorkommen.« Das war alles, was er ihm erwiderte. Der weiße Mann sah keineswegs aus wie ein Dummkopf und ich dachte mir: »Ganz schön mutig von dem Aborigine, ihn derart rumzukommandieren.« Möglicherweise bestand zwischen ihnen eine Unstimmigkeit wegen einer Spielschuld.

Pete lebte gleich nebenan und er war ein großer Spieler. Oft hat er viel Geld gewonnen – mitunter Hunderte oder sogar Tausende Pfund. Anschließend kam er manchmal zu uns und bat Herb oder mich um Geld. Und wir überlegten dann: »Was hat er bloß mit all dem Geld gemacht?« Wahrscheinlich hatte er es im Spiel wieder verloren. Also hat jeder von uns ihm 50 oder 100 Pfund gegeben und dann haben wir die Angelegenheit vergessen. Uns kümmerte das Geld nicht sonderlich, denn wir hatten ohnehin keine Gelegenheit, es auszugeben. Und im Straßenbau haben wir recht gut verdient.

So ging das immer weiter, bis Pete eines Abends reichlich Whiskey intus hatte, obwohl er normalerweise keinen Alkohol trank. An jenem Abend kam es zwischen ihm und mir zu einer kleinen Meinungsverschiedenheit. Daraufhin verkündete er mir: »Morgen früh werde ich gegen dich zum Kampf antreten.«

Ich entgegnete ihm: »Mach keinen Quatsch, Kamerad. Es gibt gar keinen Grund für uns, gegeneinander zu kämpfen. Wir sind doch Freunde.«

»Ganz gleich«, gab er zur Antwort, »warte es ab. Habe ich

erst einmal gesagt, dass ich gegen jemanden zum Kampf antrete, dann mache ich niemals einen Rückzieher.«

Und ich dachte mir: »Dieser Weiße neulich hat sich wahrscheinlich in der gleichen Lage befunden, in der ich mich jetzt befinde. Der Kollege aus Queensland scheint mir zwar ein guter Kämpfer zu sein, aber er ist ja viel älter als ich.« Also schenkte ich dem Ganzen nicht weiter Beachtung und am nächsten Morgen bin ich dann wie gewohnt in aller Frühe aufgestanden und duschen gegangen. Als ich von der Dusche zurückkam, musste ich feststellen, dass der Queensland-Mann damit beschäftigt war, auf der Vorderseite meines Zelts die Stäbe herauszuziehen.

Mein Freund Herb schlummerte noch und ich sagte mir: »Dieser Pete meint es offenbar ernst.« Ich ging also zu ihm rüber und fragte ihn: »Was gibt's für ein Problem?«

»Gestern Abend hab' ich gesagt, dass ich gegen dich kämpfen werde, also tue ich das jetzt auch.«

»Aber das hast du doch bloß gesagt, weil du betrunken warst.«

»Aber ich halte immer Wort.«

»Sei's drum, tragen wir's also aus.«

In dem Camp waren ungefähr sechshundert Männer untergebracht, doch außer uns und den Köchen war so früh am Morgen noch kein Mensch aufgestanden. Niemand hatte etwas davon mitbekommen, dass dieser Kampf ausgetragen werden würde. Daher mussten wir Herb wecken, damit er die Rolle des Ringrichters übernahm. Für ihn kam das Ganze ebenfalls höchst überraschend. Er sprang aus dem Bett und wollte wissen, was eigentlich los ist, erklärte sich schließlich jedoch damit einverstanden, als Ringrichter zu agieren.

Irgendwo im Busch unweit von Darwin, draußen vor meinem Zelt, nahmen Pete und ich also die Angriffsposition ein. Dann gingen wir aufeinander los und sogleich traf er mich über meine Führhand hinweg mit dem besten rechten Haken, den mir jemals ein Gegner verpasst hat. Dieser Haken warf mich vier bis fünf Meter weit zurück, trotzdem ging ich nicht zu Boden, weil ich wirklich beweglich und flink auf den Füßen war. Andernfalls hätte ich nach diesem Schlag gleich auf dem Rücken gelegen. »Dieser Bursche versteht es wirklich zu kämpfen«, schoss es mir durch den Kopf. Dann ging ich wieder in Schlagdistanz und er versetzte mir erneut einen rechten Haken auf den Körper.

Nun wusste ich: Um in diesem Kampf gegen ihn bestehen zu können, musste ich mir einen Plan zurechtlegen. Er war noch ein Boxer, der mit geradem Rücken kämpfte, jemand aus der Zeit vor Einführung der Queensberry-Regeln[18] – bevor es Ringrichter gab –, als die Boxer noch aufrecht stehend kämpften und sich nicht wegduckten oder mit dem Oberkörper hin und her pendelten wie die Boxer von heute. Damals in den alten Tagen, als die Kämpfe noch illegal waren, versammelten sich die ganzen Leute irgendwo auf einem Hinterhof, um sich den Kampf anzusehen. Und die Männer kämpften mit bloßen Fäusten.

Ich musste ganz genau darauf achten, wie Pete seine Schläge ansetzte, ihn dann zum Schlag ausholen lassen, um ihn im gleichen Augenblick selbst zu treffen und sein Bewegungsmoment zur Erhöhung meiner Schlagkraft zu nutzen. Denn hat dich jemand einmal mit einem schweren Schlag erwischt und hat er gesehen, dass der Schlag bei dir Wirkung gezeigt hat, wird er versuchen, diesen Treffer zu wiederholen. Gelingt ihm das, dann streckt er dich normalerweise mit genau dem Schlag zu Boden. Daher musste ich in der Rückwärtsbewegung besonders gute Beinarbeit leisten und eigene Treffer setzen, bevor er tatsächlich eine Gelegenheit erhielt, erneut solch einen schweren Haken bei mir zu platzieren. Alle möglichen Dinge dieser Art musste ich nun also aushecken, obwohl ich eigentlich gar nicht kämpfen wollte. Selbst wenn ich im Ring antrat, mochte ich nicht kämpfen. Allerdings blieb unsereinem gar nichts anderes übrig: Wie oft hatten wir Hunger gelitten, bevor wir in den Boxring gestiegen sind!

Nun, zu guter Letzt schaffte ich es, Pete zu zermürben. Ich hatte Mitleid mit ihm, dem armen alten Kerl, denn er wollte sich einfach nicht geschlagen geben. Einige Male ging er zu Boden, als meine Faust ihn traf. Aber er rappelte sich immer wieder auf. Und allmählich überkam auch mich die Müdigkeit.

Dieser Mann glich einem Stammeskrieger – er kämpfte, um zu gewinnen. Damit will ich sagen: Er war wirklich bereit, auf Leben und Tod zu kämpfen. Das war der härteste Kampf, den ich jemals durchstehen musste. Wäre ich unerfahren gewesen, hätte Pete leicht gewinnen können. Offenbar ist er einst zu einem Anführer seines Stammes erzogen worden, zu einem großen Kämpfer und Jäger. Er kämpfte, als würde der ganze Stamm zuschauen und vom Ergebnis des Kampfes das Geschick sämtlicher Stammesmitglieder abhängen.

Aber da ich ein Aborigine bin, verfügte ich ebenfalls über große Erfahrung. Und das war auch unbedingt notwendig, selbst wenn mir gar nicht nach Kämpfen zumute war. Jemand, der so viel auf Achse war wie ich, musste sich des Öfteren in allerlei sonderbaren Situationen verteidigen. Hat nämlich ein weißer Zeitgenosse mit dir Streit angefangen und einen Kampf vom Zaun gebrochen und du hast dabei die Oberhand behalten, dann sind in den meisten Fällen anschließend die Zuschauer über dich hergefallen. Ihnen passte es nämlich ganz und gar nicht, wenn ihr Kumpel von einem schwarzen Kerl besiegt wurde. Und als Nächstes bist du dann festgenommen worden. Denn stets hat man in dem Schwarzen den Aggressor gesehen, der Streit sucht und Ärger macht.

Pete hingegen wollte kämpfen. Noch rechtzeitig, bevor der Kampf vorüber war, hatten alle Männer im Camp davon erfahren, waren aufgestanden und herbeigeeilt. Manche schauten sich den Kampf von einem Baum aus an, viele schlossen Wetten ab und setzten entweder auf Pete oder auf mich ihren Einsatz. Schließlich kam ein riesiger Kerl aus Südaustralien herbei – Hank Williams, der Gewerkschaftsvertreter – und beendete den Kampf. Ich war erleichtert, denn ich hatte allmählich die Oberhand gewonnen über den armen alten Kerl und ich hatte das Gefühl, dass es nicht richtig war, ihn zu besiegen.

Doch Pete wollte nicht aufhören. »Mit bloßen Fäusten bist du zu gut«, sagte er und verschwand in seinem Zelt. Als er wieder herauskam, hielt er zwei Rasiermesser in der Hand! »Auf geht's, Kamerad«, meinte er zu mir. »Du nimmst dieses hier und ich das andere.«

»Um keinen Preis der Welt«, entgegnete ich.

»Aber wenn ich kämpfe, dann kämpfe ich auf Leben und Tod«, erwiderte Pete. Und das sagte er, obwohl er für mich ein besonders guter Freund war.

»Hier wird nicht mit Rasiermessern gekämpft«, sagte der Gewerkschaftsmann und ging dazwischen.

»In Ordnung«, meinte Pete zu mir. »Dann bist du am Abend dran.«

Dieser Kampf hat jedoch nie stattgefunden. Der Alltag kehrte wieder ein und unser Kollege bat uns weiterhin um Geld zum Spielen.

Nachdem wir unsere Arbeit in Darwin erledigt hatten, wurden wir schließlich mit einem Holzfäller-Arbeitstrupp in den Busch geschickt. Stützbalken für die Tunnels, die in der Felsküste zur Lagerung der Lebensmittel angelegt wurden, zurechtzuschneiden, lautete unser Auftrag. Wir befanden uns dort praktisch inmitten eines Regenwaldgebiets. Da gab es Seen, deren Wasser nirgendwohin abfloss. Aborigines, die mit dem Speer Fisch gefangen hatten, kamen vorüber und hielten ein nettes Schwätzchen mit uns. Viele Aborigines waren dort bereits fortgezogen und tiefer in den Busch gegangen, viele andere waren dagegen noch in der nächstgelegenen Missionsstation geblieben oder in andere Stationen gezogen. Ja, dort gab es Moskitos. Manchmal haben wir unter Moskitonetzen geschlafen, meist haben wir jedoch Feuer angezündet und zwischen den Feuerstellen geschlafen. Die Moskitos hielten wir uns mit dem Rauch vom Leib. Man passt sich einfach den Umständen an.

Schließlich kam die Zeit, als Herb und ich uns für die Heimreise nach Victoria bereit machten. Pete versicherte uns: »Freunde, gegen euch werde ich nie mehr kämpfen. Aber ich möchte dir was gestehen, Banjo: Das ist das allererste Mal, dass mich jemand mit bloßen Fäusten besiegt hat.«

»Nun ja, du wirst halt älter, mein Freund«, erwiderte ich. »In deinen besten Zeiten musst du ein toller Kämpfer gewesen sein. Aber ich bin mindestens zehn Jahre jünger als du und das war der härteste Kampf, den ich je zu bestehen hatte.«

»So seh' ich das nicht«, meinte er. »Wenn du ein Kämpferherz hast – echten Kampfgeist –, kämpfst du, wie ich gesagt habe, auf Leben und Tod.«

»Nein, ich will nicht auf Leben und Tod kämpfen, mein Freund«, gab ich ihm zur Antwort. »Ich will ein bisschen länger leben. Es gibt noch so vieles, was ich sehen möchte im Leben.«

»Ich schulde dir eine Menge Geld«, sagte er als Nächstes, »dir und deinem Freund.«

»Wieso?«

»All das Geld, um das ich euch gebeten habe, als ich gespielt habe. Damit habe ich jede Menge gewonnen und den Gewinn habe ich zur Bank gebracht. Ich schulde euch so manchen Hunderter.«

»Tatsächlich?«, erwiderte ich. »Daran hab' ich nie einen Gedanken verschwendet, mein Freund.«

»Ehe ihr fortgeht, werde ich euch all das Geld bringen.«

Ein paar Tage vor unserer Abreise kam er zu uns und zahlte uns alles zurück, was wir ihm geliehen hatten. Es waren über sechshundert Pfund.

Hatte Pete gespielt, so stellte sich heraus, dann hatte er fast immer gewonnen. Anschließend brachte er das Geld zur Bank und behielt lediglich eine kleine Summe für den nächsten Spieleinsatz zurück. Und falls er diesen kleinen Geldbetrag verlor, borgte er sich ein wenig mehr Geld von Herb und mir. Das holte er sich nicht von der Bank. Und jede einzelne Transaktion notierte er in einem Buch, das er genauestens führte. Er ging ausgesprochen methodisch vor.

KAPITEL 12

Nachdem wir mehr als ein Jahr im Norden Australiens verbracht hatten, um dort unseren Beitrag zu den Aufbauarbeiten zu leisten, kehrten Herb und ich also nach Fitzroy zurück. (Im Februar 1998 wurde Banjo und Herb für ihre vierzehnmonatige Arbeit im Dienste des *Allied Works Council* nachträglich die Zivildienstmedaille des Zweiten Weltkriegs verliehen.) Wir stellten fest, dass nach wie vor Aborigines aus ganz Australien nach Fitzroy kamen, um vorübergehend bei meiner Familie oder auch bei einigen anderen Familien zu Gast zu sein, bei denen sie dem Hörensagen nach mit einem herzlichen Willkommen, einem guten Essen und einem Nachtlager rechnen durften. Denn wir Aborigines wussten ja nie, wie wir an dem nächsten Ort, an den unser Weg uns führte, von unseren weißen Mitmenschen behandelt werden würden.

Herb und ich sind weiterhin jeder Arbeit nachgegangen, die wir in der Stadt ergattern konnten. Wir haben am Bau geschuftet, mit Spitzhacke und Schaufel gearbeitet, Gräben ausgehoben oder von den Rangier- und Abstellgleisen der Bahnstation Fitzroy aus Briketts in die ganze Stadt geliefert. Nach wie vor war noch so manch alter Haudegen mit dem Pferdewagen in der Stadt unterwegs, meist alte Flaschenhändler oder Leute, die Möbel transportierten. Auch ihnen gingen wir des Öfteren zur Hand: So hatten wir wenigstens etwas zu tun. Denn andernfalls konnte es schnell passieren, dass man einfach gemeinsam mit einigen Kumpels die Zeit mit ein paar Bier totschlug.

Aborigines landeten immer wieder wegen Trunkenheit oder schlechten Benehmens hinter Gittern. Die Polizei sperrte die Leute ein, bloß um sie von der Straße zu holen. Dadurch wurde freilich kein einziges Problem gelöst. Die Polizei hielt dich einfach an, zerrte dich über die Straße und behauptete, du hättest dich betrunken und würdest umhertorkeln.

Erst haben die Aborigines, wenn ihr Fall dann vor Gericht kam, geradewegs erklärt, »nicht schuldig« zu sein – denn sie wussten ja, dass sie sich nichts hatten zuschulden kommen lassen. Dies zu sagen, so begriffen sie schließlich, war allerdings unklug. Denn der Haftrichter vertrat den Standpunkt: »Nicht schuldig? Wie kannst du es wagen zu behaupten, dass du unschuldig bist! Du bist ein Aborigine – selbstverständlich bist du schuldig.« Und weil du seiner Meinung nach zu allem Überfluss auch noch versucht hast, besonders schlau zu sein, hat er dir dann eine extraschwere Strafe verpasst. Vor dem Hintergrund solcher Erfahrungen haben schließlich immer mehr Aborigines bei den gegen sie erhobenen Anschuldigungen, selbst wenn diese völlig aus der Luft gegriffen waren, auf »schuldig« plädiert, um mit einem geringeren Strafmaß davonzukommen. Zugleich hattest du jedoch das Gefühl, dich im Grunde verteidigen zu müssen, weil du ja in Wahrheit unschuldig warst. Ein Rechtsanwalt wurde dir in jenen Tagen natürlich nicht zugestanden.

Bei derartigen Problemen gab uns Aborigines zu jener Zeit

eine ältere Dame großen Rückhalt, eine gläubige Christin namens Helen Baillie. Wir nannten sie immer nur Miss Baillie. Von Beruf war sie Krankenschwester und sie stammte aus einer vermögenden Familie: Als Farmbesitzer waren sie früher in den westlichen Distrikten von Victoria zu großem Wohlstand gelangt. Nun aber widmete Miss Baillie ihr Leben der Aufgabe, Aborigines in jeder nur möglichen Weise zu unterstützen. Ihre Familie hat dies, glaube ich, nicht wirklich gebilligt. Von ihrer Rente hat Miss Baillie in vielen Fällen Rechtsanwälte engagiert, die uns, wenn wir mit dem Gesetz Probleme hatten, vertreten sollten. Schwarze Kinder, die krank wurden, brachte sie in die Klinik. Ja, sie ist sogar als Delegierte zu einer von der Regierung organisierten Tagung nach Canberra gereist, um sich dafür einzusetzen, bessere Lebensbedingungen für die Aborigines zu schaffen.

Für uns Schwarze war Miss Baillie eine wirkliche Heldin, eine viel zu wenig beachtete Heldin: Allen Menschen ist sie mit der gleichen liebevollen Haltung begegnet.

In den 1940er-Jahren hat Miss Baillie an der Punt Road in Melbourne, South Yarra, ein großes altes Haus gekauft. Ich erinnere mich, dass es die Hausnummer 462 hatte. Es lag gleich hinter der höchsten Erhebung, unweit der Kreuzung Punt Road/Toorak Road. Miss Baillie machte dieses Haus allen Aborigines, überhaupt allen Menschen, die sich in einer Notlage befanden, frei zugänglich. Es war ein wunderschönes, aus grauem Stein errichtetes altes Haus, auf der einen Seite ganz mit Rosen bewachsen. Im Garten standen viele Obstbäume. Manchmal lag jemand unter dem Aprikosenbaum und aß von den Früchten. Zahlreiche Aborigines lebten dort bei ihr, aber allen Weißen, die Hilfe benötigten, stand das Haus gleichermaßen offen. Unter den Bewohnern waren häufig Trinker. Aber sie ließ sich auf jeden Hilfsbedürftigen ein und hat nie jemanden abgewiesen. Allen Menschen gegenüber zeigte sie die gleiche große Freundlichkeit. Immer wieder kam es vor, dass die Polizei an ihre Tür pochte, weil Nachbarn sich über all die Betrunkenen und den ganzen Lärm beschwert hatten. Letzten Endes war dies auch der Grund, weshalb sie in den Fünfzigerjahren alle miteinander das Haus verlassen mussten. Dessen ungeachtet hat Miss Baillie in ihrer Gutherzigkeit viele Dinge mit Fassung getragen und mit allen Aborigines ist sie stets liebevoll umgegangen.

Ihr Geld trug Miss Baillie in einem kleinen, um die Hüfte gebundenen und unter ihrem Rock verborgenen Portemonnaie bei sich. Man sah sie immer nur in langen, altmodischen Kleidern, die noch von ihrer Mutter stammten, und mancher schwarze Bursche fragte sich, wie sie es bloß fertigbrachte, das Geld aus der Börse herauszuholen oder es in diese hineinzustecken, ohne sich zu entkleiden. Betrunkene versuchten mitunter, unter ihrem Rock an die Börse heranzukommen. Den Betreffenden schlug sie auf die Finger und in jenem sehr kultiviert klingenden Tonfall, in dem sie stets mit uns sprach, sagte sie dann: »Lass das sein!« Manchmal konnte sie sich aber auch ein Schmunzeln über den Übeltäter nicht verkneifen. Denn sie verfügte über einen ausgeprägten Sinn für Humor und wenn sie lachte, verdeckte sie den Mund gewöhnlich mit der Hand.

Hin und wieder erlaubten wir uns einen Scherz mit ihr, besonders wenn sie uns mit dem Auto irgendwo hinfuhr. Sie war keine sonderlich gute Autofahrerin, und einige Male hätte sie um Haaresbreite mit ihrem Wagen einen Unfall verursacht. Während sie am Steuer saß, durften wir daher nicht mit ihr reden. Sich auf den Straßenverkehr zu konzentrieren fiel ihr ohnehin schon schwer genug. Aber immer wenn eine neue Regierung gewählt wurde oder bei ähnlichen Anlässen fuhr sie alle Aborigines zum Wahllokal. Zwar hatten wir kein Stimmrecht, trotzdem sollten wir wenigstens unsere Meinung kundtun.

Gegenüber den schwarzen Leuten, die bei ihr im Haus lebten, konnte sie durchaus auch Strenge an den Tag legen. Wenn es bei jemandem angebracht war, erinnerte sie ihn an die Aborigines-Grundsätze und an die Verpflichtungen, die jeder von uns seinen Mitmenschen gegenüber hat. Als einmal ein Schwarzer im Krankenhaus lag, brachte sie alle damals bei ihr im Haus befindlichen schwarzen Leute dazu, mit ihr zu kommen und sich, nach Aborigines-Art, draußen vor der Klinik auf den Rasen zu setzen, damit unser aller Geist für den Kranken besser spürbar wurde.

Miss Baillies Familie war zwar sehr wohlhabend, keineswegs aber war sie persönlich immer gut bei Kasse. Gelegentlich ging ihr das Geld aus und wenn das geschah, blieb sie für ein paar Tage auf dem Zimmer. Da jeder im Haus den Grund kannte, weshalb sie das Zimmer nicht verließ, behelligte sie dort auch niemand. Sobald sie herauskam, wussten alle Bescheid, dass sie wieder über Geld verfügte.

Miss Baillie hat damals, ohne je an sich selbst zu denken, mehr für die Aborigines getan als irgendjemand sonst, den ich kenne. Dennoch ist sie sehr stark in Vergessenheit geraten. In den Dreißigerjahren hat sie die *Aboriginal Fellowship Group* gegründet und unter großem Zeitaufwand überall im Land Aborigines-Stationen besucht. Zu diesem Zweck hat sie für eine Weile eigens einen Fahrer eingestellt, der sie dann über mehrere Monate durch Nord- und Westaustralien chauffiert hat, damit sie dort Aborigines treffen und versuchen konnte, die Probleme, mit denen sie konfrontiert waren, zu verstehen.

In den Vierzigerjahren lernte Miss Baillie einige andere gute Menschen kennen, die für die Aborigines ebenfalls von ganz entscheidender Bedeutung waren – Pastor Sir Doug Nicholls, Mrs. Margaret Tucker, Mr. Burdeu und Mr. William Cooper aus Cummeragunja. Diese Leute haben sich zusammengetan und eine kleine Gruppierung namens *Abori-*

gines Advancement League ins Leben gerufen, um für die Gleichberechtigung der Aborigines einzutreten. Sie hielten Vorträge, veranstalteten Konzerte, organisierten Proteste gegen die in den Missionsstationen herrschenden Bedingungen und Ähnliches mehr. Zu Beginn hatten sie kein Geld und wenn später ein wenig Geld in der Kasse war, verwendete Miss Baillie dieses oft, um Kleidung für Aborigines zu kaufen. Dadurch handelte sie sich immer wieder Probleme mit den anderen Mitgliedern der Gruppe ein.

Sie alle aber wurden in jenen Tagen für die Aborigines zu wichtigen Führungsfiguren. Auch George und Jack Patten gehörten zu diesem Personenkreis. Diese Leute waren ausnahmslos höchst ehrenwerte Menschen. Kaum jemand von uns erinnert sich jedoch an Miss Baillie, die »graue Eminenz«, der wir in vielen Belangen wesentliche hilfreiche Impulse verdanken. Für den Fall, dass ich persönlich dazu nicht mehr in der Lage sein sollte, habe ich eine ortsansässige Familie, mit der ich gut bekannt bin, darum gebeten, ihr nach meinem Tod ein Denkmal zu errichten. Wenig beachtete Heldinnen und Helden wie Miss Baillie sollte man stets liebevoll in Erinnerung behalten. Denn sie haben ihren Mitmenschen so viel Gutes getan.

Das Stadtleben hat Herb und mir überhaupt nicht gefallen. Aber außerhalb der Stadt Arbeit zu bekommen war in jenen entbehrungsreichen Tagen nahezu unmöglich. Alle Aborigines, die eine Arbeit hatten, bemühten sich damals, diese nach Möglichkeit zu behalten, selbst wenn sie ihnen vielleicht nicht zusagte, weil sie mit dem Chef nicht zurechtkamen oder weil andauernd irgendwelche rassistischen Bemerkungen fielen. Sobald sie aber erst einmal genügend Geld zusammenhatten, schnürten sie ihr Bündel und machten sich wieder auf die Socken.

Nicht anders war es bei mir. Wenn ich hörte, dass es auf

einer Farm etwas zu tun gab, kehrte ich der Stadt für eine Weile den Rücken. Manchmal äußerte auch ein junger Aborigines-Freund den Wunsch, ein wenig aus der Stadt herauszukommen, und sagte zu mir: »Komm doch mit, Kamerad.« Also nahm ich wieder meine Bettrolle über die Schulter. Dann warteten wir an einer Strecke, die durch einen kleinen Berghang hindurchführte, bis ein großer Zug herannahte, sprangen auf und ließen uns in einem leeren Lkw nieder.

Nachdem ich für die Dauer von etwa sechs Monaten auf dem Gelände einer Farm das Unterholz gelichtet hatte, wollte der Farmer wissen, wo ich eigentlich herkomme.

»Aus dem westlichen Distrikt unten im Süden«, antwortete ich.

»Nein«, sagte er, »ich meine, bevor du hier runter nach Australien gekommen bist.«

Ich schaute ihn an: »Ich gehöre zu Australien. Ich bin ein Aborigine.«

So weit reichten also die Kenntnisse des Farmers über uns Aborigines. Dennoch war er alles in allem ein anständiger Kerl.

In Melbourne hörten wir mitunter, dass eine der Boxtruppen Aborigines suchte, und wir gingen wieder eine Weile mit einer Boxtruppe auf Tour. Es muss ungefähr 1942 gewesen sein, als ich einem jungen Mädchen aus Gippsland namens Agnes begegnete. Agnes schien in Melbourne praktisch keinen einzigen Menschen zu kennen. Da riet ich ihr, doch besser wieder nach Hause zu fahren, denn in Melbourne über die Runden zu kommen war alles andere als leicht.

Ich lud sie ein, irgendwohin mit mir essen zu gehen. Wir leisteten einander für eine Weile Gesellschaft und machten einige Male Liebe. Danach war ich wieder für zwei Wochen mit der Boxtruppe von Harry Johns unterwegs und als ich zurückkehrte, war sie fort. Ein paar Tage später wurde ich dann in den Norden geschickt, wo ich mich, wie schon beschrieben, am Straßenbau beteiligt habe und meiner Pflicht und Schuldigkeit in Kriegszeiten nachgekommen bin.

Nach einigen Jahren erhielt ich die Nachricht, dass Agnes in der Zwischenzeit ein Baby bekommen hatte, ein Mädchen. Und ich, so erfuhr ich, war der Vater des Kindes. Daraufhin versuchte ich, mit ihr in Kontakt zu treten, um etwas für das kleine Mädchen tun zu können; denn ich hatte Verantwortung für es, das war mir klar. Ich machte einen Aborigine namens Edgar Murray ausfindig, der im Umkreis von Bairnsdale als Saisonarbeiter sein Geld in der Landwirtschaft verdiente. Wenn er nach Melbourne kam, war er kaum fünf Minuten später oft schon wieder fort. Zu jener Zeit sind sehr viele Aborigines von Farm zu Farm gezogen und haben Bohnen, Mais oder Früchte geerntet, je nachdem, welche Arbeit sie gerade bekommen konnten. In dem Moment, in dem sie von solch einer Arbeitsgelegenheit hörten, waren sie auch schon dorthin unterwegs.

Bald darauf überbrachte Edgar Murray meiner kleinen Tochter Neuigkeiten von mir – und umgekehrt. Ich erfuhr, dass sie Helen hieß, fast wie meine Schwester Ellen. Die weitgehende Namensgleichheit hat mich sehr gefreut. Und jedes Mal, wenn Edgar auf der Durchreise in Melbourne kurz Zwischenstation machte, erzählte er mir, wie das kleine Mädchen heranwuchs. Seine Tante Edna Solomon (die ältere Schwester ihrer Mutter) kümmerte sich gemeinsam mit ihrem Mann Alby Solomon um die Kleine und eines Tages überbrachte Edgar mir die Neuigkeit, dass die beiden als Bohnenpflücker entlang der Südküste unterwegs waren. Helen hatten sie auf ihre Reise mitgenommen.

Danach schien die Entfernung zwischen mir und meiner Tochter zunehmend größer zu werden. Ich stellte Nachforschungen an, bekam aber immer wieder zu hören: »Ja, sie sind tatsächlich bei mir in der Gegend gewesen, doch jetzt sind sie fort.« Helens Tante und ihr Mann hatten offenbar das Gefühl, dass sie gut daran taten, immer weiterzuziehen, weil ansonsten, falls sie zu lange an einem Fleck blieben, die sogenannte Kinderfürsorge versuchen könnte, ihnen das Mädchen wegzunehmen. Wo auch immer sie waren, für den Fall, dass die Behörden auftauchen sollten, um ihr Zuhause zu inspizieren und ihnen daraufhin womöglich die Kinder zu entziehen, hielt Edna Solomon den Haushalt vorsorglich stets in einem blitzsauberen Zustand.

Aufgrund solcher Umstände war Helen ein Schulbesuch jeweils nur für kurze Zeit möglich. Zu lange ein und dieselbe Schule besucht – schon bist du den Behörden bekannt. Zu lange an einem Fleck, ohne zur Schule zu gehen – schon bist du deshalb bei den Behörden aktenkundig. Helen ging gern zur Schule und mochte es sehr, wenn sie unter anderen Kindern sein konnte. Nichtsdestotrotz brach sie ohne ersichtlichen Grund manchmal mitten im Unterricht in Tränen aus. Niemand wusste sich das zu erklären. Sie selbst begriff jedoch später, weshalb das geschah: weil sie nicht wusste, wo ihr Vater war. Die Lehrerinnen und Lehrer in der Schule hingegen verstanden nicht, was in der Kleinen vorging.

Die Pflegeeltern liebten Helen sehr und behandelten sie wie ein eigenes Kind. All ihre Kinder ließen sie keine Minute aus den Augen – vor einem Zugriff waren sie niemals sicher, das wussten sie. Eileen, eine weitere Tochter ihrer Pflegeeltern, war fünf Tage jünger als Helen und die beiden verstanden sich prächtig, waren fast wie Zwillinge. Sogar die gleiche Kleidung haben sie getragen.

Meist lebte die Familie, während sie immer weiterzog, in Aborigines-Camps, die auf ihrem Weg lagen, und abends lauschte das kleine Mädchen dort den Gesprächen der Männer und Frauen. Manchmal hörte sie, dass mein Name fiel. Denn wie sie von ihrer Tante wusste, hieß ihr Papa Henry Clarke und unausgesprochen hegte sie die Erwartung, dass einer von den Männern ihr gegenübertreten und sagen würde: »Nun komm, mein kleines Mädchen, ich bin dein Papa.« Doch das ist niemals geschehen, obgleich sie mit diesen beiden alten Leuten, die sich um sie kümmerten, durch all die Aborigines-Camps zog. Und sosehr sie sich auch geliebt fühlte, schlief sie dennoch, weil sie ihren Papa nicht finden konnte, meist unter Tränen ein.

Viele Jahre war die Familie unterwegs, pflückte Erbsen und Bohnen, erntete Tomaten und Kürbisse. Es war eine sehr anstrengende und schweißtreibende Tätigkeit, andere Arbeit gab es jedoch nicht für sie. In den Arbeitspausen ließen Helen, ihre Brüder und Schwestern sich, um ein wenig Abkühlung zu erhalten, von den Ästen der Bäume in einen Fluss gleiten. Nachts schliefen sie Seite an Seite in einem Zelt, außer wenn es regnete und das Zelt vom Wind umgeworfen wurde. In dem Fall mussten sie sich alle miteinander ins Auto zwängen und dort aufrecht sitzend schlafen.

Jahrelang ging das so weiter, bis Helen irgendwann, als sie bereits erwachsen war, den Weg meines Sohnes Lenny kreuzte. Die wunderschöne Geschichte, wie wir beide zu guter Letzt doch noch zusammengefunden haben, werde ich Ihnen später erzählen.

Der Zweite Weltkrieg neigte sich schon dem Ende entgegen, als ich es schließlich geschafft habe, der Stadt ganz Lebewohl zu sagen und wieder an den Ort meiner Geburt zurückzukehren, die Framlingham-Mission. Dort lief ich erneut meiner jungen Freundin Audrey Couzens über den Weg, die ich schon gekannt hatte, als sie noch ein kleines Mädchen gewesen war. Audrey war mittlerweile ein waschechtes Missionsmädchen – mit anderen Worten, sehr streng erzogen. Nun blieb ich so viel wie möglich in der Mission und wir lernten einander wirklich gut kennen. Dann haben wir uns ineinander verliebt und ich bin zu dem Schluss gekommen, dass ich sie heiraten wollte.

Doch erst einmal musste ich ihren Eltern gegenüber unter Beweis stellen, dass ich als Ehemann gut genug für sie war. Ich musste deutlich machen, dass ich hart arbeiten und in der Lage sein würde, den Lebensunterhalt für Frau und Kinder zu verdienen. Eine ganze Weile haben die Eltern mich nicht akzeptiert. Da gab es mancherlei Probleme. Aber zwei verliebte junge Leute können alle Hindernisse dieser Art, worin auch immer diese bestehen mögen, überwinden. So auch wir.

Als wir letzten Endes zwei Jahre später geheiratet haben, war Audrey mit Vernon, unserem ersten Kind, schwanger. Und der kleine Vernon, so wollte es Audrey, sollte bei seiner Geburt bereits meinen Familiennamen tragen. Unser Baby hat uns so viel bedeutet und wir beide haben einander ebenfalls so viel bedeutet.

Es war eine schöne Hochzeit, den Richtlinien des Gesetzes folgend, doch ohne viel Tamtam. Sie fand am 10. Dezember 1945 statt und der Priester, der sie durchführte, war Methodist, wenn ich mich recht entsinne. Die Trauung wurde in der Mission vorgenommen, bei ihm zu Hause. Genau dort, in diesem Haus, hat mein Sohn Lenny später viele Jahre gelebt.

Nach der Hochzeit schien uns lange ein hartes Dasein beschieden zu sein. Um eine Arbeit zu bekommen, musste ich häufig viele Hunderte Kilometer zurücklegen und dann vermissten wir einander sehr. Meinen Schwiegereltern missfiel es, dass ich kein eigenes Haus hatte, in dem meine Frau und der kleine Vernon leben konnten. Außerdem sollte dieses Haus unbedingt in unmittelbarer Nachbarschaft zu ihrem Haus gelegen sein. Ich wollte uns hingegen lieber dort eine Hütte bauen, wo ich meine Arbeit hatte. Mit ihrer Tochter und dem kleinen Vernon fortzugehen gestatteten sie mir jedoch nicht.

Allerdings konnte ich durchaus verstehen, wie ihnen bei diesem Gedanken zumute war – immerhin war Audrey ihre einzige heiß geliebte Tochter. Bereits die Vorstellung, sie auch nur ein kleines Stückchen weit an mich zu verlieren, erregte ihren Unmut. Daher lebte ich, solange ich für uns noch kein Haus in der Nähe meiner Schwiegereltern hatte, mit bei ihnen.

Den kleinen Vernon mussten wir einige Male in die Klinik bringen. Er litt unter Halsbeschwerden. Man hat ihn allerdings nie dort behalten. Die Ärzte haben ihn bloß untersucht und anschließend zurück nach Hause geschickt. Seine alte Großmutter tat, was in ihren Kräften stand, damit es mit Vernons Gesundheit wieder bergauf ging. Denn in der Mission gab es für uns keinerlei medizinische Versorgung. Für eine Weile erholte sich der Kleine ein wenig.

Eines Tages geschah dann etwas Seltsames: Am 7. Juni 1947, als er ungefähr 16 Monate alt war, stand Vernon von morgens bis abends am Fenster. Wann immer auf der Straße jemand vorüberging, bat er uns, ihm die Tür zu öffnen. Dann lief er die fünfzig oder sechzig Meter bis zur Straße, sagte in seiner kindlichen Art ein paar Worte zu der betreffenden Person und schüttelte ihr die Hand.

Von der Tür aus schauten wir ihm dabei zu und jedes Mal lief er gleich wieder ins Haus. Die Leute kamen anschließend zu uns und sagten: »Der kleine Kerl ist angerannt gekommen, hat uns die Hand geschüttelt und im nächsten Moment wieder kehrtgemacht, um zurückzulaufen.«

Mein alter Schwiegervater, der an jenem Tag zu Hause war, antwortete: »Das macht er bereits den ganzen lieben langen Tag! Niemand kann an unserem Haus vorübergehen, ohne dass Vernon hinausläuft. Wir wissen auch nicht, was hier vor sich geht.«

Vernon wartete auf all die Kinder, die auf ihrem Heimweg von der Schule am Haus der Schwiegereltern vorbeikommen. Insgesamt waren es ungefähr zwanzig Kinder. Dann lief er zum Tor und schüttelte jedem einzelnen von ihnen die Hand. Alle mochten sie den kleinen Jungen sehr gern und es freute sie, dass er zum Tor gelaufen kam und ihnen die Hand schüttelte. In freudiger Stimmung sind die Kinder nach Hause gegangen, weil unser kleiner Junge so froh gewesen war, sie zu sehen, und ihnen die Hand geschüttelt hat.

Mein Schwiegervater sagte zu Bella, seiner Frau: »Hier geht etwas nicht mit rechten Dingen zu, es wird etwas geschehen. Wenn ich sehe, wie Vernon am Fenster steht und die Leute anblickt, überkommt mich ein ungutes Gefühl. All den Leuten gegenüber verhält er sich so, als würde er sie nicht mehr wiedersehen – wie jemand, der ihnen Lebewohl sagen will.«

Egal, ob die Leute auf Fahrrädern oder mit einem Pferdewagen vorüberfuhren – zu jedem von ihnen lief Vernon hinaus. Jeder musste anhalten, jeder musste ab- oder aussteigen, um dem Kleinen die Hand zu geben.

Später am Abend wurde Vernon richtig krank und das Atmen fiel ihm schwer. Der Missionar, Mister Matherson, fuhr uns drei – Vernon, mich und Audrey – zur Klinik. Die Ärzte stellten uns alle möglichen Fragen. Wir berichteten ihnen von seinen Halsbeschwerden und erklärten ihnen, dass er mehrfach aus der Klinik nach Hause zurückgeschickt worden war. Daraufhin meinten die Ärzte: »Diesmal lassen Sie den Kleinen besser bei uns.«

Schließlich, gegen drei Uhr morgens, hielt vor dem Haus, das wir gemeinsam mit meinen Schwiegereltern bewohnten, ein Auto. Der Lehrer stieg aus und sagte uns: »Sie sollen in die Klinik kommen. In Purnim habe ich einen Anruf von dort erhalten.«

Wir sind also in die Klinik gefahren, ohne zu wissen, was uns dort erwarten würde. Als wir eintrafen, kam uns die Krankenschwester entgegen und teilte uns mit, in der Klinik hätten sie alles in ihren Kräften Stehende unternommen, dennoch sei unser kleiner Junge friedlich dahingeschieden, und warum dies so war, könnten sie nicht verstehen.

Dann führte die Krankenschwester uns in sein Zimmer.

Da lag er nun in seinem Kinderbett, in der Hand eine wunderschöne Blume. Dieser Blume galt meine besondere Beachtung, denn Onkel Terrick, der Urgroßvater von Lionel Rose, pflegte auf dem Missionsgelände Wildblumen zu pflücken, um sie Vernon zu bringen. Vernon war sein kleiner Freund. Und wie oft hatte unser kleiner Junge zu uns gesagt, dass er nach draußen gehen und Wildblumen suchen wollte. Wenn er dann heimkehrte, hatte er einen speziellen Platz für sie. Wildblumen spielten eine besondere Rolle in seinem Leben und er hat sie sehr gern gesammelt.

Ihn nun ganz still in seinem Krankenhausbett daliegen zu sehen, aber noch mit einer Blume in der Hand, das kam mir so unwirklich vor. Weil ich herausfinden wollte, wie es ihnen gelungen war, sich so gut in Vernon einzufühlen, sagte ich zu der Schwester: »Wirklich ein friedvoller Anblick, wie er mit der schönen Blume in der Hand daliegt.«

»Ja«, erwiderte die Schwester. »Er sah so schön und so friedlich aus, dass ich gedacht habe: ›Irgendwie gehört noch eine Blume dazu, dann ist das Bild vollständig.‹«

Von seiner großen Liebe zu Blumen hatte sie nichts gewusst. Sein Geist muss ihr gesagt haben: »Ich will jetzt eine Blume haben, damit ich, wenn meine Leute zu mir kommen, die Blume in der Hand halte, mit der sie mich immer gesehen haben.« Die Blume in der Klinik war eine herrliche Rose.

Gegen Abend desselben Tages kam Onkel Terrick, Vernons alter Freund, über die Felder und Wiesen zu dem Haus, in dem wir damals lebten. Gut zwanzig Meter vom Haus entfernt sahen wir ihn still auf der Wiese stehen. Im Allgemeinen verhalten sich Aborigines so aus Respekt: In einer gewissen Distanz vom Haus warten sie, bis man zu ihnen hinauskommt, um sie willkommen zu heißen. Wenn Onkel Terrick uns besuchte, hatte er stets einen Blumenstrauß für Vernon bei sich und Vernon kam dann zu ihm gelaufen.

Nun sahen wir, wie er seinen Hut abnahm. »Der arme alte

Mann«, dachte ich. »Er muss die schlimme Nachricht bereits erhalten haben.« Dabei wussten wir, dass dies im Grunde recht unwahrscheinlich war. Denn er war mit anderen Leuten zum Einkaufen in die Stadt gefahren. Und an jenen Tagen, an denen er das tat, stattete er auf dem Rückweg gewöhnlich erst einmal einem alten Freund, der ungefähr auf halbem Weg wohnte, einen Besuch ab. Am nächsten Tag ging er dann nach Hause, wo er alleine lebte. Dort verstaute er zunächst die eingekauften Nahrungsmittel und kam gleich danach zu uns, um seinen kleinen Freund Vernon zu besuchen.

Nun war er eine Weile auf der Wiese stehen geblieben, den Hut in der Hand. Ich ging zu ihm hinaus. Und er kam mir ein klein wenig entgegen, nahe genug, um hören zu können, was ich ihm mitzuteilen hatte.

»Ich habe schlechte Neuigkeiten für dich, Onkel«, sagte ich.

»Ja«, entgegnete er. »Ich weiß.«

»Hat es dir jemand erzählt?«, wollte ich wissen.

»Es geht um den Kleinen, nicht?«

»Ja«, erwiderte ich. »Heute um drei Uhr in der Frühe ist unser kleiner Junge gestorben.«

»Ich weiß.«

Erneut fragte ich ihn: »Hast du auf dem Weg jemanden getroffen, der es dir erzählt hat?«

»Nein, ich bin geradewegs nach Hause gegangen. Niemand ist mir begegnet.«

Und ich habe ihn von da an auch nicht mehr weiter dazu befragt.

Drei Monate nachdem wir den kleinen Kerl begraben hatten, sagte Onkel Terrick schließlich: »Jetzt werde ich dir etwas über euren kleinen Jungen sagen und dir auch erzählen, woher ich wusste, dass er in dieser Nacht gestorben war.«

Gespannt wartete ich auf die Erklärung.

»Wie gewöhnlich haben meine Freunde mich auf halber

Strecke abgesetzt, damit ich dort übernachten konnte. Doch gegen drei Uhr morgens wurde ich wach: Etwas drückte gegen meine Füße. ›Bestimmt ist in das alte eingeschossige Haus ein Hund reingekommen‹, dachte ich und beugte mich rasch zum Fußende des Bettes und stieß zugleich einen Ruf aus, um den Hund zu verscheuchen. Das Gewicht lastete jedoch unvermindert auf meinen Füßen.

Also tastete ich mit der ausgestreckten Hand nach den Streichhölzern, bis ich sie fand«, fuhr er fort. »Ich wollte mich im Bett aufsetzen, um nachzusehen, was da diesen Druck auf meine Füße ausübte. Also zündete ich ein Streichholz an. Da sah ich am Fußende meines Bettes einen kleinen weißen Sarg liegen. Sogleich dachte ich an meinen kleinen Freund Vernon – als hätte er mir die Idee in den Kopf gesetzt, um mir auf diese Weise etwas mitzuteilen. Daraufhin habe ich mich am Morgen nicht mehr länger als unbedingt nötig dort aufgehalten, sondern gleich in der Früh meine Sachen gepackt und den Heimweg angetreten. Ich musste einfach so schnell wie möglich zu euch kommen.«

KAPITEL 13

Nachdem ich so lange Zeit fast jede Ecke und jeden Winkel des Landes durchstreift hatte, war ich – in den Fünfzigerjahren – ein verheirateter Mann. Der kleine Vernon fehlte uns sehr und seinen Tod empfanden wir als großen Verlust. Nichtsdestoweniger entfaltete sich allmählich ein eingespieltes Familienleben. Weitere Kinder wurden geboren, womit zugleich meine Verantwortung wuchs: Auf Vernon folgten Patricia, Leonard, Ian, Elizabeth (ihre Zwillingsschwester ist bei der Geburt gestorben), Bernice, Karen (die lediglich sechs Stunden gelebt hat) und Fiona.

Als Audrey und ich schließlich einen eigenen Hausstand gründeten, unabhängig und räumlich getrennt von ihren Eltern, hatten wir zwar kein leichtes, aber ein gutes Leben. Meine alte Schwiegermutter Bella erwies sich nun als der beste Freund, den man sich überhaupt wünschen konnte. Wer etwas gegen mich sagte, wurde von ihr aus dem Haus gewiesen. Das fand ich großartig. Sind über Schwiegermütter nicht ansonsten fast nur Klagen zu hören? Meine Schwiegermutter war, glaube ich, die beste Schwiegermutter der Welt.

Bei Coleman's, in einem örtlichen Steinbruch, rund acht Kilometer von unserem Zuhause entfernt, fand ich eine Arbeit, die mir einigermaßen zusagte. Gewöhnlich habe ich dort die große Steinzerkleinerungsmaschine bedient: Im Innern der Maschine schlugen, um die Steine zu zertrümmern, bestimmte mechanische Teile gegeneinander, während große Räder sich drehten und überall ringsum ein Höllenlärm herrschte. Außerdem befanden sich im Innern zahlreiche Siebeinsätze aus Metall mit unterschiedlich bemessenen Löchern für unterschiedlich große Steine.

Wenn ich dort im Steinbruch – oder irgendwo sonst in einer größeren Gruppe weißer Männer – gearbeitet habe, legten wir irgendwann eine Mittagspause ein und beim Essen saß ich dann mit meinen Kollegen zusammen. Manche der Männer begannen in der Pause über Frauen zu reden. Um sie herabzuwürdigen und als unmoralische Personen hinzustellen, sagten sie scheußliche Dinge über sie, die sich meist auf Sexualität, aber auch auf andere Bereiche bezogen. So etwas blieb mir schlicht und einfach unbegreiflich: Wie konnten sie nur auf diese Weise über die eigenen Leute sprechen?

Eines Tages habe ich mich woanders hingesetzt, für mich allein. Da riefen sie mir alle zu: »Warum kommst du nicht und isst mit uns zusammen? Sind wir dir nicht gut genug?«

»Doch, schon«, sagte ich. »Gut genug seid ihr mir, aber ich mag es nicht, wie ihr über Frauen redet.«

»Was meinst du mit ›über Frauen reden‹?«

»Ihr redet über Frauen, als wären sie nichts wert. Dabei geht es um Frauen, die dieselbe Hautfarbe haben wie ihr, und trotzdem redet ihr auf diese Weise über sie. Mir würde es überhaupt nicht passen, wenn jemand derart geringschätzig über die Aborigines-Frauen reden würde. Die meisten von euch sind mit einer Frau verheiratet und die meisten haben auch Töchter. Warum aber sagt ihr über die Töchter anderer Leute solche Dinge? Das sind die Dinge, die ich nicht mag. Darum sitze ich heute Mittag nicht bei euch.«

Daraufhin haben sie aufgehört, so zu reden, wenn ich bei ihnen war. Ich nehme an, sie haben eingesehen, dass es nicht richtig war, was sie gesagt haben. Vorher waren sie der Meinung, das Richtige zu sagen – die Dinge, die jeder hören will. Nach meinem Dafürhalten sagten sie, indem sie so sprachen, etwas über ihre eigenen Mütter, ihre Töchter, ihre Schwestern und über jedes weitere weibliche Familienmitglied. Unmöglich konnten sie solche hässlichen Dinge über Frauen außerhalb der eigenen Familie sagen, ohne dadurch zugleich ihre Lieben zutiefst infrage zu stellen und ihre Menschenwürde zu untergraben.

Damals habe ich schwer gearbeitet – aber auch schwer getrunken. Nach der Arbeit habe ich mit meinen Kumpels getrunken und bei zahlreichen Gelegenheiten sind wir wegen Trunkenheit hinter Gitter gewandert. Doch das hat uns nie sonderlich gestört. »Das gehört einfach zum Leben eines Aborigine mit dazu«, dachten wir. Wir lebten in der Welt des weißen Mannes, das war uns bewusst, und es sah ganz danach aus, als würde unserem Leben der Aborigines-Anteil abhandenkommen, als würde er aus unserem Leben verschwinden. Die Gesetze waren gegen uns, selbst der Zutritt zu Hotels und Kneipen wurde uns verwehrt.

Wir lernten viele gute weiße Leute kennen, die ebenfalls schwer zu kämpfen hatten und die wussten, was wir durchmachten. Nach einem Leben voller Schwierigkeiten mit der eigenen Gesellschaft und voller Konkurrenz schlossen sie Freundschaft mit den Aborigines. Viele Weiße sind zu uns gekommen und sie hatten Folgendes begriffen: Für einen weißen Mann, der sich irgendwie durchschlagen muss, war das Leben schon schwer genug – doch für Aborigines war es doppelt so schwer. Daher freundeten wir uns miteinander an. Zahlreiche unverbrüchliche Freundschaften entstanden. Und als die Lage dieser Leute, die bei den Aborigines lebten, sich wieder verbesserte und sie eine Farm kauften oder eine Firma gründeten – weil sie die Möglichkeit hatten, die Dinge zu tun, die den Aborigines untersagt waren –, da haben sie uns geschrieben und erklärt, dass sie durch das Zusammenleben mit den Aborigines viel gelernt hätten und uns dafür dankten. Von meiner Familie hätten sie insbesondere gelernt, nicht in Rage zu geraten und gleich zuzuschlagen. Was der Feind einem angetan hat, vergisst man in dem Moment, in dem man einen Bedürftigen sieht oder jemanden, der um Hilfe ruft, da fallen solche Dinge von einem ab.

Wir haben jedoch auch andere Zeitgenossen kennengelernt, die sich unserer nur bedient und uns manipuliert haben, solange es niemand anderen für sie gab, an den sie sich hätten wenden können. Uns ist keineswegs entgangen, was sie getan und wie sie sich verhalten haben: Sobald sie erst einmal wieder ein bisschen besser dastehen, würden sie von uns nichts mehr wissen wollen, das war uns klar. Völlig unabhängig davon haben wir uns jedoch ganz genauso auch um sie gekümmert.

Zu den Stärken der Aborigines gehörte es, zu erfassen, was im Geist anderer Menschen vor sich geht. Man kann allerlei hässliche Sachen über die Aborigines hören – dass wir nichts taugen und faul sind. Andauernd bekommen wir so etwas zu hören. Aborigines, die ihr Leben lang nie geraucht und getrunken haben, werden mit allen anderen in ein und dieselbe Schublade gesteckt. Heutzutage findet so etwas nach wie vor statt, wenngleich nicht mehr dermaßen offen und unverblümt. Wir wissen, dass es weiter stattfindet, denken aber überhaupt nicht daran. Würden wir an all die schlimmen Dinge denken, die man uns angetan hat, dann würden wir alle fünf Minuten hinter Gittern landen.

Wir fühlen uns ausgesprochen unwohl, wenn jemand sich freundlich gibt, solange er vor uns steht, hinter unserem Rücken dagegen schlecht über uns redet. So etwas entgeht uns nie. Doch wenn man jemandem in aller Offenheit begegnet und mit der Erwartung, Freunde auf Lebenszeit zu werden, ist man stärker als sämtliche Lügner – locker.

Noch ein paar Gedanken über das Lügen: Wissen Sie, wenn man erst einmal gelogen hat, versucht man, wieder auf den Weg der Wahrheit zurückzufinden, doch das gelingt nicht. Und in dem Bemühen, zur Wahrheit zurückzukehren, erzählt man dann noch mehr Lügen. An dem Punkt ist alles außer Kontrolle geraten. An all dem, was solch ein Mensch sagt, ist nun nichts Wahres mehr dran. Weil er anfangs gelogen und daraufhin immer mehr Lügen erzählt hat, kann er nicht mehr zur Wahrheit zurückkehren. Verstehen Sie? So läuft das. Und schließlich denkt man gar nicht mehr daran und hofft, dass sich irgendwie alles in Wohlgefallen auflösen wird.

Einmal habe ich mitten am Nachmittag in der Bar gesessen und etwas getrunken. Ein weißer Mann mittleren Alters kam herein. Bald begann er in meine Richtung gewandt lautstark rassistische Bemerkungen von sich zu geben. Ich schenkte ihm weiter keine Beachtung, doch er ließ mich nicht in Frieden. Die Tatsache, dass ich mich nicht um seine Äußerungen scherte, machte ihn derart wütend, dass er schließlich zu mir herüberkam und mir einen Schlag versetzte. Daraufhin warf mich der Wachmann sofort raus, obwohl ich weder etwas gesagt noch getan hatte. Selbstverständlich hätte ich auf mein reiches Schlagrepertoire zurückgreifen können, auf die Fähigkeiten, die ich mir im Boxring angeeignet hatte. Doch ich beschloss, darauf zu verzichten, und ging meines Weges.

Zirka zwei Jahre danach, spätabends während eines Sturms, klopfte jemand an die Tür meines Hauses in der Mission. Als ich die Tür öffnete, erkannte ich sofort, dass jener Mann vor mir stand, der sich seinerzeit in der Bar als ein so schlimmer Rassist entpuppt hatte. Doch ich habe kein Wort gesagt. Der Bursche erklärte mir, dass er in der Nähe eine Autopanne gehabt hatte und im strömenden Regen zu meinem Haus gekommen war, um telefonieren zu können.

»Nur hereinspaziert, Kamerad«, erwiderte ich. »Du bist ganz durchnässt. Komm herein, damit du wieder trocken wirst.«

Er kam herein, ich gab ihm einen Becher Tee und ein paar Bissen zu essen. Seine Sachen habe ich neben dem Feuer zum Trocknen hingehängt. Die ganze Zeit über war der Bursche mucksmäuschenstill und ich fragte mich, ob er mich wohl wiedererkannt hatte und nervös war.

Auf der Suche nach der Stelle, an der er Bäume fällen sollte, so erzählte er mir etwas später, war er im Buschland umhergefahren, hatte sich jedoch verirrt. Also habe ich ihm angeboten, ihn dorthin zu bringen. Wir stiegen in mein Auto und fuhren in Richtung Buschland. Es war stockdunkel und der Bursche war immer noch sehr still. Ich konnte spüren, dass er sich fürchtete.

Schließlich fragte er: »Erkennst du mich?«

»O ja«, sagte ich.

Schweigen. Er erwartete, glaube ich, dass ich ihm etwas Schreckliches antun würde, um mich zu rächen. Dann sagte er: »Du könntest mich hier töten, weißt du?«

»Ich weiß«, antwortete ich.

»Warum tust du's nicht?«, wollte der weiße Mann wissen.

»Warum bist du so liebenswürdig zu mir und hilfst mir mitten in der Nacht aus der Patsche?«

»Damit du etwas begreifen kannst«, sagte ich: »Aborigines gleichen vielen anderen Menschen darin, dass sie sehr gütig und liebenswürdig sind. Ich will dich so behandeln, wie ich von dir behandelt werden möchte.«

Das schien ihm die Sprache zu verschlagen. Ungefähr eine Minute lang war kein Ton von ihm zu hören. Dann sagte er: »Von jetzt an werden meine Kinder und meine Enkelkinder von mir lernen, dass man Aborigines genauso respektieren muss wie andere Menschen.«

An seinem Bestimmungsort im Busch habe ich ihn schließlich abgesetzt. Über diese Gelegenheit, ihm zu zeigen, dass wir Aborigines gleichfalls gute Menschen sind, habe ich mich unwahrscheinlich gefreut.

Meine Frau Audrey erhielt eine Stelle als Hilfslehrerin. In all den Jahren ihrer Arbeit an der Missionsschule hat sie sehr vielen Kindern Lesen und Schreiben beigebracht.

Zur Schule zu gehen erforderte in jenen Tagen großen Mut. In den Fünfziger- und Sechzigerjahren sind die Polizei und die Leute von der Kinderfürsorge dort regelmäßig aufgetaucht, haben sich Kinder herausgesucht und sie fortgeschafft. Nie werde ich den Anblick dieser weinenden und nach ihren Eltern rufenden Kinder vergessen. Die Leute von der Fürsorge haben die Autofenster hochgekurbelt, für die Kinder gab es kein Entkommen, sie wurden mitgenommen und in Heime gesteckt. Manche der Kinder sind nie mehr zurückgekehrt und wir wissen nicht, was ihnen widerfahren ist.

Ganz oft haben meine Kinder miterlebt, wie ihre kleinen Kameraden in Polizeiautos fortgeschafft wurden. Daher waren sie verängstigt: Vielleicht würde ja bei der nächsten Gelegenheit die Wahl auf sie fallen. Wenn Audrey oder ich sahen, dass auf dem Missionsgelände ein Regierungsfahrzeug hielt, forderten wir unsere Kinder auf, hinunter zum Fluss zu laufen und sich dort so lange zu verstecken, bis wir sie holen kämen – für alle Fälle.

Sobald jemand mit dem Finger auf ein Kind wies und man es aus der Schule holte, in eines der Autos steckte und mit ihm auf und davon brauste, fuhr den kleinen Kindern, die man ausgesucht hat, der Schrecken in Mark und Bein. Zu hören, wie sie voller Verzweiflung nach ihren Eltern riefen, das hat viele alte Leute bis in die Stunde ihres Todes verfolgt.

Eine alte Dame, Großmama Bella, hat mir einmal davon berichtet: »Immer noch höre ich die Stimmen der schreienden Kinder.« Nie mehr hat die Erinnerung daran, diese unauslöschliche Erinnerung, sie losgelassen. Andererseits konnte Großmama Bella viele Kleine davor bewahren, den Weg in Waisenhäuser oder in weiße Pflegeheime antreten zu müssen – nicht nur die Kinder ihrer Töchter, sondern auch andere Kinder aus Melbourne oder aus der Framlingham-Mission, die sie unter ihre Fittiche nahm.

Dann verstarb sie jedoch vollkommen unerwartet an einem Schlaganfall – mit verheerenden Auswirkungen für alle Hinterbliebenen. Durch die Aussicht, nun womöglich von den Behörden abgeholt zu werden, waren die Kinder zutiefst verunsichert. Die Verwandten der alten Dame aber hielten sich an die überlieferten Regeln und ungeschriebenen Gesetze der Aborigines, nahmen die Kinder bei sich auf und taten alles, was in ihrer Macht stand.

Die Mutter meines Neffen Archie Roach war die Stieftochter der alten Dame. Eines Tages kümmerte sich die arme alte Dame neben Archie auch um seine Brüder und Schwestern. Denn seine Eltern waren in die Stadt gefahren. Den Eltern konnte sie jedoch nach deren Rückkehr nur noch mitteilen, dass einige ihrer Kinder fort waren. Leute hatten sie mitgenommen.

»Was für Leute?«, wollten die Eltern wissen.

»Gubbahs sind hier gewesen, weiße Leute mit Autos.«

Daraufhin machten die Eltern sich auf den Weg und stellten überall Nachforschungen an, um herauszufinden, was eigentlich geschehen war und warum. Für Aborigines war es einfach unbegreiflich, wie ihnen aufgrund der Gesetze des weißen Mannes – weil sie ein anderes Leben führten als die Weißen – die Kinder fortgenommen werden konnten. Wie viele andere Aborigines lebten Archies Eltern im Busch: in einer Wellblechhütte mit unbefestigtem Fußboden und ohne Schränke. Sie lebten nach echter Aborigines-Art, ganz so wie Aborigines seit Tausenden von Jahren gelebt hatten. Unlängst waren jedoch einige Gesetze verabschiedet worden, die besagen: »Ihr müsst jetzt leben wie ein weißer Mann.« Wenn nun weiße Leute in die Hütten kamen, sahen sie, dass auf den Betten keine Bettlaken ausgebreitet und in der Hütte keine Lebensmittelvorräte vorhanden waren, und damit verbanden sie dann die Vorstellung, die kleinen Kinder würden vernachlässigt. Wir aber haben von unserem Land gelebt. Wir brauchten keine Lebensmittelvorräte anzulegen – draußen war um uns herum jederzeit alles vorhanden, was wir benötigten. Aus Sicht des weißen Mannes, in seiner Welt, machte unsere Lebensweise hingegen keinen Sinn: Einzig und allein deshalb sind uns viele kleine Kinder weggenommen worden.

Archies Eltern haben ihre Kinder nie mehr wiedergesehen und schließlich, als sie nach jahrelanger Suche jede Hoffnung aufgegeben hatten, gingen die Eltern auseinander. Archie wuchs in Pflegeheimen auf und irgendwann fand er heraus, dass seine Mutter gestorben war. Bis dahin hatte er nicht gewusst, wer er war. Darüber war er zutiefst aufgebracht und er tat sich mit anderen Aborigines zusammen, die genau wie er immer nur herumgeschubst worden waren. Zum Beispiel landete seine kleine Schwester in Sydney und wurde bei einem Motorradunfall getötet. Jeden machten solche Dinge traurig, wissen Sie, denn für diese Kinder begann in dem Moment, als man sie ihren Familien entrissen hat, alles schiefzulaufen: Verlassen und verloren mussten sie nun auf eigene Faust versuchen, ihre Leute und ihren Heimatort wiederzufinden.

Archie hat all diese Dinge mit eigenen Augen gesehen. Er hat bei den Aborigines im Umfeld der Städte gelebt und gesehen, wie heruntergekommen und verdorben dort alles war. An solchen Orten blieb ihnen keinerlei Hoffnung. In Gedanken kehrte Archie freilich oft in sein Buschland zurück und rief sich in Erinnerung, wie gut die alten Leute zu ihm gewesen waren. Sie hatten ihm die Richtung gewiesen, in die er sich dann später entwickeln konnte, und heute singt er ihre Gesänge und erzählt von dem, was ihnen, genau wie vielen anderen Aborigines-Kindern, in jungen Jahren widerfahren ist.

Nun ist Archie ein großartiger Sänger und Komponist, jedoch ein Mensch voller Wehmut. Die besten Dinge im Leben – jene Zeit, die ein Kind bei seiner Mama und seinem Papa verbringt – hat er verpasst. Schwestern sind ihm noch geblieben, auch wenn er unlängst seinen letzten jüngeren Bruder verloren hat. Seine glücklichen Tage in der kleinen Buschhütte hingegen sind nun in Vergessenheit geraten. All das wurde ihm entrissen, als er hinausgestoßen wurde in die Welt des weißen Mannes.

Die Empfindung dafür zurückzugewinnen, dass er ein Aborigine ist, das fiel ihm schwer. Doch gleichgültig, wie viele Jahre ein Aborigines-Kind großgezogen wurde, als wäre es ein weißes Kind, stets wird in ihm ein Verlangen nach etwas, was nicht da ist, vorhanden sein. Die weißen Leute mögen noch so liebenswürdig und freundlich zu ihm sein, etwas wird ihm stets fehlen. Tief im Innern wird es wissen, dass es dort nicht hingehört. Archie wusste das.

Kennzeichnend für Menschen, die nicht wissen, dass sie Aborigines sind, obwohl in ihren Adern Aborigines-Blut fließt, ist die verblüffende Art und Weise, wie sie sich auf eine Suche begeben, die sie letztlich dorthin zurückführt, wo sie herkommen. Dem wohnt etwas Geheimnisumwittertes und wirklich Verblüffendes inne. Vielfach suchen sie sich Aborigines-Kinder als Freunde; sie fühlen sich ihnen verbunden. Da ist etwas mit im Spiel, das sie nicht erklären können.

Eine für die Aborigines-Kinderfürsorge tätige Frau hat mir von einem hellhäutigen Mann jenseits der fünfzig erzählt, der einst unter Tränen zu ihr kam. Er war wie ein hundertprozentig weißer Mensch aufgewachsen und hatte all die Jahre entsprechend gelebt, bis er kürzlich herausfand, dass er ein Aborigine war. Sein gesamter Freundeskreis hatte aus Aborigines bestanden, er aber hatte nicht gewusst, dass er einer von ihnen war. Nun trauerte er den vielen Jahren nach, die er auf diese Weise hatte verstreichen lassen.

Unsere Kinder besuchten zwar die Schulen des weißen Mannes, dennoch hatten unsere Traditionen weiterhin Bestand. Die Kinder griffen wieder auf unsere Überlieferung zurück. Und viele von uns pflegen den Aborigines-Lebensstil bis auf den heutigen Tag. Zum Beispiel werden wir niemals unser Land verlassen. Es ist unser Geistland. Unsere Urahnen, unsere Tanten und Onkel, sie alle sind da geboren worden, haben ihren Fuß auf dieses Land gesetzt und sind dort auf die Jagd gegangen. Es ist unser geistiges Zuhause. Stumm erheben wir unseren Protest und bringen zum Ausdruck, dass wir nicht gewillt sind, es zu verlassen. Wenn wir uns auf eine Reise begeben, um uns in anderen Teilen Australiens umzuschauen, sehen wir, dass all unsere schwarzen Brüder und Schwestern einander sehr ähnlich sind. Im hohen Norden oder ganz im Westen, überall stellt man fest, dass Aborigines über die gleichen Dinge sprechen, und dies auf gleicher Ebene. Aborigines aus der Stadt sind besonders erfreut, uns zu sehen. Den Kontakt zu ihrem Land haben sie verloren, doch das geistige Verlangen tragen sie nach wie vor im Herzen, sie sind nach etwas auf der Suche – aber das, wonach sie suchen, lässt sich unter städtischen Lebensbedingungen nicht verwirklichen.

Stattet man einem Haus in der Stadt einen Besuch ab, strömen Aborigines von überall herbei, um einen zu treffen, weil man aus dem Busch kommt, ihrem Heimatland. Könnte ja sein, dass man ein paar gute Geschichten über das zu erzählen weiß, was sich dort alles so abspielt. »Die alte Stelle, an der wir einst gespielt haben, existiert die eigentlich noch?« Oder: »Gibt es da nach wie vor das große Wasserloch im Fluss, in dem man so wunderbar Fische fangen kann?« Womöglich leben sie schon seit so vielen Jahren in der Stadt, denken aber immer wieder an ihre Kindheit, die sie im Busch verbracht haben – und an das weite Land, das sie durchstreift, wo sie entlang des Flusses allerlei Essbares beschafft und den Eltern zum Kochen mit nach Hause, in ihre kleinen Hütten, gebracht haben. In ihrer Erinnerung sind all diese Dinge nach wie vor lebendig.

Ihr Leben verbringen sie jedoch in der Welt des weißen Mannes, wo sie immer noch darum kämpfen, respektiert und als gleichberechtigte Menschen behandelt zu werden. Und dann sagen ihnen die Weißen: »Aber ihr habt doch die gleichen Rechte wie wir. Ihr lebt unter uns – es existieren keine Vorurteile, kein Rassismus. Wir sprechen die gleiche Sprache, verrichten die gleiche Arbeit, kaufen in den gleichen Geschäften ein.«

Nichtsdestoweniger sind, von diesen Dingen einmal abgesehen, große Unterschiede vorhanden. Dass eine gewaltige Kluft besteht, begreifen weiße Leute erst, nachdem sie mit Aborigines zusammengelebt haben. Wenn sie dann hören, wie Aborigines tatsächlich untereinander sogenanntes Englisch sprechen, haben sie das Gefühl, dass wir in einer ihnen fremden

Mundart oder gar einer fremden Sprache sprechen. Sie müssen feststellen, dass jene Leute, die sie zu kennen glaubten, andere Vorstellungen, eigentümliche Vorstellungen haben – die aber Bestandteil der Aborigines-Überlieferungen sind.

Und sie werden Leute aus tiefstem Herzen über Dinge sprechen hören, die sich einst zugetragen haben, über jene Dinge, die man ihnen beigebracht hat. Wenn ein Aborigine spricht, bewegt sich nicht nur der Mund. Alles ist aufrichtig, alles hat Tiefe und eine wirkliche Bedeutung. Aus dem Grund ist die Erinnerung an Kinder, die sterben oder den Eltern fortgenommen werden, eine lebendige, eine jederzeit gegenwärtige Erinnerung. Was auch immer uns irgendwann widerfährt, es ist allzeit vorhanden.

Mir ist zwar keines von meinen Kindern fortgenommen worden, jedoch einer meiner Enkel. 1969 bekamen mein Sohn Lenny und seine Freundin einen kleinen Jungen, den sie Lyndon nannten. Als Lyndon lediglich ein paar Monate alt war, nahm die Polizei ihn – in der Überzeugung, damit die richtige Maßnahme zu ergreifen – mit nach Melbourne. Er war eines der letzten Aborigines-Kinder, die ihren Eltern einfach so weggenommen wurden. Abgesehen von der Tatsache, dass ihn jemand adoptiert hatte, wussten wir viele Jahre lang überhaupt nicht, wie es ihm ergangen war. Meine Tochter Elizabeth, Camilla und unsere Freundin Adèle Howard stellten Nachforschungen an und versuchten lange, ihn aufzuspüren. Schließlich, im Jahr 1998, fanden wir heraus, dass er mit seinen Adoptiveltern nach England übergesiedelt und 1986 bei einem Motorradunfall ums Leben gekommen war. Er ist nur siebzehn Jahre alt geworden. Ihn wiederzufinden, um ihn sogleich wieder zu verlieren – das war ein Schock.

Kurze Zeit nachdem wir seine Adoptiveltern ausfindig gemacht hatten, nahm Elizabeth telefonisch mit Betty, der Adoptivmutter, Kontakt auf. Und sie hat Elizabeth anschließend diesen wunderschönen Brief geschrieben:

Was kann ich euch über Lyndon mitteilen? Er war ein ent-
zückender Junge, ruhig und aufmerksam, mit viel Sinn für
Humor. Kinder hat er geliebt und Tiere, handwerklich und
künstlerisch war er sehr begabt... Als er größer wurde, ka-
men in unserer Straße alle Kinder, an deren Fahrrad etwas
instand gesetzt werden musste, zu Lyndon und er hat nie
jemanden abgewiesen.

Selbstverständlich war er kein Engel und wie alle Kin-
der hat er so mancherlei angestellt. Er hat mir jedoch, das
darf ich aufrichtig versichern, keinen einzigen Moment
lang Kummer bereitet... (Lyndon) war fest entschlossen,
Kfz-Mechaniker zu werden. Nichts bereitete ihm mehr
Freude, als einen Motor zu zerlegen und ihn anschließend
wieder zusammenzusetzen. Nach Schulabschluss schaffte
er es, zu einer einjährigen Ausbildung als Kfz-Mechaniker
bei Clover Leaf Cars angenommen zu werden. Die Sache
hatte allerdings einen Haken: Es war schwierig, mit dem
öffentlichen Nahverkehr an seinen Arbeitsplatz zu gelan-
gen. So hat er mich überredet, ihm ein kleines Motorrad zu
kaufen. Er war ein guter, ein umsichtiger Fahrer, dennoch
habe ich mir Sorgen um ihn gemacht... Auf den Abend
seines Unfalls kann ich nicht so ausführlich eingehen. Das
bereitet mir viel zu großen Schmerz. Jedenfalls hatte es ge-
regnet und auf der Straße lag feuchtes Laub. Beim Durch-
fahren einer Kurve geriet sein Motorrad ins Rutschen und
er prallte gegen einen Laternenmast. Die Leute in der Kli-
nik waren wunderbar und gaben sich alle nur erdenkliche
Mühe, ihn zu retten. Die Verletzungen waren jedoch zu
schwer und man konnte ihn nicht wiederbeleben.

Wie ich diese schreckliche Zeit überstanden habe, wird
mir stets ein Rätsel bleiben. Das Begräbnis fand am 6. No-
vember 1986 statt, vier Monate vor seinem 18. Geburts-
tag,... mehr als zweihundert Personen nahmen an seinem
Begräbnis teil... Der Trauerzug zum Friedhof war zirka

eineinhalb Kilometer lang ... All die Blumengebinde und
Kränze für Lyndon erstreckten sich fast über den ganzen
Friedhof, doch vor lauter Tränen konnte ich sie kaum
sehen ... Für euch muss es ein fürchterlicher Schock gewe-
sen sein, als ihr herausgefunden habt, dass Lyndon gestor-
ben ist ... Ihm war bekannt, dass er adoptiert worden war,
und das bereitete ihm keine Probleme. Wäre er noch am
Leben und würde er den Wunsch äußern, Kontakt zu sei-
ner Familie aufzunehmen, hätte er dabei auf meine volle
Unterstützung rechnen können. Dies hätte ihm gewiss bei
seiner Identitätsfindung geholfen. Ich hätte keine Angst
gehabt, seine Liebe zu verlieren. Denn Liebe kennt keine
Grenzen und kann jeden mit einbeziehen.

Vor ein paar Jahren sind Betty und ihr Ehemann Eddie zu
Besuch aus England herübergekommen, um die ganze Familie kennenzulernen. Sie wohnten bei Elizabeth und hatten alle möglichen Fotos von Lyndon und viele Erinnerungs-
stücke bei sich. Betty und Eddie hierzuhaben und mit ihrer
Hilfe mehr über Lyndon zu erfahren war sehr schön. Lyndon, so erklärten sie, hatte bereits als Heranwachsender von
ihnen gehört, dass er ein Aborigine war, und Elizabeth gab
ihnen eine Aborigines-Flagge, damit sie diese mit nach England nehmen und neben seinem Foto aufstellen konnten. Bis
auf den heutigen Tag stehen Betty und Elizabeth miteinander
in Briefkontakt und Betty lässt uns an ihren Erinnerungen an
meinen verlorenen Enkel teilhaben.

KAPITEL 14

Eines Tages habe ich ein winzig kleines Opossum nach Hause mitgebracht. Die Kinder sollten die Möglichkeit haben, das Tierchen großzuziehen, und insgesamt einen vertrauteren Umgang mit Tieren entwickeln. Den kleinen Kerl haben wir »Sohn« genannt. Er wuchs zu einem großen, stattlichen Opossum heran. Nachts brach er gern zu Streifzügen in der Umgebung auf. Von den anderen Opossums wurde er jedoch gejagt – sie müssen den Menschengeruch gewittert haben. Dann packte er sich draußen den Türgriff und schaukelte richtiggehend in Panik darauf hin und her. Zugleich stieß er, während er so an dem Griff rüttelte, um uns auf sich aufmerksam zu machen, Schreie aus, damit wir ihn einließen.

Sobald wir die Tür öffneten, sprang er uns auf die Schulter, richtete sich kerzengerade auf und blickte durch den Türrahmen zu den anderen Opossums. Jetzt, da er sich drinnen in Sicherheit wusste, spielte er sich seinen Artgenossen gegenüber in unglaublicher Weise auf. Jeden, der ihn vorher gejagt hatte, knurrte er nun herausfordernd an. Hinaus traute er sich allerdings nicht wieder.

Wenn wir Tee tranken, schaute er in jeden Becher, nahm jeweils einen Schluck und probierte den Tee. Dabei ging er hin und her, um zu entscheiden, wo ihm der Tee am besten schmeckte. Er war wohl auf die Becher aus, in denen der Tee mit Zucker gesüßt war. Wir stellten ihm auch einen speziell für ihn vorgesehenen Becher Tee hin, ebenso sein eigenes Essen.

Abends hockten wir alle vor dem Feuer und erzählten einander Geschichten. Ian, zu jener Zeit vier oder fünf Jahre alt, malte damals gern Bilder, hielt dann das Blatt empor und sagte: »Guck mal, Mama, was ich gemalt habe.« Währenddessen saß das kleine Opossum irgendwo in unserer Runde.

Als Audrey einmal nicht weiter auf Ian achtete und wir ihm einfach nur sagten: »O ja, schön«, griff das kleine Opossum urplötzlich mit einer Hand nach dem bemalten Blatt und warf es sofort ins Feuer. Ganz so, wie ein Kind es machen würde. Das Blatt brannte lichterloh und Ian schaute nur mit großen Augen zu. Für ihn war es ziemlich schockierend, dass das Opossum so etwas getan hatte. Als wollte das Opossum sagen: »Seht her, mir solltet ihr Beachtung schenken, nicht dem Stück Papier. Ich bin hier das Opossum, ich bin die große Nummer.« Und es hatte das Blatt Papier wirklich mit Schwung ins Feuer geschmissen, ein echter Volltreffer. Da war nichts mehr zu retten.

Wenn man solche Geschöpfe von klein auf großzieht, werden sie ausgesprochen raffiniert und zu einem richtigen Liebchen. Sie wissen, dass sie geliebt werden. An heißen Tagen lehnte sich dieses alte Opossum oft mit ausgestreckten Beinen schräg gegen die Wand. Dann ähnelte es einem betrunkenen alten Mann mit Hängebauch. Es in dieser Pose zu sehen brachte uns immer wieder aufs Neue zum Lachen.

Eines Tages hat der arme alte Kerl dann eine Farbdose ausgeleckt und sich dabei eine Bleivergiftung zugezogen. Damals wussten wir nicht, welche Gefahr von der Farbe ausging, andernfalls hätten wir die Dose nicht mit offenem Deckel stehen gelassen. Denn dieser Kerl hat einfach an allem rumprobiert.

Im Lauf der Jahre hatte ich so manch tolles Tier. Nipper, Ians Hund, war eines davon. Nipper war als Welpe zu Ian gekommen. Ian wuchs dann jedoch immer noch weiter, während Nipper längst schon ein ausgewachsener Hund war. Nipper brachte regelmäßig alle Holzscheite ins Haus – so lange, bis man fertig war mit dem Holzeinschlag oder Holzschnitt. Eines mochte er überhaupt nicht: wenn die Kinder schwammen. Dann war er wirklich besorgt, jedes Mal zog er sie aus dem Wasser. Audreys Bruder Hector trieb gern mit

Nippers Hilfe die Rinder zusammen. Nachdem der arme Hector gestorben war, brachte der Bestatter nach der Beerdigung Hectors alte Kleidung zu uns und legte sie über einen Zaunpfahl. Hocherfreut kam Nipper herbeigerannt, weil er den Geruch seines alten Freundes witterte. Als er dann jedoch an der Kleidung schnüffelte, bekam er es mit der Angst zu tun und schlich den Schwanz zwischen die Hinterbeine geklemmt auf und davon. Denn er hatte den Tod gerochen. »Seht ihr das? Seht ihr das?« Alle hatten es gesehen. »Ja, der alte Hund hat den Tod gerochen«, sagte ich. »Kommt, lasst uns gehn, lasst uns gehn«, sagten alle und ich musste sie zur Mission hinunterfahren. Ja, sie alle hatten es gesehen und nun war ihnen seltsam zumute. Der Hund hatte sich hingeduckt, als hätte ihn jemand geschlagen. Niemandem stand anschließend noch der Sinn danach, irgendwas zu unternehmen.

Niemals werde ich meinen großen Hund Sandy vergessen. Wenn er Hasen gejagt hat, ist er oft über Zäune gesprungen. Nur so konnte er sie einholen. Ein richtiger Hindernisläufer war er – sprang einfach über einen Zaun und lief weiter. Dabei war er ein großer und schwerer Hund, dem man gar nicht zugetraut hätte, dass er derart rennen kann. Welche Hunderassen sich in ihm mischten, weiß ich gar nicht so genau, womöglich handelte es sich um eine Kreuzung zwischen einem Schäferhund und einem Hetzhund. Die Kinder waren noch klein, als ich ihn hatte. Fiona war vielleicht gerade geboren. Den Hasen hat Sandy nie etwas zuleide getan – er hat sie lediglich gejagt und mir dann vor die Füße gelegt, damit ich sie tötete.

Gegen Ende der Siebzigerjahre erhielt ich eine Stelle als Hausmeister des Surf-Klubs von Warrnambool. Während ich dort gearbeitet habe, lief ich im Hotel Victoria jemandem über den Weg, den ich Jahre zuvor kennengelernt hatte. Er besaß eine deutsche Schäferhündin, erzählte er mir, und nun verkaufte er gerade deren Welpen. Die Welpen habe ich mir dann angesehen. Unter ihnen gab es nur einen einzigen schwarzen, der einem großen Labrador ähnelte – alle anderen sahen wie deutsche Schäferhunde aus. Für 25 Dollar habe ich den schwarzen genommen. Einmal ausgewachsen war er später der größte Hund, den ich jemals gehabt habe. Er war rabenschwarz. Wenn er aufrecht auf den Hinterläufen stand, überragte er mich um ein Stückchen. Mit seiner Mutter war überhaupt nicht zu spaßen, er hingegen war der sanftmütigste Hund, der mir je begegnet ist. Ich habe ihn Goola genannt.

Wenn die Leute im Surf-Klub unter die Dusche gingen, brachte er mir gewöhnlich all ihre Habseligkeiten herbei, die sie draußen vor der Dusche gelassen hatten – ihre Schuhe, die Uhr, die Schlüssel und was sonst noch so da war. All diese Dinge hat er auf den Boden meiner kleinen Baracke gelegt. Goola hielt es anscheinend für seine Aufgabe, solche Dinge an sich zu nehmen. Damit brachte er mich immer wieder in Verlegenheit. Anschließend kamen die Leute aus der Dusche und fragten mich, ob ich ihre Sachen gesehen hätte. Und ich fragte sie, ob sie, als diese Dinge verloren gegangen sind, einen Hund in der Nähe gesehen hätten. »Ja«, antwortete mein Gegenüber dann, »den größten und schwärzesten, den ich jemals zu Gesicht bekommen habe.«

»Nun, da haben wir ja schon den Schuldigen«, sagte ich dann. »Er nimmt alles und bringt es zu mir, als hätte ich es ihm so beigebracht.«

Goola war ein leidenschaftlicher Schwimmer. Er schwamm aufs offene Meer hinaus und wieder zurück – ich hatte Angst, dass ein Hai ihn erwischen würde. Außerdem fuhr er gern in Camillas Auto mit. Dabei saß er aufrecht auf dem Rücksitz hinter ihr. Eines Tages wollte er etwas, was ich ihm befohlen hatte, nicht tun. »Draußen ist Camilla gerade mit dem Auto vorgefahren«, sagte ich daraufhin spaßeshalber zu ihm.

Goola sauste raus, um sie zu begrüßen. Ebenso schnell kam er wieder hereingesaust, machte einen etwas verwirrten Eindruck und zwickte mich mit den Zähnen in den Fußknöchel.

Draußen in der Mission vermisste ich Goola eines Tages und ein Mann sagte zu mir: »Auf der Weide habe ich einen toten Hund gesehen.«

»Was für einen?«, wollte ich wissen.

»Einen großen schwarzen.«

»Oje!« Mir war zumute, als ginge eine Messerklinge durch mich hindurch. »War er wirklich tot?«

»Ja«, antwortete er. »Er ist tot.«

Ich ging zu der Stelle hin und tatsächlich, der arme Goola war tot. Vergiftet. Lennys Hunde waren ebenfalls vergiftet, haben jedoch überlebt. Ian hat sie zum Tierarzt geschafft und der sagte ihm, dass alles von Schneckengift herrührte. Goola musste jede Menge davon verspeist haben. Jemand hatte dies vorsätzlich getan – unweit des Hauses war in Stücke geschnittenes Fleisch für die Hunde ausgelegt worden. Dabei hatte Goola nichts weiter getan, als in den Busch zu gehen. Er sprang gern vom Ufer aus in den Fluss – sodass das Wasser in alle Richtungen spritzte –, anschließend kam er wieder raus. Eine Weile war er gar nicht mehr zu sehen, kurz darauf sah man ihn dann den Fluss durchqueren. »Er ist weg, er ist ertrunken«, konnte man denken. Im nächsten Moment sah man ihn gegen die Strömung schwimmen. Das machte er gern, um zu sehen, wie stark er war. Und zugleich muss ihn das nur noch mehr gekräftigt haben. Er war wirklich ein Kraftpaket und er liebte das Wasser. Ich hatte einige gute Hunde, doch keiner war so gut wie er. Er war nicht ausgebildet worden oder dergleichen, von Natur aus lag es in seiner Wesensart, auf einen zu hören, und was man ihm gesagt hat, schien er zu verstehen. So viele gute Hunde habe ich gehabt.

Zu der Zeit, als ich mich noch um den Surf-Klub gekümmert habe, kam an einem Winterabend dieser Kumpel, von dem ich seinerzeit Goola gekauft hatte, mit einem Collie zu mir und ein kleines Kätzchen lief ihnen hinterher. Während wir über einen lokalen Rundfunksender die Information durchgeben ließen, dass uns der Hund und das Kätzchen zugelaufen waren, blieben die Tiere erst einmal bei mir. Für den Collie hat sich jemand gemeldet, das Kätzchen hingegen wollte niemand haben. Ein so erbärmlich aussehendes Kätzchen ist Ihnen bestimmt noch nie unter die Augen gekommen. Dennoch wuchs es zu einer wunderschönen, guten und zutraulichen Katze, einer Perserkatze, heran. Ich gab ihr den Namen Bushy-Tail. Später brachte sie viele schöne Kätzchen zur Welt, allesamt mit einem großen buschigen Schwanz und Langhaarfell ausgestattet: die tollsten Kätzchen, die man sich nur vorstellen kann, und sie war ihnen eine wunderbare Katzenmutter.

Mit anderen Tieren ist sie immer sanft umgegangen, es sei denn, ein Hund kam ihren Kätzchen zu nahe. Dann wurde sie zu einer unbändigen Bestie. Den Hunden sprang sie auf den Kopf und selbst wenn der Hund schon längst die Flucht angetreten hatte, setzte sie ihre Attacken unvermindert fort. Sie ging auf die Augen los und kratzte den Hund dort.

Nur bei Goola verhielt sie sich anders. Er durfte die Kleinen mit dem Maul sanft aufheben und sie auf diese Weise zum Strand tragen. Er spielte mit ihnen, passte auf sie auf wie ein Kindermädchen und Bushy-Tail hatte rein gar nichts dagegen. Ihm schenkte sie vollkommenes Vertrauen.

Jedes der Kätzchen fand bei Touristen ein neues Zuhause, ausgenommen allein ein großer sandfarbener Kater, den sie regelmäßig säugte. Ihn habe ich Sookie genannt. Als er zwei Jahre alt war, trank er immer noch bei ihr wie ein kleines Kätzchen. Kinder hatten ihre Freude daran, wenn sie sahen, dass solch eine große Katze nach wie vor von der Mutter gesäugt wurde. Ein Mann, der in den Surf-Klub kam, versetzte ihm hingegen meist einen Fußtritt, wenn er sah, dass der Kater sich weiterhin von seiner Mutter säugen ließ.

Häufig habe ich einen Spaziergang nach Naringal unternommen und bei der Gelegenheit musste ich einen kleinen Wasserlauf überqueren. Bushy-Tail begleitete mich gewöhnlich. Vor dem Wasser hatte sie keine Angst. Eigentlich scheuen Katzen ja das Wasser, meinen Sie nicht auch? Zwar mussten Baumstämme und -stümpfe im Wasser liegen, über die sie springen konnte, doch stets schaffte sie es, den kleinen Wasserlauf zu überqueren. Wenn ich auf der Wiese am anderen Ufer angekommen war, wandte ich mich um und fragte sie: »Wie bist du denn hierhergekommen?« Und zu Hause begleitete sie mich wie ein Hund, überquerte den Hopkins River, hielt mit mir Schritt, indem sie von Stein zu Stein sprang. Eine ganze Reihe von Jahren war sie bei mir.

Meine Bullterrier, die ich zuletzt hatte, verfügten über ein stark ausgeprägtes Verantwortungsbewusstsein. Jesse war blind und zum Laufen bereits zu alt – sie konnte nirgendwo mehr hingehen. Außer ihr hatte ich aber noch einen jungen Hund namens Mulga, der für sie wie ein Sohn wurde. Mulga ging regelmäßig rüber zur Farm der alten Mrs. McCullough und bei der Rückkehr hatte er Knochen für seine alte Mama im Maul. Quer über die Felder und Weiden lief er den ganzen Weg bis zu der Stelle, wo die alte Hündin gewöhnlich lag und auf ihn wartete. Zu ihr habe ich gesagt: »Woher hast du bloß all die Knochen, Jesse? Du kannst doch längst nirgendwo mehr hingehen.« Dann gab ich Obacht und sah, wie ihr Sohn Mulga zur Farm der alten Mrs. McCullough hinüberlief und mit den Knochen zurückkehrte. Deshalb befanden sich, rings um die alte Hündin ausgebreitet, die an ihrem speziellen Platz lag, all die Knochen. Und wenn Mulga Nachkommen gezeugt hatte, brachte er nicht nur den kleinen Welpen etwas zu fressen, sondern auch ihrer Mutter.

Es gab da dieses schwarze Razorback,[19] das noch ein Baby

gewesen war, als ein Bekannter es zu mir brachte. Mulga hat des Öfteren mit ihm gekämpft. Dann konnte man das Schwein quieken hören. Ich war oben auf der Weide und dachte, der Hund würde das Schwein umbringen. Denn Bullterrier sind die natürlichen Feinde der Schweine. Tatsächlich hatte jedoch das Schwein Mulga in die Enge getrieben. Ich lief hinunter, schnappte mir Mulga und streichelte ihn.

Letzten Endes sind sie aber gute Freunde geworden und haben sogar das Nachtlager miteinander geteilt. Es war richtig merkwürdig, diese beiden Feinde nebeneinander schlafen zu sehen, das verwilderte Schwein und den Bullterrier. Irgendwann hatten sie es jedenfalls satt gehabt, gegeneinander zu kämpfen, und sind so schließlich zu echten Kameraden geworden.

Wenn wir von den Feldern zurückkamen und es für das Schwein draußen nichts zu fressen gab, stellte es sich gern auf die Hinterbeine, zerrte die Kleidungsstücke von der Wäscheleine und zog sie gründlich durch den Schmutz. Kamen daraufhin meine Schwiegertöchter Jocelyn oder Ange mit dem Besen herausgerannt, suchte es schleunigst das Weite. Das Schwein wusste, was zu tun war – ein merkwürdiger Geselle. Ganz besonders gern ließ es sich von den Kindern kratzen. Dazu rollte es sich bereitwillig auf den Rücken. Eines Tages wagte es sich jedoch ans andere Ende der Mission und jemand hat es dort erschossen. All diese Tiere waren ausgesprochen kostbare Wesen für uns, andere Leute hingegen sahen das nicht so.

Ein weiteres Tier habe ich einmal mit nach Hause gebracht, damit die Kinder die Möglichkeit hatten, es großzuziehen. Es handelte sich um ein kleines Kaninchenbaby, das ich in seinem Bau fand, nachdem unsere Hunde seine Mutter getötet hatten. Damals hatte es noch kein Fell und die Augen waren geschlossen. Ich steckte es in die Hosentasche und nahm es mit nach Hause. Gefüttert haben wir es mit winzigen Mengen verdünnter Milch und damit ist es ganz gut zurechtgekommen. Wir brachten ihm frisches junges Gras und jene Kleetriebe, die zu winzigen Bällchen ausknospen – für Kaninchen eine wahre Lieblingsspeise. Die Knospen haben wohl einen süßlichen Geschmack.

Manchmal konnten wir unser Kaninchen nicht finden und dann sagten wir zueinander: »Hoffentlich haben die Hunde es nicht erwischt.« Schließlich fanden wir es: Es hatte sich auf den warmen Hundenacken gelegt – der alte Hund lag gemeinsam mit ihm da. Unsere Hunde waren wild entschlossene Jäger, doch das Kaninchen behandelten sie, als gehörte es zu ihnen.

Besucher, die an unsere Tür kamen, sagten: »Irgendetwas wuselt hier die ganze Zeit mit einem Affenzahn um mich herum. Dauernd saust es hin und her und ich weiß nicht, was es ist.«

»Ach so«, sagten wir dann, »das ist unser Kaninchen.«

Wenn Besucher kamen, konnte das Kaninchen sich als richtiger Angeber entpuppen. Es schlug Purzelbäume, vollführte Luftsprünge, sprang auf den Tisch, vollzog dort einige Drehungen und kehrte wieder zurück auf den Boden. Oft konnten wir uns kaum noch halten vor Lachen. Es war fabelhaft, ihm dabei zuzusehen, wie es all diese Mätzchen machte und sich aufspielte.

Als Ian ungefähr vier Jahre alt war, begleitete er mich, wenn ich zum Fischen ging. Meist ging ich dann mit ihm an jene Stelle, an der wir einst als Kinder gefischt hatten. Jede Menge Wasserkresse wächst dort. Ein wenig Wasser plätschert durch die Tümpel. Doch selbst nach Überflutungen weichen manche Forellen nicht von der Stelle, weil sie sehr stark ortsgebunden lebende Tiere sind. Manchmal pflücken wir, nachdem wir den Fisch gefangen haben, die Wasserkresse und legen sie dem Fisch um den Hals, bevor wir ihn nach Hause bringen, damit er besonders ansprechend und appetitlich aussieht: schöne saubere Wasserkresse auf dem Fisch.

Speziell an jenem Tag war Ian sehr aufgeregt. Wir kamen an den Fluss und all die Fische waren fort, hatten sich unter Steinen verborgen. Daher mussten wir ganz genau hinsehen. Unter einem Felsbrocken erspähten wir eine große Forelle, denn die Schwanzflosse schaute heraus. Zu Ian sagte ich: »Sei du mein Wachposten und gib mir Bescheid.« Wenn man im Wasser steht, tut man sich wegen der störenden Lichtreflexe nämlich schwer, alles genau zu erkennen. Von einem Aussichtspunkt oberhalb des Wassers sieht man hingegen genau, wohin der Fisch sich bewegt. »Dorthin hat er sich bewegt, Papa«, rief Ian mir zu. »Nicht zu dem Stein da drüben, Papa, hierher, zu diesem Stein. Da ist er, da, seine Schwanzflosse!«

Ich ließ die Forelle nicht aus den Augen und sie bewegte sich weiter hinaus aus ihrem Versteck. »Eigentlich wäre das ein guter Fang für den kleinen Kerl«, dachte ich mir. »Ich lasse ihn einen Versuch machen.« Also fragte ich ihn: »Möchtest du es einmal versuchen, Junge?«

»Ja, ja!«, erwiderte er. Aber obgleich er mir schon dabei zugesehen hatte, als ich Fische mit dem Speer fing, war er nun nervös.

»Nur zu«, sagte ich. »Hier hast du den Speer.«

Er nahm ihn und stand, den Blick auf diese große Forelle geheftet, auf dem Felsbrocken. »Noch nicht, Junge«, sagte ich, »noch nicht.« Ian schaute mich an und vor Aufregung begann er innerlich zu beben. Der Speer zitterte ein wenig, das konnte ich sehen. Ian war drauf und dran, einen großen Fisch mit dem Speer aufzuspießen. »Du machst das schon, Junge. Genau wenn ich's dir sage, lässt du den Speer ganz schnell auf ihn runtersausen.« Dann kam der Moment: »Jetzt! Jetzt! Gib ihm den Speer!«

Als er mit dem Speer zustieß, machte es »bäng«. Der Speer begann zu ruckeln. Ian hielt ihn fest und schaute mich mit großen Augen an, als wollte er fragen: »Was muss ich denn jetzt tun?« Und der Speer hüpfte ihm in der Hand herum. Ich sagte zu ihm: »Nun hältst du ihn fest, mein Junge. Festhalten! Halt ihn fest! Lass ihn nicht entwischen!« Ian muss gespürt haben, wie der Speer vibrierte, stieß ihn tiefer und hielt so die Forelle auf den Steinen am Grund des Flusses fest. Ich griff mit der Hand hinunter, beugte mich ins Wasser und zog den Fisch auf den Speer.

»Na bitte, da hast du ihn ja, mein Junge. Schau dir den an!« Mit großen Augen sah Ian sich die Forelle an. Es handelte sich in der Tat um eine große Forelle – ich glaube nicht, dass ich jemals sonst eine derart große Forelle gesehen habe, weder zuvor noch danach. »Du bist jetzt ein großer Jäger, mein Junge. Nachdem du nun gelernt hast, wie man Fische mit dem Speer fängt, musst du nicht Hunger leiden, weißt du?«

»Ja, ja«, sagte er, während er sich den großen Fisch anschaute. »Gehn wir jetzt nach Hause?«

»Gut«, sagte ich, denn ich wusste, dass er heimgehen und allen stolz seinen großen Fisch zeigen wollte.

Ich nahm einen Farnstängel mitsamt den Blättern und schob ihn dem Fisch durch die Kiemen. So konnte Ian ihn nach Hause tragen. Darauf er: »Ich nehme ihn! Ich nehme den Fisch!«, und er trug ihn das ganze Stück bergauf bis zum Haus seines Großvaters. Je näher er dem Haus kam, umso schneller wurden seine Schritte, und der Fisch war so groß, dass er ihn hinter sich herzog. Er ging hinein und sagte: »Schau, schau her, Oma! Sieh dir das an, Großpapa! Ich habe diesen Fisch mit dem Speer aufgespießt! *Ich* habe ihn aufgespießt!«

»Ach ja? Hast tatsächlich du ihn aufgespießt?«, fragten sie nach. So recht Glauben schenken mochten sie ihm nicht.

Sie meinten wohl, ich hätte ihm den Speer gehalten. Als ich jedoch hinzufügte: »Ja, er hat's getan, hat es ganz alleine getan«, überzeugte sie das. Wie hat Ian sich da gefreut! Und wir alle hatten an diesem Nachmittag reichlich Fisch zu essen. Genug Fisch für jeden von uns.

So hat er zum ersten Mal mit dem Speer Fische gefangen. Mit dem Speer umzugehen, mit dem Speer Aale und andere Fische zu jagen, darum kümmerte er sich von nun an. Und anderen Leuten, für die das ein ungewohntes Bild war, zeigte er nur zu gern, was er konnte. Überall fing er Fische, auch an Stellen, an denen anderen das nicht gelang. Denn er wusste, wo er nachsehen musste. Während die Jahre ins Land gingen, sagte er später: »Erinnerst du dich noch an den Fisch, den ich damals aufgespießt habe, als ich klein war?« Und ich antwortete: »O ja, was war das doch für ein Prachtexemplar!«

Den Fisch werde ich niemals vergessen, eine unglaublich große Bachforelle – nur mit beiden Händen konnte ich sie umfassen. Dieser Fang war Ians erster Schritt in Richtung Jagd und er war unwahrscheinlich stolz darauf. Viele andere Fische hat er in den Jahren danach mit dem Speer aufgespießt, immer behielt er jedoch den ersten großen Fisch in Erinnerung. Ich denke ebenfalls gern an diesen Fisch zurück. Wie Ian auf dem Fels steht und mir sagt, wo sich der Fisch hinbewegt hat, habe ich weiterhin lebhaft vor Augen. Für mich spielt diese Erinnerung eine ganz besondere Rolle. Denn Ian ist inzwischen von uns gegangen.

KAPITEL 15

In jenen Tagen konnte ich meiner Arbeit im Steinbruch nur mit Unterbrechungen nachgehen. Denn
aufgrund des feinen Steinstaubs in meiner Lunge
litt ich im Sommer immer wieder unter einer Lungenentzündung. Vor lauter Steinstaub konnte man im Steinbruch die Hand nicht vor den Augen sehen. Wie mit einer
Salzschicht war alles von Steinstaub überzogen und diesen
Staub hat man unablässig eingeatmet. Um Arbeit zu bekommen, musste ich manchmal weite Wege zurücklegen.

Unsere Ehe begann damals ein wenig brüchig zu werden.
Dessen ungeachtet habe ich den Lebensunterhalt für meine
Kinder verdient und hart gearbeitet. Außerdem musste
Audrey viele Male fortgehen und sich um ihre Mutter küm-
mern, die krank geworden war, und so ergab es sich fast von
selbst, dass alles aus der Bahn geriet.

Am Ende lebte ich die meiste Zeit allein. Einige der Kinder lebten mal bei mir, mal bei ihrer Mutter. Ich bin weiter meiner Arbeit nachgegangen und habe gehofft, dass sich
alles irgendwie zum Guten wenden wird. Am Wochenende,
wenn niemand bei mir war, habe ich tief ins Glas geschaut.
Zur Arbeit bin ich aber immer gegangen. Zwischen Audrey
und mir gab es Streitereien wie bei jedem jungen Paar, das in
eine Krise gerät und nicht weiß, was da eigentlich vor sich
geht. Zuletzt bin ich allerdings stillschweigend davon ausge-
gangen, dass sie mich verlassen würde. Umso mehr habe ich
daraufhin getrunken – ihr jedoch nach wie vor stets Geld geschickt. Letzten Endes entwickelten sich die Dinge dahin ge-
hend, dass wir gute Freunde blieben.

Nach einem durchzechten Samstagabend habe ich, wenn
ich mich nicht sonderlich wohlfühlte, oft kilometerlange
Fußwege in Kauf genommen, um einen Drink zu bekommen,
der mich wieder so richtig auf die Beine stellen sollte. Dann

ging ich an dem Haus vorüber, in dem Audrey mit ihrer Mutter und ihrem Vater lebte, und meine Kinder standen draußen und schauten zu mir rüber.

Eines Sonntags kamen sie über die Straße gelaufen und fragten mich, wohin ich unterwegs war.

»Ach«, sagte ich zu ihnen, »heute fühle ich mich ziemlich mies. In Panmure oder so werde ich mir einen Drink bestellen, der mich wieder richtig auf die Beine bringt.« Voller Wehmut ging ich weiter.

»Wir wollen nicht, dass du das tust, Papa. Wir haben dich lieb.«

»Ich weiß, dass ihr mich lieb habt«, antwortete ich ihnen. »Aber ich brauche einfach diesen Drink. Ich bin allein und möchte etwas unternehmen – einen Spaziergang machen, einen langen Spaziergang, auf dem ich Abstand zu allem bekomme.«

Am Tor habe ich mich von ihnen verabschiedet und bin weiter die Straße entlanggegangen, vielleicht fünfzig Meter. Dann habe ich mich umgedreht. Meine Kinder beobachteten mich unverwandt. Und ich sagte mir: »Was für eine Chance haben die Kinder eigentlich, wenn ihr Vater betrunken ist und ihr ganzes Leben in die Brüche geht?«

Nicht einmal eine Zigarette habe ich mir angezündet. Bei einem Strauch habe ich mich hingesetzt, während meine Kinder die Augen noch immer nicht von mir ließen. »Sieh dich doch an: Du bist bereit, gut zwölf Kilometer weit zu laufen, um eine Flasche Wein zu kaufen und dich dann wieder auf den Heimweg zu machen!«, dachte ich. »Aber so sehr brauche ich das doch gar nicht, oder?« Dann kam mir der Gedanke: »Ich muss etwas für meine Kleinen tun.« Und ich sagte mir: »Nun gut, Banjo. Schluss jetzt mit dem Trinken. Von diesem Moment an stellst du die Kinder an die erste Stelle.« Ich schaute noch einmal in meiner Tasche nach und fand ein paar alte Kippen. Von einer alten Zeitung, die sich in dem Strauch verheddert hatte, riss ich einen Fetzen Papier ab und rollte mir eine Zigarette. Dann machte ich kehrt und ging den Weg, den ich gekommen war, wieder zurück.

»Wohin gehst du, Papa?«

»Ich gehe jetzt nach Hause. Dort koche ich mir was zu essen und ruhe mich gut aus, damit ich am Morgen wieder einsatzbereit bin für meine Arbeit.«

»Gehst du dir nichts zu trinken holen?«

»Auf gar keinen Fall. Ich werde mich jetzt um euch Kameraden kümmern.«

Erleichtert, ja heilfroh, rannten sie zum Haus und liefen an der Tür ihrer Mama über den Weg. »Papa geht nun doch nicht weg, um sich etwas zu trinken zu kaufen! Er geht nicht!«, erzählten sie ihr.

Und ich sah, wie Audrey ungläubig den Kopf schüttelte, als wollte sie sagen: »Tatsächlich? Und wie lange wird das vorhalten?«

Ich sah zu ihr hinüber, sagte aber kein Wort, sondern ging einfach weiter. Bestimmt hatte ich noch keine zehn Meter zurückgelegt, da hielt neben mir ein Auto. Durch das heruntergekurbelte Seitenfenster riefen mir zwei weiße Arbeitskollegen zu: »Wie steht's, Banjo?«

»Na ja, ich bin einigermaßen okay.«

»Geht's dir mies?«

»Das kannst du laut sagen!«

»Wir haben hier etwas bei uns, das dich wieder auf den Damm bringen wird.«

Prüfend schaute ich ins Auto. Auf dem Rücksitz stand ein großer Kasten Bier; zwei Kästen, um genau zu sein. Schlicht und einfach aus Gewohnheit war ich kurz davor, in den Wagen zu greifen und mir eine Flasche herauszuholen. Dann wandte ich mich allerdings um und schaute in Richtung des Hauses. Meine Kinder hatten das Auto neben mir halten sehen. Da waren sie nicht länger bei ihrer Mutter stehen geblieben, sondern zurückgekommen, um zu beobachten, was weiter geschehen wird. Den Blick immer noch auf sie gerichtet habe ich gedacht: »Was hast du gerade eben noch gesagt, Banjo? Du hast ein Versprechen abgegeben.«

Daraufhin sagte ich zu dem Arbeitskollegen: »Nein danke, Kamerad. Ich möchte keinen Drink.«

»Dir *muss* es mies gehen!«, meinten die beiden.

»Mir geht's mies, stimmt.«

»Dann lass uns einen trinken.«

»Nein, Kamerad. Gerade erst vor fünf Minuten habe ich meinen kleinen Kindern dort drüben erzählt, dass ich heute und morgen und für lange, lange Zeit nichts trinken werde.«

»Dir muss es verdammt mies gehen!«

»Hör zu, Kamerad. Schmeißt jetzt einfach das Auto wieder an und fahrt los. Von eurem Bier will ich nichts haben.«

Daraufhin haben sie den Motor gestartet und sind mit dem ganzen Bier abgedüst. Ich bin geradewegs nach Hause gegangen, habe mir ein leckeres Süppchen gekocht, Holz gehackt und mich schlafen gelegt.

Putzmunter bin ich am nächsten Morgen aufgewacht und den ganzen Weg bis zu meinem Arbeitsplatz im Steinbruch, acht Kilometer, zu Fuß gelaufen.

Am nächsten Zahltag bin ich in die Kneipe marschiert und habe mir einen frischen Zitronensaft bestellt. Alle haben sich über mich lustig gemacht. Aber ich habe weiterhin frischen Zitronensaft getrunken, ungefähr für die nächsten siebzehn Jahre. Meine Kinder wuchsen heran, besuchten die Schule, erhielten die beste Ausbildung, die sie bekommen konnten, und danach gute Arbeitsstellen. Ich habe sie, ihre weißen Freunde und ihre Aborigines-Freunde in diverse Klubs mitgenommen, in Sport- und Trainingshallen oder zum YMCA.[20] Ich habe ihnen beigebracht, wie man boxt, und mich wieder bestens in die Gesellschaft eingefügt.

Mit Audrey habe ich nicht mehr richtig zusammengelebt,

nur noch dann und wann. Wir sind jedoch sehr gute Freunde geblieben und in schwierigen Zeiten haben wir einander stets zur Seite gestanden. Die Erkrankung meiner Schwiegermutter wurde schlimmer und sie glaubte daher, dass Audrey nur aus diesem Grund bei ihr blieb.

Als unsere Kinder größer wurden, brachte ich ihnen die grundlegenden Dinge in unserer alten Sprache bei. Sie richtig zu sprechen habe ich ihnen allerdings nicht beigebracht. Falls notwendig, können sie heute natürlich viele Dinge sagen, ohne dass ihre weißen Freunde und Bekannten sie verstehen. In einer größeren Menschengruppe können sie sich miteinander gut verständigen.

Unser traditioneller Lebensstil, soweit er die Dinge des Geistes und der Geister angeht, war, auch als die Kinder klein waren, stets ein fester Bestandteil unserer Erziehung. Zu Hause haben die Kinder gelernt, dass es für uns stets etwas gab, woran wir uns in schwierigen Zeiten halten konnten; dass es etwas gab, das uns leitet und untrüglich warnt – ganz so wie der weiße Mann den christlichen Glauben hat.

Wir fühlen uns der Geistwelt sehr eng verbunden und Leute aus der Geistwelt lassen uns manches wissen. So ist die Aborigines-Überlieferung. Wenn man über derartige Dinge zu einem Aborigine spricht, versteht er genau, wovon die Rede ist. Der Geist eines Dahingeschiedenen, so habe ich meinen Kindern oftmals erzählt, wird dich im Traum aufsuchen; oder du erhältst ein warnendes Vorzeichen, dass ein Freund oder ein Verwandter krank ist. Etwas Eigentümliches geschieht und du weißt: Dies ist eine Botschaft aus der Geistwelt. Ihr Leben lang schenken Aborigines diesen Dingen große Aufmerksamkeit, normalerweise aber erzählen wir den Leuten nichts davon. Denn wir befürchten, dass wir aufgrund von Dingen, die absolut wahr sind, verlacht werden. Es gibt da etwas. Verstehen tu ich es selbst nicht, doch wir wissen, es ist da. Wir sind keine Akademiker oder Wissenschaftler, die im Einzelnen austüfteln können, was es mit diesen Dingen auf sich hat. Aber wir glauben daran, dass sich diese Dinge abspielen. Das ist die Hauptsache.

Weiße Leute, die einige Zeit mit Aborigines verbracht haben, wie hier bei uns in der Mission zum Beispiel, habe ich sagen hören, dass sie in der weißen Welt nie mit Dingen zu tun gehabt hatten, die sich so zutrugen, wie sie sich zugetragen haben, seit sie sich in die Aborigines-Welt hineinbegeben haben. Empfindungen überkommen sie, als ob ihnen jemand eine wichtige Botschaft übermittelt. Unter Umständen werden ihnen auch Zeichen von außen zuteil, durch einen Traum beispielsweise oder einen Vogel. Würden Sie freilich Aborigines am Lagerfeuer über solche Dinge reden hören, dann würden Sie meinen, dass sie eine fremde Sprache sprechen. Ich möchte Ihnen gern an einem Beispiel verdeutlichen, wovon hier die Rede ist.

Einmal befand ich mich allein zu Hause, weil meine Frau zum Haus ihrer Eltern gegangen war, um meine Schwiegermutter zu versorgen. Im Lichtschein einer alten Kerze, die neben meinem Bett stand – denn elektrisches Licht gab es damals bei uns noch nicht –, habe ich in einem Buch gelesen. Es war gegen Mitternacht.

Jemand kam zum Hauseingang und stieß die Tür auf. Mein Blick ging Richtung Türrahmen. Dort sah ich eine Frau stehen. »Es ist Audrey«, dachte ich mir, daher rief ich: »Was ist los? Die alte Großmama muss ja wirklich krank sein, dass du zu dieser nächtlichen Stunde hierherkommst.«

Die Frau aber gab mir keine Antwort. Sie stand einfach außerhalb des Kerzenscheins und schaute mich unverwandt an. Von ihrem Gesicht konnte ich allerdings nicht viel erkennen. Sie blieb im Halbdunkel stehen und so sah ich lediglich die Körperkonturen.

Dann ergriff mich ein merkwürdiges Gefühl von Kälte

und die Nackenhaare begannen sich aufzustellen. Ich begriff, dass dies ein Moorup (Geist) war. Wie gelähmt saß ich da und starrte die Frau an.

Nach vielleicht fünfzehn Sekunden sagte ich zu ihr: »Was möchtest du? Rede doch mit mir und sag mir, was du hier möchtest!«

Die Frau wandte mir den Rücken zu und trat dann rückwärts ins Kerzenlicht. Die Kerze tauchte den gesamten Kopf in Licht. So konnte ich sehen, dass sie langes schwarzes Haar hatte und ein altmodisches langes Kleid trug.

»Warum machst du das? Was ist los?«, rief ich.

Sie ging den Flur auf und ab. Ich sprang aus dem Bett, lief hinter ihr her und rief: »Was ist los? Was geht hier vor?« Ich hatte Angst.

Die Frau ging schnurstracks hinaus und verschwand. Abgespielt hat sich das einige Zeit nachdem ich damals, um den Kindern eine Chance zu geben, zu trinken aufgehört hatte. Mit anderen Worten: Ich war stocknüchtern! Schon seit Jahren hatte ich damals einen ausgeglichenen Lebenswandel gepflegt und nicht mehr getrunken.

Ein paar Tage später kam meine Frau zu mir, um mir ein paar Sachen zu bringen. »In einer der letzten Nächte ist eine Moorup-Frau hier gewesen und ich habe gedacht, dass du es warst.«

Sie lachte über mich, dann wurde sie allerdings nachdenklich. Nach einer Weile fiel ihr ein, dass in dem Haus früher ein alter Freund gewohnt hatte, ein reinblütiger Aborigine namens Onkel Jack. Und Onkel Jack hat seinem Neffen, Joe Alberts, erzählt: »Ach! Ich weiß nicht, warum diese Frau dauernd in mein Zimmer kommt und mich anguckt. Sie hat hier nichts zu suchen. Und niemals sagt sie ein Wort.«

Nachdem Onkel Jack gestorben war und sein Neffe das Haus übernommen hatte, schliefen gewöhnlich seine Kinder in jenem Zimmer. Sie beklagten sich, dass die Frau immer wieder ins Zimmer kam, dastand und sie anblickte. Daraufhin schnitt Joe zwei Trennwände heraus, damit er und die Kinder in einem großen Zimmer schlafen konnten. Und bis jetzt hatte niemand mehr das andere Schlafzimmer benutzt.

Nach jener Nacht ist diese Frau mehr als fünf Jahre lang jeweils zur selben Zeit erschienen und ich gewöhnte mir an, schon auf ihr nächstes Auftauchen zu warten. »Die alte Frau wird bald wieder da sein«, sagte ich mir, »es ist wieder an der Zeit.« Sie kam zwei oder drei Nächte pro Monat. Und ich redete mit ihr: »Mir geht es gut, aber danke, dass Sie mich besuchen kommen.« Nach wie vor sagte sie jedoch kein einziges Wort. Sie ging zur Tür hinaus, genau wie sonst, und ich bin ihr gefolgt.

So habe ich sie ein wenig kennengelernt und herausgefunden, dass sie Betrunkene überhaupt nicht mochte. Wenn Betrunkene im Haus waren, reagierte sie richtig aufgebracht, warf mit Gegenständen nach ihnen und einmal spurte sogar jemand, wie sie ihn gewürgt und über den Boden geschleift hat.

Eine meiner jüngeren Töchter hat einmal Pilze gesammelt, als sie aus einiger Entfernung die Moorup-Frau vor meiner Haustür stehen sah und glaubte, das sei ihre Mutter. Stolz kam sie herbeigerannt, um der Mutter die vielen Pilze zu zeigen, die sie gesammelt hatte. Als sie an der Tür ankam, war jedoch niemand da und das Haus war richtiggehend kalt. Daraufhin lief sie zum Haus ihrer Großmama, wo die Mutter schon auf sie wartete.

Die Moorup-Frau ist vielen Leuten erschienen. Das Sonderbare aber war, dass meine Frau noch lebte. Wäre Audrey bereits, bevor die Moorup-Frau zu uns kam, von uns gegangen, wäre ich mir sicher gewesen, dass es sich um ihren Geist handelte.

Vielleicht ist Audreys Geist jedoch trotzdem zu uns gekommen, ohne ihr Wissen. Denn ich hätte schwören können, dass sie es war, obgleich die Frau nie zugelassen hat, dass ich einen Blick in ihr Gesicht warf.

KAPITEL 16

Im meinem mittleren Lebensabschnitt bin ich einige Male hinter Gittern gelandet: entweder, weil ich mich für meine Rechte eingesetzt habe, oder weil ich andere Leute, die etwas angestellt hatten, nicht verraten wollte. Falls beispielsweise jemand einen Mantel gestohlen hatte und die Polizei erklärte, dass ich derjenige war, habe ich bloß gedacht: »Nun gut, in Ordnung. Jemand, der unbedingt einen schönen warmen Mantel benötigt hat, kann ihn jetzt tragen.« Und ich habe mich für den Betreffenden gefreut. Mir hat es nichts ausgemacht, wenn ich dann ins Gefängnis gewandert bin. Das war Bestandteil unseres Lebens – etwas, das wir akzeptiert haben, weil wir Aborigines waren. Alle möglichen Übel haben wir akzeptiert, waren damit einverstanden. Uns gegen diese Dinge zur Wehr setzen und böse sein konnten wir nicht. Daher waren wir einfach damit einverstanden. Für die eigenen Rechte ließ man uns nicht eintreten – wir hatten keine Anwälte. Andererseits sorgte es für dicke Schlagzeilen, wenn ein Aborigine ins Gefängnis musste, und in den Zeitungen waren die Seiten voll mit irgendwelchen Kinkerlitzchen, mit läppischen Dingen, die auf das Konto von Aborigines gingen. Uns zu demoralisieren, sosehr sie nur konnten, das war ihre Strategie – beinahe als hätten sie es so gewollt, es darauf angelegt, dass ein übler Kerl aus dir wird.

Einmal habe ich, als ich im Gefängnis saß, all den anderen Gefangenen Geschichten erzählt, die sie zum Lachen brachten. Einer der Wärter, der von allen gefürchtet wurde, bemerkte das. Ihm hat es, wie ich sehen konnte, überhaupt nicht gepasst, dass ich diese Geschichten erzählt habe: Im Gefängnis solltest du nichts zu lachen haben und keine angenehme Zeit verbringen. So etwas war unerwünscht.

Irgendwann fand ich heraus, dass wir darum ersuchen konnten, zeitweilig im Gefängnisgarten zu arbeiten. Daher äußerte ich den Wunsch, mit dem Gefängnisleiter darüber zu sprechen. Der Wärter, den alle fürchteten, stellte sich mir in den Weg und begann mich anzuschreien.

»Den Gefängnisleiter willst du also treffen, ja?«, knurrte er. »Was ist denn los, Bürschchen? Wir vermissen wohl unser Bierchen, hab' ich recht?«

»Nein«, sagte ich, »mein Bier vermisse ich nicht.«

»Bestimmt vermissen wir dann, dass wir nicht zur Arbeit gehen müssen, oder?«

»Nein«, antwortete ich. »Ich habe nichts dagegen, arbeiten zu gehen.«

Und so fuhr er weiter fort, mir Fragen zu stellen. »Du vermisst wohl deine Frau, stimmt's?«

»Nein«, sagte ich wieder.

»Dann vermisst du wohl deine schwarzen Kumpels?«

»Nein, mein Herr«, erwiderte ich. »Alle meine Kameraden sind hier drinnen.«

Einige der Gefangenen um mich herum begannen zu kichern. Inzwischen war der Wärter richtig außer sich. Er kam nun ganz nahe an mein Gesicht heran. Mit blitzenden Augen und puterrotem Gesicht schrie er: »Was zum Teufel noch mal vermisst du denn dann?«

»Ich vermisse den Klang von lachenden Kinderstimmen«, sagte ich.

Der Wärter blieb, mit offenem Mund, wie angewurzelt stehen. Er sagte kein einziges Wort mehr, nur noch eine Art Fauchen in meine Richtung war zu hören. Nachdem er eine Minute lang so dagestanden hatte, ergriff er eilends die Flucht.

Die übrigen Gefangenen gratulierten mir zu dem sau-
bersten Kampf und dem furiosesten Triumph, den sie je miterlebt hatten – doch so hatte ich das keineswegs gemeint!
Der Mann muss, glaube ich, den Verlust eines Kindes oder
etwas Vergleichbares erlebt haben. Vielleicht hatte seine Frau
ihn verlassen und die Kinder mitgenommen. Etwas Grauen-
haftes musste ihm widerfahren sein, dass er immer so gemein
zu anderen Menschen war. Er tat mir aufrichtig leid.

Danach wagte er sich nie mehr in meine Nähe und wenn
er mich kommen sah, hat er schleunigst das Weite gesucht.
Nicht einmal angeschaut hat er mich noch.

Ein anderer Wärter, der all das mit angehört hatte, brachte
mich anschließend hinaus in den Garten, teilte mir ein paar
Arbeiten zu und sagte: »Wann immer du etwas möchtest,
komm zu mir.«

In Melbourne habe ich im Gefängnis einst diesen jungen Burschen getroffen. Er war zum ersten Mal in derartige
Schwierigkeiten geraten. Der Großgrundbesitzer, für den er
gearbeitet hatte, schuldete ihm Geld. Dann lernte er ein paar
gute Leute aus einer anderen Stadt kennen, die gewöhnlich
die gleiche Kirche besuchten wie er, und sie boten ihm an, bei
ihnen ein wenig Urlaub zu machen. Freilich wussten sie nicht,
was er dort bei dem Großgrundbesitzer, für den er arbeitete,
durchmachte – wie menschenunwürdig er behandelt wurde.
Denn das behielt er für sich. Zum Beispiel ließ der Großgrundbesitzer ihn draußen im Hühnerstall schlafen, wenn er
die aufgetragenen Arbeiten nicht vollständig erledigt hatte.
Nun dachte der Junge an die Leute in der Kirche, die sich seiner angenommen hatten, und an dieses junge Mädchen, das
er mehr und mehr lieb gewonnen hatte. Sie war im gleichen
Alter wie er. All das erzählte er mir, als er im Gefängnis saß.
Er wollte, dass ich ihnen einen Brief schreibe. Doch ich war
nun wahrhaftig nicht der große Briefschreiber. »Nein, schreib
du den Brief, Kamerad«, sagte ich ihm.

Er erwiderte: »Aber ich möchte, dass du das übernimmst. Bestimmt kannst du alles viel besser erklären. Denn sie sollen nicht erfahren, dass ich im Gefängnis bin. Das will ich nicht.«

»Aber sie sehen ohnehin, dass der Brief aus dem Gefängnis kommt«, hielt ich ihm entgegen. »Vielleicht haben sie Verständnis für dich und deine Situation und möchten dich gern sehen. Sicherlich kommt es für sie unerwartet, dass du im Gefängnis sitzt. Bei jemandem wie dir würde ich das auch nicht vermuten. Wäre ich dir draußen begegnet, hätte ich mir gesagt, dass du bestimmt nie im Leben hinter Gittern landen wirst, mein Freund, weil du so eine ehrliche Haut bist.«

Allerdings hatte er dieses eine Pferd im Gegenwert des Geldbetrages gestohlen, den der Farmer ihm schuldete. Und als sie festgestellt haben, dass weder der Junge da war noch das Pferd, wurde ein Haftbefehl erlassen, der Junge vor Gericht gestellt und zu sechs Monaten verurteilt. Zum ersten Mal im Leben in der Klemme, und sofort war jeder in der kleinen Stadt total gegen ihn eingenommen. Der Mann, dem er das Pferd gestohlen hatte, verfügte über großes Ansehen, war sehr einflussreich und besaß viel Geld. Er war Gemeindevorsteher und dem Jungen gab man erst gar keine Gelegenheit, etwas darüber zu sagen, dass der Mann ihm Geld schuldete und ihn unmenschlich behandelt hatte. Also wanderte er hinter Gitter und er war komplett verängstigt. Nun war er gemeinsam mit mir zur Arbeit eingeteilt und die Wärter ließen ihn bei mir, weil ich schon einige Male im Gefängnis gewesen war – schließlich war ich ja ein Aborigine.

Wie dem auch sei, bei der Arbeit war dieser junge Mann mit mir zusammen und unsere Aufgabe bestand darin, die Wachtürme für die Wärter sauber zu machen. Eines Tages, als er gerade auf einem Stuhl stand und die Augen über den Gefängnishof gleiten ließ, rief er mich zu sich, voller Freude und in heller Aufregung: »Komm mal schnell her, sieh nur, sieh nur, sieh nur! Sieh dir das an! Sieh dir das an! Sieh nur! Sieh!«

»Was ist denn los? Worum geht's?«

»Komm mal rüber, beeil dich, sieh doch! Sieh!«, rief er mir zu.

»Vielleicht werde ich nun gleich zum Augenzeugen einer Massenflucht von Häftlingen oder so etwas Ähnlichem«, dachte ich.

Also gucke ich aus dem Fenster, lasse den Blick an den großen Backsteinmauern und an den Natursteinmauern entlangschweifen. Aber ich kann niemanden sehen.

»Was meinst du denn überhaupt?«, fragte ich ihn.

»Sieh doch!«, rief er wieder. »Siehst du's denn nicht?«

»Sag mir, was los ist, mein Freund. Worum geht's? Was schaust du dir denn eigentlich an?«

»Das grüne Gras! Sieh doch dieses herrlich grüne Gras!«, rief er.

Nun warf ich ihm einen prüfenden Blick zu. Wovon redete der Junge eigentlich. Ich stammte aus dem westlichen Distrikt, wo es jederzeit grünes Gras gab. Und ich sagte: »Ja, das ist grünes Gras. Na und? Hast du denn noch nie im Leben grünes Gras gesehen so wie dieses hier, mein Freund?«

»Nein«, antwortete er, »jetzt gerade sehe ich das zum allerersten Mal.«

Wie sich rausstellte, kam er aus einer durch und durch knochentrockenen Gegend, irgendwo im Mallee.[21] Verstehen Sie? Beim Anblick von all dem grünen Gras war er völlig aus dem Häuschen. Und dann begriff ich: »O, der arme Junge. Er muss lange gelitten haben, dieser Junge.«

Nie wieder würde er ins Gefängnis kommen, erzählte er mir. Den Brief habe ich nie für ihn geschrieben. Er aber hat mir gesagt, dass er die guten Leute wahrscheinlich aufsuchen wird. Er wollte, dass ich mit ihm zusammen dableibe, so lange mit ihm im Gefängnis bleibe, bis seine Zeit vorüber ist, und ihn dann begleite, um den Leuten zu erklären, warum er im Gefängnis gesessen hat. »Länger im Gefängnis zu bleiben wird man mir nicht erlauben«, antwortete ich ihm. »Du wirst das selbst erklären müssen und sie werden dich trotzdem mögen. Wahrscheinlich fragen sie sich jetzt, wo du überhaupt steckst und wie du so urplötzlich von der Bildfläche verschwinden konntest. Sie haben keine Ahnung, *wo* du jetzt bist. Du kommst nicht zu eurer Kirche und niemand scheint zu wissen, wo du bist. Die Leute vor Ort werden ihnen vermutlich nicht verraten, wo du zu finden bist.«

Erwartungsgemäß musste ich das Gefängnis früher verlassen als er. Jahre später, als ich wieder ins Gefängnis kam, standen da all die jungen Burschen auf jenem Hof, der den Untersuchungshäftlingen vorbehalten ist. Einer von ihnen kam auf mich zu und sagte: »Erkennst du mich?«

Ich musterte ihn von Kopf bis Fuß und sagte: »Du erinnerst mich an jemanden, den ich vor langer Zeit kennengelernt habe. Aber das war gleichfalls im Gefängnis und dieser junge Bursche hat mir damals versichert, dass er nie wieder ins Gefängnis kommen würde.«

Er entgegnete: »Ja, genau, der bin ich.«

»Was ist passiert, mein Freund?«, sagte ich.

»Nach der Entlassung bin ich nie mehr nach Hause zurückgekehrt«, erzählte er mir. »Ich bin nie mehr zu den guten Leuten gegangen, die sich meiner damals angenommen hatten, nicht einmal mit meiner Mama gab es ein Wiedersehen. Ich bin schnurstracks Richtung Süden gegangen und habe bei den Aborigines an den Ufern der Flüsse gelebt. Seither war es für mich ein einziges Kommen und Gehen: ins Gefängnis, heraus aus dem Gefängnis, wieder ins Gefängnis und so weiter.«

»Als ich dich damals kennengelernt habe«, erwiderte ich ihm, »hätte ich darauf gewettet, dass du nie wieder hinter Gittern landen würdest.« Tatsache ist: Bei korrekter Behandlung hätte er bestimmt sein Leben lang nicht ein einziges Gefängnis von innen kennengelernt. Aber nun hatte er zu niemandem mehr Vertrauen, nicht einmal zu sich selbst.

Da er im Gefängnis Freundschaft mit mir geschlossen und ich, der Aborigine, mich um ihn gekümmert hatte, begab er sich nach seiner Entlassung auf die Suche nach anderen Aborigines, die sich seiner annehmen würden. Verstehen Sie? Und in einem Aborigines-Camp zu leben war in jenen Tagen gleichbedeutend damit, dass man trank, sich durchkämpfte, klaute und in den Randbezirken der weißen Siedlungen und Großstädte lebte. Weiter erzählte er mir: »Auch wenn ich all die Zeit immer wieder hinter Gittern gelandet bin, habe ich doch niemals vergessen, wie du dich um mich gekümmert hast.« Dann zog er den neuen Pullover, den er trug – es war Winter –, aus und gab ihn mir. Darunter hatte er lediglich ein Hemd.

»Und wie sollst du jetzt zurechtkommen, mein Freund?«, fragte ich ihn. »Hier drinnen ist es erbärmlich kalt.«

»Nein, nimm ihn«, antwortete er. »Nimm ihn dafür, dass du dich so um mich gekümmert hast.«

Seit jenem Tag habe ich ihn nie wieder getroffen, bis heute nicht, und das ist nun viele Jahre her. Nie wieder habe ich irgendetwas von ihm gehört. Wann immer es Nachrichten gab von Leuten, die in Schwierigkeiten steckten – oder wenn von Mord- oder von Unglücksfällen berichtet wurde –, habe ich geschaut, ob irgendwo sein Name zu lesen war, ihn jedoch nie gefunden. Ich frage mich, wie es ihm wohl seither ergangen sein mag.

KAPITEL 17

In den Sechzigerjahren kam die Zeit, in der mein Vater, nachdem er 30 Jahre in Melbourne gelebt hatte, wieder die Mission zu seinem Wohnsitz machte. Dennoch reiste er immer wieder dorthin, wo Mama in der Stadt arbeitete. Außerdem kam meine Mutter von Zeit zu Zeit nach Hause. Doch sie liebte es, die Arbeit stets in Reichweite zu haben – und in Melbourne gab es, in Cafés oder in privaten Haushalten, weitaus mehr Arbeit für sie zu tun. Auch der Reservation, in der sie geboren wurde, der Cummeragunja-Mission, stattete sie des Öfteren einen Besuch ab.

Mein jüngster Bruder Bert ist bei Papa geblieben. Der arme Bert – sein Leben lang hat er hart gearbeitet, war jedoch Alkoholiker. Mehr oder weniger hat der Alkohol ihn umgebracht. Wir nannten ihn meistens Gunboat, nach einem afroamerikanischen Kämpfer, Gunboat Jack. Unter dem Spitznamen Gunboat war mein Bruder bald allgemein bekannt, weil er die gleichen Eigenheiten wie Gunboat Jack hatte.

Gunboat war es, als sein Ende nahte, schnell leid, andauernd in die Klinik aufgenommen und wieder entlassen zu werden, und so behielten sie ihn schließlich auf der Station. Wir alle sind ihn dort besuchen gegangen. Er muss wohl gedacht haben, dass ich aussehe, als ob es mir nicht gut geht und ich einen Drink bräuchte. Denn er forderte mich auf, der Schwester Bescheid zu sagen, damit sie mir sein Geld aushändigt: »Ich habe recht viel Geld. Weil ich im Krankenhaus war, habe ich es nie ausgegeben«, sagte er mir. »Nimm es, nimm alles, ich habe dafür jetzt keinen Bedarf.« Er wusste, dass er im Sterben lag.

»Ich will es nicht«, antwortete ich ihm. »Es ist deins. Du weißt nie, wozu du es vielleicht noch brauchen wirst.«

Doch er ließ nicht locker. »Du holst jetzt die Schwester. Oder ich werde sie rufen.«

»Nein, mein Freund, mach das nicht. Das Geld gehört dir. Behalt es hier. Ich möchte nichts.«

Ich habe nichts angenommen und ich habe überhaupt nie etwas von einem Kranken genommen.

Was nach seinem Dahinscheiden mit dem Geld geschehen ist, weiß ich nicht. Ich habe nie nachgefragt, wer es erhalten hat. Für einen echten Aborigine hat Geld eigentlich keine Bedeutung. Hat jemand anderes es erhalten, dann muss die oder der Betreffende es benötigt haben. Das ist in Ordnung – jedenfalls nichts, worüber man sich streitet.

Als ich im Steinbruch gearbeitet habe, erhielt ich eines Tages die Nachricht, dass mein Papa nicht damit rechnete, den Tag zu überleben, und mich unbedingt sehen wollte. Er hatte schon seit einigen Wochen im Krankenhaus gelegen.

Ich betrat den Raum, in dem sein Krankenbett stand. Wir unterhielten uns ein bisschen über dies und das, dann platzte es regelrecht aus ihm heraus und jedes einzelne Wort sprach er mit großem Nachdruck aus: »Unser Stammesland wirst du nicht verlassen, nicht wahr, mein Sohn?«

»Nein, Papa.«

»Mach das nie. Es ist unser Geistland. Es war gut genug für deine und meine Ahnen. Es war gut genug für mich, dort eine Familie zu gründen und sie an diesem Ort, der unsere geistige Heimat ist, aufwachsen zu lassen. Dies ist der einzige Ort, an den wir uns halten können, um uns mit unseren Ahnen eins zu fühlen. Du musst mir versprechen, dass du auch in Zukunft dort bleiben wirst.«

»Ich werde fortgehen und wiederkommen«, antwortete ich ihm. »Aber stets werde ich diesen Ort mein geistiges Zuhause nennen.«

»Genau das meine ich«, sagte er.

Mein Papa hatte vor langer Zeit von einem alten Gesetz gehört: Solange auch nur ein einziger Aborigine auf früherem Missionsland lebt, so besagt dieses Gesetz, konnte es nicht für andere, nicht den Aborigines dienende Zwecke genutzt werden. Man durfte es nicht zu freiem, unbewohntem Land deklarieren, solange einer der Bewohner noch dort lebte.

Er werde sich nun eine Weile ausruhen, sagte er mir. »Bis später«, fügte er hinzu.

»In Ordnung, Papa«, sagte ich.

Ich blieb weiter nahe bei seinem Bett, ging ein paar Schritte auf und ab und sah ihm zu, wie er im Schlaf atmete. Als ich ihn so anschaute, da wusste ich, dass er nicht mehr viel länger bei uns bleiben würde. Ich sah, wie er seinen letzten tiefen Atemzug nahm, und dann begriff ich, dass er ins Land seiner Stammesvorfahren gegangen war.

Die Schwester, die immer wieder mal vorbeigekommen war, um einen Blick auf ihn zu werfen, kam zu mir und sagte: »Sieht ganz so aus, als ob er fest eingeschlafen ist.«

»Ja, er ist fest eingeschlafen«, sagte ich.

Beim nächsten Mal, als sie vorbeikam, wollte sie seinen Puls fühlen. Da geriet sie in Panik und rief sehr ärgerlich: »Sehn Sie doch! Gehn Sie fort hier!«

Doch mein Papa hatte mich eigens rufen lassen, damit ich komme und die Dinge höre, die er mir über sein Geistland sagen wollte, und es war richtig, dass ich da war. Jedenfalls bin ich nicht gegangen. Die Schwester holte den Arzt. Der Arzt kam und sagte zu mir: »Wir haben alles getan, was in unseren Kräften stand.«

»Ich weiß, dass Sie das getan haben«, sagte ich. »Mein Papa war mit der Pflege und der medizinischen Versorgung, die er hier erhalten hat, hochzufrieden. Ich war dabei, als er seinen letzten Atemzug getan hat, doch die Schwester wusste nicht, dass ich genau miterlebt hatte, wie er uns verließ.«

Als für meinen Vater die letzte Stunde nahte, hatte er nur noch einen einzigen Wunsch: Er wollte herausfinden, wie sein Sohn mit dem Land und mit den überlieferten Überzeugungen umgehen würde. Das stimmte mich sehr froh. Er wollte sich in Bezug auf die geistige Seite meines Aborigines-Lebens sicher sein können. Und ich habe meinem alten Papa an seinem Totenbett versprochen, dass ich niemals von hier fortgehen würde. Deshalb bin ich heute hier, ungeachtet all der schlimmen Dinge, die sich zugetragen haben.

Aufgrund dessen, was mein Papa mir mitgeteilt hatte, war ich zuversichtlich, dass unser Land immer als Aborigines-Land betrachtet werden würde. Trotz all der Entbehrungen, trotz der Probleme mit der Regierung, mit den Besitzverhältnissen und den Landrechten war dieses Land stets von Aborigines bewohnt worden. Niemals haben wir es verlassen, niemals unbewohnt gelassen. Zu jeder Zeit ist jemand hier geblieben, als eine Art Wächter jener Geiststätten, an denen unsere Ahnen verweilten. Darin vor allem liegt für uns die Bedeutung des Buschlands: Es ist für uns ein geistiger, ein spiritueller, ein beseelter Ort, der es uns ermöglicht, zu kommen und zu gehen. Es handelt sich nicht einfach nur um einen Baum oder einen Fluss, sondern um etwas Heiliges – etwas, das sich mit keinem Geld der Welt bezahlen lässt, etwas, das auf immer und ewig da ist.

Der jungen Krankenschwester war nicht klar, dass Aborigines an den Tod gewöhnt sind. Wir wissen, wann unsere Freunde von uns gehen. Von Kindesbeinen an haben wir uns um sterbende Angehörige gekümmert. Wir hören ihre letzten Wünsche. Aborigines sind mit solchen Dingen vertraut. Von Geburt an leben wir mit dem Tod. Wir alle wissen, was auf uns zukommt, wenn unsere Zeit abgelaufen ist. So führen wir Aborigines unser Leben – Not, Entbehrungen, alles Unangenehme teilen wir genauso miteinander wie die glücklichen Momente. Die Krankenschwester konnte nichts dafür, dass sie nicht darüber Bescheid wusste.

Meine alte Mama lebte noch eine ganze Reihe von Jahren. Als sie 1985 dahinschied, war sie fast einhundert Jahre alt. Vor ihrem Zuhause in Framlingham kümmerte sie sich die ganze Zeit um einen wirklich wunderschönen Garten und sie sorgte Tag für Tag dafür, dass immerzu ein Feuer brannte.

»Ein Feuer halte ich stets in Gang, selbst an einem ganz heißen Tag«, sagte sie. »Das brauche ich, um in die Traumzeit zu schauen.«

Stets hatte sie sich dafür eingesetzt, dass jeder Mensch gerecht behandelt wurde. Jedem, völlig unabhängig von der ethnischen Zugehörigkeit oder der Glaubensrichtung, streckte sie eine helfende Hand entgegen. Jedem Menschen beizustehen, das war ein wichtiger Bestandteil ihres Lebens. Ganz besonders kämpfte sie mit großem Einsatz für die Rechte der Aborigines. Sie kämpfte für gleiche Lebensbedingungen innerhalb der Gemeinschaft der Aborigines in Framlingham und Umgebung, in ihrer Heimat Cummeragunja oder in anderen Teilen Australiens, in denen Aborigines schlecht behandelt wurden. Des Öfteren hatte sie uns Geschichten aus der Cummeragunja-Mission erzählt – Geschichten darüber, wie all ihre Spielgefährten von dort verschleppt worden sind. Sie selbst wurde hingegen nie in eines der Waisenhäuser gebracht. Sie muss, nehme ich an, starke Eltern gehabt haben, die um ihre Kinder kämpften. Haben die Eltern ihre Kinder beschützt und sie versteckt, dann konnten sie mitunter all den Nachstellungen entgehen. Gab es hingegen niemand, der diese Aufgabe übernehmen konnte, war es ein Leichtes, sich die Kleinen zu schnappen.

Mein Bruder Frank, der als Boxer nach North Queensland ging, hat Boxkämpfe im Stadion von Sydney ausgetragen und später ein Aborigines-Mädchen aus Queensland geheiratet. Oben im Nordosten hatte er eine Familie und dort verbrachte er sein ganzes weiteres Leben. Sogar während des Zweiten Weltkriegs war er als Boxer aktiv. Inzwischen ist er von uns gegangen und ein weiteres Bindeglied zu den Tagen der Baumrindenhütten ist somit zerbrochen. Daher bin ich der einzige noch verbliebene Bruder.

1973 hatte ich eines Nachts einen furchtbaren Traum. Von schmutzigem Wasser zu träumen ist in der Aborigines-Überlieferung gleichbedeutend mit Tod.

Ich habe geträumt, dass eine alte Kutsche, auf der meine

Frau und unsere jüngste Tochter Fiona saßen, den Fluss hinab-treibt. Das Wasser war total verschmutzt. Ich kämpfte mich durch das Wasser hindurch, um zu Frau und Kind zu gelan-gen. Audrey habe ich jedoch nicht zu fassen bekommen, sie ging sofort unter. Immerhin gelang es mir mit der kleinen Fiona und ich schwamm mit ihr ans Ufer. Als ich von dort zurückschaute, war meine Frau nirgendwo mehr zu sehen.

Kurz nachdem ich diesen Traum gehabt hatte, hielt meine älteste Tochter Pat, als ich die Straße entlangging, mit dem Auto ihres alten Großvaters neben mir. »Beeil dich!«, sagte sie. »Es ist etwas passiert! Mama liegt auf dem Fußboden. Sie ist zusammengebrochen.«

Ich bin zum Haus zurückgerannt und wir haben sie vom Boden aufgehoben – ich und ihr alter Papa. Gemeinsam ha-ben wir sie aufs Bett gehoben. Sie lag im Sterben.

Sie streckte ihre Hände nach mir aus, griff nach meiner Hand, zog mich zu sich herab und küsste mich. Dann nahm sie die Tabletten meines kleinen Mädchens Fiona in die Hand – Fiona litt unter Epilepsie – und sagte zu ihr: »Von jetzt an wirst du selbst auf dich achtgeben müssen.«

Mein kleines Mädchen, das erst neun Jahre alt war, rief: »Lasst Mammi nicht sterben! Lasst Mammi nicht sterben!« Schnell holte Fiona einen Löffel und steckte ihn Audrey in den Mund, damit sie sich nicht auf die Zunge biss. Denn sie glaubte, ihre Mama hätte einen epileptischen Anfall, wie es bei Fiona des Öfteren der Fall war. Anschließend rannte sie hinaus, drehte den Wasserhahn auf und legte der Mama Lap-pen auf die Stirn, die sie mit kaltem Wasser befeuchtet hatte.

Inzwischen fuhr Pat nach Purnim, um den Rettungswagen anzurufen, da wir kein Telefon hatten. Dann kam sie zurück und sagte: »Was soll ich bloß machen? Was soll ich bloß ma-chen? Sie weigern sich zu kommen!«

Ich trug ihr auf: »Geh zurück und sag ihnen, dass sie kom-men müssen. Es handelt sich um einen echten Notfall.«

Noch zweimal ist Pat losgefahren, um den Rettungswagen zu rufen. Doch man hat ihr mitgeteilt: »Wir kommen nicht in Aborigines-Siedlungen, es sei denn, wir sind zuvor von der Polizei verständigt worden.« Bestimmt haben sie gedacht: »Am Ende stellt sich heraus, dass zwei Betrunkene aneinandergeraten sind oder jemand mit einer Flasche geschlagen worden ist.« Angelegenheiten unter Aborigines besaßen aus ihrer Sicht keine Dringlichkeit. Es ging sie nichts an – jedenfalls solange sie nicht selbst unmittelbar betroffen waren.

Schließlich sagten sie, dass sie kommen werden. Aber sie ließen sich alle Zeit der Welt. In der Zwischenzeit starb meine arme Frau und Fiona jammerte und weinte unaufhörlich: »Lasst Mammi nicht sterben! Lasst sie nicht sterben!«

»Sie wird nicht sterben, mein Mädchen«, sagte ich, »sie wird nicht sterben.«

Schluchzend saß Fiona am Kopfende des Betts und hielt den kalten Lappen an die Stirn ihrer Mama. Kurz bevor der Rettungssanitäter hereinkam, wusste ich, dass meine Frau ihren letzten tiefen Atemzug getan hatte und dahingeschieden war. Meinem kleinen Mädchen verriet ich nicht, dass ihre Mama bereits von uns gegangen war.

»Lass Mama nicht sterben, Papa«, rief sie weiter. »Lass Mama nicht sterben.«

Der Rettungssanitäter kam herein und sagte in barschem Tonfall: »Wo ist die Person, die angeblich krank sein soll?«

Ich stand einfach da, sagte kein Wort und hielt Audreys Oberkörper in meinen Armen. So lag sie quer im Bett. Unter vielen Schluchzern betrachtete die kleine Fiona uns aufmerksam. Sie rechnete mit einem großen Wunder.

Der Rettungssanitäter fühlte Audreys Puls und in einem Tonfall, den man sich gröber kaum vorstellen kann, so als wäre die ganze Situation nichts weiter als ein Ärgernis, sagte er: »Wir haben bloß unsere Zeit damit verschwendet hierherzukommen. Die Frau ist bereits tot.«

Mein kleines Mädchen schrie und rannte fort. Auf diese Art und Weise hat sie erfahren, dass ihre Mutter tot war.

Danach kam die Polizei zu uns heraus und schaute sich um, hielt nach Tabletten Ausschau. Wir hatten allerdings keine Tabletten. Eine Routinekontrolle, nehme ich an. Meine Frau ist an einem Herzschlag gestorben.

Der Augenblick, in dem Fiona aufschrie, war für mich seither stets gegenwärtig und mir scheint, von diesem Moment an rühren all ihre Reaktionen von diesem Schrei her. Wann immer ein uns nahestehender Mensch stirbt, durchlebt Fiona aufs Neue, was ihrer Mutter widerfahren ist und wie der Mann in einem entsetzlichen Tonfall gesagt hat: »Diese Frau ist tot.« Die ganze Zeit hat uns das begleitet, mich ebenfalls. Auf welche Art und Weise auch immer unsere Lieben sterben – diese Erfahrung ist für uns allzeit gegenwärtig. Für jeden Aborigine, den ich kennengelernt habe, trifft das zu: Wir empfinden, wie sie in ihren letzten Augenblicken auf Erden empfunden haben, und wir spüren den Schmerz, den wir angesichts dessen, was da geschah, erlebt haben. Stirbt dann ein weiterer uns nahestehender Mensch, durchleben wir erneut jede Todeserfahrung, die wir zuvor miterlebt haben, in allen Einzelheiten.

Manche Weiße sagen: »Das gehört jetzt alles der Vergangenheit an; lass es hinter dir und sieh zu, dass du weitermachst, nach vorne schaust und mit deinem Leben zurechtkommst.« In der Welt der Aborigines verhält es sich jedoch nicht so – für uns gibt es keine Vergangenheit. Alles geschieht immer noch. Die Gemütslage, in der sich die betreffende Person befand, ist an dem betreffenden Ort nach wie vor gegenwärtig, ebenso in unserem Herzen. Die schlimmen Erfahrungen müssen wir dabei gleichermaßen annehmen und hinnehmen wie die guten. Denn zu wissen, dass wir mit der Geistwelt verbunden sind, macht uns zu einem Aborigine.

TEIL DREI
1975–2000

KAPITEL 18

Für mich war es von großer Bedeutung, dass Audrey mich geküsst hat, als sie im Sterben lag. Zwar haben wir nicht mehr zusammengelebt, dessen ungeachtet waren wir aber allerbeste Freunde geworden und jeder hatte dem anderen stets den Rücken gestärkt. Nach wie vor habe ich sie sehr geliebt und die ganze Zeit den Wunsch gehegt, dass wir mehr sein könnten als bloß Freunde. Nach Audreys Tod hatte ich für die Dauer der nächsten drei Jahre allnächtlich Albträume, die meine Frau betrafen, und ich begann wieder zu trinken. Es war furchtbar. Letztlich nahmen die Albträume erst dann ein Ende, als ich in der Stadt von Dr. O'Callaghan ein paar Pillen erhalten hatte, um besser einschlafen zu können.

Häufig ging ich zum Friedhof, saß an Audreys Grab und sprach mit ihr. Viele Male war mir danach zumute, mich auf dem Grab niederzuwerfen und sie für alles um Vergebung zu bitten.

Nachdem Audreys und meine Kinder die Schule abgeschlossen hatten, nahm jedes von ihnen an Weiterbildungsprogrammen teil. Wie schon gesagt, hatte ich ihnen zuliebe erst einmal das Trinken aufgegeben, als sie noch klein waren, erhielten sie auf jede nur mögliche Art und Weise meine Ermutigung und Unterstützung. Immer wieder mussten sie mit unterschwelligen Vorurteilen zurechtkommen, andererseits standen ihnen aber auch viele ihrer weißen Kameraden fest zur Seite. Die meisten unserer Kinder haben geheiratet und mich mit einem immer größer werdenden Kreis von Enkel- und Urenkelkindern erfreut.

Mein Sohn Lenny war als Staatsbeamter jahrelang für den *Commonwealth Employment Service*[22] tätig, dann wurde er bei der Polizei zum Berater des Hauptkommissars in Aborigines-Fragen. Außerdem übernahm er für die Gunditjmara-Kooperative Verwaltungsaufgaben.

In den späten Siebziger- und Achtzigerjahren hatte Patricia ebenfalls eine Stelle beim *Commonwealth Employment Service*. Dann wechselte sie zum Ministerium für Natur- und Umweltschutz. Später hat sie sich für die Lehrerausbildung an der Deakin University eingeschrieben. Nachdem sie eine Zeit lang als Grundschullehrerin unterrichtet hatte – in Warrnambool selbst ebenso wie im Distrikt Warrnambool –, kehrte sie als Lehrbeauftragte für Pädagogik an die Deakin University zurück. Während sie sich dieser Lehrtätigkeit widmete, absolvierte sie zugleich auf Teilzeitbasis ein weiteres Studium, das sie mit dem *Graduate Certificate of Natural and Cultural Heritage*[23] abschloss. Darüber hinaus schreibt und interpretiert sie heutzutage eigene Lieder. Viele von ihnen enthalten Elemente unserer traditionellen Sprache.

Bernice war über 20 Jahre lang als Aborigines-Kontaktperson im Gesundheitswesen beschäftigt. Im Rahmen dieser Tätigkeit musste sie unter anderem den gesamten Südwesten von Victoria bereisen, um für eine reibungslose Verständigung zwischen Aborigines-Patienten, dem medizinischen Personal und den Mitarbeitern der staatlichen Fürsorge zu sorgen. Als sie diese Stelle 1976 antrat, war sie für die im Nordwesten und im Zentrum von Victoria gelegenen Gebiete zuständig – dazu gehörten die Städte Horsham, Dimboola, Rupanyup, Ballarat und Warracknabeal. Örtliche Kooperativen für Aborigines gab es zu jener Zeit noch nicht, ihrer Arbeit kam daher wirklich große Bedeutung zu. Ian hat für die Sozialhilfeeinrichtung in Mildura gearbeitet und er war der für Aborigines-Kultur zuständige Beamte in unserem Distrikt. Elizabeth befasst sich mit der Erforschung unserer

Familiengeschichte und Fiona konnte – als Malerin und Textildesignerin – manche ihrer Arbeiten bei einer Ausstellung in Schweden einem breiteren Publikum vorstellen. Helen war eine Zeit lang Mitarbeiterin eines Kindergartens. Später wurde sie Aborigines-Kontaktperson in der Bairnsdale-Klinik. Eine weitere Tochter, Lee-Anne, war als Sekretärin für die Gunditjmara-Kooperative sowie für eine Anwaltskanzlei tätig. Ferner verfügt sie über die nötigen Berufsqualifikationen für eine Tätigkeit im Gastgewerbe.

Auf jede/n einzelne/n von ihnen bin ich stolz.

Für Aborigines, die um ihr Überleben und um ihre Integrität kämpfen müssen, ist das Leben nicht leicht. Dann haben wir dankenswerterweise die Bahai-Leute kennengelernt, die unsere dementsprechenden Bemühungen sehr zu schätzen wussten. Als sie uns zum zweiten Mal besuchen kamen, hatten wir eine kleine Zusammenkunft an der alten Missionskirche und wir sangen ein paar einfache Lieder. Sie haben uns ihre Grundsätze erklärt und uns erzählt, wie sie gelernt haben, den Bahai-Glauben, den sie ihre Religion nannten, in seiner tieferen Bedeutung zu erfassen. Durch eine Besonderheit unterschieden sie sich unübersehbar von allem, was ich bisher als Religion kennengelernt hatte – sie haben sämtlichen Religionen und allen anders gearteten Kulturen aufrichtige Hochachtung entgegengebracht.

Diese Leute konnten offenbar die Grundsätze der Aborigines begreifen. Eines schien ihnen nichtsdestoweniger verborgen zu bleiben – für mich hingegen lag es völlig auf der Hand: Ihre Grundsätze waren mit denjenigen der Aborigines nahezu identisch! Ihre Grundsätze und die unseren kamen einander so nahe, näher geht es, glaube ich, gar nicht. Meine Halbschwester Dolly, die ihnen im Lauf der Jahre vielfach ihre Gastfreundschaft erwiesen hat und später ebenfalls eine Bahai wurde, wies gern darauf hin, dass wir alle von klein auf dazu angehalten worden waren, den weißen Leuten immer wieder aufs Neue zu vergeben. Denn unsere Höflichkeitsregeln würden sie ohnehin nie begreifen.

Nun war also zu guter Letzt die große Chance gekommen. Bei diesen Menschen konnte man sogleich eine Herzensverwandtschaft spüren und sie gaben uns Hoffnung. Dies würde sich, so erkannten wir, wahrscheinlich als der Ausgangspunkt erweisen, von dem aus alle möglichen Dinge eine Wendung zum Besseren nehmen würden. Dem Bahai-Glauben zufolge ist die Welt eine Familie, eine Erde, und alle Menschen leben als Bürger auf dieser einen Erde. Trotz der Zugehörigkeit zu unterschiedlichen Kulturen können wir als eine einzige große Familie zusammenkommen. Wir können miteinander lachen, miteinander reden und miteinander befreundet sein. Die Schranken des Rassismus und der Voreingenommenheit sind überwindbar und wir alle können einander Brüder und Schwestern sein. Die ganze Menschheit, jeder von uns, würde dadurch glücklich werden.

All das interessierte mich sehr. »Diese Bahai werde ich zu Versammlungen begleiten«, dachte ich mir, »um zu sehen, worum es dort geht.« Und so bin ich zu vielen Tagungen gegangen und habe Menschen unterschiedlicher Nationalität aus aller Welt getroffen. Das war etwas völlig anderes als das, was ich mir bisher unter Religion vorgestellt hatte.

Jeder war erfreut, dich kennenzulernen, weil du ein Aborigine warst; du warst ihr Bruder; sie sind zu dir gekommen, haben dich in die Arme genommen und zu sich nach Hause eingeladen. Weiße Südafrikaner, schwarze Südafrikaner, alle gingen wie die Mitglieder einer einzigen großen Familie miteinander um.

»Wenn das gut genug ist für sie«, habe ich schließlich gedacht, »ist es auch gut genug für mich.« Also habe ich mich ihnen im August 1975 angeschlossen und gehöre bis auf den heutigen Tag zu ihnen.

Als ich bald darauf mit einer Lungenentzündung im Krankenhaus lag, kam Camilla mich mit ihrer Tochter besuchen. Ihr kleines Mädchen Ruth hat für mich gesungen und mir ein Stück von ihrer Geburtstagstorte mitgebracht. Die Torte, erklärte mir die kleine Ruth, würde mich wieder gesund machen. Wenn sie weiter so schön für mich singen und weiter so gut zu mir sein würde, gab ich Ruth zur Antwort, würde ich dadurch schneller wieder gesund werden als durch irgendeine Medizin, die mir die Ärzte gaben. Und damit sollte ich recht behalten – tatsächlich bin ich im Handumdrehen wieder gesund geworden, weil ich so glücklich war, als das kleine Mädchen ein Lied für mich gesungen hat.

Camilla hat mir später erzählt, dass sie bei ihrem Klinikbesuch mit Ruth beinahe erstarrt ist vor Schrecken, weil die Kleine Französisch gesungen hat. Sie hatte Angst, ich würde sie für Snobs halten. Freilich ist diese Bahai-Mutter, als sie uns Aborigines kennengelernt hat, Menschen begegnet, die in ihr Herz blicken konnten. Dies festzustellen war eine wunderbare Erleichterung für sie, sagte sie mir. Und wir fanden es ganz leicht, Camilla zu verstehen. Wir wussten, dass die Freundschaft ihrer Tochter und ihr schönes Lied Geschenke an uns waren, die wirklich von Herzen kamen.

So wie ich sind noch weitere Aborigines dem Bahai-Glauben beigetreten und für mich ging es seitdem bergauf. Mir hat das Kraft gegeben und geholfen, jenen Auseinandersetzungen gewachsen zu sein, mit denen Aborigines sich im modernen Leben konfrontiert sehen.

Nach wie vor laufen die Dinge gut für mich. Wenn ich in Kneipen gehe, trinke ich mit meinen Kameraden einen frischen Zitronensaft. Und sie wissen das zu respektieren. Weiße Kameraden, schwarze Kameraden, Kameraden jeglicher Hautfarbe: viele Leute jenseits der vierzig oder der fünfzig, die ich bereits kannte, als sie noch kleine Kinder waren, und die immer noch meine Freunde sind.

Mit ihnen allen komme ich gut aus, weil ich ein gewöhnlicher Mensch mit Verständnis für jeden meiner Mitmenschen bin. Je mehr man mit Menschen ins Gespräch kommt, umso besser versteht man sie. So erfährt man, welche Probleme sie haben, was sie glücklich und was sie traurig macht, und kann stets nachvollziehen, was sie tun.

1975 trat mein Sohn Lenny eine Stelle im Ministerium für Arbeit und Einwanderung in der Geschäftsstelle Bairnsdale an. Nicht auszuschließen, dass dort, in Bairnsdale, mein erstes Kind lebte, meine Tochter Helen, die ich schon so lange aus den Augen verloren hatte. Längst musste sie inzwischen eine erwachsene Frau sein. Agnes, ihre Mutter, stammte jedenfalls aus Bairnsdale. Das war mein einziger Anhaltspunkt.

»Wenn du dich auf den Weg hinauf nach Bairnsdale machst«, sagte ich Lenny, »kann es sein, dass du meine Tochter Helen triffst, die ich schon so lange aus den Augen verloren habe. Jahrelang war sie auf der Suche nach mir, trotzdem haben wir einander noch nicht gefunden.«

Lenny fuhr also nach Bairnsdale in Gippsland. Während seines Aufenthalts klopfte an einem trüben Tag, als er sich gerade zur Arbeit begeben wollte, ein Aborigine namens Keith Morgan an seine Tür und sagte: »Meine Frau möchte Sie gern treffen.«

»In Ordnung«, erwiderte Lenny. »Ich werde später vorbeikommen. Kenne ich sie denn?«

»Nein, aber sie ist Ihre Schwester«, sagte Keith.

Daraufhin ging Lenny zu Helen nach Hause und klopfte an ihre Tür. Beim Öffnen der Tür, sagte Helen, stach ihr sofort ins Auge, dass zwischen Lennys Gesichtszügen und denjenigen ihres Sohnes Adrian eine große Ähnlichkeit bestand. Lachend und weinend zugleich, überglücklich, einander endlich zu begegnen, fielen Bruder und Schwester, die über derart lange Zeit nie ein Lebenszeichen voneinander erhalten hatten, sich auf ihrer Türschwelle um den Hals. Alle Angehörigen der eigenen Familie so anzunehmen entspricht der Lebensweise der Aborigines.

Helens Pflegeschwester Marion war ebenfalls anwesend und sagte daraufhin: »Mal angenommen, ich hätte die Tür geöffnet? Hättet ihr beiden dann einfach gewusst, wer ihr füreinander seid oder hätte Lenny die falsche Frau umarmt?«

Helen hatte erfahren, dass ein Clarke aus Warrnambool nach Bairnsdale gekommen war, und gedacht, es könnte sich ja um einen Familienangehörigen handeln, war sich dessen allerdings keineswegs sicher.

Am selben Tag schickte Lenny mir ein Telegramm, in dem es hieß, dass ich zum Hotel Tattersalls kommen und mich dort in Reichweite des Telefons aufhalten sollte. Denn zu Hause hatte ich kein Telefon. Er wollte mich in einer wichtigen Angelegenheit anrufen, schrieb Lenny weiter.

Ich wusste nicht, worum es ging, tief im Innern hegte ich freilich große Hoffnungen. In Begleitung eines alten Boxerkameraden, Nulla Austin, ging ich in die Hotelbar. Bald darauf klingelte das Telefon. Jemand rief: »Ist Banjo Clarke hier?«

»Ja«, sagte ich.

Wie angekündigt hörte ich Lennys Stimme am anderen Ende der Leitung.

»Wie geht's dir?«, fragte ich ihn.

»Ganz gut«, antwortete er. »Wie geht es euch allen unten in Victoria?«

»Ganz gut. Bist du jemals meiner Tochter begegnet, zu der ich so lange keinen Kontakt gehabt habe?«, fragte ich ihn sogleich.

»Sie steht hier in meinem Büro, direkt neben mir«, antwortete er mir.

Mein Kumpel Nulla, der die Hintergründe der ganzen Situation überhaupt nicht kannte, war mir zum Telefon gefolgt und brach in Gelächter aus, als er meine Worte aufschnappte.

»Hör mal, Nulla«, sagte ich daraufhin zu ihm, »halt die Klappe, ja? Ich möchte gerade mit einer Tochter reden, die ich mein Leben lang niemals zu Gesicht bekommen habe. Dreißig Jahre haben wir einander gesucht. Ich weiß nicht, wie sie aussieht, ich habe noch nie ein Wort mit ihr gewechselt. Mir ist es ernst damit.«

Nun wurde Nulla ganz still. »Ja? Das ist eine ernste Sache«, meinte er. Ich denke, er war ebenfalls nervös.

Lenny erklärte mir, wie er seine Schwester gefunden hatte. Dann sprach ich mit Helen. Es war das eigenartigste Gespräch in meinem ganzen Leben.

»Hallo?«, sagte ich.

»Hallo«, sagte sie.

»Wie ist es dir ergangen, mein Mädchen?«, fragte ich.

»Ziemlich gut, Papa. Wie ist es dir ergangen?«

»Ziemlich gut.«

Langes Schweigen.

»Wo bist du die ganze Zeit gewesen?«, fragte ich.

»Überall«, antwortete sie. »In all den Camps mit den Leuten, die für mich wie Mama und Papa waren. Ich habe darauf gewartet, dass mir irgendwann mal jemand einen Hinweis auf dich gibt. Das ist jedoch nie geschehen.«

»Lass dir darüber keine grauen Haare wachsen, mein Mädchen, jetzt werde ich dich finden und bei dir sein.«

Das war zunächst einmal unser Dialog, für eine ganze Weile. Ich wusste nicht, was ich sagen sollte, versuchte aber trotzdem das Gespräch fortzusetzen, doch es kam keine Antwort. Dann ging mein Sohn wieder ans Telefon.

»Wo ist meine Tochter hingegangen?«, fragte ich ihn.

»Sie ist immer noch hier, Papa. Aber sie kann einfach nicht mehr sprechen – sie weint zu sehr.«

Das war alles, an jenem Tag im Hotel Tattersalls. Als ich jung war, fand in diesem Hotel jeden Mittwoch eine Art Bauernmarkt statt: Farmer mit großen Hüten und Gummistiefeln prahlten, wie viel Geld sie für ihre Kühe oder Bullen erhalten hatten. Aborigines hatten ihr Lager gewöhnlich gegenüber aufgeschlagen, in dem umzäunten Verkaufsareal, das mittlerweile abgerissen worden ist – im Schutz hoher Mauern von einem Tor willkommen geheißen, das niemals verschlossen war. Darum fühlte ich mich an diesem Ort stets vom Geist so manch eines toten Freundes und mancher Familie umgeben. Und jetzt war das Hotel Tattersalls obendrein noch eine Art heilige Stätte geworden, weil ich dort erstmals Kontakt mit meiner so lange schmerzlich vermissten Tochter aufgenommen hatte.

Später schrieb Helen mir den schönsten Brief, den ich jemals erhalten habe: Sie war überglücklich, dass sie mich gefunden hatte, teilte sie mir mit, und sie hatte sechs Kinder. Mit anderen Worten, ich hatte sechs Enkelkinder, von deren Existenz ich rein gar nichts gewusst hatte – von all diesen Kleinen dort oben in Gippsland. Sechs von ihnen!

Danach ließ ich alle Leute wissen: »Ich habe jetzt einen großen Stamm! Einen großen Stamm!«

Weiter hieß es in dem Brief: »Nun brauche ich nicht länger zu weinen und zu suchen. Denn ich habe meinen Papa gefunden. Zu guter Letzt habe ich meinen Papa gefunden.«

Diese große Familie ist mir also aus heiterem Himmel zugefallen. Lauter hübsche kleine Kinder. Aus einem ihrer Söhne wurde später ein guter Fußballspieler. So habe ich nun also alles in allem 30 Enkelkinder und 67 Urenkel.

Helen und ich stellten schnell fest, dass wir viel miteinander gemein hatten – insbesondere unsere große Vorliebe dafür, mit anderen zu teilen. Wie bei mir stand Helens Haus stets offen – nicht nur den eigenen Kindern, sondern auch Kindern in Not. Oft wusste sie nicht, wie sie die nächste

Stromrechnung oder dergleichen bezahlen sollte, erzählte sie mir. Niemals aber wies sie jemanden ab. Nach wie vor geht Helen an glühend heißen Tagen ebenso wie am Weihnachtsfeiertag in den Park von Bairnsdale und nimmt sich der Reisenden aller Nationalitäten an, die dort rumhängen. Sie lädt sie zu sich nach Hause ein, wo sie eine Dusche nehmen können, außerdem ein kühles Getränk und ein paar Happen zu essen erhalten. Ich bin ausgesprochen stolz, dass sie den Aborigines-Grundsätzen, indem sie diese dergestalt umsetzt, genauso die Treue hält wie ich.

Helen und ihr Mann kommen mich hin und wieder besuchen, jedenfalls bleiben wir stets in Kontakt. Auch meine Urenkel treffe ich des Öfteren. Und eines Tages, wenn wir alle zusammenkommen, werden wir ein großes Foto machen. Das wird der größte Stamm sein, den Sie je zu sehen bekommen haben.

Und ich bin der Schöpfer all der jungen Leute, nicht wahr? Aus Versehen.

KAPITEL 19

Mein kleiner Freund David, Camillas zweites Kind, ist eines Tages zur Familie eines mit Davids Vater befreundeten Arztes nach Melbourne gefahren. Irgendwann schaute er den Leuten dabei zu, wie sie ihre Gartenhecke schnitten. David hatte mit mir viel Zeit im Busch verbracht und gesehen, wie ich aus den Gaben der Natur mancherlei Dinge machen konnte. Als er nun in dem Abfallhaufen, den die Leute dort auf die Seite geschoben hatten, einen gewundenen Zweig entdeckte, holte er ihn aus dem Haufen heraus und sagte: »Den werde ich meinem besten Freund Banjo mit nach Hause bringen. Banjo macht dann eine Schlange daraus.«

Er bewahrte den Zweig auf und brachte ihn mir schließlich nach Hause – eine richtige kleine Schlange mit vielen Windungen. Lange Zeit habe ich diesen Zweig aufbewahrt. Der Umstand, dass die Schlange zwei Schwänze hatte, bereitete mir nämlich ein wenig Kopfzerbrechen. »Schlangen mit zwei Schwänzen trifft man nicht gerade häufig«, dachte ich.

Eines Tages kam es mir in den Sinn, den einen Schwanz abzuschneiden. Danach habe ich den Stock mit einem Stein, anschließend mit Sandpapier geglättet, die Schuppen herausgearbeitet und als Augen habe ich in den seitlich sich auswölbenden Kopf zwei funkelnde Perlen eingesetzt. Außerdem habe ich eine gespaltene Zunge aus Leder an dem Zweig angebracht.

Im ersten Moment jagt einem die Schlange einen Schrecken ein. Denn man weiß nicht recht: Ist sie nun lebendig, handelt es sich um eine ausgestopfte Schlange oder was sonst hat man da eigentlich vor sich? An einer größeren Schlange, die sich einem richtig entgegenreckt, habe ich ebenfalls gearbeitet. Bei ihrem Anblick kann man einen noch größeren Schrecken bekommen. Den Stock dafür hatte ich von einer Kiefer abgemacht, die unweit von Davids Wohnort auf einer Weide steht. Diese Schlange, sagt Davids Familie, ist die Verkörperung, der Inbegriff sämtlicher Schlangen.

David wird die beiden Schlangenskulpturen sein Leben lang behalten. Das weiß ich. Mittlerweile ist der Junge groß geworden, mehr als einen Meter achtzig, und sein Studium an der Melbourne University hat er mit einem Ingenieursdiplom abgeschlossen. Wann immer er in den westlichen Distrikt kommt, stattet er mir einen Besuch ab. Wir – also seine Schwester Ruth, er und ich – sind Freunde fürs Leben. Als die beiden klein waren, habe ich mich viel um sie gekümmert. Niemals werden sie das vergessen. Daraus ist eine jener unverbrüchlichen Freundschaften hervorgegangen, die jegliche Unterschiede überbrückt, Unterschiede wie Alter, Hautfarbe oder Religion.

Von Zeit zu Zeit borge ich mir die beiden Schlangen aus, ebenso einen Korb, den ich für Ruth angefertigt habe, und zusammen mit anderen handwerklichen Produkten zeige ich sie der heranwachsenden Generation in den Schulen der Umgebung. Ich rede mit den kleinen Schulkindern, um ihnen einen besseren Zugang zur Kultur der Aborigines zu ermöglichen. Hin und wieder hat mein Sohn Lenny mich dorthin begleitet. Er spricht dann ebenfalls mit den Kindern. Die Eltern dieser Kinder hatten einst kaum eine Chance, uns zu verstehen – bestürzende Geschichten über die Aborigines waren das Einzige, was ihnen zu Ohren kam. Den weißen Kindern hat man damals beigebracht, Aborigines als völlig wertlose Nichtsnutze zu betrachten: Die Aborigines, so hieß es, sind nichts weiter als Faulpelze ohne jede Eigeninitiative, die nur eines können – stehlen. Alle nur erdenklichen schlimmen Dinge über uns sind den Weißen damals eingeredet worden.

Angefangen hat das in jenen frühen Tagen, als sie den Aborigines das Land fortgenommen haben: all das Weideland und das Buschland für ihre Schafe und Rinder. Dass die Aborigines faul sind, haben sie deshalb gesagt, weil wir nie Farmen gehabt hatten. Doch die Aborigines hatten stattdessen andere Dinge. Wir wussten, wie wir durch das Auslegen von Reusen unseren Speiseplan um Fisch bereichern und wie wir auf das Land in dem von uns gewünschten Sinn Einfluss nehmen konnten, ohne es zu zerstören. Alles ist uns heilig gewesen. Die Natur – das Land – haben wir als eine Mutter betrachtet, die wusste, was sie zu tun hatte, um uns zu versorgen; und wir wussten, was nötig war, um für sie zu sorgen. Niemals haben wir großen Schaden angerichtet. Sobald wir nämlich die Natur verletzen würden, das war uns klar, würde sie, ganz wie eine Mutter, krank werden und sterben. Und wir Menschen würden dann von ihr keine Nahrung mehr erhalten.

Wir mussten die Dinge einfach auf diese Weise betrachten, weil wir zur Natur in einer unmittelbaren Abhängigkeit standen. Im Unterschied zu heute gab es bei uns damals keine großen Wirtschaftsunternehmen, bei denen das Geld an allen Ecken und Enden die entscheidende Rolle spielt; und keine Leute, die über das Geld in Auseinandersetzung und Streit gerieten und um des Geldes willen ihr Leben ließen. Niemals hat es bei den Aborigines so etwas gegeben. Wir haben einträchtig zusammengelebt. Nun ja, Stammeskriege gab es schon, aber sie waren im Handumdrehen wieder vorüber. Heutzutage hingegen scheinen Kriege ewig lange zu dauern.

Auch den Kindern in der Schule erzähle ich solche betrüblichen Dinge. Vorher weise ich sie ausdrücklich darauf hin, dass sie unter dem, was ich ihnen erzählen werde, manch Trauriges zu hören bekommen werden. »Falls ich euch«, sage ich ihnen dann, »den traurigen Teil nicht ebenfalls erzählen würde, wüsstet ihr nicht über die wirkliche Geschichte Bescheid. Ich spreche hier jedoch«, erkläre ich ihnen weiter, »über das, was tatsächlich geschehen ist, über die wahre Geschichte – über jene Geschichte also, die man der Öffentlichkeit viele, viele Jahre vorenthalten hat.«

»Wir sind über das Geschehene nicht aufgebracht und wütend«, sage ich. »Bloß traurig. Traurig sind wir! Ihren barbarischen Umgang mit uns machen wir den Weißen nicht zum Vorwurf. In Ketten gelegt sind die weißen Männer in unser Land gekommen – und selbst wie Tiere behandelt worden. Wie könnten wir da von ihnen erwarten, dass sie sich nicht wie Tiere benehmen? Die weißen Männer sind aus beengten Lebensumständen hierhergekommen und haben all diesen Raum gesehen, all das weite Land, und das hat dazu geführt, dass sie regelrecht von Sinnen waren!« (Banjo hat, wie viele Menschen aus seinem Volk, Gier stets als eine Form von Wahnsinn betrachtet.)

Wie kann man Groll hegen, wie kann man zornig sein,

wenn den einheimischen Völkern auf der ganzen Welt solche Dinge widerfahren sind? Eigentlich hätte all das nicht geschehen dürfen, selbstverständlich nicht. Viele Leute in verantwortlicher Position sagen allerdings etwas ganz anderes: Dies alles ist überhaupt nicht geschehen, behaupten sie.

Unsere Ältesten aber haben immer großen Wert darauf gelegt, uns in aller Ausführlichkeit und haargenau jene Dinge zu erzählen, die sich seit dem ersten Tag, an dem die weißen Männer hierhergekommen sind, zugetragen haben: Unsere Leute sind damals in Missionsstationen gesteckt worden, die sie nicht verlassen durften, und man hat ihnen so wenig zu essen gegeben, dass sie Hunger litten und zu Hunderten an ganz gewöhnlichen Erkältungskrankheiten oder an Masern und dergleichen zugrunde gegangen sind. Andere sind auf kleine Inseln verfrachtet worden, weitab von ihrer angestammten Heimat. Dort sind sie dann, während sie wehmütig über das Meer zum Geistland ihrer Ahnen, ihrer Heimat, hinüberschauten, an gebrochenem Herzen gestorben. Das ist vor allem im Umkreis von Tasmanien geschehen, auf Bruny Island beispielsweise, wo Großmama Truganini geboren wurde. »Schafft sie auf eine Insel und lasst sie aussterben«, hieß es damals. »Wenn alle Aborigines aussterben, gibt es auch kein Aborigines-Problem mehr. So ersparen wir uns staatliche Unterstützungsmaßnahmen im Wert von vielen Tausenden Pfund Sterling.«

Wenn wir den Schulkindern gegenüber all diese Dinge ansprechen, werden sie ganz traurig und sie sagen zu mir: »Das wird nicht mehr vorkommen, Banjo, weil wir nun manches über eure Kultur und eure Geisteshaltung erfahren haben; und auch darüber, welche Gefühle ihr den alten Leuten gegenüber habt.« Diese Kinder so etwas sagen zu hören macht mich wahrlich glücklich.

Ich erzähle ihnen von meinem Land, von der Geistwelt und den Menschen, die vor uns da waren. Noch nie, sagen sie mir dann, haben sie jemanden auf diese Weise sprechen hören. Die Menschen mit all ihren unterschiedlichen Hautfarben, erzähle ich ihnen weiter, sind von ebensolcher Schönheit wie die Blumen im Garten. Ich erzähle ihnen unsere Geschichten von Herzen, erzähle ihnen, wie wir empfinden und was die Dinge uns bedeuten.

Ebenso berichte ich den Kindern von all den positiven Entwicklungen in der heutigen Zeit, sage ihnen, dass die Aborigines jetzt mehr erreichen können in der Gesellschaft, inzwischen vielfach eine gute Ausbildung haben und den richtigen Weg einschlagen. Sogar die Aborigines-Kultur und die Aborigines-Sprachen kommen jetzt wieder stärker zum Tragen.

Die olympische Goldmedaillenläuferin Cathy Freeman, eine junge Frau, die ungeachtet aller Widerstände ihren Weg zu gehen vermochte, ist eine Bahai-Aborigine. Aber so ist das heutzutage: Hat man erst einmal als Sportler beziehungsweise als Sportlerin Erfolg, wird man akzeptiert – unabhängig von der Hautfarbe.

Selbst das war einst jedoch eine traurige Geschichte: Wenn Aborigines in den frühen Tagen sportliche Höchstleistungen erzielt haben, mussten sie oft ihre Aborigines-Herkunft verleugnen und vertuschen und sich unter einer anderen Nationalität registrieren lassen. Warum aber hat man solch eine Einstellung an den Tag gelegt?

Als ich jung war, verließen viele gute Athleten als Teenager die Mission, weil die Polizei ihnen befahl, von dort zu verschwinden, und in dem Bestreben, als Sportler Karriere zu machen, gingen sie nach Melbourne. Aber dort hat man sie meist nur unterzubuttern versucht. Die jungen Burschen landeten dann in den Ghettos der Großstädte. In den Parks und in leer stehenden Häusern begannen sie Alkohol zu trinken. Viele von ihnen wanderten hinter Gitter und manch einer ist da gestorben – vor lauter Stress, infolge von Herzproblemen und dergleichen mehr oder an schierer Ernüchterung und Enttäuschung über das Leben, das sie nun führten, weil sie ihre angestammte Heimat verlassen hatten.

Wenn sie jedoch an sportlichen Wettkämpfen teilnahmen, setzten sie sich gegen alle und alles durch, was sie vor sich hatten. Eigentlich waren sie noch kleine Kinder, dessen ungeachtet aber große Athleten. Heutzutage gibt es unter uns einen jungen Burschen, der ein Spitzenläufer sein könnte, und wir hoffen, dass er auch tatsächlich zu einem solchen wird, denn zahlreiche gute Athleten sind von hier gekommen. Der Junge heißt Geoffrey Ugle. Wir alle nennen ihn nur Opossum.

Lionel Rose' Vater stammte ebenfalls von hier und wie sein Sohn war er ein guter alter Boxkämpfer, wenngleich er das Boxen niemals ernstlich zu seinem Beruf gemacht hat. Lionel hingegen hat dies getan und ist Boxweltmeister im Bantamgewicht geworden.

Für Aborigines gab es in jenen Tagen nur eine Hoffnung: gute weiße Leute kennenzulernen, die sie aufrichteten und sie ermutigten, einfach weiterzumachen und das als einen ganz normalen Vorgang zu betrachten. Vor lauter Frustration hatten viele Aborigines jedoch eine lockere Hand beziehungsweise lockere Fäuste. Der einzig legale Rahmen, dies auszuleben, war der Boxring. So bekamen sie keine Probleme und wurden nicht wegen irgendwelcher Nichtigkeiten gleich eingesperrt. Aus diesem Grund waren so viele Aborigines gute Boxer. Als sie in den Ring gestiegen sind, haben viele von ihnen zum ersten Mal überhaupt einen Boxhandschuh zu sehen bekommen. Und sie sind gegen gute weiße Athleten angetreten, die jeden Abend mit Boxhandschuhen in darauf eingerichteten Sporthallen trainiert haben. (Obwohl die Aborigines lediglich ein Prozent der australischen Gesamtbevölkerung ausmachten, haben sie 15 Prozent aller australischen Box-Champions gestellt.)

Uns stand hingegen nie eine Sporthalle zur Verfügung. Unser Training bestand einfach darin, im Busch die Axt zu schwingen oder dergleichen. Wir haben Bäume gefällt oder anderweitig hart gearbeitet und den ganzen Tag lang, ohne einen Bissen zu essen, darauf gewartet, am Abend einen Kampf zu bekommen. Und stiegen wir dann in den Ring, so haben wir mitunter barfuß gekämpft oder uns von jemand anderem Schuhe ausgeliehen. Wenn unsereins schließlich im Ring stand, waren aus dem Publikum viele beleidigende rassistische Zurufe zu hören. Derartige Dinge haben sich dort abgespielt, und zwar nicht bloß an einem Ort, sondern überall.

Einander menschlich zu verstehen, auch die uns unbekannten oder fremdartig erscheinenden Kulturen, darin liegt nach meiner Überzeugung die Lösung für ein friedliches Zusammenleben all der Menschen unterschiedlicher ethnischer Herkunft und Hautfarbe auf der Welt. Gehen Sie auf andere Menschen zu, sprechen Sie mit ihnen! Falls Sie ihre Sprache nicht verstehen, dann wenden Sie sich nicht ab, indem Sie sagen: »Was soll's, ich versteh' ihn sowieso nicht.« Gehen Sie auf Ihre Mitmenschen zu, reichen Sie ihnen die Hand und sagen Sie: »Ich bin euer Freund. Erzählt mir etwas über eure Kultur. Gern kann ich euch auch etwas über meine Kultur erzählen, und dann lasst uns Freunde sein.« Keine Auseinandersetzungen, kein Streit, kein Unmut, keine Wutausbrüche. Wenn man wütend wird, führt das zu nichts. Für Gewalt gilt dasselbe. Werden wir nämlich wütend und gewalttätig, sind wir keinen Deut besser als diejenigen, die uns gegenüber zur Gewalt greifen. Sobald wir in diesen Kreislauf hineingeraten, gibt es kein Halten mehr. Das setzt sich immer weiter fort. Seien Sie also einfach wohlgemut und guter Dinge! Das ist das Beste, was Sie tun können.

KAPITEL 20

Missionskinder aus der Generation meines Sohnes Ian, die in der Stadt zur Schule gegangen sind, haben sich häufig darüber beklagt und geärgert, dass sie schief angesehen und wie ein Fremdkörper behandelt und beschimpft wurden. Als wir, ihre Eltern, jung waren, kamen wir allerdings gar nicht umhin, uns andauernd mit all diesen Dingen auseinanderzusetzen. Für uns gehörte das einfach zum Alltag mit dazu. Hat man uns beleidigt, dann haben wir uns mitunter auf die gute alte Art zur Wehr gesetzt, mit bloßen Fäusten, uns nach der Auseinandersetzung innerlich aber nicht mehr weiter mit deren Anlass befasst. Ian war über diese Dinge tief bekümmert, stärker als all seine Kameraden. Infolgedessen fühlte er sich oft deprimiert. Nichtsdestoweniger hatte er auch weiße Freunde. Weiße Mädchen und Jungen, die mit Ian befreundet waren, kommen mich noch bis auf den heutigen Tag besuchen. All die Jahre haben sie zu ihm gehalten.

Ian hegte stets den Wunsch, seinen Leuten Gutes zu tun. Ohne zu zögern, reichte er jedem seine helfende Hand, gleichgültig, worum es ging. Dieser Umstand hat ihn später in Schwierigkeiten gebracht.

Eines Abends – Ian war zu Hause, in der Mission, und hatte sich bereits hingelegt, weil ihm, nachdem er den ganzen Tag lang für einen Farmer Bäume gefällt hatte, schlimme Rückenschmerzen zusetzten – rief ihn aus einer Kneipe in Warrnambool einer seiner Cousins mit der Bitte an, ihn dort abzuholen. Andauernd erhielt Ian von seinen Kameraden Anrufe, bei denen es um dergleichen ging. Wenn jemand Ian bat, ihn irgendwo hinzubringen oder ihn von irgendwo abzuholen, schlug er das niemals ab. Dinge auf diese Art gemeinschaftlich zu nutzen ist bei uns ein seit jeher gepflegter Brauch. Wenn ein Aborigine in der Mission sich ein Auto kauft, übernimmt er damit die Aufgabe, jeden anderen in seinem Umfeld mit dem Auto zu chauffieren. Vielfach kommt der Fahrer selbst dann letztlich gar nicht dorthin, wo er eigentlich hinfahren wollte.

Das tat Ian also an jenem Abend: Sosehr ihn auch die Rückenschmerzen plagten – er stieg aus dem Bett und machte sich auf den Weg in die Stadt, um seinen Cousin dort aufzugabeln. Dabei hatte sein Bruder Lenny ihm bei allerlei Gelegenheiten eingeschärft: »Halte dich von Kneipen fern. Viele Leute, auf die du heutzutage in Kneipen triffst, stehen unter dem Einfluss eines Alkohol- und Drogencocktails. Da weißt du nie, was passiert.«

Als Ian in die Kneipe kam, saßen alle vor dem Fernseher. Es lief gerade eine Show, an der auch ein paar Aborigines beteiligt waren, und so ließen ein paar weiße Kneipenbesucher die eine oder andere rassistische Bemerkungen fallen. Ein Mann drehte sich zu Ian und sagte: »Für dich gilt das alles selbstverständlich nicht. Du hast ja europäische Gesichtszüge.« Andere Leute in der Kneipe konnten kaum noch an sich halten vor Lachen. Denn seine dunkle Hautfarbe wies Ian unverkennbar als Aborigine aus. Und er war aufrichtig stolz auf dieses Erbgut.

»Hör mal zu, mein Freund«, sagte Ian, »was du da sagst, mache ich dir nicht zum Vorwurf, weil du es nicht besser weißt. Aber hätten nicht weiße Männer meine Vorfahren vergewaltigt, dann würde heute kein weißes Blut in meinen Adern fließen.«

Weitere rassistische Bemerkungen folgten. Bis schließlich zwei Verwandte des Mannes, die sich ebenfalls in der Kneipe aufhielten, zu diesem sagten, sie hätten nun endgültig genug: »Komm jetzt«, sagten sie zu ihm, »wir möchten gehen.« Und einer der beiden fügte noch hinzu: »Sowieso bin ich nur dir zuliebe heute in die Kneipe gekommen. Eigentlich wollte ich gar nicht mitkommen.«

Der Mann folgte ihnen ein paar Schritte weit Richtung Ausgang, machte dann aber kehrt und kam zurück an die Bar. Zwischen ihm und dem Cousin aus der Mission, den Ian dort abholen sollte, entspann sich ein kurzer Wortwechsel. Im nächsten Moment versetzte Ians Cousin, der schon des Öfteren in Schlägereien verwickelt gewesen war, dem Mann einen Faustschlag. Augenblicklich kam eine allgemeine Prügelei in Gang. Stühle flogen durch die Luft.

Ian wollte sich da nicht mit hineinziehen lassen. Um keinen Preis – mit der Schlägerei wollte er nichts zu tun haben. Der Barkeeper wies den weißen Mann aus der Kneipe. Denn der hatte den ganzen Streit vom Zaun gebrochen.

Als Ian etwas später die Kneipe verließ und zum Auto gehen wollte, tauchte der weiße Mann plötzlich wieder auf und rannte, die rechte Faust schlagbereit hin und her bewegend, direkt auf Ian zu. Unwillkürlich nahm Ian eine Verteidigungsposition ein, obwohl er sich aufgrund der Rückenschmerzen ziemlich unbeholfen bewegte, und hob den Arm. Irgendwie geriet jedoch der Verwandte des Mannes – derjenige, der an dem Abend eigentlich überhaupt nicht in die Kneipe hatte mitkommen wollen – in das Handgemenge zwischen den beiden und Ian traf den Mann einmal.

Der arme Kerl ist daraufhin auf den Boden gestürzt und mit dem Kopf auf den Bordstein geschlagen. Ich nehme an, er hatte wohl seinen Verwandten davon abhalten wollen, sich weiter zu prügeln. Nun rührte er sich nicht mehr und Ian machte sich ernstlich Sorgen um ihn. Zahlreiche andere Leute kamen herbei. »Kümmert euch um den Mann«, sagte Ian zu den weißen Schaulustigen, »und bringt ihn auf dem schnellsten Weg in die Klinik. Er ist verletzt.« Dann stieg er ins Auto und fuhr nach Hause.

Ganz still, schweigsam und in sich gekehrt kam er herein und setzte sich zu mir ans Feuer. Was ich auch zu ihm sagte, er gab mir keine Antwort.

Schließlich sagte ich zu ihm: »Komm, geh ins Bett, mein Sohn. Wozu willst du noch weiter hier herumsitzen?«

»Um auf die Polizei zu warten«, antwortete er.

»Dann werde ich gemeinsam mit dir warten«, erwiderte ich und stellte keine weiteren Fragen.

Stundenlang saßen wir schweigend da. Schließlich sagte Ian wieder etwas: »Ich glaube, ich habe einen Mann getötet«, meinte er.

In der Klinik erlag der weiße Mann seinen Verletzungen und seither war Ian unentwegt traurig. Immer wieder kam er darauf zu sprechen: »Wie steht es jetzt mit seinen kleinen Kindern? Es hätte gar keine Schlägerei geben dürfen. Andere Leute haben sie angezettelt und ich war noch nicht einmal daran beteiligt, habe lediglich versucht, sie zum Aufhören zu bewegen. Zuletzt musste ich dann aber doch hart zuschlagen, um mich zu verteidigen, und das ist schließlich daraus entstanden.«

Es verstörte ihn, dass die Kinder ihren Papa verloren hatten. Aber das war noch keineswegs alles: Ian wurde unter Mordverdacht festgenommen. Viele von Ians Freunden und viele Jugendliche kamen, um sich von ihm zu verabschieden und ihm zur Seite zu stehen, als die Polizisten ihn zu dem Kleintransporter abführten, mit dem man ihn nach Melbourne brachte. Die Tür des Transporters abzuschließen hielten sie für unnötig. »Du wirst nicht davonlaufen«, sagten die Polizisten zu ihm.

Man brachte ihn nach *Pentridge Prison*.[24] Später aber wurde er gegen Zahlung einer Kaution auf freien Fuß gesetzt. Das war eigentlich ungewöhnlich, denn wer unter Mordverdacht steht, wird normalerweise nicht auf Kaution freigelassen. Er kam zurück nach Hause und lebte wieder bei uns. In den Monaten vor der Verhandlung fand er nachts allerdings keinen richtigen Schlaf und ging stundenlang auf und ab. Doch er legte enorme Stärke an den Tag. »Ich muss stark sein«, meinte er, »ansonsten wird meine Familie daran zerbrechen.« Täglich musste er sich auf der Polizeiwache melden. Die Mission aus anderen Gründen zu verlassen war ihm hingegen untersagt.

Aufgrund dieses Vorfalls griff in Warrnambool gegen uns Aborigines ausnahmslos ein fürchterlicher Rassismus um sich. Unschuldige kleine Aborigines-Kinder wurden auf dem Schulweg mit Abfall überschüttet und mit allen möglichen Dingen beworfen. Wir mussten sie zu Hause behalten, weil sie draußen in der Öffentlichkeit nicht mehr sicher waren. Außerdem mussten wir rings um unser Zuhause in der Mission Stolperdrähte spannen, weil wir das Gefühl hatten, dort ebenfalls nicht mehr geschützt zu sein. Ganze Wagenladungen mit Weißen aus Warrnambool sind zu uns herausgefahren gekommen und haben geschrien: »Los, wir bringen die Schwarzen um!«

Als vor dem örtlichen Gericht die Überprütung der Anklageschrift anstand, erwartete jeder, dass die Anklage von Mord auf Totschlag herabgesetzt werden würde. Der Richter vor Ort beließ es allerdings bei der Mordanklage. Monate später, als vor dem Obersten Gerichtshof in Melbourne die Hauptverhandlung eröffnet wurde, beschränkte der Richter dort die Anklage auf Totschlag. Ian bekannte sich nicht schuldig. Und welch eine Erleichterung war es doch, als er zu guter Letzt freigesprochen wurde. Der Vorsitzende Richter erklärte: »Von diesem jungen Mann bin ich sehr beeindruckt. Er hat mein Vertrauen.«

Ian kam als freier Mann nach Hause zurück. Aber er war niemals mehr ganz der Mensch, der er vorher gewesen war.

Zwei Jahre – oder länger – nachdem all dies sich zugetragen hatte, in den frühen Achtzigerjahren, war ich mit Lenny in einer Kneipe. Dort sagte Lenny Hallo zu ein paar jungen Leuten und sie erwiderten den Gruß. Mit einem Mal wurde mir klar, dass es sich um zwei jener Kinder handelte, die ihren Vater verloren hatten. Ian, so erklärte Lenny ihnen, war niemals über das hinweggekommen, was er da angerichtet hatte.

Nachdem wir das Gespräch noch eine Weile fortgesetzt und ich Getränke für alle bestellt hatte, ließen die Kinder über Lenny eine Botschaft an Ian überbringen: Sie haben ihm verziehen. Dann fügten sie noch hinzu: »Wir haben gehört, dass euch von vielen Weißen auf diese oder jene Weise übel mitgespielt wurde. Mit all den Leuten hatten wir jedoch nichts zu tun.«

Ian wusste gar nicht, was er sagen sollte, als Lenny ihm davon berichtete – das hat wirklich sein Leben verändert. Mehr als je zuvor wurde ihm klar, dass nicht jeder Weiße ein schlechter Mensch war. Das gab ihm Hoffnung. Alles Mögliche, so begriff er schließlich, konnte daraus entstehen, wenn unglückliche Menschen kein Verständnis für andere hatten. Seither betrachtete er seine Mitmenschen mit völlig anderen Augen.

Eines Tages saß ich mit meinen Kindern und ihren jungen Spielkameraden im Busch und wir haben über dieses und jenes geplaudert. Bei der Gelegenheit kam mir der Gedanke in den Sinn, dass das Land ja nach wie vor uns gehörte. Denn es war uns niemals fortgenommen worden. Als ich noch ein Kind war, haben wir dort noch auf ganz traditionelle Art in Baumrindenhütten gelebt. Wir liebten das Land, weil es unser geistiges Zuhause war, und wir wollten es behalten. Also habe ich den jungen Leuten erzählt, dass das Buschland immer noch uns gehörte; nicht nur aufgrund unserer gefühlsmäßigen Bindung an dieses Land, sondern auch, wenn man die Dokumente des weißen Mannes zugrunde legt.

»Wie kann das sein?«, wollten sie wissen.

»Weil es uns niemals offiziell fortgenommen worden ist«,

erwiderte ich ihnen. »Als man in den frühen Tagen die Aborigines hier zusammengezogen hat, wurde der Busch kraft Gesetz zu unserem Freizeit- und Jagdgelände erklärt, solange wir in diesen Teilen des Landes leben würden. Ich erinnere mich, wie mir mein Papa einst im Busch, als ich noch ein kleiner Knirps im Alter von vielleicht vier oder fünf Jahren war und auf einem Holzstoß saß, gesagt hat: ›Weißt du, dieses Land wird man uns niemals wegnehmen. Es ist unser Stammesland. Falls wir jedoch von hier fortgehen, wird es offiziell zu unbewohntem Land erklärt werden und jeder darf es sich dann nehmen. Das habe ich vor vielen Jahren von einem hochgestellten Regierungsmitglied erfahren.‹ Weiter sagte er: ›Wenn du auf diesem Land bleiben willst, dann bleib hier und verlass es nicht. Falls nämlich alle fortgehen, kann es an den weißen Mann verkauft oder verpachtet werden. Solange hingegen auch nur ein einziger Aborigine hier lebt, können sie überhaupt nichts machen.‹

Jahre später haben sich alle die Frage nach den Landrechten gestellt und ich dachte mir: ›Davon also hat der alte Papa vor vielen Jahren gesprochen!‹ Wie praktisch, dass ich damals als Kind gerade bei meinem Papa gewesen bin, als ihm der Sinn danach stand, mir all diese Dinge zu erzählen.

Jedenfalls hat die Regierung in den Neunzigerjahren des 19. Jahrhunderts versucht, hier eine Landwirtschaftsschule zu erbauen, dann jedoch festgestellt, dass ihr dazu die Rechtsgrundlage fehlte, weil wir noch hier lebten. Daraufhin erhielt die Forstverwaltung die Zuständigkeit für das Gebiet und all das Holz, das aus dem Busch geholt wurde, unterlag fortan ihrer Kontrolle. Aborigines bekamen nun von den Farmern Arbeit, denn das Holzfällen war im Großen und Ganzen die einzige Arbeit, die es hier gab. Die Farmer zahlten ihre Abgaben an die Forstverwaltung und wir schlugen so viel Holz für sie, wie sie wollten. Selbst Abgaben zu zahlen, dazu waren wir freilich nicht bereit, weil es unser Busch war. ›Die Leute‹, so lautete unsere Auffassung, ›sollten Abgaben an uns zahlen‹.

Die Bäume haben wir stets voller Respekt gefällt. Nie haben wir ein Stück aus dem Baum herausgeschnitten und den Rest dann einfach auf dem Boden verrotten lassen. So etwas tut man nicht. Bäume sind wichtig für den Sauerstoff, für frische Luft und den Regen. Sie ziehen den Regen an und mit ihren Wurzeln halten sie das Erdreich an Ort und Stelle beisammen.«

Ian und die anderen jungen Leute begannen darüber zu diskutieren, wie sehr die Motorradfahrer den Waldboden aufwühlten, tiefe Rinnen hinterließen, die dann im Winter zu Abflussrinnen für das Wasser und die Erde wurden, und wie sie den Tieren Angst einjagten, sodass bei uns kaum noch welche zu sehen waren. Daraufhin wurde der Beschluss gefasst, Barrieren zu errichten und sich mit allem Nachdruck dafür einzusetzen, dass der Busch wieder in einen ihm gebührenden Zustand zurückversetzt wird. Und so haben wir es auch gemacht. Wir haben die Zugangsstraße zum Wald blockiert und ein Schild mit der Aufschrift aufgestellt: »Straße gesperrt, Zugang zum Stammesland nur für autorisierte Personen.«

Ganz wie in den alten Zeiten: Die Aborigines hatten etwas zu tun! So brauchten wir nicht in muffigen Häusern rumzusitzen und die Wände anzustarren. Wir schliefen wieder unter dem von Sternen erleuchteten Himmel und machten ein großes Feuer, auf dem wir alles, was wir zum Essen zusammengetragen hatten, für jeden verfügbar kochen konnten.

Die weißen Leute in der Stadt schienen zu glauben, dass der gesamte Busch ein Nationalpark ist und es die Schönheit der Natur dort erst gibt, seit ihre Vorfahren sie entdeckt haben. Bevor sie gekommen sind, haben wir aber bereits seit Jahrtausenden mit den Wasserfällen, den Bäumen und den Felsen gelebt und wir wussten, dass all diese Dinge aus gutem Grund da waren.

Nachdem wir auf der Zugangsstraße die Barriere errichtet hatten, meinten viele Leute zuerst, wir hätten wohl den Verstand verloren. Allmählich hieß es stattdessen jedoch: »Es muss ihr Busch sein.«

In allen Zeitungen wurde damals darüber berichtet, in den großen wie in den kleinen, ebenso im australischen Fernsehen. Letztlich, dank der Unterstützung verschiedener guter weißer Leute – unter anderem Malcolm Fraser, Jim Kennan und Clyde Holding – erklärte die Regierung des Bundesstaats Victoria die Ältesten meiner Familie offiziell zu Waldbewirtschaftern. Wir sind daraufhin nach Melbourne gereist, um eine amtlich beglaubigte Kopie des gerahmten Dokuments in Empfang zu nehmen, aus dem unser unveräußerlicher Rechtsanspruch auf 1089 Hektar Buschland hervorgeht.

Ian kam an dem betreffenden Tag (29. Mai) auf die Titelseite des *Standard*, der Tageszeitung von Warrnambool: »Dies Land ist unser Land«, lautete die Schlagzeile. Er war mit den Journalisten in den Wald gegangen und hatte ihnen, so schrieben sie, Folgendes erklärt: »Der Rechtstitel auf das Land wird für die hiesigen Aborigines ein Beitrag zur Wiederherstellung ihrer Identität sein … Durch diesen Schritt findet jetzt endlich unser historisches Anrecht auf das Land seine Anerkennung.«

Mein Sohn Lenny hat gut 16 Jahre lang ebenfalls hart dafür gearbeitet, dass wir das Buschland zurückbekamen. Zu Treffen mit Politikern und ähnlichen Leuten ist er mit uns nach Melbourne und an alle möglichen anderen Orte gereist. In der Zeitung wird er mit folgenden Worten zitiert: »Während der letzten zweihundert Jahre sind Aborigines mit falschen Versprechungen abgespeist worden. Dieser Rechtstitel hat hohe Symbolkraft. Veränderungen wie diese werden unserem Volk helfen und es geistig beflügeln.«

Den Studenten und Schülern der Sechzigerjahre sind wir zu großem Dank verpflichtet für all die Unterstützung, die sie uns in den Jahren vor der Errichtung der Barriere auf der Zugangsstraße gegeben haben. Die Rotarier, Apex-Mitglieder und die Leute von Wangoom haben uns ebenfalls geholfen. Dutzende Studenten sind seinerzeit hierhergekommen und haben bei uns ihre Zelte aufgeschlagen. Mittlerweile sind sie erfolgreiche Ärzte, Anwälte und so weiter, aber es wäre gut, sie wieder zu treffen. Rings um unsere offenen Weiden haben sie damals Zäune errichtet und zwei Milchläden gebaut. Außerdem haben sie in verschiedenen Archiven hilfreiche Regierungsdokumente gefunden und uns Kopien davon ausgehändigt. Wir wussten bereits eine ganze Menge darüber, dass das Buschland uns gehört, doch es war schön, schriftliche Belege dafür in der Hand zu haben. Was die Studenten zu unserer Unterstützung unternommen haben, das dürfte, glaube ich, der Regierung kaum gefallen haben. Denn die Regierung wollte uns dazu bringen, das Land zu verlassen.

Nicht lange nachdem wir die Barriere errichtet und somit den Motorradfahrern den Zugang zum Busch versperrt hatten, kehrten allmählich auch die Tiere zurück und brachten Nachwuchs zur Welt. Die kleinen Poteroos[25] zum Beispiel – ich und Ian haben nach einer Weile Exemplare in verschiedenen Farbtönen gesehen, manche grau, manche schwarz; weit oben, wo kaum jemand hinkommt, muss es also noch sehr viele von ihnen geben.

Als ich jung war, haben wir uns mit den vielfältigen Gewohnheiten und individuellen Besonderheiten der Tiere vertraut gemacht. Immer noch bereitet es mir viel Freude, mich nach einem Tag im Busch auf dem Nachhauseweg an die Wallabys heranzupirschen.

Ganz behutsam begibt sich das Wallaby auf den alten Buschpfad, wo all das grüne Gras wächst, und beugt sich vor, um von dem schönen grünen Gras zu fressen. Du entdeckst es und bleibst still stehen. Das Wallaby richtet sich auf und schaut sich um, aber du stehst ganz still und regungslos da.

Daraufhin beugt es den Kopf wieder zu Boden. Du schleichst näher heran und bleibst augenblicklich wieder still stehen. Es schaut sich um. Obgleich es nicht gesehen hat, wie du dich bewegst, scheint es zu spüren, dass da etwas nicht mit rechten Dingen zugeht. Vielleicht hat es dich für einen weiteren Baumstumpf gehalten, der mitten auf der Straße steht. Es denkt sich: »Das ist schon ein bisschen merkwürdig: Vorhin hat der Baumstumpf noch weiter oben gestanden. Inzwischen steht er ein bisschen näher bei mir – wie kommt das bloß?« Sein Kopf geht nun häufiger auf und nieder. Es schaut sich jetzt immer wieder ganz rasch um, frisst nicht mehr so lange wie vorher, als es allein zu sein glaubte. Es gerät ein wenig in Panik – weiß, dass du da bist, kann dich aber nicht sehen. Wenn es erneut zu fressen beginnt, schleichst du dich abermals ein Stück näher heran. Und es setzt sich dort auf, lauscht und schaut sich um, blickt in deine Richtung, schaut ganz genau hin. Du hast es richtig verwirrt. Du bleibst vollkommen still stehen und dann denkt es womöglich: »Ach gut! Da ist nichts«, und es beginnt wieder zu fressen. Auf einmal aber denkt es dann: »Doch, da muss etwas sein!«, und verschwindet in den Busch.

Sie geraten in Panik, sie verschwinden. Man kann das Knacken der brechenden Zweige hören und so weiter, sie sind unheimlich schnell unterwegs! Du hast keinen Ruf von dir gegeben oder dergleichen, sie haben einfach begriffen, dass die ganze Zeit jemand da gewesen ist und sie beobachtet hat.

Ein Farmer sagt, die Anzahl der Kängurus wird ein bisschen zu groß. Er will, dass wir am Rand seiner Weide einen kängurusicheren Zaun errichten. Wir werden dafür eine Lösung finden müssen, denn wir wollen den Farmer nicht stören. Wir müssen ihn mit einbeziehen und dafür sorgen, dass er ebenfalls zufrieden ist.

An zu vielen Orten haben wir gesehen, wie das Buschland zerstört worden ist. Hier sollte nicht das Gleiche passieren, in wessen Besitz auch immer das Land sich befindet. Tiere gehören einfach mit dazu, sie gehören zur Natur, sie gehören zu Australien – Tiere gehören zu jedem Land. Einheimische Tiere haben ein Anrecht darauf, hier zu leben, genau wie jeder andere. Wir dürfen doch die Tiere nicht von unserer Gastfreundschaft ausnehmen, sondern sollten ihre Freunde sein.

Der alte Eulenschwalm[26] ist traditionell für uns Aborigines ein Botenvogel. Wenn jemand erkrankt oder plötzlich stirbt, fünf- oder sechshundert Kilometer oder vielleicht sogar zweitausend Kilometer von hier entfernt, beginnt ein Eulenschwalm in unserer Nähe eigentümliche Rufe auszustoßen: Seine Stimme verändert sich und er klingt aufgeregt. Aber selbst wenn er schön und ruhig singt, könnte es dennoch sein, dass irgendwo jemand eine leichtere Erkrankung hat.

Dann sagen wir zueinander: »Irgendwas ist nicht in Ordnung. Womöglich ist weit weg von hier ein uns nahestehender Mensch gestorben.« Und wir warten auf eine Nachricht, dass jemand, der zu unserem Stamm gehört, sehr krank ist und er die Erkrankung voraussichtlich nicht überleben wird.

Derartige Dinge sind stets an uns weitergegeben worden, wahrscheinlich über Tausende von Jahren. Die entsprechende Lebensweise pflegen wir nach wie vor. Aborigines hatten früher kein Telefon und sie haben keine Briefe geschrieben. Gott musste also Mittel und Wege austüfteln, die es uns erlaubten, auf andere Weise Nachrichten zu erhalten. Menschen, die mit der Natur leben, müssen wissen, wann das Wetter umschlagen wird. Wir wissen, wann ein Sturm aufzieht, wann es eine lange Trocken- oder eine lange Regenzeit geben wird. All das braucht man zum Leben. Und ebenso geben wir auf das acht, was sich bei den Tieren abspielt.

Wenn also der Eulenschwalm an einem Rinnsal oder nahe im Busch einen Schrei ausstößt und sich die Tonlage seiner Stimme zu verändern beginnt, sagen wir: »Hey, hast du gehört, Kamerad! Der alte Eulenschwalm überbringt uns eine Nachricht.«

Mein Sohn Ian, der fest an diese Dinge glaubte, rief dann gewöhnlich: »Kommt, lasst uns dem nicht länger zuhören. Gehen wir ins Haus. Der Vogel hat schlechte Neuigkeiten für uns.«

Und prompt haben wir noch am selben Abend oder am nächsten Morgen die Nachricht erhalten, dass jemand einen schlimmen Unfall erlitten hatte. In neun von zehn Situationen verhielt es sich so.

Auch der Brachvogel kündet von Unheil. Hört man seinen Schrei, dann ist stets etwas vorgefallen. Ihn trifft man zwar weniger häufig an als den Eulenschwalm, dennoch ist dieser Vogel nicht weniger ernst zu nehmen. Wenn mitten in der Nacht sein Schrei ertönt, drängt sich der Eindruck auf, dass eine Frau umgebracht wird oder um Hilfe ruft. Wer ihn zum ersten Mal hört, erlebt den größten Schrecken seines Lebens. Kalt läuft es einem den Rücken runter und man möchte diesen Vogelschrei nie wieder hören.

1989 ging meine Enkeltochter Nancy, Patricias Tochter, mit diesem weißen Jungen. Allerdings hielt es nicht sehr lange. Sie lebten gemeinsam in einem Haus. Er war kein Rassist. Eines Tages brachte er einen Vogel mit nach Hause, um ihn Nancy zu zeigen. Als meine Enkelin sah, was für einen Vogel er da mitgebracht hatte, nahm sie einen Stock, schlug ihm damit auf die Arme und schrie ihn an, dass er den Vogel nach draußen bringen und davonfliegen lassen soll.

Ich hatte von dem Vorfall gar nichts gewusst, bis er ihn mir eine Woche später zu schildern versuchte. »Ihr Aborigines«, sagte er zu mir, »verhaltet euch manchmal wirklich eigenartig. Beim Anblick des Vogels, den ich ihr mitgebracht hatte, schlug Nancy mir auf die Arme. Sie schrie mich an, dass ich ihn nach draußen bringen soll, und das habe ich sofort getan. Denn sie hat mir wirklich Angst eingejagt. Sie war ganz außer sich und sagte: ›Niemals rühren wir diesen Vogel an, sondern wir halten uns fern von ihm.‹ Sie hat mir auch seinen Namen genannt, doch den habe ich vergessen.«

»Um welche Art von Vogel hat es sich denn gehandelt?«, wollte ich wissen.

»Ach«, meinte er, »das war so eine Art Eule.«

»War es ein Eulenschwalm?«, fragte ich.

»Ja, ja. Genau so hat sie den Vogel genannt. Ich habe schleunigst zugesehen, dass ich ihn loswurde. Mir kam das alles ziemlich seltsam vor. Welche Bedeutung hat dieser Vogel für euch?«

»Dieser Vogel bedeutet Tod«, erklärte ich ihm.

»Ach«, sagte er, »offensichtlich muss ich noch viel lernen. Jedenfalls habe ich ihn fortgejagt.«

Nahezu eine Woche später hielt Ian sich draußen auf. Die Abenddämmerung brach an und von dem kleinen Wasserlauf unterhalb des Hauses hörten wir die Stimme eines Eulenschwalms, der schrie und zeterte und währenddessen die Stimmlage veränderte. Ian rief mir zu: »Schnell, Papa! Komm rasch hierher! Dieser Eulenschwalm unten am Fluss, hör doch mal. Nie zuvor habe ich erlebt, dass er derart in Panik geraten ist.«

Ich hörte genau hin und sagte: »Oje, was immer hier los sein mag, heute Nacht wird etwas Schlimmes geschehen, mein Freund. In meinem ganzen Leben habe ich ihn noch nie so wahnsinnig schreien hören – er ist richtig hysterisch.«

»Komm, Papa, komm ins Haus«, flüsterte Ian. »Komm ins Haus, hör ihm nicht länger zu.«

Wir gingen hinein und blieben auf, um auf jene Nachricht zu warten, von der wir wussten, dass sie kommen würde. Es wurde immer später und schließlich ging ich ins Bett.

Um 5.30 Uhr am Morgen kam mein Sohn ins Zimmer: »Papa, Papa, wach auf!«, rief er. »Nancy ist tot, Nancy ist tot!«

Ich konnte nicht glauben, was ich da hörte. Noch vor ein paar Tagen hatten wir sie getroffen. Gesund und munter hatte sie ausgesehen. »Was ist denn passiert?«, wollte ich wissen.

»Autounfall«, sagte Ian.

Später erfuhren wir, dass sie schwere innere Verletzungen davongetragen hatte. Obendrein hatte sie noch stundenlang dagesessen, bevor jemand sie fand. Ein schrecklicher Tod.

Anscheinend werden derartige Botschaften stets von einem Vogel überbracht. So ist das Leben der Aborigines – alles hat zugleich geistige Bedeutung.

1989 war ein sehr schlechtes Jahr für uns. Abgesehen davon, dass wir Nancy verloren haben, mussten wir damals noch weitere schwere Verluste wegstecken. Im Mai jenes Jahres fuhren mein Kamerad Lenny Lovett und einige andere Leute zur internationalen Indigenen-Tagung nach Darwin. Lenny Lovett und ich lernten dort Ureinwohner aus den meisten Teilen der Welt kennen – aus Südamerika, Nordamerika, Brasilien, Kanada, den Philippinen, Hawaii und sogar aus Japan. Die Zerstörung des Landes um des Geldes willen scheint für indigene Familien aus aller Welt dieselben Auswirkungen zu haben.

Aborigines aus allen Teilen Australiens sind nach Darwin gekommen, um an der Tagung teilzunehmen. Und das war gut, denn so hatte man die Möglichkeit, sich von Mensch zu Mensch darüber auszutauschen, was sich wirklich zugetragen hatte. Einer jungen Aborigine, der ich dort begegnet bin, stand die Angst unübersehbar in die Augen geschrieben und sie war auch an ihrem ganzen Gesichtsausdruck abzulesen, als sie uns Geschichten über die »kleinen Leute« bei sich zu Hause erzählte. »Falls du mal zu uns kommst, Onkel Banjo«, sagte sie, »musst du unbedingt mit zwei oder drei Leuten kommen. Mach dich bitte nicht allein auf den Weg, denn die Gooligahs (den Nett-netts ähnelnde Elfen oder Feen) werden dich dann nicht wieder gehen lassen.«

Darüber hinaus fragte sie mich: »Darf ich dich vielleicht Pa nennen? Bei dir denke ich unweigerlich an meinen alten Großvater, der mittlerweile allerdings tot ist.« Während der zwei oder drei Tagungswochen begleitete sie mich überallhin.

Ich habe Lenny Lovett ermuntert, die Darstellungen der heiligen Felszeichnungen von Kakadu in sich aufzunehmen, sie wirklich zu verinnerlichen und sich einen Eindruck davon zu verschaffen, wie sehr die dortigen Aborigines diese Zeichnungen achten und verehren. Nicht minder heilig waren unsere Felszeichnungen in den Grampians, um die Lenny sich von Berufs wegen zu kümmern hatte.

»Nun, es ist, wie du gesagt hast, Onkel«, berichtete Lenny mir in Darwin, »das war für mich von allergrößter Wichtigkeit. Von jetzt an werde ich nicht mehr auf Leute hören, die mich manipulieren und mir vorschreiben wollen, was mit unseren heiligen Stätten zu geschehen hat. Ich werde diese heiligen Stätten stets schützen und sie achten. Mir ist klar geworden, welche Bedeutung es hat, ein Aborigine zu sein. Ich will unsere ganze Geschichte kennenlernen, zu der mir der Bezug verloren gegangen war.«

An jenem Abend besuchte Lenny Lovett das Casino, fühlte sich allerdings unwohl und bestellte ein Taxi, das ihn zum Hotel zurückbringen sollte. Noch bevor er mit dem Taxi das Hotel erreicht hatte, war er in seine Traumzeit hinübergegangen.

Als am Tagungsort jeder erfuhr, was geschehen war, haben sie die Tagung Lenny Lovett gewidmet und bei der Totenfeier wurde erklärt, wie viel es ihm bedeutet hatte, dabei sein zu können. Für seine Frau und seine kleinen Kinder haben wir anschließend Geld gesammelt. Sein Leichnam wurde nach Hause zurückgebracht und in dem Stammesland beigesetzt, auf dem Lenny geboren worden war.

KAPITEL 21

Nach der Gerichtsverhandlung und dem ganzen Drum und Dran versuchte Ian, Situationen jedweder Art aus dem Weg zu gehen, die sich für ihn vielleicht noch einmal als Fallstrick erweisen könnten. Er trat eine Stelle als staatlicher Kulturbeauftragter für unseren Distrikt an, leitete später die Gunditjmara-Aborigines-Kooperative und verfolgte unsere Aborigines-Geschichte ein Stück weiter in die Vergangenheit zurück. An der vorherigen Arbeitsstelle war es seine Aufgabe gewesen, gemeinsam mit einem archäologischen Forschungsteam den gesamten Westen von Victoria zu bereisen, um dort heilige Stätten einzuzäunen. In Schulen hat er kulturelle Gesprächsrunden zwischen Stammesältesten und den Kindern organisiert und Letzteren mancherlei Dinge beigebracht. Alle haben sie ihn geliebt. Stets schaffte er es, für Jugendliche, die mit dem Gesetz in Konflikt geraten waren, interessante Aufgaben zu finden.

Nach einer ganzen Weile übermannten mich schließlich jene Gefühle, die ich gewöhnlich bekomme, bevor etwas Schlimmes passiert. Ich rief meinen Sohn Lenny in Melbourne an.

»Wie läuft's zwischen Ian und dir?«, fragte Lenny mich.

»Tja«, sagte ich, »im Grunde könnte es gar nicht besser sein. Wir kommen wirklich gut miteinander aus. So habe ich ihn noch nie erlebt – eigentlich macht er alles goldrichtig. Dennoch bin ich besorgt um ihn.«

»Weshalb?«, wollte Lenny wissen.

»Ich habe einfach nur so ein Gefühl, dass etwas geschehen wird – dass er uns genommen werden wird.«

»Nun, dann willst du ihn bestimmt gut im Auge behalten.«

Dieses Gefühl der Besorgnis konnte ich einfach nicht abschütteln. Sogar meine Bahai-Freunde habe ich angerufen, um ihnen zu sagen, dass irgendetwas nicht in Ordnung ist und ich wegen Ian besorgt bin.

An jenem Tag hatten wir eine Versammlung in der Aborigines-Kooperative und eigentlich lief alles gut, obwohl da oft eine Menge Machtkämpfe ausgetragen werden und dann zwischen den Clans unseres Stammes eine gewisse Verstimmung herrscht. Doch an dem Tag reichte Ian einem Mann die Hand, mit dem er sich vor ein paar Wochen gestritten hatte. Der Mann schlug die Versöhnung allerdings aus und Ian hat sich das wirklich sehr zu Herzen genommen. »Warum bloß macht ihm das derart zu schaffen«, habe ich mich daraufhin gefragt. Denn sein Leben lang war Ian Rückschläge gewohnt gewesen. Aber er wusste, glaube ich, dass er kurz vor dem Übergang in seine Traumzeit stand. Er wollte frei und unbeschwert dorthin gehen können und keine Feindseligkeiten hinter sich zurücklassen.

Wenig später brachte er meine jüngste Tochter Lee-Anne für einen kurzen Besuch mit nach Hause. Seit einer Ewigkeit hatten wir sie schon nicht mehr gesehen. Ians Freundin Ange war an jenem Abend ebenfalls bei uns.

»Das wird ein besonderer Abend werden«, sagte er. »Ich werde das Essen komplett zubereiten. Zuerst einmal muss ich aber eine ordentliche Ladung Holz für euch hacken.«

Es war Juni, ein kalter Winterabend, und im Handumdrehen wurde es dunkel. Daher ging ich hinaus, um einen Baumstamm für das offene Feuer klein zu hacken. Während ich damit beschäftigt war, kam auch Ian hinaus und sagte: »Was machst du denn da, Papa? Ich habe doch gesagt, das wird ein besonderer Abend. Die ganze Arbeit möchte ich erledigen. Ich habe meine Schwester hier draußen bei mir und ich werde Tee aufbrühen.«

»Der Junge ist gar nicht gut beisammen«, dachte ich mir. Beim Zerkleinern des Holzes begann Ian zu pfeifen und zu singen. Die Kettensäge hat er gar nicht eingesetzt, sondern ausschließlich meine Axt verwendet. In Windeseile hat er Holz gehackt und es anschließend mit dem Karren zur Hauswand hinübergefahren. So ging es andauernd hin und her. In rauen Mengen lud er Holz von dem Karren ab und ging zurück, um noch mehr zu holen.

Bald schon hatte ich ein großes Feuer in Gang gebracht. Das gesamte Fleisch lag bereits gesäubert da. Alles war vorbereitet. Jetzt brauchte Ian das Fleisch nur noch zu zerschneiden, worauf er so großen Wert gelegt hatte. Ein wenig später ging seine Freundin Ange hinaus, um nach ihm zu sehen, und fand ihn lang hingestreckt neben dem Holzkarren.

»Pa!«, schrie sie. »Pa!«

»Gibt es ein Problem?«

»Ian! Ian! Er liegt neben dem Holzkarren!«

Ich rannte hinaus. Der Karren war umgekippt, das Holz herausgefallen und Ian lag daneben.

»Ist mir dir alles in Ordnung, mein Freund?«

Er regte sich nicht, lag einfach nur weiter da. Daher sagte ich: »Kommt, wir wollen ihn hineintragen.« Also haben wir ihn hochgehoben, hineingetragen und drinnen auf den Boden gelegt. »Komm, mein Freund! Wach auf, wach auf! Was ist los, was ist denn los, was ist geschehn?«

Er lag einfach nur da, sein ganzer Elan war wie fortgeblasen: »Mach die Mund-zu-Mund-Beatmung!«, forderte ich Ange auf.

Sie fing damit an, doch dann sagte sie: »Aber ich weiß gar nicht, wie!«

Alle gerieten in Panik. Nie zuvor hatte die arme Lee-Anne Derartiges erlebt.

»Ruft den Rettungswagen!«, schrie jemand. »Ruft Lenny an!«

Ich wusste, dass Ian von uns ging, und begann zu klagen. An ihn gewandt rief ich: »Komm, mein Freund! Hier ist dein Vater!« Ich berührte ihn an der Schulter. »Komm, mein Freund!« Kraftlos hielt er mir die Hand entgegen, griff nach der meinen, zog sie zu sich und blickte zu meinem Gesicht auf. Er schenkte mir ein Lächeln.

Dann dämmerte er einfach dahin, als würde er einschlafen. Immer noch rief ich seinen Namen, ging hinaus, schaute zum Himmel empor und rief wieder seinen Namen. Während all dieser Jahre hatte Ian an so manchem Sommerabend bei uns zu Hause, wenn das Mondlicht über dem Busch hervorkam, zu mir gesagt: »Komm, sieh dir das einmal an! Komm, wirf einen Blick auf den Mond. Ist er nicht wunderschön? Schau, wie all die Bäume in seinen Lichtglanz getaucht sind. Und was alles nur noch umso schöner macht«, fuhr er fort, »ist der Umstand, dass der Mond über unserem Geistland aufgeht. Die Grabstätten werden in sein Licht getaucht und alles andere ebenso.« Dem Mond hatte er stets spezielle Aufmerksamkeit geschenkt. Und den Regenbogen galt ebenfalls seine große Vorliebe – immer wieder hat er es geschafft, dass wir, sobald er einen Regenbogen entdeckt hatte, alle hinausgegangen sind, um ihn uns anzuschauen.

Ian lag immer noch auf dem Boden, als die Besatzung des Rettungswagens eintraf und ihm das Beatmungsgerät aufsetzte. Doch da war es bereits zu spät. Und als sie ihn auf der Bahre hinaustrugen, ging ich hinter ihm her. Nach wie vor rief ich: »Komm, mein Freund! Gib dich nicht geschlagen, Kamerad! Komm doch, mein Junge!«

Draußen schoben sie ihn auf der Rollbahre zum Rettungswagen. Die Polizei war inzwischen ebenfalls eingetroffen.

Dann hat sich etwas ereignet: Dieser große Mond, den Ian so gerne beobachtet hatte, ging über dem Hügel auf. Dabei fiel sein Licht direkt auf Ian und sein ganzes Gesicht erstrahlte. Ich lief zum Rettungswagen. Ich berührte Ian – ich bin mir sicher, dass er noch wach war – und zeigte ihm den Mond. Ian fühlte sich kalt an, aber ich bin mir sicher, dass ich wieder ein Lächeln auf seinem Gesicht sah, als es im Widerschein des Mondlichts erstrahlte.

Die Nacht, in der Ian starb und der Mond ihn in sein Licht hüllte, war eine besondere Nacht. Niemals sonst habe ich jemanden so friedvoll dahinscheiden sehen wie meinen Sohn.

Meine Vorahnungen, dass wir im Begriff standen, ihn zu verlieren, erwiesen sich als zutreffend. Ian hatte einen Herzschlag erlitten. Auf die gleiche Art und Weise war auch seine Mutter gestorben. Er hinterließ sechs Kinder. Erst 39 Jahre war er alt. Nach wie vor gibt er uns geistig Beistand, das weiß ich. Sein Geist ist weiterhin bei uns. Ian hat sich wahrlich für dieses Land eingesetzt.

KAPITEL 22

Nachdem Ian gestorben war, habe ich einen Pferdewagen gekauft, wie ich es ihm versprochen hatte. Finanziert habe ich den Kauf unter anderem mit einem Teil jener Abfindungszahlung, die ich in Zusammenhang mit meiner Arbeit im Steinbruch erhalten hatte. Da der ganze Staub, der sich während meiner Tätigkeit im Steinbruch in den Lungen angesammelt hatte, der Grund dafür war, dass ich jahrelang unter Lungenentzündungen litt, haben sie mir dafür schließlich eine finanzielle Entschädigung zugestanden.

Das Geld hielt nicht lange vor – einfach weil es in unserer Wesensart liegt, mit anderen zu teilen. Nichts davon wurde freilich für törichtes und unnützes Zeugs ausgegeben. Dank dieses Geldbetrags konnten die Schulden mehrerer Familienmitglieder beglichen und manches, was sie benötigten, gekauft werden. Und ich konnte mir bei Barzahlung ein paar alte Dinge leisten, die ich selbst wirklich haben wollte.[27]

Die Idee mit dem Pferdewagen hatten Ian und ich gemeinsam ausgebrütet. Ian hatte vorgehabt, einen großen mit einem Clydesdale-Pferd bespannten Wagen zu kaufen, um mit Kindern Fahrten in den Busch unternehmen zu können. Er wollte sie mit der Lebensweise der Aborigines und mit ihren Überzeugungen vertraut machen. Er wollte ihnen zeigen, wie man aus den vielen Dingen, die im Busch wachsen und gedeihen, alles Mögliche machen kann, und er wollte den Kindern helfen, einen Sinn für die spezielle Atmosphäre zu entwickeln, von der das Leben und Arbeiten im Busch durchdrungen ist. Gemeinsam mit ihnen wollte er Speere und Bumerangs anfertigen, damit sie anschließend lernen könnten, wie man im Busch überlebt.

»Wir sollten besser gleich losgehen und das Pferd kaufen, Papa«, sagte Ian.

»Ach, lass uns das lieber in einer anderen Woche erledigen«, gab ich ihm zur Antwort. »Wir werden es bald kaufen gehen. Sei unbesorgt.«

Aber dieses Gespräch hat genau in der Woche stattgefunden, in der Ian unerwartet gestorben ist. Folglich ist ihm die Freude versagt geblieben, jenen Pferdewagen zu fahren, für dessen Kauf wir alle beide immer ein wenig Geld auf die Seite gelegt hatten. Ja, er hatte ebenfalls Geld beigesteuert. Und er starb, bevor die Dinge, die er sich immer erträumt hatte, schließlich Gestalt annahmen.

Das war eine traurige Zeit, als er starb und ich allein mit dem Pferdewagen zurückblieb. Jene Dinge, die er eigentlich hatte tun wollen, begann ich nun in die Tat umzusetzen. Mit dem Wagen, gezogen von dem großen jungen Clydesdale-Pferd, bin ich nach Warrnambool gefahren. Ich habe die kleinen Kinder, die Schulkinder und die Erwachsenen in den Busch mitgenommen und mit ihnen dort auf Kohlenfeuer etwas zu essen gegrillt. Wir sind die alten Buschpfade entlanggefahren, ich habe ihnen gezeigt, wo die alten Leute ihr Lager aufgeschlagen haben, und ihnen geschildert, wie der Widerhall des fröhlichen Kinderlachens im Busch zu hören war. Es gelang mir, sie an das Buschland zu gewöhnen.

Einmal war ich mit einer Besuchergruppe aus sechzehn Aborigines-Kindern unterwegs, die vom Carpentariagolf[28] stammten. Wo sie herkamen, gab es keine Pferde. Mit dem Pferdewagen zu fahren war daher eine ganz neuartige Erfahrung für sie.

Entsprechend kamen wir aus dem Busch zurück: lauter lachende Kinder, die sich an dem Pferdewagen festklammerten, während ich die Zügel in der Hand hielt und Prinz, mein großes starkes Pferd, im Galopp über die Straße dahinflog. Jedem bereitete es Freude, uns so zu sehen, insbesondere den Kindern in Warrnambool.

Allen Besuchern erzähle ich, was in der Gemeinschaft der Aborigines üblicherweise vor sich gegangen ist und wo die Kinder in früheren Tagen gespielt haben. Den Kindern erzähle ich von den Nett-netts, die auf uns Kinder, solange wir selbst noch klein waren, aufgepasst haben. Nett-netts gleichen kleinen Feen oder Elfen. Sie sind kaum mehrere Fuß groß und haben Ähnlichkeit mit einem zwei- oder dreijährigen Kind. Ein Nett-nett ist der geistige Schatten eines Kindes. Von den Kindern wurden sie getrennt, als diese in Erwartung ihrer Geburt die Traumzeit verließen, um in die reale Welt hineingeboren zu werden. Daraufhin haben die Nett-netts sich ebenfalls in die reale Welt begeben: Dort wollten sie dasjenige Kind, zu dem sie gehörten, ausfindig machen, um ihm Schutz bieten zu können.

Als ich noch ein kleiner Bursche war, lebten die Nett-netts mit Vorliebe unter und hinter den am Fluss zu findenden Felsen und im Busch. Während wir am Fluss entlanggestreift sind, Fische mit dem Speer erlegt haben und auf die Jagd gegangen sind, hielten wir immerzu Ausschau nach ihnen. Zu Gesicht bekommen haben wir sie freilich nie, doch wir wussten, dass sie da waren. Die ganze Zeit haben sie uns genau beobachtet und dafür Sorge getragen, dass wir gute kleine Kinder waren. Die Nett-netts waren wirklich tolle Leute für uns kleine Knirpse und bei der Jagd gaben wir uns alle erdenkliche Mühe, diese kleinen Leute zu erfreuen.

Wir waren glückliche Kinder, die am Fluss gejagt und gespielt haben, und unser Lachen tönte durch Berg und Tal, weil wir wussten, dass die kleinen Nett-netts da waren, um uns vor Problemen zu bewahren und auf uns aufzupassen. Wir wollten ihnen keine Sorgen bereiten, wussten wir doch, dass sie da waren, um uns zu leiten. Dies trug dazu bei, dass wir uns selbst gar nicht erst in Schwierigkeiten brachten, war also eine wirklich gute Sache! »Besser bringen wir uns nicht in Schwierigkeiten«, haben wir gedacht, »sonst werden die armen kleinen Nett-netts sich Sorgen um uns machen und bei dem Versuch, uns zu retten – aus dem Fluss und dergleichen mehr –, sich selbst in Gefahr begeben. Daher werden wir lieber gute Kinder sein und alles richtig machen, weil sie uns überallhin auf Schritt und Tritt folgen: hinter dem großen Felsen da und hinter jenem Baum.

Und deshalb wollen wir all den kleinen Kindern in unseren Tagen von solchen Dingen erzählen, von der Lebensführung der Aborigines, von der Art unserer Empfindungen, von der Traumzeitwelt, von all den schönen Dingen, die sich hier zugetragen haben, und überhaupt von dem wundervollen Buschland. Denn heutzutage ist der ganze Busch abgeholzt und die Flüsse sind verschmutzt. Alles läuft schief, weil die Leute die Natur nicht lieben. Heute ist sie nicht mehr imstande, für ihre Kinder zu sorgen. Mag sie auch versuchen, sich zur Wehr zu setzen, ist doch jedermann zu gierig.

Im nördlichen Territorium, im Kakadu-Nationalpark bei Jabiluka, hat die Bundesregierung einer Firma die Erlaubnis zur Ausbeutung einer Uranmine erteilt – in einer als Weltkulturerbe eingestuften Region. Wissen sie etwa nicht, dass all das, was dort austritt beziehungsweise versickert, der ganze radioaktive Abfall, in die Wasserlöcher und die Flüsse gelangt, wo er anschließend den ganzen Fischbestand vernichtet. Wissen sie denn nicht, dass Bäume und Menschen dadurch krank werden? Über Jahrtausende hinweg haben die Stammesältesten im fernen Norden Australiens solche Dinge angesprochen, die sie als »Ungeheuer im Erdreich« bezeichneten. Von Generation zu Generation haben die Aborigines oben im Norden ihre Kinder vor dem Ungeheuer gewarnt.

Der moderne Mensch und die Naturwissenschaftler hingegen sagen: »Ach was, das ist doch kein Ungeheuer! Das ist von großem Wert für die Menschheit.« Genau dieses Monster aber erschafft das Uran und die Atombombe, in deren Macht es steht, jedermann zu töten – wie die armen Japaner, als die Amerikaner die Bombe dort abwarfen und den Krieg beendeten. Dahinter steckt das große Ungeheuer, jenes Ungeheuer, über das die Aborigines bereits seit Tausenden von Jahren gesprochen haben. Dieses Ungeheuer, so sagten sie, würde uns alle vernichten, unseren Lebensraum verbrennen und die Welt in ein Flammenmeer verwandeln. Beim Abwurf der Atombombe hat sich das als die Wahrheit herausgestellt. Die Aborigines haben immer davor gewarnt: »Finger weg von diesem Ungeheuer. Es wird uns alle vernichten.« Diese Geschichte ist über Tausende von Jahren weitererzählt worden, von einer Generation an die nächste. Über all die guten und die schlechten Dinge in der Erde haben die Aborigines sehr wohl Bescheid gewusst. Sie waren keine Naturwissenschaftler, sondern haben einfach das Land, auf dem sie lebten, geliebt und es geachtet.

Abgesehen davon, dass ich mit den Schulkindern gesprochen und sie in den Busch mitgenommen habe, um ihnen die alte Lebensweise nahezubringen, habe ich auch im Fernsehen ein wenig geschauspielert. Einmal habe ich in den Fernsehserien »Die fliegenden Ärzte« und »Rush« mitgewirkt.

Allerdings würde ich mich wirklich nicht als professionellen Schauspieler bezeichnen. Aber was ich auch tue, meine Arbeit sollte etwas Künstlerisches an sich haben und nicht einfach nur in Schinderei bestehen. Das ist mein Wunsch.

Manchmal höre ich, dass Freunde von Freunden in Übersee gern möchten, dass etwas ursprünglich Australisches für sie hergestellt wird, ein Bumerang oder ein Korb. Und das tue ich dann für sie – aus dem, was der Busch hergibt. Allerdings mache ich das keineswegs in einem kommerziellen Rahmen. Bei den meisten Mitgliedern meiner Familie ist es ebenso. Wir sind nicht der Auffassung, dass wir aus dem, was wir herstellen können, Kapital schlagen oder irgendetwas allein um des Geldes willen tun sollten.

KAPITEL 23

Sobald der weiße Mann seinen Fuß auf das Land der Aborigines gesetzt hatte, wurde den Aborigines durch das Wort »gehen« verwehrt, weiter ihr Leben zu führen. In großer Zahl sind die Weißen nach Australien gekommen, sie haben den Blick über das weite Land schweifen lassen und all den Reichtum gesehen, den sie sich hier aneignen konnten: Die künftigen Herrenhäuser, die weidenden Rinder und Schafe hatten sie vor Augen. Für die Schönheit der Natur hingegen fehlte ihnen der Blick, ebenso für all die Segnungen, die ebendiese Natur dem Menschen ohnehin in Hülle und Fülle zur Verfügung stellte. Wir alle sollten, wenn es nach dem weißen Mann ging, nur noch an Besitz und Reichtum denken, sollten das Land so vor Augen haben wie die Weißen – mit den zahllosen Zäunen, die für sie vollkommen selbstverständlich sind – und wir sollten an all das Geld denken, das man auf diese Art und Weise in seinen Besitz bringen könnte. Bei den Aborigines bestand dafür allerdings kein Bedarf: weder was die großen Farmen noch was das Geld betraf. Das Land, die Natur, hat ihnen alles, was sie brauchten, geschenkt und sie versorgt.

Ich weiß nicht recht, ist es aufgrund von Schuldgefühlen geschehen? Von Schuldgefühlen angesichts dessen, was sie hier in Gang gesetzt hatten? Oder ist es geschehen, weil sie unter Heimweh litten? Jedenfalls haben sie versucht, alles ursprünglich Australische und all das, woran die Aborigines glaubten, auszulöschen, es zu vernichten. Die Menschen haben sie dabei gleich mit ausgelöscht. Die einheimischen Tiere wurden abgeschlachtet. Schließlich waren sie anders als jene Tiere, mit denen die Weißen vertraut waren. Und den Weißen gelang es auch nicht, sich an diese Tier zu gewöhnen, ganz ähnlich, wie es ihnen nicht gelang, sich an die Aborigines zu gewöhnen.

Demgegenüber hatten die Aborigines eine andere Sicht der Dinge, ein anderes Denken: Wir haben dem Busch Gefühle entgegengebracht, den Menschen ebenso. Die Aborigines haben für den nächsten Tag gelebt – und dann wieder für den nächsten Tag. Als der weiße Mann kam, haben wir einen Großteil unserer Kultur verloren. Unsere alten Leute wurden nicht mehr in die Nähe unserer Kinder gelassen und unsere Kinder wurden fortgeholt und in Schlafsälen untergebracht, damit sie lernten, dem weißen Mann zu Diensten zu sein. Mit den Kindern in der alten Sprache zu sprechen das hat man unseren alten Leuten verboten. Alles ursprünglich Australische war ein Ärgernis, war verpönt, sein Vorhandensein wurde bestraft.

»Wenn der weiße Mann nicht unser Freund sein will«, haben meine Stammesältesten gesagt, »ist das in Ordnung – solange wir in Frieden gelassen werden. Wir können sehen, dass der weiße Mann sich selbst zerstört, für uns besteht daher keinerlei Notwendigkeit, Rache zu nehmen. Den Aborigines und dem Land haben die Weißen unglaublich viel

Schaden zugefügt. Lasst sie selbst sehen, wo sie das hinführt, denn letzten Endes werden sie sich selbst zerstören. Uns geht es immerhin recht gut, wir finden schon etwas zu essen und treiben irgendwo etwas zu futtern auf.«

Weiße Leute sagen: »Heutzutage sind wir alle gleich: Wir leben im selben Land und wir essen dasselbe…« Geht es aber um Grundsätze, dann tut sich eine große Kluft auf. Denn wie Aborigines wirklich denken, wie sie die Dinge verstehen und deuten, das haben die Weißen nicht begriffen. Und an diesem Punkt hapert es gewaltig. »Nun, wir leben doch zusammen. Wir könnten dieselbe Arbeit leisten…« Sobald es freilich darum geht, über Dinge zu sprechen, sprechen Aborigines eine andere Sprache. Mag sein, dass wir unsere angestammte Sprache und alles mögliche andere eingebüßt haben – nichtsdestotrotz haben wir immer noch unsere Aborigines-Grundsätze.

Ich will nicht, dass man aus mir einen weißen Gentleman macht. Mir missfällt es, wenn ich Leute sagen höre: »Vergiss deine Hautfarbe, vergiss die Ahnen deines Stammes.«

So etwas können wir nicht. Viele, viele Einwanderer sind über die Jahre nach Australien gekommen. Vergessen sie ihre Vorfahren? Nein. Die Iren besuchen ihre Heimat und feiern ein Wiedersehen mit ihren Landsleuten. Dasselbe gilt für die Schotten oder die Italiener. Dem Heimatland erweisen sie ihre Ehrerbietung. Und genauso machen wir es hier in Australien – die ganze Zeit erweisen wir dem Stammesland unsere Ehrerbietung.

Ich bin weiterhin ein Aborigine und werde immer ein Aborigine sein. Das ist die Hauptsache, das versuche ich immer wieder deutlich zu machen. Meine Aborigine-Identität habe ich nach wie vor. Daran ändert sich auch nichts, obwohl uns hier Schlimmes widerfahren ist. In verschiedenen Regionen sind die Angehörigen unseres Volkes ausgestorben. Junge weiße Leute sind in unsere Gemeinschaft hineingekommen. Infolgedessen ist die Hautfarbe der Aborigines blasser geworden. Früher gab es bei uns ausschließlich Schwarze, heutzutage hingegen sieht man alle möglichen Schattierungen. Solche kleinen Kinder aber lieben wir ganz genauso. Sie gehören zu uns, sie leben wie wir, sie verstehen die Eigenarten, die Lebensführung und das Verhalten der Aborigines.

Welch ein Glück für mich, so lange leben zu dürfen, dass ich meinen Kindern und meinem Volk all diese Dinge erzählen kann: von den alten Leuten, unter denen ich aufgewachsen bin, von all der Freundlichkeit und Güte, die sie ausgezeichnet hat, von den Entbehrungen und anderweitigen Widrigkeiten, die sie durchzustehen hatten, als sie von einer Mission zur anderen umgesiedelt wurden wie Rinder, die erst hierhin und anschließend dahin kommandiert werden.

Dabei haben sie nur eines gewollt. Sie wollten heimkehren auf jenes Land, auf dem sie geboren worden waren. Manche von ihnen wurden jedoch in Pflegeheime, in Waisenhäuser oder auf andere Missionsstationen gebracht: Orte, an die sie nicht hingehörten. Manche sind in späteren Jahren zurückgekehrt und mussten dann feststellen, dass ihre Leute gestorben waren. Das mir vergönnte Privileg, mit den alten Leuten zusammenzuleben und zu begreifen, was in den frühen Tagen geschehen war, blieb ihnen versagt.

Wissen Sie, an den ganzen Hindernissen und Widrigkeiten, auf die wir gestoßen sind, haben die meisten Aborigines keinen Anstoß genommen. Sie haben sich daran gewöhnt und in dem Bemühen, sich trotzdem selbst zu verwirklichen, einfach weitergemacht und gehofft, dass die Dinge sich eines Tages ändern, sich zum Besseren wenden würden. Und sie haben niemals Groll gehegt.

Indem die alten Leute am Anblick der Naturschönheiten ihre helle Freude hatten, statt auf die persönlichen Entbehrungen zu schauen, gelang es ihnen zu überleben. Über all die schlimmen Dinge – Dinge, die ihnen entweder selbst widerfahren sind, sich unmittelbar vor ihren Augen abgespielt oder jedenfalls nichts Gutes verheißen haben – machten sie Scherze. Oder sie brachten sie in ihren Liedern zum Ausdruck. Anschließend begannen sie darüber zu schmunzeln, nahmen das Leben mit Humor und brachen alle miteinander in herzliches Lachen aus. Diese Gabe hat sie, glaube ich, in die Lage versetzt, unverdrossen durchzuhalten und niemals aufzugeben.

Allerdings sind die meisten meiner alten Freunde mittlerweile gestorben. Viele sind vor lauter Traurigkeit gestorben. Ich versuche, mich darüber nicht zu empören, denn wir müssen versuchen, den Kindern beizubringen, dass sie in Anbetracht der Art und Weise, wie man mit uns umgesprungen ist, keine Wut empfinden. Wut bringt nämlich niemanden weiter, kein Stückchen. Vielmehr benötigt man Geduld und man sollte sich stets an die guten und schönen Erfahrungen erinnern.

All die schlimmen Dinge sind geschehen, jawohl, aber ich bin heute immer noch da und tue mein Bestes – ohne jeden Gedanken an Vergeltung, ohne Groll oder Ähnliches. Ich will den Leuten nur berichten, was geschehen ist, sodass sie mit dem Geschehenen leben, es verstehen und in Zukunft die Dinge für die Aborigines zum Besseren wenden können – damit sie es im Leben zu etwas bringen, ohne Vorurteile, ohne Rassismus und dergleichen. In den Hintergrund gedrängt worden sind sie lange genug und jetzt erhalten sie ein wenig Bildung. Ich hoffe allerdings, dass sie dessen ungeachtet zugleich ihre Aborigine-Identität behalten werden.

Seit so vielen Jahren ein Bahai zu sein hat mir sehr geholfen. Als ich mich 1975 den Bahais anschloss, habe ich Camilla um ihre Unterstützung gebeten bei meinem Vorhaben, mit dem Trinken aufzuhören. Und ich bin mir bewusst, dass die Bahais während dieser Jahre sehr viel für mich gebetet haben. Dies zu wissen hat mir 1988, als die weißen Leute den 200. Jahrestag der europäischen Herrschaft hier in Australien gefeiert haben, besonders viel Kraft gegeben.

Den Bericht über die Feierlichkeiten habe ich mir im Radio angehört und in Reichweite neben dem Bett hatte ich eine ganze Menge Alkohol stehen. Doch aus Respekt vor meinen Ahnen, die ja vor dem Eintreffen der weißen Leute überhaupt nicht gewusst haben, was Alkohol ist, beschloss ich, das Trinken wieder aufzugeben. Ich ging also aus dem Haus und alle meine Aborigines-Kameraden sagten: »Feiere nicht '88, Onkel.« Worauf ich ihnen geantwortet habe: »Mach' ich nicht. Hier, ihr könnt mein Bier haben.« Sie haben es getrunken, ich hingegen von nun an nicht mehr.

Mein Bier habe ich zwar durchaus gemocht und ich bin auch gern in Kneipen gegangen. Dennoch war es die leichteste Sache der Welt, das alles aufzugeben. Seit jenem Tag habe ich keinen Alkohol mehr angerührt. Das ist lediglich eine Frage der persönlichen Überzeugungen und des Respekts vor den Stammesältesten, die so übel behandelt worden sind, furchtbares Leid erfahren haben und angesichts der Schlechtigkeit des weißen Mannes als Alkoholiker gestorben sind, sei es in der Gosse, im Gefängnis oder in den Parks. Die alten Leute haben bestimmt ein Auge auf mich, dachte ich mir, und nur zu gern habe ich ihnen zuliebe das Trinken aufgegeben.

Eine eingehende Beschäftigung mit dem Bahai-Glauben würde den Aborigines, glaube ich, wieder den Weg zu ihrem wirklichen Selbst weisen. Denn die Überzeugungen der Bahai kommen der traditionellen Lebensführung der Aborigines sehr nahe. Die Menschen, so heißt es in den Schriften der Bahai, werden künftig weitaus feinfühliger und empfindsamer sein: Nirgendwo auf der Welt wird dann noch jemand imstande sein, sich hinzusetzen und eine Mahlzeit zu sich zu nehmen, solange er weiß, dass irgendwo anders auf der Welt ein Mitmensch Hunger leidet.

Die Empfindungen der Aborigines sind so, wie diese Bahai-Schriften es beschreiben: Mit jedermann fühlen wir uns eins. Manchmal überkommen uns schreckliche Gefühle, weil wir wissen, dass gerade etwas Schlimmes geschieht. Und wir brechen in Tränen aus, als hätte uns jemand davon berichtet. Tatsächlich hat uns jedoch niemand auch nur ein einziges Wörtchen gesagt. Wir können es spüren. Aborigines können solche Dinge nicht erklären und das hat auch etwas Beängstigendes. Denn du weißt nicht, ob es dich selbst treffen wird oder jemanden, der dir nahesteht. Also wartest du geduldig auf die Nachricht. Deine Vorahnung versetzt dich in die Lage, das zu ertragen, was da auf dich zukommt.

Daran hat sich bei uns nichts geändert. Weiße Leute besitzen ebenfalls diese Gabe. Viele von ihnen kümmern sich jedoch nicht weiter darum. Künftig aber werden auch sie sich von diesen Gefühlen, diesem inneren Sinn leiten lassen – wie es in den Bahai-Schriften zu lesen steht.

Eines Nachts ist mein Cousin John Austin bei dem Versuch, einen Kameraden aus einem brennenden Haus zu retten, ums Leben gekommen. John wollte seine Schwester besuchen. Als er zu ihrem Haus kam, stand es in Flammen und drinnen im Haus schliefen alle tief und fest. Er lief ins Haus hinein, weckte sie alle auf und brachte sie nach draußen. Sobald alle draußen waren, fiel ihnen ein, dass sich drinnen auf der Couch ein Freund schlafen gelegt hatte und er nach wie vor dort schlief. Daraufhin rannte John zurück ins Haus und wollte versuchen, diesen Freund auch noch zu retten. Als er auf der Suche nach dem Mann die Couch fast erreicht hatte, stürzte ein brennender Balken auf ihn herab. Der Balken hat ihn zu Boden gedrückt und so ist er ums Leben gekommen. Der Mann, dem der Rettungsversuch galt, konnte den Flammen entkommen, ist allerdings später seinen Verbrennungen erlegen.

In ebenjener Nacht habe ich all diese schrecklichen Dinge

gespürt. Zwar war es eine kalte Nacht, doch mir war richtig heiß. Am ganzen Körper – auf der Brust und überall – war ich schweißgebadet. Mich überkam solch eine Angst, dass ich zu weinen begann. »Entweder werde ich jetzt sterben«, dachte ich, »oder ein mir nahestehender Mensch steht auf der Schwelle zum Tod.« Und das traf, genau in dem Moment, auf den jungen John zu.

Wissen Sie, der Gang durch dieses Feuer, das war es! Genau das habe ich gespürt. Weiße Leute verfügen ebenfalls über solch ein intuitives Gespür. Solange sie allerdings nicht darauf achten und darauf hören, bleibt es für sie völlig ohne Belang. »Ich hatte da so ein eigentümliches Gefühl«, sagen sie vielleicht. Dann sperren sie sich jedoch dagegen, blocken einfach ab.

Am nächsten Morgen, nachdem ich die ganze Nacht kaum ein Auge zugetan hatte, versuchte ich ausfindig zu machen, wer da verbrannt war. Das Hitzegefühl war bei mir nach wie vor am ganzen Körper gegenwärtig. Da ich kein Telefon hatte, konnte ich niemanden anrufen, um zu erfragen, was da vorgefallen war. Gerade stand ich im Begriff, den knapp 20 Kilometer langen Weg in die Stadt zu Fuß anzutreten, um zu hören, was sich eigentlich abgespielt hatte, da traf meine Tochter bei mir ein. »Ist mit dir alles in Ordnung«, wollte sie wissen. So schlecht sah ich offenbar aus. Dann berichtete sie mir von meinem Cousin John, der vorige Nacht in einem brennenden Haus ums Leben gekommen war.

Wir alle sind, daran glaube ich, miteinander verbunden und im Innersten sind wir alle gleich. Trotzdem verfügen Aborigines über diese wirklich stark ausgeprägte Geistesgabe: Denn in der Welt, in der sie gelebt haben – in der Natur –, haben solche Geistdinge ihren Alltag bestimmt. Und deshalb besitzen wir diese Gabe bis auf den heutigen Tag.

Alles im Leben entfaltet und vollzieht sich notwendigerweise in Form von Gegensatzpaaren, die zu einer Einheit werden und ein Ganzes bilden: Religion und Naturwissenschaft zum Beispiel. Nichts ist wirklich eigenständig oder von allem anderen getrennt. Alles steht unweigerlich in einem Bezug zu allem anderen. Aborigines glauben in erster Linie an das, was sie sehen, fühlen, hören können, und so weiter. Alles Geistige hat einen physischen Anteil und alles Physische hat einen geistigen Anteil.

So hat sich etwa meine Tante eines Tages daheim um ihren sechsjährigen Sohn gekümmert. Sie war besorgt. Denn im hinteren Zimmer schrie er – vor lauter Hunger –, doch es war nichts zu essen im Haus. Auf einmal bemerkte sie, dass der Junge aufgehört hatte zu weinen, und sie dachte: »Der arme kleine Kerl, bestimmt ist er eingeschlafen.« Dann ging sie ins Zimmer und schaute nach. Da sah sie ihn auf dem Bett sitzen und ein großes Marmeladenbrot essen. Im ganzen Haus hatte es aber kein einziges Krümchen zu essen gegeben. Deshalb fragte sie ihn: »Woher hast du denn etwas zu essen bekommen?« Er antwortete: »Mein Bruder hat es mir gegeben.« Sein Bruder war jedoch im Jahr zuvor gestorben.

Derartige Dinge erleben wir immer wieder.

Für die Welt, das kann ich sehen, wäre es die Rettung, wenn die Menschen auf die Aborigines-Grundsätze zurückgreifen würden. Und sie wird nie in irgendeinem Punkt in Ordnung gebracht werden, solange wir das nicht auf die eine oder andere Weise selbst in die Hand nehmen. In der Kultur der Aborigines gibt es so viel Positives, durch das die Welt bereichert werden kann. Die Leute sagen: »Tja, diese Art der Lebensführung existiert doch gar nicht mehr.« Aber deshalb, weil ebendiese Grundsätze nicht mehr überall in die Tat umgesetzt werden, gibt es heute ja so große Probleme. Dabei wäre es so einfach. Meine Leute brauchen einfach nur auf sich selbst zu blicken und zu sagen: »Ich bin ein Aborigine, ich sollte so sein. Ich sollte eine traditionelle, eine der Überlieferung folgende Denkweise haben, sollte Aborigines-Gedanken denken.« Einem dementsprechenden Verhalten war es zu verdanken, dass 60 000 oder 70 000 Jahre lang Frieden herrschen konnte. Nimmt ein solches Verhalten ein Ende, dann wird es mit der Welt zu Ende gehen. Alle Probleme fangen an, wenn die Leute sagen: »Das ist aus und vorbei.« Wer das sagt, ist kein Aborigine mehr.

Liebe, große Liebe, ist die Stärke der Aborigines. Aborigines haben Achtung vor allen Leuten, gleichgültig, wo sie herkommen, gleichgültig, wie arm oder wie schlecht sie sind. Jeder verdient eine Chance. Andere Leute haben wir so behandelt, wie wir selbst behandelt werden wollten. Zur Aufrechterhaltung unserer Gesetze, unserer geistigen Grundsätze, sind zwar auch bei uns Kriege geführt worden. Trotzdem haben wir den Menschen respektiert – alle Menschen.

Zum Begräbnis eines Bekannten zu gehen, das hat in der Aborigines-Gemeinschaft große Bedeutung. Zu einem solchen Begräbnis zu gehen ist sehr wichtig, auch für Kinder. Denn mit jedem Aborigine, der von uns geht, bleibt von der Aborigines-Kultur wieder ein Stück weniger erhalten. Aborigines würden zum Begräbnis eines jeden anderen Aborigine gehen, wenn sie könnten, ob sie die betreffende Person nun kennen oder nicht. In ihr oder ihm werden sie allemal einen Freund sehen, der Leid und Rassismus durchgestanden hat so wie jeder von uns. Darum bezeugen wir Verstorbenen, selbst bei der Bestattung eines Fremden, stets unsere Ehrerbietung. Man tut sein Bestes, zu dem Begräbnis hinzugehen und seinem Bruder oder seiner Schwester Lebewohl zu sagen. Das gehört zum Leben der Aborigines.

Mag sein, dass einem von der oder dem Verstorbenen noch nie etwas zu Ohren gekommen ist. Aber dann erzählt jemand: »Oje, eine arme Aborigine ist vor ein paar Tagen getötet worden (oder ums Leben gekommen).« Daraufhin fragen die anderen: »Ja, wirklich? Wann wird die Frau denn begraben?« Und so geht man einfach zu der Beerdigung hin. Eine ganz natürliche Angelegenheit.

Niemand sagt: »Ach nein, mein Leben lang bin ich ihr doch niemals über den Weg gelaufen.« Oder: »Den kenne ich ja gar nicht.« Sie gehn einfach hin, mein Freund! Weil der Verstorbene einer von uns ist. So läuft das. Von der Art sind die Empfindungen eines Aborigine, wenn er hört, dass irgendwo ein Aborigine getötet worden, ums Leben gekommen, gestorben ist. Man trauert um ihn – um den Angehörigen der einen großen Familie, die nun schon seit so langer Zeit unter der Besetzung des Landes durch den weißen Mann und unter seinem Rassismus leidet. Dieses tiefe Gefühl von Einheit teilen wir alle miteinander. Spielt keine Rolle, wo man ist, stets handelt es sich um dieselbe alte Geschichte. Ich würde, wenn ich könnte, zur Beerdigung jedes Menschen auf der Welt gehen, um der oder dem Betreffenden meine Achtung zu erweisen – meine menschliche Achtung.

1993 haben wir in der Fußballarena von Warrnambool ein großes Traumpfade-Festival organisiert. Wir haben es das »Peek Whurrong Coming Home«-Konzert genannt. Richard Frankland, ein Gunditjmara, war aufseiten der Aborigines die treibende Kraft hinter dem Projekt. Menschen jeglicher ethnischen Herkunft und Hautfarbe sollten wenigstens einen Tag lang ihre Vorurteile vergessen und sich gemeinsam an den Klängen der Musik und an den Songs erfreuen. Zahlreiche Stars der australischen Musikszene sind bei dem Festival aufgetreten: Shane Howard beispielsweise oder Neil Murray und mein Neffe Archie Roach. Außerdem konnte der Nachwuchs, viele Mädchen und Jungen, seine Talente zeigen. Meine Enkelin Jemmes – Ians Tochter – hatte mit ihrer einheimischen Tanzkulturgruppe aus Mildura ebenfalls einen Auftritt bei dem Festival.

Bands, in denen Aborigines vertreten waren, hat es früher,

in meinen Tagen, nicht gegeben. Heutzutage hingegen kann ein Aborigine überall auf die Bühne gehen, um dort Musik zu spielen und zu singen. Mein Enkel Lee Morgan hat damit gute Erfolge. Er lebt jetzt in Melbourne und ist Berufsmusiker, zu solch speziellen Anlässen wie etwa dem Festival kehrt er jedoch immer zu uns zurück.

Kurz zuvor hatte es in unserer Region Probleme gegeben – junge Leute unter Drogeneinfluss, die nicht wussten, was sie taten – und einmal mehr tauchte der Rassismus wieder aus der Versenkung auf. Als man mich gebeten hat, zur Eröffnung des Festivals ein paar Worte zu sprechen, endeten meine Ausführungen daraufhin mit dem Appell: »Lasst uns Schluss machen mit dem Alkohol und den Drogen, die unsere jungen Leute zerstören.«

Die Konzerte dauerten bis tief in die Nacht. An den Eingängen haben wir strikte Kontrollen eingerichtet. Niemandem wurde gestattet, Alkohol mit hineinzunehmen. Scharenweise haben die Menschen – Aborigines, Maori und weiße Leute – das Festival besucht. Alle möglichen Nationalitäten waren dort zu finden und alle hatten sie viel Spaß. Gegen Ende legte sich dichter Nebel über das Fußballfeld. Mit dem Scheinwerferlicht, das durch den Nebel hindurchdrang, und der Musik im Hintergrund verlieh dies dem Ganzen eine richtig geheimnisvolle Atmosphäre.

Seit 1996 haben all meine Kinder hier in Warrnambool mitgeholfen, derartige Konzerte auf die Beine zu stellen – zur Feier der Aborigines-Kultur und im Dienst der Versöhnung. Jahr für Jahr sind dort wunderbare Musiker wie Archie Roach, Shane Howard, Neil Murray und Judith Durham aufgetreten. Veranstaltet wird das Konzert unter dem Motto »Tarerer«. Mit diesem Aborigines-Wort wurde einst das alljährliche Treffen aller an der Küste lebender Gunditjmara-Clans dieser Region bezeichnet. Zum festgelegten Zeitpunkt fand damals stets eine grandiose Feier statt. Man hat getanzt, gesungen, Geschichten erzählt und gelacht. Die Missionare haben alldem jedoch ein Ende gesetzt.

Das Tarerer-Konzert durfte ich inzwischen schon ein paarmal eröffnen und 1999 hat der Bürgermeister von Warrnambool mir, als dem Clan-Ältesten, bei dieser Gelegenheit ein »Buch des Bedauerns« mit den Unterschriften Hunderter Bürger aus der Region überreicht, die auf diese Weise für die schlimmen Dinge, die uns angetan worden sind, um Verzeihung baten: wahrhaftig ein besonderer Abend!

Außerdem bin ich gefragt worden, ob ich auch das Port Fairy Folk Festival eröffnen mag. Das habe ich dann seit 1995 jedes Jahr getan. (Inzwischen hat man Banjos Sohn Lenny gebeten, die Tradition fortzuführen.) Stets sage ich bei dieser Gelegenheit so etwas wie: »Lasst uns in Harmonie alle miteinander viel Freude haben.«

Einmal habe ich auch an der Deakin University ein paar Worte gesprochen. Anlass war die Enthüllung von *Tuuram Cairn*, einer dort in Dauerausstellung zu sehenden, von Chris Booth und einigen Studenten der Universität geschaffenen Skulptur, »die Anstoß geben soll zum Gedenken an die leidvollen Erfahrungen, die diesem Land und seinen indigenen Völkern in jüngerer Zeit zugefügt worden sind«. (Darüber hinaus hat in der Zwischenzeit Banjos Tochter Fiona mit Chris Booth an einer Skulptur im Zentrum von Melbourne gearbeitet.) Als die Skulptur an der Deakin University enthüllt wurde, habe ich Folgendes gesagt: »In dieser Region pflegten meine Leute einst ihr Lager aufzuschlagen und das Land zu durchstreifen. Ich bin so froh, dass wir ihrer nun gedenken. Vielen Dank.«

Derartige Dinge haben mir gezeigt, wie sehr die weißen Leute sich zum Vorteil verändern. Daraus habe ich die Hoffnung geschöpft, dass all die Menschen unterschiedlichster ethnischer Herkunft eines Tages aufhören, gegeneinander zu kämpfen, und stattdessen Freundschaft schließen.

KAPITEL 24

Meine Enkelkinder sind heute zu einem Spazier-gang aufgebrochen und haben dabei zu meiner großen Freude einige der alten Plätze ausfindig gemacht. In der Nähe der alten Mission liegt ein Staudamm und auf dem Grund des Stausees bleibt immer ein wenig Wasser stehen. Dort haben sie offenbar hingefun-den, denn bei ihrer Heimkehr glichen sie mehr oder weniger einem Haufen kleiner Kaulquappen, waren überall, auch im Gesicht, mit Schlamm beschmiert. Man konnte meinen, sie hätten sich im Schlamm gewälzt.

Einer von ihnen, Caleb, war mit seinem Stiefel im Schlamm stecken geblieben und die anderen haben ihm geholfen, den Stiefel wieder herauszubekommen. Alle miteinander sind sie dabei selbst hineingeraten. Bestimmt haben sie geglaubt, dass sie Bunyips[29] sind, die in dem Schlammloch spielen. Muss ih-nen mächtig viel Freude bereitet haben. Jedenfalls habe ich nicht mit ihnen geschimpft. »Schon in Ordnung«, meinte ich. »Als Kind habe ich das ebenso gemacht.«

All ihre Sachen habe ich viermal gewaschen und zwi-schendurch noch ein bisschen Holz gehackt, weil kein Feuer brannte, an dem man die Sachen hätte trocknen können. Sämtliche Kinder sind jetzt wieder sauber, bloß dass mein Enkel Kirrae den großen Pullover und die ausgeleierten Shorts von jemand anderem trägt. Er hatte geduscht und an-schließend nach einem Handtuch gerufen, also bin ich hi-neingegangen und habe ihm das Handtuch gebracht. Sein Gesicht war allerdings immer noch total schmutzig. »Du hast wohl vergessen, dir das Gesicht zu waschen, Kamerad.« Das habe ich dann übernommen. Also dieser Schlamm! Sie waren wirklich über und über mit Schlamm überzogen, die Kleidung inbegriffen.

Kirrae habe ich gezeigt, wo sich die Dinge im Busch abgespielt haben, und er weiß über all das jetzt bestens Bescheid, kennt es wie seine Westentasche.

Vor ein paar Jahren haben die Kinder im Stausee einen alten Wassertank gefunden. Beim letzten Sturm muss er dort hineingeweht worden sein und sie hatten nun die Idee, den Tank herauszurollen. Sie sind hineingeklettert und innendrin, unter schallendem Gelächter, gerannt und gerannt – Mannomann, was für ein starker Anblick! Von ihnen selbst war die meiste Zeit gar nichts zu sehen, bloß der Riesentank, der immer weiter über Felder und Wiesen rollte wie eine große Trommel, eine Art Donnerkessel. An der einen Seite hatte der Tank eine Öffnung, ähnlich wie ein Lautsprecher. Die Kühe und Pferde kamen herbei und haben sich im Kreis rings um den Tank geschart – solange dieser an Ort und Stelle blieb. Währenddessen konnte man unaufhörlich das Lachen der Kinder hören. Plötzlich haben die Kinder dann den Tank wieder umgekippt und auf diese Weise den Tieren einen gewaltigen Schrecken eingejagt. Es hat großen Spaß gemacht, ihnen zuzusehen.

Weiße Erwachsene, diesen Eindruck hatten wir lange, dachten wohl, Kinder würden dadurch erwachsen werden, dass man ihre Gefühle abwürgt und unterdrückt. Eigentlich waren in unseren Augen viele weiße Erwachsene jedoch selbst überhaupt nicht erwachsen. Bevor man nicht mit allem, was einen zum Menschen macht, Gefühle erlebt – die richtigen Gefühle –, ist man nicht wirklich erwachsen.

Aborigines wollen Kinder als Kinder behandeln und sie nicht zwingen, Erwachsene zu sein. Es ist besser für sie, wenn sie, solange sie können, Kinder bleiben und die Kindheit erst ganz allmählich hinter sich lassen.

Zu jener Zeit, als ich aufgewachsen bin, lief es folgendermaßen: Haben kleine Kinder Erwachsenen beim Gespräch über ein Problem zugehört, so wussten sie nicht, worin das Problem bestand; allerdings wussten sie, dass es um ein Problem ging. Sie haben dann nichts gesagt, weil sie erst einmal selbst im Kopf damit klarkommen und irgendwie schlau daraus werden mussten. Vielmehr haben sie den alten Leuten zugehört. Das verleiht Kindern Stärke. Während sie heranwachsen, werden sie dann ganz allmählich an diese Dinge gewöhnt. In unserer Gemeinschaft werden sie nicht einfach nur dazu gedrängt. An die raue Wirklichkeit und an all die Probleme muss man sie behutsam heranführen. Machen Sie Kinder ganz langsam und vorsichtig damit vertraut – bitte keine unvermittelte Konfrontation mit der Härte des Lebens, mit den schlimmen Dingen, die sich zugetragen haben. Man darf ihnen keine Angst einjagen. So werden kleine Kinder allmählich erwachsen, indem sie drüber nachsinnen und ein Gefühl dafür entwickeln.

Wenn etwas Schlimmes passiert, werden sie davon ergriffen und gefühlsmäßig bewegt. Darum nehmen kleine Kinder, wenn ein Elternteil oder ein Onkel stirbt, einander in die Arme und schluchzen ganz erbärmlich, ohne sich im Mindesten dafür zu schämen. Denn auf diese Weise hilft einer dem anderen, dass sich emotional im Herzen etwas Gutes neu entfalten kann. So steht es um ihre Gefühle und so lernen sie, mit den Problemen und all den Dingen klarzukommen, die sich zutragen, während sie heranwachsen. Weder werden sie dabei von den Härten des Daseins abgeschottet oder komplett abgeschnitten, noch werden sie kopfüber hineingestürzt. Wenn sie ganz unvermittelt mit einer dieser harten Erfahrungen konfrontiert werden, ohne durch behutsame Erklärungen darauf vorbereitet worden zu sein, wirkt sich das, glaube ich, auf den Geist eines kleinen Kindes sehr zum Nachteil aus. Nein, erzählen Sie es ihm auf eine wahrhaft liebevolle Weise. Wenn ein Kind nicht dazu genötigt wird, etwas zu verstehen, kann es die Welt besser begreifen, sie besser erfassen. Auf diese Weise gehen meines Erachtens die Aborigines an die Dinge heran: Sie gehen sie behutsam und sanft an.

Als ich noch ein kleiner Knirps war, wurden Kinder gewöhnlich fortgeschickt, wenn Erwachsene eine Auseinandersetzung hatten. Kindern war es nicht gestattet, irgendetwas davon zu sehen oder zu hören. Dadurch erfuhren wir nicht, ob es zu einer Bestrafung nach den überlieferten Stammesregeln und -gesetzen kam. Bei Meinungsverschiedenheiten jeglicher Art durften Kinder nicht zugegen sein. Zu sehen, dass erwachsene Menschen eine Auseinandersetzung haben, würde ein kleines Kind nur belasten. Dies galt für die gesamte Zeit meiner Kindheit, wissen Sie, bis ich zu einem jungen Mann geworden war: Bei Streitigkeiten zuzuhören war Kindern untersagt.

Das war, glaube ich, eine gute Sache. Denn heutzutage werden junge Burschen, die sich streiten, viel aggressiver, als es die Kinder in den Tagen meiner Kindheit gewesen sind, weil sie heftige Auseinandersetzungen bei anderen mit angesehen haben. Gewissermaßen sind sie darin trainiert worden, weil sie bei wirklich heftigen Auseinandersetzungen dabei gewesen sind, beispielsweise bei einem Streit zwischen Mann und Frau, zwischen Vater und Mutter – durch ihre Eltern sind die Kinder da hineingezogen worden. Darum geschehen heutzutage so viele grässliche Dinge unter Kindern. Man kann sehen, wie all diese Dinge zustande kommen – Aggression wird zu einem Teil von ihnen, zu einem Bestandteil des Aufwachsens. Das ist wirklich keine schöne Sache, meine ich. Sogar heute noch versuche ich daher, Leute davon abzuhalten, Streitigkeiten vor Kindern auszutragen.

Aus diesen Gründen war es Kindern in unserer Gemeinschaft, wenn es unter Erwachsenen zu einer Auseinandersetzung kam, nicht gestattet, sich in der Nähe aufzuhalten. Erst wenn alle sich beruhigt hatten, durften die Kinder wieder dazukommen. Trotzdem hatten sie Respekt vor dem, was geschah – selbst waren sie jedoch nicht darin verstrickt, obgleich sie wussten, dass es geschah.

Auseinandersetzungen oder Probleme konnten Kinder ohnehin nicht lösen; das blieb der Gemeinschaft überlassen. Falls es hingegen zu einer Trennung oder einer Scheidung zwischen ihren Eltern kam, spielten die Kinder eine wichtige Rolle, indem sie beispielsweise beide Elternteile wieder zusammenbrachten, sodass es letztlich gar nicht zu einer Trennung kam. Vor allem die Kinder haben diese Aufgabe übernommen.

Und die alten Leute hörten nicht auf das Gerede des Ehemannes, der seiner Frau die Kinder fortnahm. Sie ließen nicht zu, dass er vor den Kindern schlecht über seine Frau sprach. Auf gar keinen Fall. Die Kinder wussten, dass irgendwo ein Fehler begangen worden war. Doch die alten Leute sprachen dann über die Mutter, die den Fehler gemacht hatte, nicht weniger liebevoll und vor den Kindern missbilligten sie weder den einen noch den anderen Elternteil. Die alten Leute hielten sich dabei an die folgenden Leitvorstellungen: »Lasst die Kinder beide Eltern lieben. Werden die Kinder dann größer und die Eltern leben nicht inzwischen wieder zusammen, dann werden die Kinder begreifen, dass sie sich irgendwann getrennt haben; und die Kinder werden beide Eltern lieben, statt dass ihnen gesagt wird: ›Ach, geh nicht zu deinem Vater, Kind – er ist kein guter Mensch, er hat dich im Stich gelassen.‹ Oder: ›Diese Frau hat mich mit all euch Kindern sitzen lassen.‹ Kleine Kinder werden erwachsen. Das versetzt sie in die Lage, selbst herauszufinden, was geschehen ist, und dann werden sie nicht den einen Elternteil akzeptieren, den anderen hingegen ablehnen, sondern sie werden beide Eltern lieben.«

So bleiben die Familien zusammen. Für jeden ist genug Liebe vorhanden. Viele Dinge haben sich in dieser Art abgespielt innerhalb der Aborigines-Kultur und unter Aborigines mit Grundsätzen hat vieles davon nach wie vor Bestand. Ich finde es ganz und gar nicht richtig, Kindern den Zugang zu einem Elternteil zu verwehren, sodass sie nur mit dem zweiten Elternteil zusammen sind. Die anderen Aborigines haben das ebenso wenig richtig gefunden. Schließlich handelt es sich um das eigene Blut – den eigenen Vater, die eigene Mutter, den eigenen Bruder.

Niemand durfte über eine/n andere/n etwas Nachteiliges sagen, es sei denn, um sich gegen Vorwürfe zu schützen oder zu verteidigen. Niemand durfte über andere reden, solange sie nicht anwesend waren. Das hat sich heutzutage ebenfalls geändert: Viele Leute hören sich gern Gerede an. Oder sie sorgen selbst dafür, dass Klatsch entsteht. Aborigines würden ernstlich bestraft werden, wenn sie Klatsch und Tratsch verbreiten und auf diese Weise Probleme verursachen würden. Das verstößt gegen die Regeln und Gesetze ihrer Eltern.

Die Religion der Aborigines, ihre in jeder Minute des Alltags gelebte Religion, bekundet sich in einem Grundgefühl im Umgang mit anderen: Wenn du spürst, dass du jemandem trauen kannst, ist er dein Freund und du bist sein Freund. All diese Dinge verschwinden in unserer Gesellschaft zunehmend und es kommt entscheidend darauf an, dass wir wieder auf sie zurückgreifen und sie zum Tragen bringen. Überall auf der Welt handeln die Kinder eigennützig und eigensinnig, verwickeln sich in Streitigkeiten und lösen Konflikte aus. Aus diesem Grund gerät die Welt in Chaos und Auflösung: weil es den Kindern an Führung fehlt.

Dein Stammesvater oder deine Stammesmutter mussten, als ich jung war, nicht unbedingt deine leibliche Mutter, dein leiblicher Vater sein. Die anderen erwachsenen Verwandten haben sich ebenfalls deiner angenommen. Und bei einem Vergehen haben sie dich auch bestraft, ganz wie eine Mutter oder ein Vater. Das ging noch so, bis ich jenseits der dreißig war. Dementsprechend hatten Dreißigjährige damals nach wie vor Respekt vor ihren Onkeln und Tanten.

Sofern Aborigines-Kinder solch eine erweiterte Familie um

sich haben, sind sie niemals hilflos auf sich alleine gestellt. Bei Aborigines, die über das Aufwachsen in Waisenhäusern sprechen, heißt es häufig: »Ein älterer Bruder (oder eine ältere Schwester) hat sich um mich gekümmert.« In jenen Institutionen, in denen die Kinder gelebt haben, nachdem sie gestohlen worden waren, haben vielfach ältere Kinder die jüngeren beschützt. Manch armes Kind, das ganz auf sich alleine gestellt war, ist einfach gestorben. Waren Kinder hingegen zusammen, hat sich eines um das andere gekümmert. Niemals werden Sie erleben, dass ein älteres Aborigines-Kind ein jüngeres quält. Kleine weiße Kinder geraten oft deshalb völlig aus der Bahn, weil sie keine erweiterte Familie haben – niemanden, der sich ihrer annimmt, wenn sie einmal vom Weg abgekommen sind.

Das hat die Aborigines zusammengehalten, der Respekt vor den Stammesältesten und vor der Gemeinschaft. Diese Dinge – dem, was die alten Leute sagen, aufmerksam zuhören – werden nicht mehr als heilig angesehen. Wenn Aborigines-Kinder nicht auf die Stammesältesten hören, läuft etwas wirklich grundverkehrt.

Besonders acht gebe ich auf die Erziehung meines Enkels. Die Leute erzählen mir, dass er ihnen manchmal wie ein alter Mann erscheint.

Sofern ich gelernt habe, ein vertrauenswürdiges Mitglied der Aborigines-Gemeinschaft zu sein, habe ich das von meinen alten Leuten gelernt. Man musste schon ein Mensch mit speziellen Eigenschaften sein, damit sie einem überhaupt Dinge erzählt haben. Die Werte der Aborigines liefen Gefahr, eines Tages in Vergessenheit zu geraten. Das konnten die alten Leute absehen und sie wollten verhindern, dass es so weit kommt. Als ich größer wurde, hüllten sie sich jedoch immer häufiger in Schweigen und erhoben am Lagerfeuer nicht mehr ihre Stimme, wie sie es noch getan hatten, als ich klein war. Und viele, die noch der alten Sprache mächtig waren, hörten zugleich auf, diese zu sprechen, weil die Kirchenleute, die immer wieder zu Besuch auf die Mission kamen, das nicht zuließen. Mittlerweile ist diese Sprache zu großen Teilen auf der Strecke geblieben.

KAPITEL 25

Nach dem Einkaufen in Warrnambool habe ich eines Tages noch bei dem nächstgelegenen Laden in unserer Gegend reingeschaut. Während ich mich im Laden aufhielt, klingelte das Telefon.

Der Ladeninhaber schaute mich an: »Es geht um Ihr Haus!«, sagte er.

»Was ist mit meinem Haus?«

»Es steht in Flammen!«

Meine Tochter war bei mir und so schnell wir nur konnten, fuhren wir nach Hause. Bereits beim Erreichen der Anhöhe in drei Kilometer Entfernung konnte ich mein altes Haus in Flammen aufgehen sehen.

Als wir ankamen, war die Feuerwehr schon eingetroffen. Durch das Fenster sprangen die Männer ins Haus und schnappten sich ein paar Bumerangs, die mein Sohn Ian einst angefertigt hatte. Ansonsten konnte nichts mehr gerettet werden. Ich stand einfach im Regen und in der Asche und schaute mir alles mit großen Augen an.

Später am selben Abend geschah noch etwas Sonderbares: Erneut schlugen an meinem Haus die Flammen empor. Ihnen fiel nun auch der hintere Teil des Gebäudes zum Opfer, der zunächst stehen geblieben war, außerdem ein Wohnwagen. Von dem ursprünglich vorhandenen Feuer konnte der zweite Brand nicht herrühren, sagten die Feuerwehrleute – dieses hätten sie vollständig gelöscht. Es war so, als ob mich jemand von meinem Land vertreiben wollte.

Einige Feuerwehrmänner luden mich ein, für die Zeit, bis ein neues Haus errichtet werden könnte, bei ihnen zu wohnen. Sie waren weiße Leute, offenbar hatten sie keine Vorurteile. Die Dinge änderten sich, daran konnte ich es ablesen. Dass man in eine Kneipe nicht hineingelassen, im Geschäft als Letzter bedient wurde oder von den Leuten Gemeinheiten gesagt bekam – so etwas hatte sich derart häufig zugetragen, dass wir dem weiter keine Beachtung schenkten. Es sei denn, wir haben uns später hingesetzt und uns über solche Erfahrungen unterhalten: »Erinnert ihr euch noch an diesen Typen? Er hat dies gesagt und er hat jenes gesagt.« Dann haben wir herzlich gelacht. Wir mussten akzeptieren, dass solche Dinge geschehen sind, und uns auf diese Art durchs Leben schlagen.

Als allgemein bekannt wurde, dass mein Haus niedergebrannt war, kamen von überall Leute herbei, um mir ihre Hilfe anzubieten. Das hat mich wirklich berührt. Die Leute, die bei mir vorsprachen, um mir ihre Unterstützung anzubieten, waren größtenteils Weiße. Das hat mich verwundert! Sonderlich viele Aborigines sind nicht gekommen, was ich sehr traurig fand. Immerhin haben mir manche Aborigines-Organisationen aus Melbourne hilfreich zur Seite gestanden. In Zeiten der Not hilft man immer anderen Menschen, immer. Das ist ein Aborigines-Grundsatz. Sogar wenn es sich um den schlimmsten Feind handelt – all das sollte in Zeiten der Not vergessen werden. Die alten Leute haben es mir so beigebracht, schon als ich noch ein kleiner Kerl war. Leider wird dieser Grundsatz heutzutage in der schwarzen Gemeinschaft jedoch keineswegs immer befolgt.

Weiße Leute sind mit Decken, mit Lebensmitteln und mit Hilfsangeboten herbeigekommen. Ein Mann ist vorgefahren und hat mir einen Wohnwagen dagelassen: »Bitte schön, Kamerad«, sagte er zu mir, »fürs Erste kannst du jetzt darin leben.« Bevor ich mich überhaupt bei ihm bedanken konnte, war er schon wieder losgebraust. Zwei Winter habe ich bei klirrender Kälte in dem Wohnwagen verbracht, während ich beim Hinausgehen fast knietief im Schlamm versunken bin.

Sobald die weißen Leute wussten, dass ich in Not geraten war, verhielten sie sich mir gegenüber so, wie die Aborigines dies einst untereinander zu tun pflegten. Das hat mir vor Augen geführt, wie sehr die Dinge im Umbruch sind – bei vielen weißen Leuten zum Vorteil, bei manchen schwarzen hingegen zum Nachteil.

Der Bau eines neuen Hauses stieß indes auf einige Schwierigkeiten. Daraufhin sagten die weißen Leute: »Wir werden Ihnen eines beschaffen. Wir werden uns bei der Regierung für Sie einsetzen.« Farmer boten mir ebenfalls ihre Hilfe an, und das, obwohl sie sich hinsichtlich der Landrechte Sorgen machten und deswegen ein wenig durcheinander waren. Unruhestifter hatten ihnen nämlich gesagt: »Die Schwarzen werden dir deine Farm und dein Land wegnehmen.« Doch als es so aussah, als solle ich von meinem Land vertrieben werden, sind dessen ungeachtet weiße Farmer und andere Mitglieder der weißen Gemeinschaft gekommen, um mir zu helfen.

In den Tagen nach dem Feuer hat sich manch Grundsätzliches herauskristallisiert und ich gewann ein klares Bild, wie es tatsächlich um die Beziehungen zwischen weißen Leuten und den Aborigines steht. Niemand hat gesagt: »Nun, was soll's, wir lassen ihn da sitzen, ist schließlich nur ein alter Aborigine. Kann sich ja irgendwo eine Baumrindenhütte bauen.«

Das hätte ich auch durchaus getan, keine Sorge – und wenn ich an einer Lungenentzündung gestorben wäre. Unter gar keinen Umständen hätte ich jedoch mein Stammesland verlassen. Je mehr Entbehrung und Mühsal ich durchzustehen hätte, umso entschlossener würde ich sein, dort zu bleiben. Man verlässt nicht in schwierigen Zeiten sein Geistland. So hat mein alter Vater es mir stets beigebracht und ich musste es ihm versprechen.

Aber nein, die weißen Leute wollten ja, dass ich ein Haus habe. Und das gab meinem Leben neuen Auftrieb. Ich konnte nun also die Geschichte erzählen, wie andere Leute so viel für mich getan haben. Eines Tages könnten ja meine Nachkommen oder jemand anderes in Schwierigkeiten sein. Dann werden sie sich an die Geschichte erinnern, wie Banjos Haus niedergebrannt ist und weiße Leute landauf, landab herbeigekommen sind, um ihm zu helfen. Und das wird ihnen Hoffnung geben. Das ist besser, als zu sagen: »Die weißen Leute sind gekommen und haben ihn enteignet.« Diese Geschichte entspricht den Tatsachen.

Nichtsdestoweniger ist es mir schwergefallen, diese Art von Hilfe anzunehmen, denn nie zuvor hatte ich das getan. Von klein auf hatte ich gearbeitet, um für den eigenen Unterhalt und ebenso für den meiner Familie zu sorgen. Doch nun erklärten mir die Leute, sie wollten mir etwas von dem zurückgeben, was ich für sie getan hatte. Nach vielem Hin und Her stellte mir schließlich auch die Regierung Geld in Aussicht, sie wollte allerdings nicht, dass ich mein Haus dort hinbaue, wo ich es haben wollte: an einer bestimmten Stelle, von der aus man auf den großen Wasserlauf blickt, an dem ich als kleiner Junge so oft umhergestreift bin, wenn ich auf der Jagd war beziehungsweise Aale und andere Fische mit dem Speer aufgespießt habe. Die meisten meiner kleinen schwarzen Kameraden aus jenen Tagen sind bereits in das Traumzeitland ihrer Stammesvorfahren hinübergegangen. Nur noch zwei oder drei von uns sind übrig, die in jener Schar von Kindern entlang dem Fluss auf die Jagd zu gehen pflegten.

Damals konnte man dort überall den Widerhall unseres Lachens vernehmen. Es brach sich an den Felsvorsprüngen, wurde vom Wasser unten im Flussbett reflektiert und mischte sich mit solchen Rufen wie: »Schaut her, da hab' ich aber einen großen Fisch aufgespießt!« Und: »Kommt zu mir rüber, hier hab' ich noch einen entdeckt!« Flussauf, flussab war zu hören, was wir einander zuriefen. Kleine barfüßige Jungs sind wir gewesen und wie Bergziegen über die großen Felsbrocken hinweggepest. Niemand ist ausgerutscht, hingefallen oder hat sich verletzt. Für uns war der von Felsen durchzogene Fluss so etwas wie eine vollkommen ebenmäßige Autobahn.

Um mein Haus an der Stelle bauen zu können, die mir den Blick über diese wunderschöne Flussbiegung freigab, musste eigens eine Privatstraße angelegt werden. Das würde teuer werden. Überall wurde Geld für mich gesammelt. Ein weißes Mädchen und meine alten Aborigines-Freunde aus Melbourne halfen, ein Benefizkonzert zu organisieren, obwohl die meisten von ihnen sich selbst abrackern mussten, um durchs Leben zu kommen, in Parks schliefen, andauernd nur hin und her geschubst wurden. Dieser Kreis von Freunden hat mir gezeigt, dass manche Aborigines durchaus noch Aborigines-Grundsätze haben. Bei dem Konzert haben sie über 3000 Dollar für mich gesammelt. Außerdem haben mein Enkel Lee und seine Freunde als Straßenmusiker 500 oder 600 Dollar verdient, die komplett in den Bau meines Hauses geflossen sind.

Ein Architekt ist aus Melbourne heraufgekommen. Ich war ihm mein Leben lang noch nicht begegnet, er hatte jedoch von meinen Problemen gehört. Er fragte mich, welche Art von Haus ich denn haben wollte: »Nur ein kleines«, war meine Antwort. Er ließ den Blick die Felswand hinabschweifen und unternahm allein einen kleinen Spaziergang zum Fluss. Als er anschließend wieder zu mir hochgestiegen kam, sagte er: »Jetzt hab' ich's. Ich werde ein Modell bauen und es Ihnen zuschicken.«

Er hat ein wunderschönes kleines Haus für mich entwor-

fen. Zimmerleute wurden mit der Durchführung beauftragt,
sie kamen und bauten das Haus. Für sie war es eine schwierige Aufgabe, denn ein Haus wie dieses hatten sie noch nie
errichtet. Die Wände sind gewölbt – ähnlich wie der Bogen,
den der Fluss zieht. Mein Haus hat also die Atmosphäre
der Umgebung in sich aufgenommen. Nun werde ich an der
Außenwand Bäume emporwachsen lassen, um das Haus tatsächlich zum Bestandteil des Buschs zu machen.

Mit anderen Worten, ich bin ein ziemlich großer Glücks-
pilz. Und es ist tatsächlich so: In welcher Situation Sie auch
sein oder wie schlecht die Leute von Ihnen reden mögen – immer findet sich jemand, der Ihnen eine Chance gibt, der Ihnen die Hand entgegenstreckt und Sie als Mensch behandelt.
Schätzungsweise bin ich wohl der erste Aborigine in Australien, der das Haus hat, das er gern haben wollte, dort errichtet, wo er es sich gewünscht hat, und obendrein noch mit ein
wenig finanzieller Unterstützung seitens der Regierung.

Als mein Haus dann erst einmal fertiggestellt war, hatte ich
ein schönes warmes Bett, ein Dach über dem Kopf und alle
meine Sorgen, so schien es, waren auf dem besten Weg, sich
in Wohlgefallen aufzulösen. Doch jeder Tag bringt wieder
das eine oder andere neue Problem – das gehört wohl zu unserem menschlichen Dasein. Man muss einfach lernen, damit
zu leben und mit seinen Mitmenschen auszukommen.

Als ich noch ein kleiner Junge in der Missionsstation war,
haben wir friedlich und einträchtig zusammengelebt. Alle
sind miteinander ausgekommen, man hat miteinander geteilt
und sich gegenseitig respektiert. Im Lauf der Jahre kam es jedoch zu all den Veränderungen. Regierungen schalteten sich
ein, in dem Bestreben, Wiedergutmachung für all die entsetzlichen Dinge, die uns in der Vergangenheit widerfahren waren, zu leisten. Sie wollten die Dinge wieder ins Lot bringen,
sie für die Aborigines in Anbetracht all des Unrechts, das

ihnen angetan worden war, ein bisschen leichter und besser machen. (So denken die guten weißen Leute heutzutage über die Vergangenheit und vielfach sind sie heute aufrichtiger und redlicher als je zuvor.) In dem Bestreben, uns eine Chance zu geben, begannen sie daher, den Aborigines Häuser und Land zu überlassen und sie durch finanzielle Zuwendungen zu unterstützen. Alle Leute, in deren Adern Aborigines-Blut fließt, so beschlossen sie, sollten als Aborigines eingestuft werden können, sofern sie es wünschen, und somit die entsprechenden Leistungen beantragen können.

Dann erschienen mit einem Mal Politiker auf der Bildfläche – Aborigines-Politiker –, die auf Macht und Geld aus waren. Viele von ihnen hatten unsere Gemeinschaft verlassen, als sie noch jung waren, in der weißen Gesellschaft gelebt, dieselben Dinge getan wie die Weißen, die Bildung eines Weißen erhalten und waren sogar dem eigenen Selbstverständnis nach weiß. Aus heiterem Himmel kamen sie nun jedoch zurück und erklärten: »Ich möchte mich um mein Volk kümmern.« Und jetzt haben sie feine Jobs, einflussreiche Positionen in den Behörden und gelten als »maßgebliche Repräsentanten der Aborigines-Gemeinschaft«. Sie sind die wichtigsten Autoritäten, wenn es um Aborigines-Probleme geht, und das, obwohl sie diese Probleme niemals am eigenen Leib erlebt haben! Mit uns haben sie sich nie identifiziert: »Ja, ich bin ein Aborigine. Ich kämpfe für die Rechte meines Volkes.«

Gab es in den Missionen mal irgendwelche Probleme – beispielsweise dass jemand ein Schaf gestohlen hatte oder ins Gefängnis gekommen war –, dann sagten solche Aborigines, die unsere Gemeinschaft verlassen hatten: »Sieh an, diese Aborigines in den Missionsstationen sind immer noch dieselben. Mit mir hat das rein gar nichts zu tun, schließlich lebe ich nicht da draußen.« Verstehen Sie? Diese Leute haben sich, wann immer es ihnen in den Kram passte, von ihrer Aborigines-Gemeinschaft losgesagt. Andere sollten gar nicht wissen, dass sie zu den Aborigines gehören. Manche von ihnen kamen nie zu Besuch oder höchstens, wenn eine Beerdigung anstand.

Doch vielen, die nun zurückgekommen sind, geht es lediglich um finanzielle Zuwendungen und sie haben bereits Tausende Dollar eingestrichen – sie haben ein Haus erhalten, sie haben Land erhalten, sie haben Weiderinder erhalten und schreien trotzdem immer noch nach mehr. Die echten Aborigines, die hier gezeugt und geboren wurden und hier ihr Leben verbracht haben, müssen sich hingegen nach wie vor durchkämpfen. Diejenigen, die ihr Leben lang hart gearbeitet haben, jetzt eine Rente beziehen und so weiter, leben in Armut, ebenso unsere Enkelkinder, die wir nicht unterstützen können, weil wir nichts haben.

Als ich jung gewesen bin, hat man gemäß der überlieferten Tradition die Hälfte von allem mit anderen geteilt. Heute hingegen ist für viele jüngere Aborigines Geld das Ziel und Gier der Beweggrund. Einfach unglaublich, wie sehr Gier und Macht den Menschen zerstören können.

Heutzutage herrschen andere Werte. Und dabei zerstört die Geldgier nicht nur diejenigen Menschen, die von Gier getrieben werden, sondern zugleich andere Schwarze, die selbst nichts haben. Die eigenen Leute tun ihnen das an: schüchtern sie ein und bedrohen sie, schüren Zwietracht und betreiben Machtkämpfe. Das geht auf Kosten der Aborigines-Grundsätze, was die Betreffenden natürlich nicht einsehen mögen. Nie zuvor im Leben haben sie über derartig große Macht verfügt. Und weil so vieles geschehen ist, so vieles, was die weißen Leute den Aborigines angetan haben, lassen sie jetzt ihre Wut an den eigenen Leuten aus. Das ist das Allerschlimmste. Obendrein missbrauchen sie auch noch die guten weißen Leute für ihre eigenen Zwecke und versuchen heute, ihnen Schuldgefühle für das einzuflößen, was einst in der Vergangenheit geschehen ist.

313

Vieles ist schiefgelaufen in der Aborigines-Gesellschaft. Insbesondere fügt ein Großteil dieser schwarzen Politiker der Aborigines-Kultur unablässig Schaden zu. Nur wenige wirklich ehrliche politische Führungsfiguren sind uns erhalten geblieben. Und wer ehrlich und ehrenhaft ist, kann seinen Einfluss nicht zur Geltung bringen, kann seine Arbeit nicht machen, ohne dass jemand anderes den Versuch unternimmt, ihn aus dem Weg zu räumen.

Möglicherweise erwecke ich an dieser Stelle den Eindruck, ziemlich aufgebracht zu sein, und in gewisser Weise bin ich das tatsächlich. Hier zeigt sich für mich jedenfalls, in welche Richtung die Aborigines sich verändern. Ich würde, das steht für mich fest, lieber sterben, als meinen Überzeugungen und meinen Grundsätzen untreu zu werden.

Damit möchte ich Folgendes deutlich machen: Um ein Aborigine zu sein, muss man Aborigines-Grundsätze haben und sie pflegen. Denn das macht einen zum Aborigine, mag die Haut auch noch so hell sein. Man muss die Aborigines-Probleme mit den Augen des schwarzen Mannes betrachten, Respekt vor ihm haben und darf niemanden schlechtmachen. Wenn alle Aborigines mit einer Stimme sprechen, haben wir ein starkes Argument in die Waagschale zu werfen – aber eben nur, solange nicht einer den anderen bekämpft.

Unseren jungen Aborigines bieten sich heutzutage Möglichkeiten in Hülle und Fülle, mehr Möglichkeiten als je zuvor. Wer darüber jedoch die eigene Vergangenheit vergisst, seine Aborigines-Wurzeln, steht nicht länger im Einklang mit sich selbst. Wenn unsere Leute auf der Universität oder in einer anderen Institution ausgebildet werden, ist das ganz hervorragend. Denn dank der richtigen Bildung werden Menschen aller Völker einander besser verstehen können. Unabhängig davon kommt es ganz wesentlich darauf an, dass unsere gebildeten Generationen sich weiterhin als Aborigines verstehen und ein Leben im Sinne der Aborigines-Grundsätze führen.

Momentan gibt es unter uns so viele Auseinandersetzungen. Das muss ein Ende nehmen. Denn so werden Freunde zu Feinden und jeder beäugt den anderen mit Argwohn. Die anderen Mitglieder unseres Clans versuchen, uns unser Buschland fortzunehmen. Jawohl, unser geheiligtes Buschland, das uns, wenn wir uns dorthin begeben, stets zum Besseren verändert! Jenes Buschland, in dem wir spüren, welche heilsame Wirkung die Geister der guten alten Leute auf uns ausüben! In dem die Buschtiere glücklich und frei sind! Was wird aus ihnen werden, wenn sich um den Busch niemand mehr kümmert? Dort werden die Kinder sich dann keine Tiere mehr anschauen können – nur noch in Bilderbüchern.

Traurigkeit macht sich heutzutage breit im Busch. Viele Bäume sind abgestorben, getötet von den Koalas.[30] Der alte Busch ruft um Hilfe, dessen ungeachtet tragen die Leute auf seinem Rücken Streitigkeiten aus und zerstören ihn. Wir müssen ihn belassen, wie er ist, ihn wieder verwildern lassen, so wie Mutter Natur ihn haben will. Das Land, auf dem wir geboren wurden, benötigt unseren Schutz. Vor allem darum haben wir uns so sehr dafür eingesetzt, dass die Regierung es uns zurückgibt. Für uns ist die Natur wie eine Mutter. Wenn wir zulassen, dass sie zugrunde gerichtet wird, kann sie uns nicht mehr versorgen.

Ähnliche Situationen findet man in Übersee: überall dort, wo Staaten in ihrem imperialistischen Vormachtstreben sich das Öl, Gold, Kupfer oder andere Bodenschätze eines anderen Landes unter den Nagel reißen möchten und deshalb die Urwaldbevölkerung töten lassen; überall dort, wo durch diesen Staat und seine Handlanger die Flüsse verschmutzt werden und das Land verwüstet wird; wo Soldaten, den Ruf: »Töte, töte!« auf den Lippen, Journalisten wie Freiwild jagen, sobald diese versuchen, wahrheitsgemäß über die Vorgänge zu berichten; wo Ausländer fluchtartig das Land verlassen, gefolgt von Hunderten einheimischer Flüchtlinge.

Anschließend verschwindet die Eroberer-Armee wieder und lässt die Einwohner mit nichts zurück, ein Volk ohne Land. Daran mag ich gar nicht denken: Jener Staat, der einen Konfrontationskurs steuert, fällt in das rohstoffreiche Land ein, postiert auf den Straßen bewaffnete Soldaten und die Soldaten schießen auf unschuldige, unbewaffnete Menschen, die lediglich ihre Unabhängigkeit erreichen wollen; schießen auf diese Menschen selbst dann noch, wenn sie in Kirchen Zuflucht suchen – kein Zufluchtsort ist ihnen heilig. Obwohl es doch auch an solchen Plätzen so viel Schönes gibt, scheinen sie für all das vollständig blind zu sein.

Wir leiden auf diesem Fleckchen Erde hier ebenso wie jene um ihre Unabhängigkeit ringenden Länder in Übersee. Das Einzige, was meine Familie jetzt noch hat, ist der Busch. Und mehr wollen wir auch nicht. Denn er ist unser Geistland. Trotzdem versuchen andere Angehörige unseres Clans, ihn uns fortzunehmen. Wenn uns das Buschland verloren geht, gehen wir auch verloren. Unsere Kinder werden ruhe- und orientierungslos umherschweifende Geister ohne Heimatland sein. Was wird dann aus ihnen werden? Sie werden keinen Ort mehr haben, den sie ihr geistiges Zuhause nennen können. Ich will nicht, dass meine Enkelkinder in den Städten landen, inmitten von Problemen, mit Drogen zu tun haben und im Gefängnis enden. Sie werden ihre Identität verlieren und nicht mehr wissen, wo sie hingehören, desgleichen die Kinder ihrer Kinder. Wir wissen, wo wir herkommen und wo wir hingehören. So entspricht es der Aborigines-Lebensweise. Zu wissen, wo man herkommt, gehört wesentlich zum Leben. Darum wissen auch viele Leute heute nicht mehr weiter und gehen gleich auf jeden los – weil sie einfach ihre Identität verloren haben.

Den Leuten, die uns unrecht tun, bleibt es überlassen, auf *sich selbst* zu schauen – zu sehen, was sie da eigentlich tun. Wenn sie in der Lage sind, den Blick auf sich selbst zu richten, werden sie möglicherweise gar nicht umhinkommen zu sagen: »Den Leuten dort oben (damit ist jener Teil des Missionsgeländes gemeint, wo Banjo lebt) tun wir unrecht. Denn sie haben nichts, wir dagegen alles. Da ist wohl etwas schiefgelaufen. Warum haben wir das alles und sie haben nichts? Packen wir etwas falsch an? Machen wir es nicht auf die richtige Art und Weise?« Diese Dinge müssen sie sich selbst anschauen.

Von überall her rufen mich Leute an, weiße wie schwarze. Auch sie sind besorgt. Was hier vor sich geht – und für sie nur allzu offensichtlich ist –, gefällt ihnen nicht. Zwar haben sie diese anderen Leute (andere Mitglieder aus Banjos Gemeinschaft) nie kennengelernt, aber sie können sehen, dass da irgendwo etwas falsch läuft. Jeden Morgen wachen wir auf und wissen, dass wieder einmal ein paar banale Dinge an der Tagesordnung sein werden, die uns zermürben sollen – etwa dass uns andauernd das Wasser abgedreht wird (nach Banjos Tod war das Wasser sogar ein ganzes Jahr lang abgesperrt) oder dass man unser Tor öffnet und unsere Pferde auf die Straße treibt und wir deshalb Anrufe aus dem Tierheim erhalten.

Im Lauf meines Lebens habe ich eine Reihe richtig großer, schwerer Schicksalsschläge überstanden – der Tod meiner Frau war durch Unrecht mitbedingt, andere Mitglieder meiner Familie sind ebenfalls infolge von Unrecht gestorben –, doch banale Dinge üben in gewisser Weise eine noch viel stärker zermürbende Wirkung aus.

Inzwischen ist ein neues Jahrhundert angebrochen. Werden wir uns nun erneut mit alldem abgeben müssen? Nach allem, was wir bereits durchgestanden haben? Einfach schrecklich, sich die ganze Zeit mit solchen Sachen abzugeben, die dich aufreiben sollen – selbst wenn sie ihr Ziel damit nicht erreicht haben, bis jetzt jedenfalls. Es handelt sich um Kleinigkeiten. Aber wenn der Tropfen stetig auf den Stein fällt, macht das den Stein schließlich mürbe und höhlt ihn aus, nicht wahr? Sehen Sie, auf diese Weise versuchen sie, uns dranzukriegen.

Als ich mich zur Zeit der Weltwirtschaftskrise in Melbourne aufhielt, haben mir die Gebäude den Blick auf mein Traumzeit-Stammesland versperrt. Später bin ich heimgekehrt auf unser Land, um zu heiraten und meine Kinder großzuziehen. Als wir das Land von der Regierung zurückerhalten haben, dachte ich, die Dinge hätten sich zum Besseren gewendet. Nun versuchen jedoch meine eigenen Leute, es mir wieder fortzunehmen. Sie sollten aufhören mit all den politischen Manövern und mit der Ausübung von Gewalt, sich stattdessen mit den alten Stammesangehörigen zusammensetzen, um zu sehen, was getan werden kann. Wenn Aborigines Land bekommen, sollte es geteilt werden – und ganz gewiss sollte es nicht so sein, dass eine bestimmte Gruppe es sich unter den Nagel reißt.

Vor nicht allzu langer Zeit habe ich vorgeschlagen, eine für die Bewirtschaftung des Buschlands zuständige Kommission zu gründen, in der beide Seiten vertreten sind. Für mich war das ein großer Schritt hin zu einer Versöhnung mit meinen eigenen Leuten. Unlängst haben dann allerdings die Kommissionsmitglieder der anderen Seite beschlossen, die Kommission zu einem Zeitpunkt einzuberufen, an dem meine Nachkommen an einer Beerdigung teilgenommen haben. Um meine Gesundheit stand es damals gerade ziemlich schlecht; zu schlecht, als dass ich zu dieser Beerdigung hätte mitkommen können.

Eine Dame hat mir als Nächstes freundlich angeboten, mich zu der Versammlung hinzufahren. In dem Bestreben, nicht unhöflich zu sein und sie keinesfalls vor den Kopf zu stoßen, willigte ich ein. Als ich erst einmal dort angekommen war – ohne meine Brille selbstverständlich, weil ich mich so beeilen musste –, machten die Leute viel Zirkus um mich und brachten mich schließlich dazu, ein Schriftstück zu unterzeichnen: eine bloße Formsache, so sagten sie. Nun bin ich ein ziemlich argloser Mensch und es liegt nicht in meiner Natur als Aborigine, dem geschriebenen Wort sonderlich große Bedeutung beizumessen. Ich vertraue auf das, was mir mündlich mitgeteilt wird. Gewöhnlich kann ich mich dann auf das verlassen, was am Gesichtsausdruck der Leute abzulesen ist, und zugleich spüre ich, welche Gefühle sie in dem Moment haben, in dem sie mit mir sprechen.

Später am Abend kam mein Sohn Lenny in mein Schlafzimmer und fragte: »Du bist also zu der Versammlung gegangen. Wie ist es denn gelaufen?«

Ich hatte bereits eine ganze Weile im Bett gelegen und antwortete ihm ziemlich müde und abgespannt: »Draußen auf dem Tisch liegt ein Schriftstück. Du wirst ihm bestimmt etwas entnehmen können. Jedenfalls sind sie jetzt alle auf unserer Seite.«

Lenny ging hinaus und kam mit dem Dokument zurück: »Soll ich dir sagen, was hier tatsächlich steht?«, fragte er. »Weißt du, was du da unterschrieben hast?«

»Bloß, dass ich an der Versammlung teilgenommen habe«, antwortete ich ihm, noch eine Spur schläfriger. »Andere Namen haben ebenfalls auf dem Blatt gestanden.« Nach wie vor lag ich im Bett.

Mein Sohn stand in der Türöffnung und in dem Bemühen, mich nicht zu erschrecken, sprach er ganz behutsam. Tieftraurig erklärte er mir: »Ich verstehe, dass du nicht bemerkt hast, worum es tatsächlich in dem Schriftstück geht. Aber wir leben in einer Zeit, in der einer Unterschrift große Bedeutung zukommt.«

In der tiefen Stille, die nun eintrat, begriff ich langsam, dass das Schweigen meines Sohnes im Grunde nur eines bedeuten konnte: Die Mitglieder meiner Familie gehörten nicht länger der Kommission zur Bewirtschaftung des Buschlands an, von mir durch eigenhändige Unterschrift abgesegnet. Meinen eigenen Leuten hatte ich damit den Laufpass gegeben!

Selbstverständlich hatte mich niemand darauf hingewiesen, dass es in dem Schriftstück um diesen Sachverhalt ging. Wie kann ein Mensch sich von solch einem Schlag wieder erholen?

Wenig später war in unserer Zeitung (dem *Standard*) folgende öffentliche Bekanntmachung zu lesen, unterzeichnet vom Vorsitzenden der Kommission zur Bewirtschaftung des Buschlands:

FRAMLINGHAM FOREST

Hiermit teilen wir Ihnen mit, dass der Kirrae Whurrong Aboriginal Corporation vom heutigen Tag an die Befugnis, im Wald von Framlingham Feuerholz zu gewinnen und/oder es von dort abzutransportieren und/oder im Wald Geländewagen einzusetzen, entzogen wird.

Bis zur Fertigstellung eines Forstbewirtschaftungsplans

• wird gegen jeden, der im Wald von Framlingham beim Schlagen oder beim Abtransport von Brennholz angetroffen wird, Anzeige wegen unerlaubten Betretens des Geländes erstattet;

• ist die Verwendung von Motorrädern und Geländewagen im Bereich des Waldes untersagt.

Mein Freund David Fligelman fährt einen Geländewagen und wenn er mich besuchen kommt, kutschiert er mich mit diesem regelmäßig durch den Busch. Und ich mag es, dort jeden Tag Brennholz zu sammeln, damit ich zu Hause der Kälte standhalten, mich zugleich aber auch an den Gräbern der alten Leute hinsetzen, dort ein wenig verweilen und mit ihnen plaudern kann. In der Bekanntmachung wurde mir nun aber mitgeteilt, dass mir dies ab sofort untersagt war.

Doch es wird ihnen nicht gelingen, mich vom Busch fernzuhalten. Nie, niemals. Seit ich geboren wurde, haben wir uns immer schon Holz geholt und niemals haben wir den Busch zerstört. Wo wir einen Baum fällen, säubern wir das Gelände. Das Einzige, was danach noch zu sehen bleibt, ist ein Baumstumpf. Anschließend wächst dort Gras und die Buschtiere kommen, um es zu verspeisen. Wo wir die für uns unbrauchbaren Zweige verbrannt haben, sprießen aus den Samen als Nächstes all die kleinen Bäumchen.

Wir sind seit eh und je Umweltschützer gewesen – lange bevor die weißen Leute auch nur auf den Gedanken gekommen sind.

Geht man hingegen heutzutage in den Busch, sieht man überall Bäume im Farnkraut herumliegen. Und vor lauter Baumstämmen, die sie geschlagen, dann freilich liegen gelassen haben, kann man gar nicht mehr durch den Busch gehen. Man lässt sie einfach liegen und verrotten. Dadurch wird der Busch entweiht. Dennoch denken sie sich nichts dabei. Für uns hingegen ist der Busch ein spiritueller Ort – wie für die Weißen eine Kirche. Man würde nicht in die Kirche des weißen Mannes gehen und darin alles Mögliche zertrümmern. Dem würden sie ganz schnell einen Riegel vorschieben. Zu sehen, wie der Busch abgeholzt wird, das ist für mich so, als würden aus mir selbst Stücke herausgeschnitten.

Der Busch sollte belassen werden, wie er ist, ohne dass einzelne Leute über ihn zu bestimmen haben. Wir können uns als ein Volk um den Busch kümmern – nicht jedoch indem die eine Gruppe eine andere einschüchtert und erklärt, dass sie über den Busch zu bestimmen hat. Damit bin ich nicht einverstanden. Wir alle gehören hierher. Warum sollten sie mich dafür bestrafen, dass ich in den Busch gehe? Er ist mein Heimatland, mein geistiges Zuhause. Mein alter Papa hat dort Holz geschlagen, als ich noch ein kleiner Junge war. Der Busch gehört uns, er gehört jedermann.

Mitten am Nachmittag bin ich gestern zu einem Spaziergang aufgebrochen. Lediglich einmal habe ich haltgemacht, um in dem alten Wohnwagen dort eine Weile zu schlafen. Ein Nordostwind wehte. Ich setzte mich in den Graben, nahe bei den Kiefern, da kam unversehens dieses Ding zwischen den Kiefern hervor und auf mich zu – wie Rauch. Vielleicht habe ich im Wohnwagen einen Zigarettenstummel fallen lassen oder so etwas Ähnliches, dachte ich. Ich schaute zum Wohnwagen hinüber, aber dort war nichts. Was ich da sah, kam vielmehr zwischen den Kiefern hervor, zirka auf halber Höhe. Ich schaute und schaute – und konnte gar nicht glauben, was ich sah. Es glich einem großen Nebel und als ich genauer hinsah, war es so etwas Silbriges und Weiches, das ganz langsam von den Kiefern herüberzog. Eindeutig kam es aus den Kiefern. Aber was es eigentlich war, das wusste ich nicht. Bei eingehenderer Betrachtung sah ich, dass es kein Rauch war. Es war silbrig. Und drinnen befanden sich richtige Silberpunkte. Ähnlich wie Glimmer. Das letzte bisschen kam auch noch zwischen den Kiefern hervor, dann zog alles davon, über die Felder in Richtung Osten, den Weg entlang, quer über die Straße, an mir vorbei. Während ich unverwandt den Blick darauf gerichtet hielt, trieb es davon, zog hinauf auf die Felder und verflog einfach ins Nichts.

Ich weiß nicht, was es war. Jedenfalls gab es mir das Gefühl, dass sich hier etwas Gutes anbahnt. All diese üblen Dinge, von denen ich gesprochen habe – sie geschehen. Daraus gehen andererseits jedoch auch viele gute Dinge hervor und das wird letztlich dazu führen, dass die Leute sich hier wohlfühlen, ohne diese politischen Geschichten und all das. Ich habe eine vielversprechende Verheißung für die Zukunft gesehen. Gern würde ich sehen, dass dort, genau an dieser Stelle, ein Gebäude errichtet wird. Ein Gebäude, in dem Menschen aller Nationalitäten, jedes Alters und aus allen Bereichen der Gesellschaft zusammenkommen und etwas über die überlieferten Grundsätze der Aborigines erfahren können – darüber, wie sich die Grundsätze auf das große Ganze dieser Welt übertragen und wie sie sich zugleich im eigenen Leben anwenden lassen. Ein Gebäude, in das Kinder von überall her kommen können; und genauso Erwachsene, die ein Verlangen nach Spiritualität verspüren – völlig mittellose, aber auch wohlhabende oder reiche Menschen. Ein Gebäude, in dem man alles über den Busch, die Gesetze des Buschs und das Handwerk des Buschs in Erfahrung bringen kann. Ein Gebäude, in dem man lernen kann, wie das Land richtig genutzt wird, und dies insbesondere den Kleinen vermitteln kann. Ähnlich wie in jener Busch-Schule, in der ich aufgewachsen bin und alles gelernt habe, was ich heute weiß.

An einem Weltfrieden führt in Zukunft kein Weg mehr vorbei. Die Welt hat eine Entwicklung genommen, die mit Stammesverbänden begann und uns über Stadtstaaten zu Nationalstaaten gebracht hat. Und internationale Einheit ist offensichtlich der nächste Schritt. Allerdings kann die Welt den Frieden entweder auf die leichte Art oder auf die harte Tour haben – jeder kann entweder jetzt zu einem positiveren Menschen werden oder aber zulassen, dass Gier und Korruption eine Katastrophe herbeiführen werden. Eine derart schreckliche Katastrophe, dass die Leute ihren vorherigen negativen Gewohnheiten ein für alle Mal den Rücken kehren wollen und Bereitschaft zeigen werden, eine Gesellschaft zu errichten, die auf anderen Prioritäten beruht – und mit diesen Prioritäten eher den Überlieferungen der Aborigines nahekommt.

Ebenso wenig führt an der Einheit innerhalb meines Volks ein Weg vorbei. Mit der Grausamkeit muss es ein Ende haben und unter den rivalisierenden Gruppen in der Mission gilt es, ein Einvernehmen zu erzielen. Und für uns trifft nicht minder zu, dass wir entweder auf die leichte Art oder auf die harte Tour zu solch einem Einvernehmen gelangen können.

Entweder können wir zur Besinnung kommen und ab heute auf solch ein Einvernehmen hinarbeiten oder es wird etwas so Schreckliches geschehen, dass wir auf beiden Seiten nicht mehr in der Lage sein werden, noch mehr Schmerz zu ertragen, und uns gar nichts anderes übrig bleiben wird, als wirklich kooperativ zusammenzuarbeiten.

Ich möchte eine Brücke überqueren, auf die wir nie wieder einen Fuß setzen werden.

Der Wald von Framlingham ist der wichtigste Schatz unseres Volkes. Die Bedeutung dieses Waldes übersteigt diejenige von Vermögenswerten, die man in Geld beziffern kann, und ihn zu haben ist weit wichtiger, als ein Wirtschaftsunternehmen zu haben. Der Wald ist Teil der Natur und mit ihr muss man liebevoll umgehen. Um die Natur muss man sich ebenso kümmern, wie Sie sich um Ihre alte Mama kümmern. Wo auch immer man einen Fuß im Wald hinsetzt, stößt man auf jene Orte, die Geschichten zu erzählen haben. Und diese erwecken in uns Gefühle und bescheren uns Träume. Der Wald ist unsere Kirche, unsere Geiststätte. Er ist mein Heimatland. Er ist das Heimatland meiner Ahnen und meines Volkes. Er ist der Geist meines Volkes. In ihm haben meine Leute gelebt, ihn haben sie durchstreift, in ihm sind ihre Gesänge ertönt und in ihm haben sie ihre Geschichten erzählt. Ein Nichts wäre für mich das Leben ohne den Wald. Würde der Busch zerstört werden, so würde ich schlicht und einfach mit ihm zugrunde gehen.

Gern würde ich still und friedlich im Wald leben, weder ein Radikaler sein noch ein Politiker. All meine Kinder und Enkelkinder teilen dieses Gefühl für den Wald. »Alle Australier«, sagt mein Sohn Lenny, »sollen am Wald ihre Freude haben können. Dazu ist er da. Und wir müssen«, sagt er weiter, »den Jüngeren vermitteln, welche Bedeutung der Wald hat, damit sie sich um ihn kümmern.«

Als Lenny vor vielen Jahren in Warrnambool die Fachschule besucht hat, fiel sein Blick am Horizont unweigerlich immer wieder auf die große Kiefer, die unseren Waldfriedhof überragt. Dieser Anblick weckte in ihm stets den Wunsch, nach Hause zurückzukehren. Auch Lennys Sohn Kirrae liebt den Wald. Dort verbringt er den Großteil seiner Zeit und lernt unablässig etwas hinzu. Sogar seinem Papa hat er schon das eine oder andere beibringen können. Und was er weiß, wird er eines Tages an seine Kinder weitergeben.

Eine ganze Reihe großartiger Songs gehen auf diesen Wald zurück. Zahlreiche Liedermacher, schwarze wie weiße, sind hierhergekommen und haben sich von ihm inspirieren lassen. Archie Roachs Song »Tränenströme fließen durch den Wald« ist einer von ihnen (siehe S. 354).

Ich bin kein Politiker, bloß ein Kind der Natur. Weiße Kinder kommen zu Besuch in den Busch und ich erzähle ihnen Geschichten über ihn. Ich erzähle ihnen von den nach wie vor dort anzutreffenden Waldgeistern und vom Traumzeitland.

Für den eigenen Lebensraum, das Heimatland, ja für jeden Teil des Landes Gefühle zu haben liegt den Aborigines im Blut. Hättest du als Aborigine für den Teil des Landes, wo du hingehörst, keine Gefühle, dann hättest du keine Gefühle für überhaupt irgendetwas, gleichgültig an welchem Ort. Wo auch immer Aborigines das Land durchstreift, gelebt oder ihr Lager aufgeschlagen haben, überall dort war für sie Geistland, wissen Sie, etwas Heiliges. Für uns Aborigines bedeuten diese Geistempfindungen, diese spirituellen Gefühle für das Land, einfach alles – das ist unser Leben. Das Land hat Teil an unserer Seele und wir haben Teil an seiner Seele. Aborigines, die nicht auf ihrem Land leben, sondern in der Stadt, sind verlorene, orientierungslose Seelen. Sie haben dort nichts, woran sie sich halten können: Sie wissen, was sie wollen, haben es jedoch nicht. Dieser Teil ihrer

Geistempfindung, ihres spirituellen Gefühls, ist in der Großstadt nicht bei ihnen.

Unseren Wald kenne ich wie meine Westentasche. Mit Sträuchern und Bäumen zu leben gehört zu meinem Dasein – da ist mein Zuhause. Viele Leute sagen: »Das ist doch einfach nur ein Baum.« Oder: »Das ist doch bloß ein kleiner Wasserlauf.« Für uns jedoch sind all diese Dinge Geistdinge. Das Buschland hatte für uns immer eine große Bedeutung – es bedeutete Arbeit, im Winter Unterschlupf und es lieferte uns reichlich Brennholz für die Feuerstelle. Buschland in der Nähe zu haben war ganz entscheidend und etwas sehr, sehr Wichtiges.

Jeder gute Grund ist mir recht. Mir gefällt es einfach, wenn ich in den Busch komme. Ich liebe den alten Busch. Und sobald ich tatsächlich im Busch angekommen bin, fällt es mir schwer, wieder nach Hause und in das Haus hinein zu gehen. Den ganzen Tag auf Wände zu blicken macht mich verrückt! Am Abend gehe ich stets in den Busch. Stundenlang gehe ich in den Busch und komme erst nach Hause zurück, wenn es total dunkel ist.

Wie gern schaue ich in die Ferne und in das Traumzeitland und sehe all die Stammesleute. Oft denke ich, wie schön es doch gewesen sein muss mit all diesen fröhlich und unbeschwert lachenden Kindern im Busch und mit all den kleinen Hütten hier und da. Heutzutage ist im Busch kein Lachen mehr zu vernehmen.

Wann immer ich von zu Hause fort und stattdessen in der Stadt gewesen bin oder schwere Zeiten durchzustehen hatte, konnte ich gar nicht schnell genug wieder in mein Heimatland, den Busch, zurückkehren. Nur nach einem stand mir dann der Sinn: Geradewegs bin ich tief in den Busch hineingegangen, an eine Stelle, wo einst ein alter Lagerplatz gewesen ist, und habe mich dort hingesetzt, um die Stille und den Frieden in mich aufzunehmen.

Besonders in schwierigen Momenten begebe ich mich gern in den Wald – wenn ich niedergeschlagen bin, wenn ich mich zu lange in der Stadt, wo ich fehl am Platz bin, aufgehalten habe oder wenn ich zu viel Hin und Her in Bezug auf Landrechte oder sonstige politische Angelegenheiten über mich ergehen lassen musste. Sobald ich im Wald bin, verschwende ich an all jene Dinge, die einem das Leben beschwerlich machen, an den Rassismus und an die großen Debatten über die Weltpolitik keinen Gedanken mehr. Und so haben mir all diese Dinge bis auf den heutigen Tag kaum etwas anhaben können, mich kaum in Mitleidenschaft gezogen. In das Geistland begebe ich mich, um meine Freunde und meine alten Leute wiederzusehen. Dann kann ich mich der großen Welt erneut stellen. Aus dem Wald komme ich wahrhaft gestärkt zurück. Anschließend vermag ich wieder unermüdlich allem, was kommt, ins Auge zu sehen.

Einst hatten wir ein altes Lager tief in jenem Busch. Wie gern sitze ich dort, denn du spürst, dass die alten Aborigines-Geister im Schatten der Gummibäume irgendwo hinter den Bäumen stehen und den Blick auf dich richten. Mit meinem inneren Auge sehe ich all die alten Leute dort im Umkreis leben und ich höre die barfüßigen Kinder. Vor lauter Kinderlachen beginnt das Laub zu rascheln und alles ist von einer Atmosphäre der Freude durchdrungen.

Wenn ich erlebe, wie all meine Leute mich betrachten, erfüllt mich ein Glücksgefühl. Und sie stimmt es ebenfalls glücklich. Denn sie wissen, dass ich sie nie vergessen werde. Wissen Sie – dass wir sie nicht vergessen, erfreut und beglückt die Geistwelt. Das sind die Dinge, an die ich glaube. Unsere Leute sind dort gegenwärtig, im Geist. Ringsum tuscheln und lachen die kleinen Kinder. Du weißt, dass sie von deinem Herzen gekommen sind. Mögen sie auch in das jenseitige Land hinübergegangen sein, ist ihr Geist dennoch weiter hier. Das verleiht dir all diese Stärke, wissen Sie? Denn sobald du dein Heimatland, das deine Ahnen durchstreift haben, um dich hast, ist es ein sehr starkes Gefühl. Und hätten wir dieses Land nicht – wenn jemand kommen und all die Bäume fällen würde, um Farmland daraus zu machen –, stünden wir auf verlorenem Posten, hätten keinen Halt mehr und unserem Leben wäre die spirituelle Seite abhandengekommen. Unsere innere Verbindung zum Wald ist das Bindeglied zu unserer Vergangenheit und unserer Zukunft.

Freudig sehe ich meinem Tod entgegen. In dem besten Grab, das es gibt, werde ich liegen. Das weiß ich. Die jungen Leute geben sich stets besondere Mühe. Sie bücken sich, graben und schwitzen und all ihre Gedanken sind dir gewidmet wie ein Geschenk. Solche alten Kameraden wie ich sagen den jungen Leuten, was zu tun ist. Es erfüllt sie mit besonderem Stolz, weil sie etwas zu deiner letzten Ruhestätte beitragen, die perfekt sein muss, nicht einfach nur ein Loch im Erdboden.

Eines Tages ist mal jemand mit einer Maschine aufgetaucht, um auf unserem Friedhof ein Grab auszuheben. »Lass das«, haben wir zu ihm gesagt, »du störst die alten Leute.« Auf die Art und Weise, wie wir es machen, ist es zwar anstrengend, aber so sollte es sein: Wir machen es mit den Händen, selbst an den heißesten oder den kältesten Tagen da draußen. Wir alle sind Freunde, die gemeinsam graben. Das Grab muss perfekt sein. Es ist ein sehr schöner, friedvoller Ort. Viele meiner Freunde und Familienangehörigen befinden sich hier.

Nie werde ich von hier fortgehen. Mein Herz und mein Geist werden den Busch nie verlassen. Die Begriffe »Rechtstitel« und »Eigentum« verstehe ich nicht. Wer außer Gott kann Eigentümer des Waldes sein? Für mich ist er eine Kathedrale, ein besonderer Ort, an dem ich die Gegenwart meiner Ahnen fühlen kann. Er ist mein Heimatland, der Geist meiner Leute, der Ort, an dem sie umhergestreift sind, an dem sie gesungen und einander Geschichten erzählt haben. Ob Sie schwarz oder weiß sind: Diese Kathedrale müssen Sie lieben und dürfen sie nie, niemals, beschädigen, untergraben, zerstören.

Während meiner Reisen, die mich als jungen Mann auf meiner Arbeitssuche überallhin führten, habe ich tendenziell stets eine Kreisbewegung vollzogen, weil der Wald, mein Heimatland, mich gerufen und eine derart starke Anziehung auf mich ausgeübt hat.

Du kommst immer zurück zu deinem Heimatland. Du kommst immer zurück.

NACHWORT

(von Banjos Kindern)

Nach kurzer Krankheit ist unser Vater unerwartet am Morgen des 14. März 2000 im *Warrnambool Base Hospital* verstorben. Shane Howard hat das Didgeridoo gespielt, während sich mehr als dreißig seiner Lieben in den winzig kleinen Raum zwängten und geduldig warteten.

Ein paar Tage später brachten wir Papa in sein Zuhause nach Framlingham, wo wir ein heiliges Feuer in Gang gehalten hatten. Wie es der Aborigines-Überlieferung entspricht, haben Papas männliche Verwandte einschließlich seiner vielen Enkel sein Grab ausgehoben, was mehrere Tage dauerte. Seine Bahai-Freunde haben den Leichnam mit Rosenwasser eingerieben.

Papa sah wie ein König aus in seinem Sarg. In den Händen hielt er seine bevorzugte Nulla-nulla, zu seiner Linken hatte er einen großen Bumerang und er trug ein Kopfband in den Farben Schwarz, Gelb und Rot, den Aborigines-Farben. Sein bärtiges Gesicht sah wunderschön und edel aus.

In den Tagen nach seinem Dahinscheiden erschienen in den großen australischen Tageszeitungen *The Age* und *The Australian* Nachrufe auf Papa. Und selbst in einem Blatt, das auf der anderen Seite des Globus gedruckt wird, der Londoner *Times*, stand ein Nachruf zu lesen.

Die Bestattung fand in seiner »Kathedrale« statt, an der Stelle, wo der Wald den Blick auf die Felder freigibt, lediglich ein paar Meter entfernt von der Grabstätte, die er sich ausgesucht hatte. Für den Gottesdienst war ein Zelt errichtet worden. Allerdings waren die Menschen – für uns unerwartet – so zahlreich erschienen (ihre Zahl reichte in die Tausende), dass sie sich großteils auf dem Feld und wo sonst noch Platz war, verteilten. Auf der Straße, die zur Mission führt, war ein Verkehrsstau zu erleben, der an eine großstädtische Hauptverkehrsstraße während des Berufsverkehrs erinnerte. Zu Papas Beerdigung hatte sich die größte Versammlung von Trauergästen eingefunden, die es in Warrnambools Geschichte jemals gegeben hat.

Bei einer der zahlreichen Ansprachen im Rahmen der Trauerfeier hat der Redner aus der Bibel zitiert: »Dem Menschen ist es bestimmt, einmal zu sterben, worauf dann das Gericht folgt.« Er streckte seine Arme aus, als wolle er all die anwesenden Menschen ohne Ausnahme umfassen, und sagte: »Nun, das ist das Gericht.«

Gegen Ende seines Lebens war Papa in großer Sorge, weil auf der Framlingham-Mission unter seinen Leuten so viel Uneinigkeit herrschte; weil man sich nicht nur darüber stritt, wer über die Verwendung der Regierungsgelder bestimmen durfte und wie sie verteilt werden sollten, sondern auch über die Besitzrechte an den Wäldern der Umgebung. »Der Busch sollte belassen werden, wie er ist, ohne dass einzelne Leute über ihn zu bestimmen haben«, sagte er stets. »Wir alle gehören hierher. Dieser Busch gehört jedermann, nicht bloß einer Gruppe.« Nichtsdestoweniger sah er sich wenige Monate vor seinem Tod mit seinen eigenen Leuten in einem Rechtsstreit vor dem Bundesgericht verwickelt, bei dem ihm sämtliche Rechtsansprüche, die er einst auf den Wald gehabt hatte, genommen wurden. Das bereitete ihm unermesslichen Schmerz, wie er auch Camilla gegenüber in einem ihrer letzten Interviews dargelegt hat.

Papa ist auf seinem Stammesland begraben: an einer Stelle, die wir alle immer »den schönen Platz« genannt haben, auf einer Bergkuppe mit Blick auf den Hopkins River. Lenny hat ihn eines Tages dort angetroffen, nur ein paar Wochen bevor er starb, allein an einem kleinen Feuer sitzend. Papa hat Lenny erzählt, dass er nach seinem Dahinscheiden dort begraben werden wollte und nicht auf dem Missionsfriedhof, wo alle anderen Familienangehörigen liegen. Zunächst versetzte uns das in Erstaunen, da er ansonsten stets großen Wert darauf gelegt hatte, den Friedhof praktisch täglich zu besuchen, um die Gräber der alten Leute ebenso zu pflegen wie die Gräber der kleinen Kinder und diejenigen all der vor ihm alt gewordenen und verstorbenen Freunde und Vorfahren. Nach einigem weiterem Nachdenken gelangten wir schließlich zu folgender Überzeugung: Durch den Wunsch, auf seinem Land begraben zu werden, wollte er sicherstellen, dass wir, seine Kinder, dieses niemals verlassen würden. So wollte er zugleich das Versprechen erfüllen, welches er seinem Vater fast 40 Jahre zuvor gegeben hatte, dass auch er selbst dieses Land niemals verlassen würde. Zwei Monate vor seinem Tod haben Bernice und ihre Tochter Karana zwei Wochen bei Papa zu Hause verbracht und sich in dieser Zeit, in der er nicht wohlauf war, um ihn gekümmert. Für Bernice wurden diese zwei Wochen zu den liebsten und lehrreichsten ihres ganzen Lebens. Während sie Abend für Abend zusammen saßen, hat Papa Bernice zahlreiche Geschichten über ihre Kindheit und die Geschichte unseres Volkes erzählt. Er hatte damals besonders viel mitzuteilen, mehr noch als in jedem anderen Abschnitt seines Lebens.

Wie es Papas Art war, sollten einige Dinge als Denkanstoß dienen, in vielen Fällen handelte es sich dagegen um Instruktionen. Papa, das begreifen wir jetzt, hat sehr genau gespürt, dass er zu seiner Traumzeit gerufen wurde. An so manchem Abend haben er und Bernice die Küchenstühle mit nach draußen genommen und zugeschaut, wie die Sonne hinter den Baumwipfeln des Waldes verschwand. Währenddessen erzählte Papa, wie prächtig dieser Wald in jener Zeit war, als er noch ein kleiner Junge war – bevor der Wald durch Holzeinschlag dahinschwand und eine überhandnehmende Koala-Population weiteren Schaden anrichtete. An diesen Abenden schien es, als erwachte der Wald im rötlichen und golden getönten Licht der untergehenden Sonne zu neuem Leben und als sollten so die von Papa heraufbeschworenen Erinnerungen daran, wie gesund und voller Leben dieser Wald einst war, wirkungsvoll unterstrichen werden.

Einige Male hörte Bernice während ihres Aufenthalts bei Papa, wie er bei der Zubereitung eines Bechers Tee eine bestimmte Melodie pfiff oder vor sich hin sang und dazu mit dem Teelöffel den Takt schlug. Damals achtete sie nicht weiter auf den Text. Als nach seinem Tod im Radio ein altes Interview mit Papa noch einmal ausgestrahlt wurde, in dem Papa denselben Wortlaut sang, hat sie den Text jedoch gleich wiedererkannt:

Ich weiß noch, als Kind hab' ich Papa so stark
    gefunden,
den ganzen Tag hat er gearbeitet und sich
    abgeschunden,
war stets bemüht, redlich und ein guter Nachbar zu sein.
Doch jetzt harrt er des Herrn, tritt bald in den Himmel
    ein.

Er ist jetzt mein alter, von Gebrechen geplagter Papa,
ich lieb' ihn so sehr, stand ihm dennoch lange nicht
    zur Seite.
Heute, bevor der Allmächtige ihn zu sich ruft,
kehr' ich nach Hause zurück und bleibe nun da.

Da wurde Bernice die Botschaft klar und sie verstand, welchen Wunsch ihr Vater damals zum Ausdruck gebracht hatte. Um diesen zu erfüllen, verließen ihre Familie und sie unverzüglich ihr Haus in Warrnambool und zogen in Papas kleines, doch so sehr geliebtes Zuhause in der Mission mit dem Blick auf jenen Fluss, an dem sie als Kind gespielt hatte. Wir waren uns sicher: Bernice bei sich im Haus zu haben bedeutete für ihn Frieden und Harmonie.

Viele Monate später erboten sich Lenny und sein Sohn Kirrae, Bernice abzulösen, damit sie die Möglichkeit hatte, in ihr Haus nach Warrnambool zurückzukehren. Kirrae ist so froh, im Haus seines Großvater leben zu dürfen, inmitten all der Erinnerungen an ihn. Und Papa, das steht für uns außer Frage, freut sich ebenso sehr, Kirrae dort zu wissen, mit dem wunderschönen Ausblick auf jenen Fluss und jenen Wald, wo er als Kind einst gejagt und gespielt hat.

Als Nachkommen unseres Vaters stehen nun wir in der Pflicht, jenes Versprechen zu erfüllen, das er seinem Vater gegeben hat – dass wir niemals unser Stammesland verlassen und nie die alten Leute vergessen werden, die einst hier gelebt haben.

Helen, Patricia, Leonard, Elizabeth,
Bernice und Fiona Clarke

General Policing Department
Warrnambool Division

214 Koroit Street
Warrnambool 3280
Victoria, Australia
DX 219606
Telephone 03 5560 1198
Facsimile 03 5560 1115

5. Juni 2000

Libby CLARKE

Betrifft: Banjo CLARKE

Liebe Libby,

wie man hört, besteht eine gewisse Verwirrung darüber, ob und in welcher Eigenschaft die Polizei an den Begräbnisfeierlichkeiten Ihres Vaters Banjo teilgenommen hat.

Ihr Vater war ein bedeutender Mann, geschätzt und geachtet von allen, die das Glück hatten, ihm zu begegnen. Sein Einfluss reichte ungleich viel weiter als seine physische Präsenz in den vier Richtungen des Raumes. Das zeigen auch die Respektsbezeugungen aus Übersee, die zu seiner Beerdigung eintrafen.

Meiner Führung unterstehende Polizisten haben den Wunsch zum Ausdruck gebracht, als Zeichen persönlicher Hochachtung an Banjos Beerdigung teilzunehmen. Einen sinnvollen Beitrag zu dieser Beerdigung konnten wir nach meinem Empfinden dadurch leisten, dass wir Banjos Leichnam mit einer Eskorte zu seiner endgültigen Ruhestätte geleitet haben. Zugleich waren wir uns darüber im Klaren, dass dies die größte Bestattungszeremonie sein würde, die es jemals in Warrnambool gegeben hat. Allein das schon würde im Straßenverkehr für Banjos letzte Reise in seinen geliebten Wald gewisse Probleme mit sich bringen.

Als Einsatzleiter des Polizeidistrikts Warrnambool haben mein Führungsstab und ich vor der sterblichen Hülle Ihres Vaters auf ihrem Weg von der Trauerfeier zu seiner letzten Ruhestätte gemeinsam salutiert. Auch dies ein Zeichen des Respekts. Diesen habe ich Ihrem Vater auf dieselbe Art erwiesen, wie ich einem gefallenen Kameraden salutieren würde.

Libby, ich hoffe, daraus ersehen Sie, dass Ihr Vater von uns allen hoch geachtet wurde und dass er für uns jemand war und ist, an dem jeder einzelne von uns, auch lange nachdem er in seinen Wald zurückgekehrt ist, sich orientieren und von dem er viel lernen kann.

John ROBINSON
Oberinspektor

ZUR ENTSTEHUNGSGESCHICHTE VON BANJOS BUCH

(Camilla Chance)

Im Juli 1975, an einem strahlend schönen Morgen zur Zeit der Wintersonnenwende, breche ich mit einer Gruppe von Freunden, die ihr Leben an den Grundsätzen der Bahai-Religion orientieren, zu einem gemeinsamen Ausflug auf. Ausgangspunkt unserer Fahrt ist mein Haus in Warrnambool, einem wunderschönen Ort an Australiens Südostküste. Unter anderem gehört auch Barwoo, ein 16-jähriger Aborigine aus Mornington Island, einer Insel in Australiens hohem Norden, zu unserer Gruppe. Barwoo ist seit einer Weile Gast meiner Familie und schon länger hat er den Wunsch geäußert, Aborigines aus der Region Warrnambool kennenzulernen. In den drei Jahren, seit ich in Warrnambool lebe, habe ich persönlich hier noch keine Aborigines kennengelernt. Früher kannte ich ein paar Stadt-Aborigines und war von ihrer Haltung und ihrer Stärke beeindruckt. Denn nach wie vor hielten sie den Grundsätzen ihrer – inzwischen in weiten Teilen vernichteten – Kultur die Treue, befolgten die überlieferten Regeln und ungeschriebenen Gesetze der Aborigines.

Immerhin weiß ich, dass es unweit von hier die Aborigines-Siedlung von Framlingham gibt. »Wir könnten vielleicht nach Framlingham rausfahren«, sage ich zu Barwoo, »und sehen, ob wir hereingebeten werden?«

Unsere Reiseroute führt über gut ausgebaute Hauptstraßen. Nicht nur dem Licht der Morgensonne – allem, was uns auf dem Weg begegnet, wohnt eine eigentümliche Intensität inne. Die vor mir auftauchenden Hügelketten und grünen Bäume erlebe ich so, als hätte ich noch nie gesehen, von meinen Augen nie zuvor Gebrauch gemacht. Weite in Licht getauchte Landstriche kommen auf uns zu, dann Schatten. Ein Regenbogen wölbt sich über die Straße.

Ein paar Minuten später sitzt eine aus vielen verschiedenen Nationalitäten bestehende Gruppe unter rosaroten Lilien und gelb-weiß blühenden Narzissen im Gras, etwas außerhalb der Grenzmarkierungen des Missionsgeländes. Wir wollen nicht so respektlos sein, das Gelände ungebeten zu betreten. Darum warten wir dort auf der Wiese, bis uns jemand hinzubittet, wie es bei den Aborigines seit eh und je Brauch ist. Es gibt viel zu lachen. Barwoo klimpert auf seiner Gitarre und singt etwas für uns. Ruth, meine vierjährige Tochter, stimmt in seinen Gesang ein. Alle anderen summen leise mit.

Als Nächstes bemerken wir irgendwann, dass eine Frau neben uns steht. »Ich bin Molly«, sagt sie. »Kommt mit mir, ich werde euch mit Leuten in dem einen oder anderen Haus bekannt machen.«

Auf einmal wird mir klar, dass alles, was heute geschieht, von tief greifender Bedeutung für mein ganzes Leben sein wird. Wir folgen Molly zu dem nächsten schindelgedeckten Wohnhaus, dem Haus von Tantchen Mary Clarke. Von der Regierung errichtet entspricht es keineswegs den Wohnungsbaustandards für Weiße. Dennoch verströmt das dünnwandige Haus eine Atmosphäre der Gastlichkeit, Helligkeit und Zufriedenheit. Drinnen erwarten uns zahlreiche Leute. So viel Stärke und Sanftheit, wie sie in den Gesichtern der Menschen, die uns hier umgeben, zum Ausdruck kommt, habe ich noch nirgendwo sonst gesehen. Deutlich spürbar ist bei ihnen allen eine große Offenheit und Liebenswürdigkeit, die ich als ausgesprochen anziehend empfinde. Am stärksten gehen diese positiven Gefühle von einem Mann aus, der unter all den hier anwesenden Menschen das gütigste und sanftmütigste Gesicht hat. Er ist, so wird mir gesagt, Tantchen Marys Sohn und heißt Banjo.

Meine Tochter Ruth rennt mit ausgebreiteten Armen auf ihn zu. Er bückt sich, nimmt sie hoch und drückt sie liebevoll und sanft an seine Brust. Dabei ruft er: »Iiieee!«, als würde er sie so fest drücken, wie er nur kann.

Später sagte Banjo über unsere erste Begegnung: »Zwischen uns bestand eine wechselseitige Anziehung.« In dem Moment, als er unsere fröhliche, aus vielen Nationalitäten zusammengewürfelte Gruppe im Gras hatte sitzen sehen, wollte er mit dazugehören. Gleich bei der ersten Begegnung, so erzählte er mir, hat er gewusst, dass sich die Dinge nun für uns alle zum Besseren wandeln würden.

Ein paar Monate nach unserer ersten Begegnung wurde für Banjo ein Krankenhausaufenthalt notwendig, weil seine regelmäßig wiederkehrende Lungenentzündung sich verschlimmert hatte. Während dieser Zeit habe ich ihn häufig besucht. Er war sehr daran interessiert, mehr über den Bahai-Glauben in Erfahrung zu bringen, den ich im Alter von 22 Jahren entdeckt hatte. Von den Bahai-Lehren fühlte Banjo sich sofort angesprochen, denn aus seiner Sicht knüpften sie auf eine authentische Weise unmittelbar an jene Aborigines-Grundsätze an, mit denen er aufgewachsen war – Liebe, Einmütigkeit, Versöhnlichkeit, Gleichberechtigung und die Bereitschaft, mit anderen zu teilen. Diese Prinzipien hatten auch mich angesprochen, als ich den Bahai-Leuten zum ersten Mal begegnet bin. Daraufhin bin ich zu einer ihrer Tagungen in die Schweiz gereist und dort habe ich zu meiner Überraschung und zu meiner großen Freude festgestellt, wie viele unterschiedliche Ethnien, Nationalitäten, Hautfarben und Gesellschaftsschichten dort in vollkommener Harmonie, Freude und Liebe beisammensaßen.

Aufgewachsen in einer begüterten, halb aristokratischen Familie mit Hausangestellten und allen Annehmlichkeiten, fand ich es ausgesprochen betrüblich, dass wir so viel, andere dagegen so wenig hatten. Außerdem verabscheute ich es, behandelt zu werden, als sei ich höhergestellt und besser als andere Leute. Eines Tages erlebte ich mit Entsetzen, wie unterwürfig Dienstleute und anderes Personal sich meiner Großmutter – einer Baroness – und mir gegenüber verhielten, als wir am Bahnhof aus dem Zug gestiegen sind. So hat mich der starke Wunsch beseelt, eine Gemeinschaft zu finden, in der alle gleichberechtigt waren und einander liebevoll begegneten. Im Bahai-Glauben, stellte ich später fest, wird solch eine Gemeinschaft wirklich gelebt. Die gleiche Erfahrung machte ich anschließend noch ein zweites Mal – an jenem Tag des Jahres 1975, als ich die Aborigines in Framlingham kennenlernte. Im Innersten, das wussten wir alle sofort, sind wir gleich, ungeachtet unterschiedlicher gesellschaftlicher und ethnischer Hintergründe. Wir vermochten einander ins Herz zu blicken. Schlimme Zeiten hat es in meinem Leben mehr als genug gegeben, doch die Bahai-Leute zu treffen war ebenso ein Lichtblick wie danach die Begegnung mit den Aborigines von Framlingham.

Banjo und zahlreiche andere indigene Menschen fühlten sich mir verbunden, weil ich aufgrund meiner persönlichen Erfahrungen bereit war, die Geschichte zu glauben, die sie mir aus ihrem Leben erzählten. Meine Eltern waren einst empört und entsetzt, dass ich schon als Kind einen ausgeprägten Gerechtigkeitssinn hatte, dass ich Menschen außerhalb unserer sozialen Klasse Mitgefühl und Liebe entgegenbrachte. Daraufhin taten sie ihr Möglichstes, meinen Geist, mein Herz und meine Seele zu brechen. Jeden Tag wurde mir aufs Neue eingeschärft, nicht zu lieben, nicht mit anderen zu teilen. Weichherzigkeit sei ein unverzeihlicher Fehler. Meinen Überzeugungen begegneten sie mit dem Versuch, mich emotional und geistig zu zerstören. Ähnliche Erfahrung hatten auch viele Aborigines gemacht, die ich später getroffen habe. Meine Eltern legten dieselbe Gefühllosigkeit an den Tag wie jene weißen Australier, über die ich von meinen Aborigines-Freunden entsetzliche Geschichten gehört habe und unter denen diese Freunde gelitten hatten – sei es in Missionen, als gestohlene Kinder in Waisenhäusern oder einfach im Alltag.

Als Banjo aus der Klinik entlassen wurde, lud ich ihn zu mir nach Hause ein, damit er dort weiter genesen konnte, und er blieb für drei oder vier Monate bei meiner Familie. Für uns alle, vor allem aber für meine kleinen Kinder Ruth und David, war das eine ganz besondere Zeit.

Gegen Ende seines Aufenthalts, daran erinnere ich mich gut, hat Banjo mir von einem beunruhigenden Traum erzählt, der David betraf. Der Traum lieferte auch die Erklärung, weshalb Banjo hinter unserem Haus entlang der Felswand, an der weiter unten der Hopkins River vorbeifließt, unbedingt einen Zaun bauen wollte.

»Ich begann mir Sorgen zu machen, dass der kleine Kerl in den Fluss stürzen könnte«, sagte er. »Denn ich hatte einen schrecklichen Traum, in dem es um David ging. Er befand sich in einem Auto oder einem kleinen Haus, das auf dem Fluss dahintrieb, umgeben von vielen Holzteilen. Direkt vor der Felswand habe ich deshalb einen Zaun errichtet. Er ist gleichsam ein starker Arm zu Davids Schutz.«

Was wir zu jener Zeit nicht wussten – Banjo hatte, mehr als zwanzig Jahre im Voraus, eine Vorahnung jenes Vorfalls, bei dem David 1998 nur um Haaresbreite dem Tod durch Ertrinken entronnen ist: Durch eine blitzartig auftretende Flutwelle wurde in Mexiko der Kleinbus, in dem er und seine Freundin Eliza schliefen, ins Meer hinausgeschwemmt.

Bevor David damals zu seiner großen Urlaubsfahrt Richtung Mexiko aufbrach, hatte er sich zunächst einmal auf eine spezielle Heimreise nach Warrnambool begeben und mit Banjo einige Zeit im Busch verbracht, wo sie gemeinsam Bäume fällten. Irgendwann während der üblichen leisen Unterhaltung hat Banjo zu David gesagt, falls er ihn auf seinen langen Reisen jemals benötigen sollte, bräuchte er bloß die Augen zu schließen und er, Banjo, werde für ihn da sein.

In den ersten paar Wochen des Jahres 1998 – in der Zeit, als David fort war – erlebte Banjo erneut Traumsequenzen, die er sich nicht erklären konnte. Im Traum sah er, wie Wasser sich durch die Fenster und Türen in sein Haus ergoss, und er konnte nichts tun, um es aufzuhalten. Jede Nacht hatte er aufs Neue diesen Traum und der Traum machte ihm Angst, denn von Wasser zu träumen bedeutet für Aborigines Tod.

Auf dem letzten Abschnitt ihrer Reise fuhren David und Eliza im Februar an Mexikos Westküste entlang. Für die Übernachtung wählten sie einen kleinen Campingplatz für Wohnwagen an der Küste. Es war mitten im Winter, das Wetter unbeständig, daher hielt sich niemand anderes auf dem Campingplatz auf.

An dem Abend war Banjo zu Hause in Framlingham und saß mit seinem Enkel Kirrae vor dem Fernseher, als in einer Dokumentation Überschwemmungen und andere Naturkatastrophen gezeigt wurden. Der Film versetzte Banjo in große Unruhe. Schlagartig begriff er: Die Person, die in seinen Albträumen in Gefahr schwebte, war David! Zu Kirrae sagte er: »David sollte besser auf der Stelle nach Hause kommen.« Dann rief er sofort mich an und sagte mir dasselbe. Was wir nicht wussten – in dem Moment, als wir miteinander sprachen, fegte ein durch El Niño hervorgerufener Sturm über Kalifornien und Nordmexiko hinweg. Um vier Uhr in der Frühe brach der Damm hinter dem Kleinbus, in dem David und Eliza schliefen. Daraufhin ergoss sich schlagartig eine Flutwelle über den Campingplatz. Die gewaltigen Wassermassen schwemmten den Kleinbus über eine Felswand hinweg in den Pazifischen Ozean. Die beiden schafften es mit Mühe, aus dem Bus zu klettern und ins Meer zu springen. Sobald sie sich im Wasser befanden, wurden sie durch die gewaltige Brandung nur noch weiter vom Ufer fortgerissen. Im Meer schwammen Trümmer aller Art – Holzblöcke, Baumstämme, Stöcke, Schlamm und dergleichen mehr – und es herrschte stockfinstere Nacht, abgesehen von zwei weit entfernten Straßenlaternen. Jedes Mal, wenn eine Welle über sie hinwegrollte, mussten sie sich ihren Weg durch die Trümmer bahnen, damit sie nach Atem ringend schließlich wieder an die Oberfläche gelangen konnten. Nach etwa zwanzig Minuten schafften sie es nicht länger, sich aneinander festzuhalten.

Unerbittlich brandeten die Wellen heran. David konnte Eliza nicht mehr sehen und stand kurz vor der völligen Erschöpfung. Er spürte, dass vor Anstrengung und Kälte allmählich jedes Gefühl aus seinen Armen und Beinen wich. Er wusste, dass er gegen den übermächtigen Ozean nicht mehr viel länger würde ankämpfen können, und im Grunde, sagt er, kann er sich nicht erinnern, dass ihn das noch groß gekümmert hat. In dem Moment hat er die Augen geschlossen und Banjo gehört, hat gespürt, dass er bei ihm ist, ihm in der Dunkelheit seine »starke Hand« entgegenstreckt und ihn eindringlich auffordert, wenigstens noch ein einziges Mal den Versuch zu unternehmen, an Land zu schwimmen. Das hat ausgereicht, um David zur Rückkehr ans rettende Ufer zu verhelfen. Eliza aber war rettungslos verloren.

Wir sind uns sicher, dass Banjo Clarke meinem Sohn das Leben gerettet hat.

Obgleich ich starke Liebe und die Spiritualität in Elizas Familie wahrnehme, vermag ich mir nicht einmal ansatzweise vorzustellen, welch entsetzlich leidvolle Erfahrungen der Verlust dieser jungen Frau – die ich in Gedanken schon längst als meine zukünftige Schwiegertochter willkommen geheißen hatte – für ihre Familie mit sich gebracht haben muss. Trotz unseres Glaubens ist der Kummer meines Sohns grenzenlos und mein Kummer ist groß. Kummer ist mir keineswegs fremd. Doch meine Dankbarkeit für das Privileg, dass ich solch bemerkenswerte Seelen habe kennenlernen dürfen, mildert ihn. Mein Freund Rodney Wicks hat die folgenden Zeilen geschrieben:

Die Beziehung zwischen Banjo Clarke und Camilla Chance war so beschaffen und von solcher Tiefgründigkeit, dass geistig unreifen Menschen das »geistige Band« zwischen einem »ungebildeten« älteren Aborigine und der Absolventin eines italienischen Mädchenpensionats, einer Chirurgengattin, unbegreiflich blieb. Zwischen ihnen bestand eine innige Seelenverwandtschaft, die vielerlei kulturelle und soziale Schranken überwunden hat – ein besonders schönes und bewundernswertes Beispiel für Bahai-Einmütigkeit und -Freundschaft.

Banjo hat mir geholfen, meine natürlichen Reaktionen auf die Dinge anzuerkennen und sie ernst zu nehmen, und er hat mich darin bestärkt, sie auch zum Ausdruck zu bringen. Die Aborigines-Kultur vermag der Welt so viel zu geben und während all der betrüblichen Zeiten voller Grausamkeit und Unglück, die Banjo erleben musste, ist er stets geduldig geblieben und hat niemals die Hoffnung aufgegeben, dass die Welt eines Tages sein Volk und dessen Weisheit dankbar willkommen heißen würde. Darum hat er mich gebeten, ihm beim Schreiben dieses Buches behilflich zu sein, und gemeinsam mit ihm daran arbeiten zu dürfen war mir eine Ehre.

BANJO CLARKE
IM SPIEGEL
UNSERER ERINNERUNG

WAS EIN EINZIGER GUTER MANN BEWIRKEN KANN!

Martin Flanagan

Am Dienstag vergangener Woche habe ich Rajmohan Gandhi getroffen, den Enkel von Mahatma Gandhi, und ihn gefragt, auf welches Geheimnis seiner Meinung nach die enorme Wirkung seines Großvaters zurückzuführen ist: »War es sein Überzeugtsein von einer im Grunde guten menschlichen Natur?« Rajmohan Gandhi: »Ich glaube schon.« Mahatma Gandhi hat, so erzählte er mir, in jungen Jahren zunächst ein Geschichtsstudium begonnen. Dabei gelangte er zu dem Schluss, ungeachtet all des Elends und Chaos sei diese positive menschliche Grundqualität ein historisch nachprüfbares Faktum. Rajmohan gab mir ein Exemplar von »The Good Boatman«, der von ihm über das Leben seines Großvaters verfassten Biografie. Gewidmet hat er das Buch »all den Freiheitsliebenden, die nicht hassen«. Daraufhin habe ich ihm von Banjo Clarke erzählt, der genau am Morgen desselben Tages im Krankenhaus von Warrnambool gestorben war und sich sein Leben lang an diesen Grundsatz gehalten hat – und ich kenne keinen anderen Menschen, dem das besser gelungen wäre als ihm. (In dieser und in manch anderer Hinsicht würde ich ihn neben einen anderen Australier mit einem völlig anderen Hintergrund stellen, Sir Edward »Weary« Dunlop.) In unserer Kultur bezeichnet man solche Menschen gewöhnlich als wahre Christen. In Banjos Fall wäre das allerdings ein gravierender Fehler. Als Ältester aus dem Volk der Kirrae Whurrong hat er bei der

Frage nach seinem Glaubensbekenntnis die Bahai-Religion genannt.

Sein Leben verbracht und seine Grabstätte gefunden hat Banjo Clarke im Wald des östlich von Warrnambool gelegenen Framlingham – dort, wo seit langer, langer Zeit sein Volk beheimatet ist. Die Schulausbildung des 1922 geborenen Banjo Clarke dauerte alles in allem zwei Tage. Er hatte miterlebt, wie ein Lehrer ein Kind schlug. Daraufhin kehrte er in den Wald zurück, saß bei den alten Leuten und wurde zu ihrem gelehrigen Schüler. Nach wie vor war das Leben der Aborigines auf der Framlingham-Mission seinerzeit stark traditionell geprägt. Banjo konnte sich noch erinnern, dass der Kadaicha-Mann, der Repräsentant der ungeschriebenen Aborigines-Regeln und -Gesetze (der nachts in Aktion trat und dessen Identität allein den Stammesältesten bekannt war) einmal in Framlingham war, nachdem ein Angehöriger der Gemeinschaft sich, unter Verstoß gegen die Heiratsregeln des betreffenden, in einem anderen australischen Bundesstaat lebenden Stammes, eine Frau genommen hatte.

Im Dezember habe ich für *The Age* (Ausgabe vom 21. Dezember 1999) einen Artikel über Banjo geschrieben. Damals durchlebte er eine schwierige Zeit. Eine Auseinandersetzung über die Besitzrechte an den Wäldern im Umkreis von Framlingham bereitete ihm großen Kummer. Nach Erscheinen des Artikels in *The Age* erzählte Banjo mir, sei er in Warrnambool von einem Weißen auf der Straße angesprochen worden, der zu ihm sagte: »Wir hätten mit euren Leuten besser schon vor vielen Jahren ins Gespräch kommen sollen.«

David Fligelman, der Sohn eines Arztes in Warrnambool, hatte von klein auf Kontakt zu Banjo und würde sich vielleicht selbst mit zu Banjos Familienkreis zählen. Camilla, seine Mutter, hat Banjo mit dem Bahai-Glauben in Berührung gebracht, von dem, laut Lenny Clarke, der alte Mann sich deshalb so stark angesprochen fühlte, weil in der Bahai-Religion das Mitgefühl für alle Lebewesen eine zentrale Rolle spielt.

Am Montag hat Fligelman in Framlingham an Banjos Grab vor einer Menge von etwa 2000 Menschen dessen Leben gewürdigt. Ein Einheimischer erklärte mir anschließend, ich solle mir einmal vor Augen führen, welch breit gefächerter Personenkreis aus der weißen Bevölkerung bei der Beerdigung vertreten sei – Polizisten, Biker, kirchliche Gruppen, Gewerkschafter, Farmer. Auch David Atkinson, der Bürgermeister von Warrnambool, hat eine Ansprache gehalten und Australiens Ex-Premierminister Malcolm Fraser hat ein Kondolenzschreiben geschickt, das nicht nur den Angehörigen gegenüber sein Beileid zum Ausdruck brachte, sondern auch seine persönliche Hochachtung vor Banjo Clarke.

Als ich am Montag zum Gottesdienst eintraf, kam mir ein Mann jenseits der fünfzig entgegen, der auf einer benachbarten Farm aufgewachsen war und mit Banjos Kindern gespielt hatte. Zur Beerdigung war er eigens aus Melbourne angereist. Hinterher sagte er mir in einem Tonfall, der auf eine gewisse Verblüffung schließen ließ: »Wie bemerkenswert. Die meisten dieser Leute kenne ich. Das war wie bei einem Konzert.«

Jemand anderes hat mir den Gottesdienst später als ein zeitgemäßes Corroboree[31] beschrieben. An einem gewissen Punkt der Veranstaltung, die den halben Abend dauerte, wurde all den Leuten, die Gehör finden wollten, Gehör geschenkt und alle Lieder, die zu singen jemand das Bedürfnis hatte, wurden gesungen. Im etwas formeller organisierten Teil des Abends traten Andy Alberts, Shane Howard, Alan Harris, Lee Morgan (Banjos Enkel), Paul Kelly, Rebecca Martin, Neil Murray, die Kuyang-Yandaa-Tanzgruppe und Archie Roach auf.

Archie war Banjos Neffe. Als Kind wurde er seiner Familie in Framlingham gestohlen. Erst im Alter von 18 Jahren führte ihn sein Weg erneut nach Framlingham. Er empfand nichts – keine Verbindung zu den Menschen und dem Ort –, betrank sich und fuhr zurück nach Melbourne. Zehn Jahre später kam er wieder, diesmal mit seiner Frau und zwei Söhnen, und auf seine Nachfragen hin schlug man ihm vor, Onkel Banjo aufzusuchen. Als ersten Eindruck erlebte Archie einen alten Mann, dem die Tränen über die Wangen rannen, während er ihm entgegeneilte. Später führte Banjo den Heimkehrer über das Missionsgelände, zeigte ihm, wo die Hütte seiner Familie gestanden hatte, wo der kleine Archie gespielt hatte, unter welchem Baum Archies Mutter zur Welt gekommen war und in welchem Teil des Waldes er als etwas größeres Kind gespielt hatte. In Archies Worten: »Der alte Mann hat mir gezeigt, wo ich in meiner eigenen Lebensgeschichte stehe. Niemand außer ihm hätte das für mich tun können.« Diese Erfahrung hat er in dem Song »Tränenströme fließen durch den Wald« festgehalten.

Archie hat den Song an Banjos Grab gesungen – was eigentlich in der Radioübertragung zu hören sein sollte. So war es jedenfalls geplant. Doch das Radiomikrofon funktionierte nicht. David Arden, ein Mann mit einer unerschütterlichen Ruhe, der gelegentlich gemeinsam mit Archie auftritt, meinte dazu mit einem Schulterzucken: »Hat's halt auf die alte Art gemacht.« Eine Stimme im Wind.

Die Grabstätte befindet sich nicht im Wald und Banjo liegt auch nicht neben »den alten Leuten« auf dem Framlingham-Friedhof, sondern auf Kirrae-Whurrong-Land, auf einer Bergkuppe oberhalb des Hopkins River. Ich möchte nicht den Eindruck erwecken, als würde ich den genauen Grund dafür kennen. Allerdings nehme ich an, dass es mit jenen Streitigkeiten, die den Wald betreffen, zu tun hat und sicherstellen soll, dass seine Leute diesen Ort niemals verlassen werden.

Im Lauf der Jahre brachte Banjos wachsende Bekanntheit

es mit sich, dass zahlreiche Reisende an seine Tür klopften. Niemand wurde abgewiesen. Ebenso wenig von Lennys Haus, einem alten Farmhaus weiter unten an der Straße. Wäre Banjo ein Ritter gewesen, dann wäre Lenny vielleicht sein Kammerdiener oder sein Waffenjunker gewesen. Als wir am späten Montagabend wieder zu Lennys Haus zurückkamen, hockte ein weißer Junge, der vor lauter Problemen nicht ein noch aus wusste, in sich zusammengesunken hinter dem Steuer eines auf dem Vorplatz des Hauses geparkten Wagens. Der Junge wohnt bei Lenny, pflegte allerdings jeden Morgen Banjo zu besuchen. »Im Grunde genommen«, meint der Sänger Shane Howard, »hat Banjo Leben gerettet. Er hat Ordnung ins Chaos gebracht.« Banjo Clarkes Wahrnehmung der Welt ist für alle Australier hilfreich, für schwarze ebenso wie für weiße, meint Howard. Der Song, den er gemeinsam mit Banjo geschrieben hat, »The River Knows« (»Der Fluss versteht« in der dt. Übersetzung auf S. 9), entstammt dem Album »Clan«, das er eingespielt hat, nachdem er in die Region Warrnambool zurückgekehrt war und diesen erstaunlichen alten Mann kennengelernt hatte, der in einem Wald mit zu vielen toten Bäumen lebt und an einem Fluss, in dem immer weniger und weniger Aale vorkommen. Das Lied beginnt mit den Zeilen: »Wer wird nun für den Erhalt dieses Landes sorgen? Wer wird seine heilige Kraft bewahren?«

Nicht nur aus Australien sind Leute gekommen, um Banjo Clarke zu treffen. Letztes Jahr kam ein kosovarischer Musiker mit einem niederländischen Cellisten hierher und gemeinsam erfüllten sie den Wald und sein Tal mit den Klängen ihrer Musik. Dann war da diese Friedensaktivistin aus El Salvador, die einen mörderischen Bürgerkrieg überlebt hatte und kein Englisch sprach. Sie spürte, dass Banjo sie verstand.

Das Gästebuch, das man ihm vor ein paar Jahren gegeben hat, enthält sogar die Namen von zwei Aktivisten der One-

Nation-Partei[32]. »Wir sprechen auch mit dem Teufel, wenn er hier einen Zwischenstopp einlegt und ein Schwätzchen halten möchte«, meinte Banjo mit einem Lachen – einem ebenso sanften wie fröhlichen Lachen, das ein Eigenleben zu führen scheint. Inzwischen werden Überlegungen angestellt, aus seinem schlichten Zuhause einen *Keeping Place* zu machen, ein kleines Aborigines-Kulturzentrum.

Wenn ich an Banjo Clarke denke, habe ich in erster Linie einen Mann vor Augen, dessen Bewusstsein frühzeitig durch jene Disziplin geprägt wurde, die mit dem traditionellen Lebensstil der Aborigines untrennbar verbunden ist. Als Kind hat er miterlebt, wie Altersgenossen infolge mangelnder medizinischer Versorgung gestorben sind. Als junger Mann hat er den Hunger und die Gefängnishaft kennengelernt. Während er versuchte, sich in die Gesellschaft einzufügen, wurde er Zeuge, wie Mitglieder seiner Familie von den Behörden entführt worden sind.

Er gehörte in die lange Reihe stolzer Kämpfernaturen, zu denen unter anderem auch Lionel Rose zählte, ein Boxweltmeister zu Zeiten, als dieser Ausdruck noch etwas bedeutet hat, ebenso Reg Saunders, dessen Leben der große australische Kriegsfilm war, den bisher noch kein Regisseur auf die Kinoleinwand gebracht hat. Banjo hat in seiner Jugend viele Boxkämpfe in jenen Zelten bestritten, mit denen die Boxertruppen damals auf Tour gegangen sind. Nicht Wut hat ihn dazu getrieben. Vielmehr hat er sehr genau erkannt, dass Wut eine zerstörerische Kraft ist, und sie zu meistern gewusst. Man hätte meinen können, Banjo Clarke habe sich für eine Methode entschieden, die dem Motto folgt: Bezwinge den Feind durch eine nachahmenswerte Lebensführung! So jedenfalls habe ich es bei meinem Gespräch mit Rajmohan Gandhi in Worte zu fassen versucht.

Mahatma Gandhi hat einmal gesagt, dass Politik nur dann funktionieren kann, wenn sie im Dorf funktioniert. Banjo hat seine Arbeit im Dorf verrichtet. Warrnambools Tageszeitung, der *Standard*, hat die Titelseite zu zwei Dritteln der Nachricht von Banjos Tod, mehr noch, der Beschreibung des Gedenkgottesdienstes gewidmet. In einer stabilen Kultur verbreiten Nachrichten sich von Dorf zu Dorf. In unserem Zeitalter der technologisch bedingten Isolation und zunehmenden Hektik kümmern wir uns hingegen immer weniger um unseren Nachbarn. Banjo Clarke hat nie gemeint, jemand anderes zu sein als er selbst. Als er in seiner Jugend auf Suche nach Arbeit mit seiner Bettrolle und kleinem Kochgeschirr durchs Land gezogen und auf vielerlei Hindernisse gestoßen ist, schöpfte er viele Male neuen Mut aus dem Gedanken, dass er hinter der nächsten Wegbiegung ganz bestimmt einem guten Menschen begegnen wird.

Während des Gottesdienstes habe ich Ken Saunders, einen inzwischen in Melbourne lebenden Gunditjmara, gefragt, ob er glaube, es könne jemals wieder so jemanden wie Banjo geben. Bedächtig schüttelte er den Kopf und sagte, das bezweifle er. Später, nachdem ich den weißen Jungen gesehen hatte, den Banjos Tod in einen Abgrund von Trauer und Verzweiflung gestürzt zu haben schien, richtete ich dieselbe Frage an Lenny, dem nun eine schwerwiegende Verantwortung zugefallen war. Bei dem Gedanken daran zeigten sich einige Schweißperlen auf seiner Oberlippe. »Wir können das übernehmen«, sagte er und ließ die Faust in seine Handfläche klatschen. »Wir« hat er gesagt, nicht »ich«.

In Banjos letzten Jahren, als Lenny befürchtete, der alte Mann könne vereinsamen, schickte er sein jüngstes Kind, einen Jungen namens Kirrae, zu ihm. Der Junge sollte bei seinem Großvater leben. Ihm vertraute Banjo viel Wissen über das Geistland und seine Geschöpfe an.

Kirrae Clarkes Mutter hat rotes Haar und Sommersprossen. Der Junge, mittlerweile neun Jahre alt, hat volle Lippen, schneeweißes Haar und steht so gerade da wie ein Speer. Was auch immer es heißen mag, ein Rassist zu sein, Banjo Clarke war das Gegenteil von alldem.

Ein freundlicher junger Mann aus Warrnambool namens Gerard Finnigan befand sich am Montag mit seiner Mutter auf dem Weg zum Gottesdienst, um Banjo seinen Respekt zu erweisen. Banjo, so sagte er, habe für ihn stets »eine Form des Umgang zwischen Schwarzen und Weißen« verkörpert, »die nicht politisch angehaucht war«. Das ist ein wichtiger Punkt. Denn in der Politik, deren potenziell gefährlichste Form die Rassenpolitik ist, geht es meist um Äußerlichkeiten, um Schein. Banjo Clarke ist einige Dimensionen darüber hinausgegangen.

Was sein Leben uns vor Augen führt, läuft letzten Endes auf eine ganz schlichte Frage hinaus: Wollen wir Frieden in und mit diesem Land? Haben wir – haben entsprechend viele von uns – die dafür notwendigen menschlichen Qualitäten entwickelt? Arbeiten wir wenigstens daran?

Der Text ist die überarbeitete Fassung eines im März 2000 in *The Age* erschienenen Artikels.

TRÄNENSTRÖME FLIESSEN DURCH DEN WALD

Archie Roach

Onkel Banjo hat es mir erzählt:
Gut ist das Leben gewesen und schön,
bevor die Kinder verschwunden sind,
ein ganz anderes Leben als heute.

Überall Kinder, die herumtollen und -springen,
und Bäume, die sich der vielen
kleinen Geister angenommen haben,
die inmitten des lieblichen Lachens tanzen.

Doch seit die Kinder fort sind,
fließen Tränenströme durch den Wald.
Die Bäume, einst stumme Augenzeugen der Kindesgeburten,
machen bei Nacht kein Auge mehr zu.

Onkel, lass mich bitte mit dir fortfliegen
und lass auch mich die Dinge sehen, die du siehst:
Kinder, die lachen, wie nur Kinder lachen können,
bei ausgelassenem Spiel unter Bäumen.

Denn seit die Kinder fort sind,
fließen Tränenströme durch den Wald.
Die Bäume, einst stumme Augenzeugen der Kindesgeburten,
machen bei Nacht kein Auge mehr zu.

BANJO UND MANDELA

Tanya Waterson

Der Aborigines-Älteste Banjo Clarke war »ein Mensch mit ähnlichen Qualitäten« wie Nelson Mandela, die in aller Welt bekannte Schlüsselfigur für die Befreiung Südafrikas von der Apartheid. Das hat Keith Hamilton gesagt, der frühere Minister für Aborigines-Angelegenheiten im australischen Bundesstaat Victoria.

Bei einer am Mittwoch in Warrnambool gehaltenen Ansprache erklärte Herr Hamilton, der verstorbene Herr Clarke sei einer der faszinierendsten Menschen gewesen, denen er je begegnet sei.

»Ich habe Nelson Mandela kennengelernt und Banjo Clarke war ein Mensch mit ähnlichen Qualitäten«, äußerte Herr Hamilton. »Er war einer der bemerkenswertesten Menschen, denen ich in meinem ganzen Leben jemals begegnet bin.

Er war einer jener Menschen, denen man bereitwillig einfach nur zugehört hat, und viele unserer Fortschritte auf dem Weg zu einer besseren Verständigung sind erst durch ihn möglich geworden.«

Bei Aborigines wie bei Nicht-Aborigines sei Herr Clarke ein überaus geachteter Mann gewesen, sagte er weiter.

»Die Stärke, die ihn auszeichnete, war eine innere Stärke, eine regelrecht nach außen ausstrahlende innere Stärke. Nach eigener Aussage – und das glaube ich aufs Wort – hat Banjo Clarke diese Stärke aus dem Wald von Framlingham bezogen.

Er hat zahlreiche Brücken gebaut in einer Gesellschaft, deren Geschichte durch vielfältige Spannungen zwischen Aborigines und Nicht-Aborigines geprägt ist, und meines Erachtens war dies vor allem deshalb möglich, weil ihm von allen Seiten so große Achtung entgegengebracht wurde.

In ganz Victoria wusste man, dass er ein Quell großen Wissens und großer Weisheit war.«

Die Regierung führt nach Aussage von Herrn Hamilton mit dem Stadtrat von Warrnambool und dem Parlamentsvertreter für Warrnambool, John Vogels, Gespräche über die Einrichtung einer öffentlichen Gedenkstätte für Herrn Clarke.

Der so beliebte Aborigines-Älteste verstarb nach kurzer Krankheit im März des Jahres 2000. Er ist 77 Jahre alt geworden.

Zur Welt gekommen ist er im Wald von Framlingham als Henry James Clarke in einer Baumrindenhütte. Nie werden wir seine mitfühlende Wesensart und seine Liebe zu dem Wald, in dem er geboren wurde, vergessen.

Erstveröffentlicht wurde der Text in der Ausgabe des *Standard* vom 2. August 2002.

MACH WEITER, ONKEL BANJO

Judith Durham

Etwas hat mich, sagt mir mein Gefühl, bereits im Vorfeld veranlasst, mich mit der Thematik zu befassen, um die es im Folgenden geht. Denn die Bitte, diese Zeilen zu schreiben, hat mich erreicht, als ich gerade angeregt und sehr konzentriert mit der Ausarbeitung eines Textes für einen Song mit dem Titel »Walk On« befasst war. Weshalb das in diesem Fall von Bedeutung ist, werden Sie leicht nachvollziehen können, wenn ich Ihnen sage, worum es in dem Song geht: Im Wesentlichen fordert er dazu auf, uns voller Freude all der großen Seelen zu erinnern, die immer wieder in diese Welt kommen, uns den Weg weisen, Hoffnung bringen, zu Harmonie verhelfen und als Friedensstifter unter uns wirken.

Onkel Banjo ist eine dieser Seelen – ein großer Mann, ein wahrer Menschenfreund, der stets ein leuchtendes Beispiel für uns sein wird, ein nachahmenswertes Vorbild für die australische Nation und die Welt. Was er durch seine Herzenswärme und seinen Humor, seine Großzügigkeit und Bescheidenheit erreicht hat, ist weit und breit bekannt. Doch wie es bei den so selten zu findenden Seelen seiner Art so häufig der Fall ist, versetzt uns erst der Tod in die Lage, wirklich zu würdigen und deutlich zu machen, welche Stufe menschlicher Verwirklichung er erreicht hat.

Die Verbindung zwischen Banjo und mir gewinnt für mich eine zunehmend größere Bedeutung. Allzu gern würde ich wissen, wo all das in einem spirituellen Sinn tatsächlich seinen Anfang genommen hat! Zum ersten Mal begegnet sind wir einander jedenfalls, als wir bei Gary Foleys wunderbarem einwöchigem Seminar »Das schwarze Australien verstehen«, das zirka 1991 an der Melbourne University stattfand, buchstäblich Seite an Seite gesessen haben. Ich war davon beeindruckt, welch große Hochachtung und Liebe alle Menschen, die Banjo nahestanden, ihm entgegengebracht haben. Und zum ersten Mal in meinem Leben konnte ich ermessen, welchen Wert ein Ältester für eine Gemeinschaft hat, und mir wurde klar, dass unsere weiße Gesellschaft allzu häufig die Gelegenheit verpasst, einem älteren und weiseren Menschen den gebührenden Respekt zu zollen und von ihm zu lernen, was von bleibendem Wert ist.

Viel später – als eine der vielen entzückenden Überraschungen, die sich aus dem Reunion-Konzert der »Seekers« (die sich 25 Jahre vorher aufgelöst hatten) und aus der anschließenden Tournee ergaben – habe ich entdeckt, dass ein weiteres Bandmitglied, Bassist Athol Guy, ebenfalls enge Verbindungen zu Banjo hatte. Denn Athol hat seine frühen Jahre auf einer Farm in Warrnambool verbracht. In Erinnerungen, die ihm sehr ans Herz gewachsen sind, hat er uns erzählt, dass in dieser nun schon so viele Jahre zurückliegenden Zeit sein Onkel eng mit Banjo befreundet war. Welch eine Geschichte!

So bescheiden Banjos Herkunft auch war – sein Licht berührte all die Menschen seiner Umgebung, erreichte ihr Herz. Es erfasste einen immer größer werdenden Personenkreis, unabhängig von der Hautfarbe oder dem Glaubensbekenntnis, und gewann an Helligkeit. Dieses Licht hat die Welt zu einem besseren Ort gemacht.

Nun wird uns Banjos Buch weiter geistig beflügeln und zu Höhen der Liebe und der Harmonie erheben. Als Erzähler seiner persönlichen Geschichte gleicht er einem Instrument, auf dem die Melodie des größeren universellen Bewusstseins erklingt. Die Beschränkungen der gewöhnlichen Welt hat er überwunden: Glück und Zufriedenheit, das führt er uns vor Augen, werden uns wirklich zuteil, sofern wir offen sind und unbefangen wie ein Kind, liebevoll und dankbar für alles, was das Leben auf der Welt aufrechterhält. Und die Quelle, aus der wir dieses Glück und diese Zufriedenheit schöpfen, liegt jenseits unseres Begriffsvermögens.

Vielen Dank, Onkel Banjo, für das, was du uns allen im Leben gegeben hast. Danke, dass du uns dein Buch als Geschenk hinterlässt: zu unserer Inspiration und um uns immer wieder daran zu erinnern, fürsorgliche und hilfreiche Menschen zu sein, solange wir unsere Zeit in diesem physischen Daseinsbereich verbringen.

RAUCH UNTER DER BRÜCKE

Paul Kelly

Schon den ganzen Tag lang auf den Beinen,
meist hab ich mit mir selbst gesprochen,
die Einsamkeit der Nacht holt mich bald ein
in dieser unwirtlichen Stadt.
Sobald die Sonne untergeht, ist es kalt.
Darum mach ich mich jetzt auf den Weg zum Fluss,
halte Ausschau nach Rauch unter der Brücke.

Einst hatte ich einen Platz, den ich mein Eigen nannte,
nun ist der Flecken, wo ich den Kopf hinlege,
mein Zuhause.
Bin auf paar Probleme gestoßen auf dem Weg hierher,
mein Aussehen hat ihnen nicht gefallen,
jemand hat mir einen Kinnhaken versetzt.
Drum halt ich die Augen auf, wo Rauch unter
der Brücke ist,
hoffe immer noch, dass ich Rauch unter der Brücke sehe.

Werde weiter Ausschau halten nach Rauch
unter der Brücke,
gehe so lange weiter, bis ich Rauch unter der Brücke sehe:
einen kleinen Unterschlupf, ein gemütliches Feuer,
ein wenig Geselligkeit.
Ich werde weitergehn,
ich muss weitergehn,
muss immer weitergehn.

ONKEL BANJO CLARKE

Shane Howard

An dem Tag, als Clare, die Mutter meiner vier ältesten Kinder, beerdigt wurde, haben sich mir einige Eindrücke unauslöschlich eingeprägt. Onkel Banjo Clarke, wie er vor der Kirche steht, seine Familie neben ihm, ist einer davon. Weder ihn noch seine Familie kannte ich zu jener Zeit sonderlich gut. Daher wäre es gar nicht weiter aufgefallen, wenn sie nicht gekommen wären. Nichtsdestoweniger haben sie sich die Mühe gemacht, für mich und meine Familie da zu sein.

In jenen Tagen war ich bald schon häufig zu Gast in Framlingham. »Ein aufmerksamer Zuhörer – davon träumt der Weise«, sagt mein Vater. Nur zu gern habe ich zugehört, wenn Onkel Banjo die lückenhafte Historie der Region Warrnambool aus Aborigines-Sicht vervollständigt hat. Von seinem Volk hat er mir erzählt, von den alten Leuten und den alten Tagen. Alles Wissenswerte über die Wanderbewegungen der Aale habe ich von ihm erfahren und auch, wie man sie am besten mit dem Speer aufspießt oder mit Reusen fängt.

Er war ein großer Geschichtenerzähler. Er hat Geschichten erzählt, bei denen du gar nicht anders konntest, als in schallendes Gelächter auszubrechen. Geschichten, die voller Rätsel und Verwicklungen waren. Geschichten über die Geschichte der Aborigines. Geschichten vom Missionsleben in den alten Tagen. Geschichten von den alten Leuten. Geschichten von kleinen Achtungserfolgen auf einem langen, langen Weg. Hunderte, womöglich Tausende Geschichten von unermesslichen Härten und Entbehrungen, von Rassismus, von Kummer und Leid, von Unmenschlichkeit hatte er parat. Doch allen Widrigkeiten zum Trotz wurde Banjo kein verbitterter Mensch. Vielmehr hat er immer wieder bekräftigt, wie wichtig es ist, dass wir uns rechtschaffen verhalten.

Wenn ich auf die Härten und Belastungen in meinem Leben zu sprechen gekommen bin, hat er dazu niemals unmittelbar etwas gesagt. Sondern er hat an seinem Tisch oder neben seiner Feuerstelle gesessen und mir einfach zugehört. Später erzählte er mir dann überaus taktvoll eine Geschichte von einem seiner Bekannten, der einen größeren Verlust hatte hinnehmen müssen. Alles ist relativ und wenn ich mich anschließend von Onkel Banjo verabschiedet habe, war ich wieder etwas bescheidener geworden und es fiel mir leichter, das Leben zu bejahen. Na klar, vieles könnte besser laufen. Aber ohne Weiteres könnte alles auch viel schlimmer sein. Erfreue dich an dem, was gut läuft in deinem Leben, und sei dankbar für jeden kleinen Pluspunkt.

Ich übertreibe nicht, wenn ich sage: Der Onkel Banjo, den ich an seinem Lebensabend kannte, war Tag für Tag damit beschäftigt, Leben zu retten. Er war ein Quell der Weisheit und Ruhe in einer chaotischen Welt, die ruhende Achse eines rotierenden Rades. Viele Aborigines, die der gestohlenen Generation angehörten, hat er wieder mit den eigenen Ursprüngen in Kontakt bringen können.

Von denkbar großer Bedeutung für ihn und seine Welt war die Überzeugung, dass eigentlich die einfachen Dinge im Leben am meisten zählen: die Familie, die Gemeinschaft, Mitgefühl und Toleranz. Ganz oft hat Onkel Banjo zu jemandem gesagt: »Sei einfach glücklich!« Das klang für mich zuerst nach einer unzulässigen, geradezu sträflichen Vereinfachung. Doch es dauerte nicht lange, da wurde mir klar: Glücklich zu sein ist eine Entscheidung, die wir treffen. Jeden Tag.

NICHT GEKENNZEICHNETE GRÄBER

Neil Murray

Was ist mit den Aborigines-Stämmen im westlichen Victoria geschehen? Wo ist der Clan, in den ich hätte hineingeboren werden sollen? Wo sind ihre heiligen Stätten und Traumpfade und welches sind ihre Gesänge und Tänze? Wie heißt ihre Sprache und wo ist sie? Welche Regeln und Gesetze haben sie? Der Name, der meine Aufgaben innerhalb meines Stammes beschreibt, wie lautet er? Und welches würde mein Totem sein? Solche Fragen habe ich ein halbes Leben lang mit mir herumgeschleppt. Es gab niemanden, den ich hätte fragen können. Alle längst erschossen, vergiftet, durch Krankheit ums Leben gekommen oder verschleppt – lange vor meiner Zeit.

»Onkel Banjo«, habe ich jahrelang gehört, wann immer nach zu vielen Flaschen Bier die Augen trüb wurden und der Blick vernebelt; oder bei einer ausgelassenen kleinen Party in einem trockenen Flussbett gleich die letzte Flasche des billigen Rotweins leer getrunken sein würde; oder wenn ich mal ausnahmsweise an jemanden geriet, der zu wissen schien, wo ich herkam und worauf ich aus war.

»Geh doch mal Onkel Banjo besuchen«, wurde mir bei solchen Gelegenheiten gesagt.

In Framlingham habe ich ihn zu guter Letzt gefunden, einen quicklebendigen alten Mann mit einem verschmitzten Augenzwinkern, scherzend und lachend vor einem kleinen Häuschen mit zwei Zimmern auf einer Bergkuppe oberhalb eines Flusses, der langsam durch die Steine altertümlich anmutender Reusen rinnt.

»Guten Tag, mein Freund«, begrüßte er mich und lud mich mit einer Handbewegung ein, ins Haus einzutreten. »Nimm 'nen Becher Tee. Ein Happen zu essen ist auch da.«

Ich setzte mich in seine spartanisch eingerichtete Küche und hatte vor allem meine Fragen im Sinn. Über der Feuerstelle hing ein Bumerang.

»Weißt du, Onkel Banjo, ich bin lange fort gewesen«, wagte ich einen Vorstoß. »Ich bin im Nordterritorium gewesen und habe bei den dortigen Aborigines gelebt.«

»Ja«, sagte er, mir beiläufig ins Wort fallend, »so läuft es häufig.«

Onkel Banjo hat Geschichten erzählt. Er hat Lebensgeschichten erzählt und er hat von historischen Begebenheiten erzählt. Ich habe einfach zugehört. Nichts davon schien das zu sein, was ich wissen wollte. Doch ich konnte nicht sprechen. Ich konnte nicht denken. Ich war verwirrt. Die Last meiner Fragen hatte mir die Kraft geraubt. Schließlich sagte er: »Mein Großvater hat geholfen, sie zu sammeln, hat sie hierhergebracht.«

Ich hob den Blick. Er wies mit der Hand nach drüben, zu einer alten Kiefer auf der anderen Seite des Flusses, die über die Baumkronen der anderen Bäume hinausragte.

»Siehst du die Kiefer? Da ist der alte Missionsfriedhof. Willst du ihn sehen?«

Hinter dem Busch ganz am Ende des Weges öffnete Onkel Banjo ein rostiges altes Tor und wir betraten eine ehrfurchtgebietend anmutende Lichtung neben der knorrigen, ein wenig schief gewachsenen Kiefer. Mit einer Hand strich er bedächtig durch die stille Luft des Buschlandes, um auf die Hohlräume im Boden, über den wir gingen, und die entsprechenden Absenkungen an der Oberfläche hinzuweisen.

»Alle Stammesleute sind hier begraben«, sagte er leise.

Gütiger Gott, die Knochen unter meinen Füßen. Ich bemühte mich, nur noch ganz leise und vorsichtig mit den Füßen den Boden zu berühren, und wich Banjo nicht von der Seite.

»Hast du sie gesehen?«, fragte ich ihn, meine Stimme zu einem Flüsterton abgesenkt. Er schüttelte den Kopf. Wir gingen am Zaun entlang zu weiteren Gräbern.

»…und hier… meine Tochter, mein Sohn, Bruder, Vater, meine Mutter, mein Großvater, meine Großmutter.«

Wir gingen weiter umher. Er wies auf seine Verwandten, auf seine Vorfahren. Dann blieb er stehen.

»Wir werden alle wieder zurückkehren… zu der Geistwelt, aus der wir gekommen sind.«

Dann sagte er eine Weile kein Wort. Wir standen einfach da. Er starrte auf den Boden. Ich hörte das Husten eines Koala. Ein Känguru hörte für einen Moment auf, Gras zu fressen, um uns einen Blick zuzuwerfen, während ich von Schmerz und Trauer erfasst wurde. Und meine Fragen, wo waren sie? Fort. Verschwunden.

»Siehst du, wir mögen es nicht allzu protzig, mit einem Grabstein und dergleichen. Lediglich einen Stock oder etwas Ähnliches zurücklassen, das genügt, und ich erinnere mich«, sagte er heiter, während er die Kette über das rostige Tor hing, als wir fortgingen.

»An jeden Namen erinnere ich mich.«

Aus: Neil Murray, »One Man Tribe«, Northern Territory University Press, 1999.

DER GESCHICHTENERZÄHLER

Susan Pickles

Im Jahr 1990 habe ich an einer Schule in Melbourne als Lehrerin für Sport und Erdkunde gearbeitet. Zugleich war ich die Jahrgangskoordinatorin für unsere Achtklässler und als solche beauftragt, das schulische Campingprogramm durchzuführen. Bei dem Campingprogramm lag der Schwerpunkt zwar auf Erholung und Freizeitgestaltung, doch um den Erfahrungshorizont der Schüler zu erweitern, beschloss ich, immerhin ein paar historische, kulturelle, ökologische und gewerbliche Elemente mit einzubeziehen. Als Zielort für unsere jungen Camper wählte ich Warrnambool, denn das Städtchen kannte ich gut, es blickt auf eine bemerkenswerte Geschichte zurück und die Schüler sollten auf jeden Fall Gelegenheit erhalten, surfen zu gehen.

Eine auf das Dach der Gunditjmara-Kooperative aufgemalte Aborigines-Flagge zog in Warrnambool meinen Blick auf sich. Als ich das Gebäude betrat, lernte ich dort Len Clarke kennen, der damals die Kooperative leitete und sich als stolzer Vater um seinen kürzlich zur Welt gekommenen kleinen Sohn Kirrae kümmerte.

Ich fragte Len Clarke, ob es sich wohl lohnen würde, mit einer größeren Gruppe von Großstadt-Teenagern die Kooperative besuchen zu kommen, damit sie von seinen Leuten etwas über die Geschichte der Koorie[33] erfahren könnten.

»Noch besser«, erwiderte Len, »Sie nehmen sie mit hinaus in den Wald und lassen ihnen von dem alten Mann ein paar Geschichten erzählen.«

»Einverstanden.« Während ich seinem Vorschlag zustimmte, dachte ich im Stillen: »Falls der ›alte Mann‹ zu den
jungen Leuten kein richtiges Verhältnis findet, können wir ja
nächstes Jahr etwas anderes ausprobieren.«

Später fuhr ich also mit den Schülern von Warrnambool
aus los und indem ich mich nach der Karte richtete, die Len
mir in die Hand gedrückt hatte, fand ich seinen Vater Banjo
Clarke. Wie verabredet erwartete er uns an der einen Ecke
seines Grundstücks unter dem großen Gummibaum. Banjo
winkte uns und stieg dann zu uns in den Bus. Er lotste uns zu
dem Picknick-Gelände im Wald und begann den Schülern aus
seinem Leben zu erzählen. Er erzählte ihnen von jener Zeit, als
er auf der Framlingham-Mission im Busch aufwuchs.

Banjos Erzählkunst beflügelte unsere Fantasie. Wenn er
uns, während wir dort zwischen den Bäumen im Gras standen, eine Geschichte erzählte, konnten wir uns mühelos die
im Busch verteilten Hütten vorstellen, ebenso die Freundlichkeit und Güte der alten Leute. Die lebten nun zwar notgedrungen in Framlingham. Dennoch hielten sie ihren Aborigines-Überlieferungen die Treue, um auch Framlingham
zu einem Ort der Lebensfreude zu machen. Fast konnten
wir das Gelächter und Geplapper der durch den Busch laufenden, sich versteckenden und miteinander spielenden kleinen Kinder hören, als Banjo uns erzählte, wie es dort einmal
zugegangen ist.

Viele Familien, erklärte uns Banjo, warf das Leben in
Framlingham jedoch aus der Bahn. Die immense Kluft, die
sich zwischen ihrer eigenen und der europäischen Kultur auftat, wurde ihnen zum Verhängnis. Kinder wurden ihren Müttern, Vätern, Schwestern und Brüdern gewaltsam entrissen.
Vielfach sahen sie einander niemals mehr wieder. Oder sie
sind, in manchen Fällen, erst viel später zurückgekehrt und
fanden dann heraus, was man ihnen fortgenommen hatte.

Hatten die Schüler diese Geschichten gehört, äußerten sie

meist viele Gedanken und Fragen: »Aber wie konnten die Leute das zulassen? Ist das tatsächlich geschehen? Warum hat die Polizei es denn nicht zu unterbinden versucht? Unbedingt sollte jemand aufschreiben, was Banjo erzählt, damit alle Leute erfahren können, welche furchtbaren Dinge diesen Menschen angetan wurden.«

Banjos Worte, die Art und Weise, wie er den Jugendlichen die geschichtlichen Fakten vortrug, besonders aber er selbst – dies alles hinterließ bei jeder Gruppe, mit der wir ihn in seinem Waldzuhause besucht haben, einen nachhaltigen Eindruck. Manche dieser Gruppen umfassten 50 Teenager, manchmal waren es auch bis zu 70.

Als wir uns von Banjo an jenem ersten Tag verabschiedeten, hob er die Hände hoch und sagte: »Ihr seid alle herzlich eingeladen, mich jederzeit besuchen zu kommen – meine Tür steht euch stets offen.«

Nach mehreren mäßig erfolgreichen Reisen ins Nordterritorium und ins nördliche Queensland, wo ich gehofft hatte, Aborigines kennenzulernen und etwas über ihre Kultur zu erfahren, konnte ich Banjos Einladung unmöglich ausschlagen. Bei der nächsten Gelegenheit, die mich wieder einmal nach Warrnambool führte, beschloss ich, ihn anzurufen. Allerdings war ich ein wenig nervös – würde er sich überhaupt an mich erinnern? Würde es etwas geben, worüber wir uns unterhalten könnten?

Solche Sorgen hätte ich mir sparen können. Selbstverständlich hat Banjo sich nicht nur an mich erinnert, sondern mich wie ein lange aus den Augen verlorenes Familienmitglied sogleich gebeten, ins Haus hineinzukommen. Wir unterhielten uns darüber, wie viel Freude es den Kindern gemacht hat, ihn kennenzulernen, und welch eine wertvolle Gelegenheit sich ihm dadurch geboten hatte, aufgeschlossene junge Menschen mit geschichtlichen Fakten und Begebenheiten vertraut zu machen.

Seit jener Zeit rief Banjo mich des Öfteren an. Kürzer als eine Stunde waren unsere Telefonate nie. Gegen Ende eines Telefonats brachte er gern eine scherzhafte Note in das Gespräch. Herzhaft lachend sagte er dann so etwas wie: »Also gut, Mädchen, am besten legst du jetzt auf. Werd' an dich denken, bis bald.« Er war für mich so ein treuer Freund, eine Konstante in meinem Leben. Häufig fragte ich mich, wie das bloß sein konnte: Jemand, der solch hohes Ansehen genoss wie Banjo, behandelte eine so gewöhnliche Person wie mich, als sei ich ein ganz besonderer Mensch. Doch gerade für die gewöhnlichen Menschen und die verlorenen Seelen dieser Welt hatte Onkel Banjo einen besonderen Platz reserviert. Und ich kenne so viele andere, die ebenso wie ich durch diese offene Tür in Onkel Banjos Haus gekommen, dort ein und aus gegangen sind. Eigentlich kaum zu glauben, wie viele Male Banjo mich zufällig an dem Tag angerufen hat, als mir die Dinge über den Kopf zu wachsen drohten – weil ich ihm in den Sinn gekommen war, so sagte er. »Du solltest unbedingt ein bisschen in den Busch herauskommen, meine liebe Freundin. Wieder einmal für einen klaren Kopf sorgen und ein bisschen mehr Ruhe finden«, erklärte er mir dann.

Von ihm darin bestärkt habe ich in den Schulferien regelmäßig genau das getan. Banjo hat dann ein besonders großes Feuer angemacht und auf dem Fußboden einen Schlafplatz für mich hergerichtet. Ich habe für uns beide etwas zu Abend gekocht und er hat mir anschließend eine Geschichte nach der anderen erzählt, bis ich meine Augen nicht mehr länger offen halten konnte. All seine Geschichten, so erkannte ich, verband ein Grundthema: Mitgefühl und Handlungen, in denen Freundlichkeit und Güte zum Ausdruck kommen, sind ein wirkungsvolles Mittel, um Hass und Vorurteilen die Grundlage zu entziehen. »Häufig verhalten sich die Menschen in der Weise, wie man sie behandelt hat«, erklärte er. »Geistwelt und Natur arbeiten Hand in Hand.«

Je mehr Banjo mir beigebracht hat, umso besser vermochte ich meine Schüler auf unser Treffen mit ihm vorzubereiten. Sieben Jahre lang habe ich Teenagergruppen mit ihm bekannt gemacht. Freundlich und mit großer Herzlichkeit hat er die jungen Leute, jeden einzelnen von ihnen, begrüßt. Stets waren es bemerkenswert positive Begegnungen und Banjo hat mit den Jugendlichen auch zahlreiche Gespräche unter vier Augen geführt. Er schaffte es, dass jeder von ihnen sich wohlfühlte, ja sogar das Gefühl hatte, jemand Besonderes zu sein. Für sie war er eine Art Großvaterfigur – wahrscheinlich nennen viele Leute ihn deshalb auch »Poppymann«. Die bloße Begegnung und das Gespräch mit Banjo, das weiß ich, hat den Schülern geholfen, gegen jeglichen Rassismus und alles Schubladendenken, mit dem sie es in ihrem späteren Erwachsenenleben zu tun bekommen würden, gewappnet zu sein.

Niemand von ihnen hat Framlingham wieder verlassen, ohne von der dort gemeinsam erlebten Zeit innerlich berührt worden zu sein – am allerwenigsten ich selbst. Im Laufe dieser Jahre hatte ich mich mit einem jungen Mann verlobt. Und ich wollte unbedingt, dass meine Familienangehörigen und meine Freunde diese Verbindung guthießen. Niemand mochte dies jedoch tun. Da ich wusste, wie vorbehaltlos Banjo alle Menschen akzeptierte, begab ich mich mit meinem Verlobten auf den Weg nach Framlingham. Selbstverständlich hieß er meinen Partner ebenso freundlich und herzlich willkommen wie jeden anderen Besucher, meine Heiratsabsichten bereiteten ihm jedoch sichtlich Unbehagen.

Zu einem späteren Zeitpunkt ging die Verlobung in die Brüche und ich wusste damals gar nicht, wie ich die große Enttäuschung und Verzweiflung, die ich angesichts der aufgelösten Verlobung empfand, überstehen sollte. Ein Hochzeitstermin war bereits festgelegt worden und der Gedanke, an dem lange erhofften Hochzeitstag allein in Melbourne zu sein, war mir schier unerträglich. Der einzige Ort, an dem ich all dies emotional überleben könnte, so wusste ich, war zu Hause bei Banjo. Ohnehin hatte er mich immer behandelt, als sei ich seine Tochter.

An jenem Wochenende haben wir viel geweint und gelacht. Ich weiß noch, wie er jedem, der an jenen zwei Tagen zu ihm kam, erzählt hat, ich sei »drauf und dran gewesen, mit jemandem vor den Traualtar zu treten, hätte mich dann jedoch entschlossen, das Wochenende lieber mit Onkel Banjo zu verbringen. Ich wette, alle werden sich fragen, wohin sie bloß verschwunden ist!« Und wir konnten gar nicht mehr aufhören zu lachen.

Mit Banjos Unterstützung habe ich diese schwierige Zeit in meinem Leben ebenso durchgestanden wie andere schwierige Phasen. Anschließend habe ich einen wundervollen Mann kennengelernt und geheiratet, von dem Banjo besonders angetan war, und er erwies uns bei unserer Hochzeit die Ehre seiner Anwesenheit. In der Nacht, in der ich mit unserer ersten Tochter in den Wehen lag, fand sich auf unserem Anrufbeantworter eine Nachricht von Banjo mit folgendem Wortlaut: »He, ihr beiden! Was tut sich denn so bei euch? Frage mich gerade, ob alles in Ordnung ist.« Bevor wir eine Chance hatten, ihn zurückzurufen, hatte er schon in der Klinik angerufen und – gerade ein paar Stunden nach der Geburt – ausfindig gemacht, wie und wo ich dort zu erreichen war, um zu erfahren, wie es mir ging, und über das Telefon den gesunden Schrei des Babys zu hören.

Banjo ist ein paar Monate nach der Geburt unserer zweiten Tochter gestorben. Ich vermisse ihn mehr, als ich dies ausdrücken kann. Aber ich habe viele, viele wunderbare Erinnerungen an ihn und ich denke immer, welch ein Glück es doch für mich war, dass ich ihn zehn Jahre lang in meinem Leben gehabt habe.

DEIN PARADIESGARTEN

Trish Smith

Der Busch,
er war dein Paradiesgarten,
deine selbst gewählte
natürliche Heimat.

Unter den
knorrig gewundenen Stämmen
und den gespenstisch
sich reckenden Zweigen
hast du dich eingebettet mit
deinen gefiederten Freunden
und flauschigen Waldbewohnern.

Mit jedem Rascheln,
jedem Zirpen und Zwitschern
warst du so innig vertraut.
Die Rinde hast du berührt,
den Windhauch geatmet,
jedes neu sprießende Bäumchen
hast du voll Freude begrüßt.

Im Busch hast du Trost gefunden
und klare Antworten erhalten:
ein Baumkronenschutzdach
voll Lebensweisheit für eine
von Sorge und Leid geplagte Welt.

Die Zweige,
sie dienten dir als Federkiel,
der Tau war
deine Tinte,
die sich entfaltenden Blätter,
gebunden mit seidenen Spinnfäden,
sie waren deine Seiten.

Wie großherzig hast du
deine weise Lebensart
und dein Zuhause
mit anderen geteilt!
Auf den Spuren von
Friede und Liebe
bist du mit
nimmermüdem Pulsschlag
gewandelt.

Der Chor der Natur,
der Busch, lässt brausend eine
Abschiedssymphonie erschallen,
um deinen uns allen so teuren Geist
auf seine letzte Reise
zu geleiten.

Das Orchester,
grandioser,
als des Menschen Ohr es zu vernehmen vermag,
spielt als Willkommensgruß
für deine so besondere Seele
in solcher Vollkommenheit auf.

Du wirst,
umgewandelt
in den Saft
jedes Astes und jedes Blattes,
nun vom sanften Blattwerk umfangen –
und bist so auf immerdar geschützt.

WEISHEITSMANN

Andy Alberts

Hört nun die Geschichte von einem weisen
alten Mann,
Onkel Banjo heißt er, tut stets das Beste,
was er kann.
Vielleicht siehst du ihn demnächst auch in den Straßen
deiner Stadt,
'nen Mann, der immer lächelt, auch nie 'ne grimmige
Miene hat.

Nachts beim Gang durch den Wald auf unserm Land hast
du gelacht,
mir mit Geschichten vom Stammesclan viel Freude gemacht.
Um zwölf seh' ich im Feuerschein das Lächeln
in deinen Augen.
Als du erwachst, ist die Nacht vorüber, der Tag hat
begonnen.

Halt stand, weiser Mann, mit Weisheitsworten,
und lass dich nicht herumkommandieren,
du weißt, sie meinen, das tun zu dürfen.
Bitte sei stark, weiser alter Mann.

In der Zeitung hat er über sein Land gesprochen,
hab' es selbst gesehen,
sie drucken die Geschichte, machen Fotos, aber können
nicht verstehen.
So viel Schmerz, so viel Leid und Wut hat er tief im
Innersten empfunden,
denn seine Mutter Erde, sein Stolz: vergewaltigt,
übel geschunden.

Halte stand, weiser Mann, mit Weisheitsworten,
und lass dich nicht herumkommandieren,
du weißt, sie meinen, das tun zu dürfen.
Bitte sei stark, weiser alter Mann.

Seht ihr unsere heutige Welt, all die Not,
die ganzen Probleme?
Uns Jungen zeigt er seine Wege,
damit wir den eigenen finden,
wie die alten Leute vor uns, sagt Onkel.
Sie sind gekommen und gegangen,
alle haben sie die selige Reise in die Traumzeit –
und weiter – angetreten.

Darum, all ihr jungen Koories, gebt acht
und beherzigt auf dem Weg durchs Leben
Onkel Banjos Rat,
stets weise zu sein!

ANMERKUNGEN

Die Anmerkungen Nr. 11, 12, 27 und 30 gehen auf die Herausgeberin Camilla Chance zurück.
Alle weiteren (Nr. 1–10, 13–26, 28, 29 und 31–33) sind Anmerkungen des Übersetzers Michael Wallossek.

[1] Framlingham Forest: Mit rund 2700 Hektar eines der letzten großen Waldgebiete Australiens, wo es zu Beginn der Europäisierung im späten 18. Jahrhundert – zumal an der Ostküste und somit auch im kleinsten Festlandbundesstaat Victoria – einst ausgedehnte Wälder gab. Eukalyptus war dort im Allgemeinen die am stärksten verbreitete Baumart.

[2] Companion of Honour: Hoher britischer Zivilorden.
Malcolm Fraser war von 1975 bis 1983 australischer Premierminister.

[3] Kuuyang = Aale.

[4] Der »National Sorry Day«, ein nicht amtlicher Feiertag, wird in Australien seit 1998 am 26. Mai begangen. Genau ein Jahr zuvor hatte eine Untersuchungskommission dem Parlament ihren Bericht über die »gestohlenen Generationen« vorgelegt – jene rund 35000 Kinder von Ureinwohnern, die zwischen 1900 und 1969 zwangsadoptiert worden waren.

[5] Diese Aussagen beziehen sich zunächst einmal auf die englischsprachige Ausgabe und können naturgemäß für eine Übersetzung so nicht gelten.

[6] Ned Kelly, Australiens berühmtester Straßenräuber, hat von 1855–1880 gelebt.

[7] Woomera: Traditionelle Speerschleuder der Aborigines.

[8] Da die Bezeichnung »Teebaum« für mehrere botanische Arten gebraucht wird, hier eine kleine Präzisierung: Im Englischen ist an dieser Stelle von »ti-tree« die Rede, einem relativ kleinen, immergrünen Baum mit dem botanischen Namen *leptospermum*.

[9] Kookaburra: Jägerlieste/Rieseneisvogel.

[10] Der Ausdruck »Großgrundbesitzer« ist insofern ein Behelf, weil sich

der englische Ausdruck »squatter«, in dem die Doppelbedeutung von »Landbesetzer« und »Landbesitzer« anklingt, sich im Deutschen durch einen eingeführten Begriff m. E. nicht adäquat wiedergeben lässt. Im hier vorliegenden Kontext bezeichnet »squatter« einen Besitzer größerer Ländereien, der diese ursprünglich – in Wildwest-Manier sozusagen – besetzt und erst später vom Staat gepachtet (und so die Besetzung nachträglich »legalisiert«) hat.

[11] John Murray war von 1878 bis 1916 Abgeordneter für Warrnambool im Parlament des Bundesstaats Victoria und von 1909 bis 1912 dessen Premierminister. In den früheren Jahren seiner Laufbahn als Parlamentsabgeordneter beantragte er beim *Aborigines Protection Board* (derjenigen Verwaltungsinstanz, in deren Hände durch den *Aborigines Protection Act* die Geschicke der Aborigines gelegt worden waren) wiederholt, die Erlaubnis zu erteilen, dass Framlingham-Mission geöffnet bleiben dürfe, und die dort lebenden Aborigines besser zu behandeln und zu versorgen. Als er 1916 starb, hieß es in Warrnambools Lokalzeitung *Standard* über die Beerdigung: »Eine interessante Eigentümlichkeit des Trauerzugs war eine lange Nachhut, die aus einer Abordnung von Aborigine aus der ›Schwarzen‹-Station bei Framlingham bestand. Sie hatten sich in voller Stärke zu der Beerdigung eingefunden, um einem Menschen ihre letzte Ehrerbietung zu erweisen, der stets ein entschlossener Verfechter ihrer Rechte gewesen ist und dem sie sich verbunden fühlen durch das starke Band der Dankbarkeit für das gütige und sehr praxisorientierte Interesse an ihrem Wohlergehen, das er all die Zeit an den Tag gelegt hat.«

[12] Ohne Frage war es gefährlich für Aborigines, über Massaker zu sprechen, und die Tendenz, über solche Erinnerungen den Mantel des Schweigens zu breiten, besteht offenbar weiter fort.

Queen Truganini ist 1876 in Oyster Cove gestorben. 1878 wurde ihr Leichnam exhumiert und der Royal Society of Tasmania übergeben. Von da an wurde sie bis zum Jahr 1904 im Museum der Royal Society of Tasmania in einer Gruft aufbewahrt. 1904 brachte man sie nach Melbourne, wo von ihrem Skelett ein Gipsabdruck angefertigt worden ist. Anschließend hat man sie nach Tasmanien zurückgebracht und dort bis 1947 ihr Skelett ausgestellt. Aufgrund von Beschwerden darüber, sie werde wie eine nebensächliche kleine Attraktion behandelt, hat man sie 1947 zurück in die Gruft gebracht. In den 1970er-Jahren starteten tasmanische Aborigines eine Kampagne, deren Ziel die Rückgabe des Leichnams an ihr Volk war. Die Regierung ging auf diesen Wunsch ein und 1976, einhundert Jahre nach ihrem Tod, wurde sie eingeäschert und die Asche in die Gewässer ihres Stammeslandes (den D'Entrecasteaux-Kanal) gestreut. Banjo Clarkes Mutter, Frau Mary Clarke, sowie seine Kinder Leonard und Patricia waren von offizieller Seite nach Tasmanien eingeladen, um das Ausstreuen der Asche zu beaufsichtigen.

[13] Native-Police-Corps: Eine rund 60 Mann starke Polizeitruppe, die zu 75 Prozent aus Aborigines bestand.

[14] White Australia Policy: Das gleichnamige, im Jahr 1901 erlassene Gesetz verbot die Einwanderung von Nichteuropäern nach Australien. Erst 1973 wurde es durch eine nicht diskriminierende gesetzliche Regelung ersetzt.

[15] Two-up: Ein Mitte des 19. Jahrhunderts aufgekommenes Glücksspiel, das mit zwei Münzen (im Sinne von: »Kopf oder Zahl?«) oder aber mit zwei speziellen Würfeln gespielt wird.

[16] Blumenkohlohr: ein für Boxer nicht untypisches »Trümmerohr«, das durch zahlreiche Treffer und die damit verbundenen Knorpelbrüche entsprechend verunstaltet worden ist.

[17] Kokoda Trail (auch: Kokoda Track): Ein Buschpfad, der – ausgehend von der Hauptstadt Port Moresby – Papua-Neuguineas Südküste über Kokoda mit der Nordküste verbindet. Im Zweiten Weltkrieg kam es dort letztmalig zu einer direkten Konfrontation zwischen den australischen und den japanischen Truppen.

[18] Queensberry-Regeln: Im Jahr 1867 eingeführte, nach John Sholto Douglas, dem Marquess of Queensberry, benannte Regeln (»Die Regeln des Boxens mit Handschuhen«), die zur Grundlage eines modernen Boxsport-Regelwerks wurden. Von den vorher geltenden »London Prize Ring Rules« unterschieden sich die Queensberry-Regeln insbesondere in vier Punkten grundlegend:
• Die Kämpfer trugen Boxhandschuhe mit weicher Füllung,
• einer dreiminütigen Runde folgt eine einminütige Pause,
• nach einem Niederschlag musste sich ein Boxer innerhalb von zehn Sekunden erheben, ansonsten galt er als besiegt durch K. o.,
• Faustschläge waren die einzig zulässigen Kampfhandlungen.

[19] Razorback: Verwildertes – also nicht vom Wild-, sondern vom Hausschwein abstammendes – Schwein.

[20] YMCA: Young Men's Christian Association. Die deutsche Entsprechung ist der »Christliche Verein junger Männer« (CVJM).

[21] Mallee: Eine besonders trockene, an Victoria angrenzende Region im Osten von South Australia.

[22] Commonwealth Employment Service: Eine öffentliche und gemeinnützige Arbeitsvermittlung, quasi das australische Arbeitsamt.

[23] Graduate Certificate of Natural and Cultural Heritage ≈ Hochschuldiplom für Natur- und Kulturinterpretation. Mit »Natur- und Kulturinterpretation« sind in diesem Zusammenhang in erster Linie besucherorientierte Erläuterungen zum Kulturerbe und zu naturkundlich bzw. unter Naturschutzgesichtspunkten interessanten Phänomenen (Einrichtungen wie den Nationalparks) gemeint.

[24] Pentridge Prison: Gefängnis im Melbourner Stadtteil Coburg.

[25] Poteroo: Kaninchenkänguru.

[26] Eulenschwalm (engl. *mopoke*): Ein naher Verwandter der Eulen aus der Gattung der Nachtschwalben.

[27] Banjo hat sich stets als Botschafter aller Aborigines verstanden. In jenem Herrenbekleidungsgeschäft in Warrnambool, das seine Schecks eingelöst hat, sammelte er gewöhnlich zunächst ein Guthaben an – bis er den Entschluss fasste, wieder einmal etwas zu kaufen. Schulden hat er nie gemacht, allerdings auch nur selten eine ausgeglichene Bilanz gehabt. Ihm gefiel es besser, wenn ein Guthaben vorhanden war. Und hörte er von Aborigines, die ihre Schulden nicht begleichen wollten, übernahm er das im Allgemeinen für sie.

[28] Carpentariagolf: Die größte und (mit 750 Kilometern) am tiefsten in das Festland einschneidende Meeresbucht an der Nordküste Australiens.

[29] Bunyip: Ein sagenumwobenes Tier, von dem die Aborigines sagen, dass es in Australiens Flüssen, Wasserlöchern und Sümpfen lebt.

[30] Die in diese Region eingeführten Koalas waren frei von Chlamydien, pathogenen Bakterien, die normalerweise dem explosionsartigen Wachstum einer einzelnen Population entgegenwirken. Daher hat der Koala-Bestand dort dramatisch zugenommen und auch vor den Farmen der Umgebung haben die Koalas auf ihrem Vormarsch nicht haltgemacht.

[31] Corroboree: Zur Wortbedeutung siehe S. 38.

[32] One-Nation-Partei: Eine als extrem rechtslastig, entsprechend undemokratisch und rassistisch verschriene Partei, die Ende der Neunzigerjahre überraschende Wahlerfolge verzeichnen konnte, insbesondere in Queensland.

[33] Koorie, oder auch Korrie, ist eine Sammelbezeichnung für die im Umkreis von Sydney und Melbourne lebenden Aborigines.

QUELLEN

Texte:

Der Text von »Der Fluss versteht« (»The River Knows«, geschrieben von Shane Howard, Neil Murray und Banjo Clarke) auf den Seiten 9 u. 10 wird mit freundlichem Einverständnis von Jointed Venture/Mushroom Music/Rondor Music/der Familie Clarke wiedergegeben; Anmerkung 11 ist dem *Warrnambool Standard* vom 6. Mai 1916 entnommen; der Nachruf auf S. 103 entstammt dem *Standard* vom 29. September 1925; den Artikel auf den S. 106 u. 107 verdanken wir einer Privatsammlung und die genauen Umstände seiner Erstveröffentlichung liegen im Dunkeln; die Briefe von und über Louisa Briggs auf den Seiten 109–114 sind in den australischen Nationalarchiven zu finden; der Artikel auf S. 148 stand in der *Adelaide News* vom 6. Dezember 1947 zu lesen; Quelle für den Artikel auf den Seiten 346–353 ist die australische Tageszeitung *The Age* vom 24. März 2000; der Text von »Tränenströme fließen durch den Wald« (»Weeping In The Forest«, geschrieben von Archie Roach) auf S. 354 wird mit freundlichem Einverständnis von Mushroom Music wiedergegeben; der Artikel auf den S. 355 u. 356 stand im *Standard* vom 2. August 2002; der Text von »Rauch unter der Brücke« (»Smoke Under The Bridge«, geschrieben von Paul Kelly) auf S. 360 wird ebenfalls mit freundlichem Einverständnis von Mushroom Music wiedergegeben; der Auszug auf den Seiten 363–365 wird mit der Genehmigung von Northern Territory University Press abgedruckt; der Text zu dem Lied »Weisheitsmann« (»Wisdom Man«, geschrieben von Andy Alberts, aus seinem Album *Gunditjmara Land*) auf den Seiten 375 u. 376 erscheint mit freundlichem Einverständnis des Autors.

STAMMBAUM

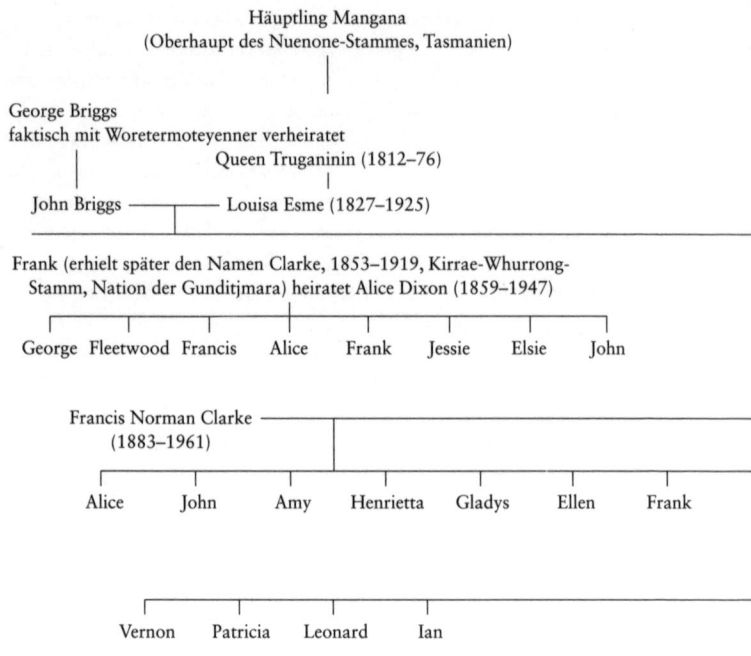

Häuptling Mangana
(Oberhaupt des Nuenone-Stammes, Tasmanien)

George Briggs
faktisch mit Woretermoteyenner verheiratet
Queen Truganinin (1812–76)

John Briggs ———— Louisa Esme (1827–1925)

Frank (erhielt später den Namen Clarke, 1853–1919, Kirrae-Whurrong-
Stamm, Nation der Gunditjmara) heiratet Alice Dixon (1859–1947)

George   Fleetwood   Francis   Alice   Frank   Jessie   Elsie   John

Francis Norman Clarke ——————————————————
(1883–1961)

Alice   John   Amy   Henrietta   Gladys   Ellen   Frank

Vernon   Patricia   Leonard   Ian

* Mary Edwards hatte außerdem eine Tochter, Dolly (1903–80), aus einer anderen Beziehung.
** Banjo Clarke hatte auch eine Tochter, Helen (geb. 1943), mit Agnes Adeline Gay; und eine Tochter,
Lee-Anne (geb. 1963), mit Gabrielle Leslie Hallowell.

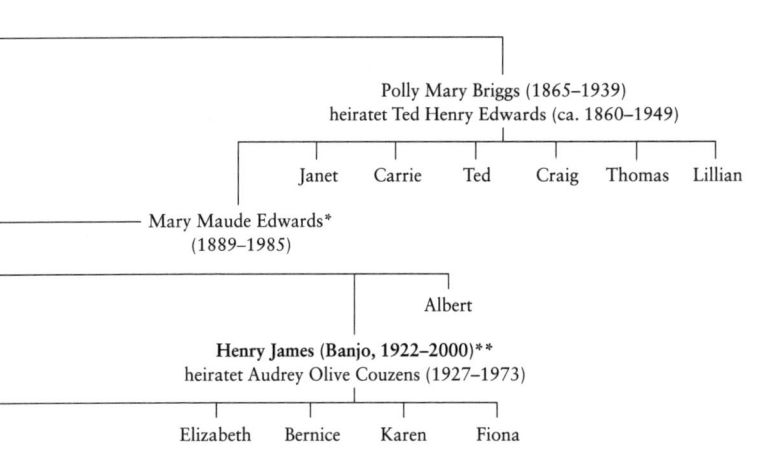

Polly Mary Briggs (1865–1939)
heiratet Ted Henry Edwards (ca. 1860–1949)

Janet   Carrie   Ted   Craig   Thomas   Lillian

Mary Maude Edwards*
(1889–1985)

Albert

Henry James (Banjo, 1922–2000)**
heiratet Audrey Olive Couzens (1927–1973)

Elizabeth   Bernice   Karen   Fiona

DANK

Camilla Chance und Banjo Clarkes Familie möchten den folgenden Personen dafür danken, dass sie durch ihre Hilfe und Unterstützung dieses Buch möglich gemacht haben: an vorderster Stelle Elizabeth (Libby) Clarke, der Historikerin unter Banjos Kindern und einer überaus geschätzten Hüterin überlieferter Sitten und Gebräuche; für alles, was sie zu dem Buch ihres Vaters beigetragen hat, ist Camilla ihr zu großem Dank verpflichtet. Ebenso gilt unser Dank der freiberuflichen Lektorin Saskia Adams, Andy Alberts, Sonia Borg, Geraldine Briggs, Laura Clare, Yvonne Clarke, Judith Durham, Martin Flanagan (der uns geholfen hat, einen Verlag zu finden), David Fligelman, Ruth Fligelman, dem Sehr Ehrenwerten Malcolm Fraser, Tim Goodall, Belinda Guest (für ihre Hilfe bei der Suche nach den Briefen von Louisa Briggs), Reverend Colin Holden, Dr. David Horton, Shane Howard, Helene Jedwab, Paul Kelly, Betty Kenna, Pater Michael vom Benediktinerkloster in Camperdown, Neil Murray, David Owen, Susan Pickles, Betty Reynolds, Archie Roach, Reverend David Robarts, Tricia Smith, Marjorie Tipping, Tom Wicking und Rodney Wicks. Schließlich möchten wir noch unseren Freunden bei Penguin Australia danken: der Verlegerin Clare Forster – sie hat den Wert von Banjos Lebensgeschichte erkannt; Meredith Rose für ihre Begeisterung, ihre Geduld und ihr einfühlsames Lektorat; und David Altheim für seine eindrucksvolle Umschlaggestaltung der australischen Ausgabe.